国际关系史

The History of International Relations

袁 明 主编
朱明权 副主编

北京大学出版社
PEKING UNIVERSITY PRESS

图书在版编目(CIP)数据

国际关系史/袁明主编,朱明权副主编.—北京:北京大学出版社,2005.5
(21世纪政治学规划教材·国际政治系列)
ISBN 978-7-301-02416-4

Ⅰ.国… Ⅱ.①袁… ②朱… Ⅲ.国际关系史—教材 Ⅳ.D819

中国版本图书馆CIP数据核字(2005)第050450号

书　　　　名	国际关系史 Guoji Guanxi Shi
著作责任者	袁　明　主编　朱明权　副主编
责任编辑	耿协峰
标准书号	ISBN 978-7-301-02416-4
出版发行	北京大学出版社
地　　　　址	北京市海淀区成府路205号　100871
网　　　　址	http://www.pup.cn
新浪微博	@北京大学出版社　　@未名社科-北大图书
电子信箱	ss@pup.pku.edu.cn
电　　　　话	邮购部 62752015　发行部 62750672　编辑部 62753121
印　刷　者	三河市北燕印装有限公司
经　销　者	新华书店
	730毫米×980毫米　16开本　24.5印张　412千字
	2005年5月第2版　2022年10月第19次印刷
定　　　　价	62.00元

未经许可,不得以任何方式复制或抄袭本书之部分或全部内容。
版权所有,侵权必究
举报电话:010-62752024　电子信箱:fd@pup.pku.edu.cn
图书如有印装质量问题,请与出版部联系,电话:010-62756370

目 录

绪论 … 1

第一章　威斯特伐利亚体系和欧洲五强的崛起 … 14
第一节　威斯特伐利亚体系的建立 … 15
第二节　欧洲五强的崛起 … 26

第二章　19世纪的欧洲国际关系 … 38
第一节　维也纳体系的形成与解体 … 38
第二节　意大利、德国的先后统一及其影响 … 44
第三节　俾斯麦外交体系的形成与解体 … 53

第三章　19世纪后期至20世纪初的帝国主义列强与世界 … 60
第一节　欧洲主要大国的扩张政策 … 61
第二节　列强争夺亚洲的斗争 … 63
第三节　欧洲列强瓜分非洲的斗争 … 69
第四节　帝国主义重新瓜分世界的战争 … 74

第四章　第一次世界大战的爆发和战时国际关系 … 83
第一节　两大军事集团的最终形成与对峙 … 84
第二节　战争危机的出现与外交控制 … 90
第三节　第一次世界大战与国际关系 … 95

第五章　凡尔赛—华盛顿体系的建立和对它的最初冲击　　105
　第一节　凡尔赛—华盛顿体系的建立　　105
　第二节　对凡尔赛—华盛顿体系的最初冲击　　116

第六章　凡尔赛—华盛顿体系的解体和第二次世界大战的爆发　　130
　第一节　欧亚战争策源地的形成与战争危机的加深　　130
　第二节　第二次世界大战的全面爆发　　149

第七章　世界反法西斯战争的胜利和雅尔塔体系的建立　　167
　第一节　战火的蔓延和反法西斯联盟的形成　　167
　第二节　第二次世界大战的转折与反法西斯联盟的巩固　　189
　第三节　第二次世界大战的结束与盟国对战后世界秩序的安排　　200

第八章　两大阵营的形成与激烈对抗　　222
　第一节　战后初期盟国的合作与美苏冷战的爆发　　222
　第二节　两大阵营的形成与民族解放运动的高涨　　236
　第三节　两大阵营的激烈对抗与中立主义运动　　252

第九章　两个阵营的分化与第三世界的崛起　　277
　第一节　美苏关系的第一次缓和与两个阵营内部的动荡　　277
　第二节　美苏关系的再度紧张与两大阵营内部冲突的尖锐化　　297
　第三节　美苏关系的僵持与两大阵营的分化　　309

第十章　两极体系的瓦解和走向多极化的世界　　327
　第一节　美苏关系的第二次缓和与第三世界的反霸斗争　　328
　第二节　20世纪80年代国际关系的新发展　　356
　第三节　20世纪90年代国际关系的新变化　　376

结语　与历史同行　　386

绪论

一

国际关系是超越国家界限的国际社会关系。进入世界近现代史的国际关系主要是主权国家以及国家集团之间的相互关系。

在古代和中世纪,由于生产力发展水平低下,交通困难,信息闭塞,国与国之间的关系局限在不同的地理区域之中。世界只是一个地理上的整体概念,而即便是这个地理上的整体概念也并不被当时的人们所认识。各个地域根据本身的地理条件、文化环境逐渐形成了类型各异的国与国之间的关系,无论其存在于地球上哪一部分,都不是近现代意义上的国家关系。

公元前8世纪—公元前4世纪,古代希腊的政治组织形式称作城邦。在城邦与城邦之间,产生了多种联系形式,如"优待外侨""近邻同盟"以及用条约形式维系的军事政治同盟。其中较著名的是公元前6世纪的以斯巴达为首的伯罗奔尼撒同盟和以雅典为首的雅典同盟。这两个同盟的敌对关系导致了公元前5世纪席卷希腊的伯罗奔尼撒战争。在各种结盟、冲突与战争过程中,使节与外交使团应运而生。这种以城邦为基础的政治关系是古代希腊的国际关系。史书上有较为详细的记载,较为经典的著作是修昔底德的《伯罗奔尼撒战争史》。

公元前4世纪初以后,罗马成了地中海沿岸奴隶制国家之间政治关系的中心。罗马与迦太基的三次战争(史称布匿战争)使地中海世界的各国卷入错综复杂的矛盾之中。一位西方史学家这样评论说:"从前,世界上的事情似乎都是互不相干的。……而从此时起,历史似乎变成了一个整体:意大利和利比亚的事件同亚洲和希腊的事件交织在一起。"公元前146年,在用武力与外交征服了希腊和迦太基以后,罗马成为地中海世界的头号强国,它的版图远及西欧地区。不过,即便在这一称雄一时的罗马帝国时期,它的国际关系也仍有很大的地域局限性,中心舞台仍是在地中海地区。

公元前8世纪左右,在亚洲黄河流域出现了一批奴隶制王国与侯国。这些大小不等、实力相异的王国与侯国或以"合纵"之策,或以"连横"之说来调整相互之间的战略关系以顾全自身的利益。使节与使团亦应运而生。一些经典如《战国策》《孙子兵法》等都以文字形式高度概括了古代中国的外交政治智慧与战争谋略。公元前221年,秦始皇统一中国,建立了强大的中央集权国家。自此以后,中国与周边各国发展了日益密切的关系。中国使节的足迹远及西亚。但是由于交通落后,这一以黄河流域为中心的地区关系向外扩展也是有限度的。古代中国人虽曾听说过"大秦"(即事实上的罗马帝国),但古代中国并没有与古代罗马建立联系。

中世纪时期的世界仍然呈现某一地区相对孤立的状态。与此同时,各自又逐步形成了自身的特点。在欧洲,封建国家之间战争不断。天主教会又在中世纪欧洲国际政治中产生着重要的影响。然而,就是在这连绵不断的为扩张领土、重新划定疆界的战争中,欧洲民族国家的萌芽开始出现。在亚洲,中国和印度以与欧洲不同的方式发展着各自的对外关系。封建中国维持着大一统的中央集权制度。它同周边国家建立起一种特殊的宗藩关系。在印度,印度教与伊斯兰教起着重要的影响。王朝与王朝之间、宗主国与藩属国之间联系密切。同时,印度也保持着与中亚的联系。可以这样说,在中世纪时期,地球上存在着分散在不同地理区域内的国家体系。这些分散的区域性的国家体系之间并没有太多的来往。但是,当欧洲民族国家形成,欧洲形成了近代意义上的国际关系体系以后,便开始向地球的其他区域及其该区域内的国家体系冲击与扩张了。

恩格斯指出:"日益明显日益自觉地建立民族国家(Nationale Staaten)的趋向,是中世纪进步的最重要杠杆之一。"[①]由于生产力的发展,欧洲的一些国家较世界其他地区率先进入资本主义发展阶段。当然,这一发展是一个漫长的历史演变过程。这一演变过程的主要政治特点是近代民族国家的形成。它们的主要政治标志是强调国家主权。这一对国家主权的强调是向中世纪神权唯上的强有力的挑战。曾经在欧洲地域政治中享有至高无上权威的教皇地位削弱了。1618—1648年的欧洲三十年战争,给了教皇权威致命的一击。在结束战争的威斯特伐利亚和会上,国家观念开始取代神权观念。在民族国家崛起的过程中,每一个国家都为扩大自身疆土与政治影响而施尽军事及外交手段。在为领土与王室利益而争斗不断的连绵战争中,国与国之间的疆界问题,领土归属问题,都变得越来越突出。这里一个相当典型的例子是对瑞典帝国的瓜分。18世纪初,在英国等欧洲主要国家的默许与支持下,俄国、丹麦、波兰、普鲁士等国开始了瓜分瑞典帝国的行动。这一对无所不包的大帝国的瓜分是欧洲民族国家形成中的一个重要标志,马克思称之为"近代外交史上第一个巨大的行动,是瓜分波兰的逻辑前提。……不能否认,开创国际政治近代纪元的,乃是对瑞典帝国的瓜分"②。在不断的战争与瓜分中,一批以语族与民族为基础的近代意义上的国家相继巩固了自己在欧洲的地位。它们不再崇拜神权,而是更为实际地追求本国的领土、资源、财富等现实利益。法国政治家、红衣主教黎塞留(1585—1642)将这种对现实利益的追求概括为"国家生存理由"或"国家利益"(raison d'Etat)。

在欧洲民族国家形成过程中,欧洲政治家和思想家们亦不断丰富着近代国家学说。这些学说无论怎样品类繁多,但中心却是一个,即向传统神权挑战,强调以民族国家的王权代替神权,指出主权是国家的永恒属性。1513年,意大利政治家马基雅维利发表《君主论》。他后来被称为近代西方国家学说的奠基人。他认为政治的最终目的是保持与增强政权力量。为此,一个强有力的政府应当以武力与各种手段来维系统治。1576年,法国法学家让·博丹提出了著名的主权理论。他认为,主权是超越一切的至高无上的权威;主权是一切法律的源泉和依据;只要有国家便有主权。1625年,荷兰法学家、后来被称为"国际法之父"的雨果·格劳秀斯发表名著《战争与和平法》,指出主权国家之间的关系需由法律形式来调整。以上列举的,是欧洲在由中世纪向资本主义发展的漫长过程中,在国家学说及国际关系形成发展方面的一些代表性观点。它们不仅在当时,而且对以后的国际关系发展影响深远。概括地说,它们所强调的是:一、在国际政治格局中,行为主体是民族主权国家;二、只有国家才拥有完全的法律行为能力,这是由国家拥有主权这一基本属性所决定的;三、主权是不能割让的。

需要提及的是,虽然民族主权国家是国际政治的行为主体,虽然推动国家间关系进程的归根到底有其物质的原因,但是国家的意志又是通过各自的领袖人物来体现的。所以,在观察国际关系史上种种风云变幻时,不能不注意领袖人物,尤其是主要国家的领袖人物的性格、目的、行为与影响。正如列宁所指出的:"历史必然性的思想也丝毫不损害个人在历史上的作用,因为全部历史正是由那些无疑是活动家的个人的行动构成的。"③在近代欧洲国际关系史上,如果忽视了拿破仑、俾斯麦等人物的作用,就无法全面地理解法国大革命和普法战争后欧洲国际关系格局的变化。在总的客观历史的框架中,正是他们的性格与目的决定了他们所代表的国家的政策走向,从而在相当程度上决定着某一时期欧洲的战争与和平。在现代国际关系发展过程中,尽管产生了许多国际组织,尽管国际政治的内容远比近代广泛与丰富,但是主权国家仍然是行为主体。领袖人物的行为虽然受到比近代更多的客观因素的制约,但他们的作用仍不可低估。概括地说,领袖人物的决策体现了一个国家行使主权的权利,体现了他所代表的国家的国家意志,决定着该国在国际事务中的行为和地位。

二

近代意义上的民族国家在自身形成的同时,也发展起了国与国之间的关系。边界、关卡、外交往来等等都以明确的方式规定下来。可以说,近代意义上的国际格局,或称体系,也由此形成了。这种格局或体系实际上是一种很不稳定的、充满矛盾斗争的国际关系状态。由于主权国家是国际政治中的行为主体,在为谋求自身国家利益的各种对外行为中,冲突与摩擦经常被引发出来,发展到极点便会爆发战争。战争往往会破坏原有的格局和体系。小战从局部上破坏,大战则从整体上破坏。可见,任何格局或体系从它们的形成之日起便孕育着变动的因素。

然而,国际关系的演变也并非完全杂乱无章。从成为近代欧洲国际关系史和近代外交史开端的欧洲三十年战争以来,大的国际格局或体系的演变还是有着自身发展的明晰轨迹。

1618—1648年的欧洲三十年战争,是一次"重新塑造欧洲形象的战争"。它给几个世纪以来维持着至高无上地位的教皇权力和大一统局面敲响了丧钟。几十年间,德意志诸邦各国、丹麦、瑞典、法国等几十个国家相继卷入了战争。它们刚刚从中世纪神权的束缚下摆脱出来,带着崭新的"国家利益"意识,决心在欧洲政治竞技场上一显身手并扩大自身势力。待战争尘埃逐渐落定,威斯特伐利亚和会召开时,这些国家,无论是信奉新教还是旧教的国家,都不再听从教皇意旨而要求以平等地位坐到谈判桌前。

欧洲三十年战争形成了威斯特伐利亚体系。此后欧洲各国虽然依旧战争不断,但基本上还是根据威斯特伐利亚和会所确定的原则行事,即各国无论大小,均以主权国家身份参与国际事务。当然,这仅仅是理论上的规定。然而比起中世纪的教会大一统局面来,这一理论上的规定亦是一种突破和进步。在实际国际政治中,强国依旧凭借自身的优势和实力欺侮弱国。不过在做法上,则往往在局部战争结束以后,用国际条约的形式,将国家之间的关系做一定的调整。这是区别于中世纪的一个明显特点。

三十年战争后的一百多年中,欧洲战争不断。威斯特伐利亚体系亦逐步解体。给旧体系以最后一击的是法国大革命和拿破仑战争。这是一次重新安排欧洲版图的大规模整体政治行动。拿破仑为了称霸欧洲而连续发动战争,但遭到了以英国为首的欧洲国家的强烈反对。法国大革命和拿破仑战争使欧洲国家进一步加强了主权概念和民族主义意识。各国更熟谙了以条约形式来调整国与国的关系。这一跨越了18世纪末与19世纪初对欧洲版图再安排的政治行动终于导致了1815年后的维也纳体系。欧洲五强即英国、法国、奥地利、俄国和普鲁士成为维也纳体系中的主要角色。欧洲其他国家虽然大多数拥有主权,但只能充当配角。维也纳体系在维持了几十年后又被欧洲革命风暴冲垮了。不过,五强称霸的格局未发生根本变动。虽然1871年德国统一后俾斯麦曾一度想建立一个以德国为轴心的新的欧洲国际体系,但基本上是昙花一现。各国军备竞赛加剧,矛盾冲突危机不断,终于导致了1914—1918年的第一次世界大战。战后,美国成了国际政治中的新的主要角色。它联合英、法、日本等国构筑了凡尔赛—华盛顿体系。可是,新生的苏维埃俄国、战败国德国、亚非民族解放运动又对凡尔赛—华盛顿体系进行了不断的冲击。席卷资本主义世界的1929年经济危机及随之而来的德意日法西斯国家的兴起使凡尔赛—华盛顿体系彻底解体。第二次世界大战爆发了。战争行将结束时,美英苏为首的主要战胜国依照战时的蓝图设计了雅尔塔体系。然而,骤然而至的"冷战风云"很快就驱散了雅尔塔的惨淡阳光。此后几十年中,美苏两家的"冷战"成了国际关系中的主旋律。自20世纪80年代后期开始,雅尔塔体系亦逐步解体。目前的国际局面,就处于旧的国际格局已经解体,新的国际格局尚未形成的过渡阶段之中。

综上所述,不难看出,近现代国际关系史的发展演变过程虽然异常复杂,内容极其丰富,但若从国际关系体系演变这一角度来进行宏观把握,其来龙去脉还是比较清楚的。马克思曾指出:"要了解一个限定的历史时期,必须跳出它的局限,把它与其他历史时期相比较。"④这一论断同样适用于国际关系体系的演变。从威斯特伐利亚体系形成以来,国际格局几经大的变动。格局越变越大,内容越来越丰富。这种国际关系格局或体系的变化不是国家关系的简单排列组合。从历史发展的宏观角度来看,国际体系在几百年中的大变化反映了国际关系中心舞台的转移。这本教材共分十章。这十章以国际关系体系演变为贯穿全书的主线,以叙述国际关系中的重大事件为主要内容,要说明的一个基本问题就是国际关系格局的变化与中心舞台的转移问题。

以粗线条划分,近现代国际关系史中国际关系中心舞台的转移大致可分为三个阶段。第一阶段是从欧洲三十年战争到第一次世界大战结束。在这几百年中,国际关系的中心舞台在欧洲。亚洲、非洲、美洲各国虽然与这一中心舞台有着不同程度与性质的联系,但都不是中心舞台上的主要角色。欧洲进入资本主义发展阶段后,一批民族主权国家兴起。它们之间的战争与和平构成了国际关系的主要内容。在此期间,国际法与外交学都得到了丰富和发展。本书第一章至第五章叙述的就是这几百年的国际关系。

第一次世界大战结束以后,美国的实力大大增强。与之相反,欧洲的主要国家却因战争而遭到不同程度的削弱。同时,十月革命的成功和苏联的诞生从根本上动摇了旧国际秩序。在这一历史变化的大背景下,国际关系的中心舞台开始从欧洲向它的两侧转移。第二次世界大战结束后,雅尔塔体系确立了美苏两强鼎立的局面。此后的几十年中,虽然有将近一百五六十个国家以主权国家的身份登上国际舞台,但国际活动基本上是围绕美苏两家的"冷战"展开的。美苏两家的竞争与冲突一直是影响国际关系全局的决定因素。这一阶段持续到20世纪80年代中后期。本书的第六章至第九章所着重叙述的即是这一时期的国际关系。

第十章所展示的是一个新国际格局的开端。国际关系已向多极化发展。国际关系中心舞台的问题已完全不同于以往的欧洲格局或美苏争霸格局。急剧变化中的欧洲、迅速崛起的日本、改革开放中的中国都在国际事务中发挥着重要作用。同时,由于科学技术的迅速发展,信息革命的巨大推动,各国在经济发展中相互依存的关系日趋明显。这一切都说明,在新的国际格局里,不会只有一个中心。

促使国际格局变化和国际关系中心舞台转移的最根本的原因是生产力的发展和变化。生产力的发展直接影响到经济、科技、军事等各个方面,因此也直接影响到国家的实力。国家之间的竞争实际上是实力的较量。实力较量是通过不同的方式来进行的。战争固然是一种主要方式。经济竞争在优胜劣汰的情况下是一种没有硝烟的战争,亦是实力较量。实力的消长,国家的兴衰不可避免。国际关系的中心舞台亦不可能固定不变。这一点已被近现代国际关系史所清楚地展示了。目前在整个世界向多极化过渡的情况下,人类面临的就是如何建立国际政治经济新秩序这一大课题。

无论从国际关系体系的变化还是从国际政治中心舞台的转移的角度来看,今天我们所身处的世界政治格局,追其根源,是起源于中世纪末期近代开始时的欧洲。近代欧洲民族主权国家的形成;它们之间的竞争与冲突的关系;在竞争与冲突中逐步发展起来的国家理念及有关学说,都是后来更为扩大与丰富了的国际政治中一些很本质的东西。独立的主权国家之间的关系,构成了从威斯特伐利亚和会以来几百年里国际政治的最基本内容,直到今天也没有离开这个基本框架。无论一个主权国家采取什么政体与意识形态,对它来说,民族的国家的利益总是第一位的。

自瑞典、西班牙、荷兰等强国衰落之后,整个18世纪的欧洲国际政治就是一种"瓜分"政治。每个国家都将其国家利益放在首位参加可能的瓜分。当欧洲境内瓜分基本完毕,五强鼎立,势均力敌之后,这种瓜分又走向世界,形成了欧洲列强对全世界的瓜分。这集中体现在19世纪后半期。这样,殖民地的问题就更明显地提出来了。欧洲向全世界的扩张,到19世纪后期到达登峰造极的地步。原来受地域限制与外部世界关系较少的广大亚洲、非洲、拉丁美洲地区,在欧洲的扩张浪潮中,都被裹挟进这一源于欧洲的世界政治体系中来。在此以前,中华帝国、印度帝国、美洲的许多国家,都没有参加进主权国家的行列。在欧洲的扩张中,这些国家大批地沦为殖民地和半殖民地。这时的欧洲的国际关系,实际上已表现为欧洲在全球范围内实行殖民地的再分配。这些国家开始摆脱欧洲的控制,是起源于第一次世界大战,而它们真正大批地成为独立主权国家则是到第二次世界大战以后。独立的主权国家遍及全球,这才是真正的现代意义上的国际关系体系。

这里需要提及一下关于"欧洲中心论"的问题。我们上面提及的国际关系体系演变和国际事务中心舞台的转移,重点讲了欧洲。因为在世界历史上,欧洲的确起过特殊的作用,扮演过一个重要的角色。近代民族主权国家首先在欧洲出现。资本主义及自由资本主义向垄断过渡亦首先发生在欧洲。周谷城先生在论及有关这一段历史时曾做过透彻的分析:"地理大发现以后,海上贸易一天一天扩大,终于形成所谓重商主义。在重商主义下,西、葡、荷、法、英各国的商人先后到世界各地活动。几百年中,竟使亚洲各国震动不安,非洲土人加速奴化,南北美洲被欧洲移民者所占领。16—18世纪,欧洲在世界历史的发展上,确实成了重点。这是事实,不能否认。没有欧洲的向外扩张,今日的民族解放运动即没有根据。"⑤可以这样说,只有当帝国主义强行敲开中国与其他东方各国的门户,强迫它们向西方开放,国际关系史才真正具有了世界性。可见,以国际关系史发展的线索与事实来说明欧洲的地位和作用与"欧洲中心论"所宣扬的观点之间应该有严格的区别。明显的一点是,欧洲在国际政治中"独领风骚"几百年的时代已经过去了。欧洲现在依然在国际事务中发挥着重要的作用。然而,它毕竟只是日趋多极化的世界中的一极。与在人类文明史上曾做过各自的贡献的其他文明一样,欧洲在"独领风骚"的几百年中亦给后世留下了许多的"遗产"。这些"遗产"孰优孰劣,应当由以后的历史作评定。不少问题则需要做专题的研究。马克思的《不列颠在印度的统治》一文在研究方法与角度上为我们树立了很好的典范。

三

前面两部分我们谈了基本概念与国际关系体系演变的问题。这是一条纵的线索。如果从横向来透视,究竟什么是近现代国际关系的基本内容呢?前面我们提到,独立的民族主权国家的关系,构成了自威斯特伐利亚和会以来几百年间的国际政治的基本内容。如进一步展开来看,独立的民族主权国家之间究竟是什么关系?换句话说,它们之间的关系涉及哪些主要方面,又是通过什么具体形式来表现的?

概括地讲,国际关系涉及政治、经济、军事、文化诸方面,主要是国家间的政治关系。这些多方面、多层次的关系,主要是由国家之间的竞争、冲突与合作等形式表现出来的。

在国际关系中,国家之间的竞争状态是一种最为普遍的基本状态。这种基本状态是由国家的基本属性主权所决定的。在对外关系上,国家的主权表现为独立权。国家要生存、要发展,它们之间的竞争就不可避免。在欧洲民族主权国家兴起过程中,后起的五强如英、法、奥、普、俄曾毫不留情地淘汰了昔日称雄的西班牙、荷兰与瑞典。五强鼎立的局面形成以后,它们之间的竞争一刻也没有停止过。这种竞争不仅反映在这些国家竞相发展自身的钢铁、煤矿等重工业,更反映在它们竞相扩军,尤其是扩充海军等方面。为了在竞争中以更快的速度战胜对手,欧洲列强从19世纪后期开始加剧它们在全世界各地的扩张活动。如前文所说,它们从瓜分欧洲走向了瓜分世界。欧洲列强在全世界的活动将亚、非、拉美广大地区的许多国家卷进了竞争机制。当然,在这个过程中,帝国主义列强与亚非拉广大地区的国家处于完全不平等的地位之中。帝国主义列强的行为是侵略的、主动进攻的;亚非拉广大地区是被侵略的、被动应付的,不少国家沦为殖民地和半殖民地。然而,无论在主动还是被动一方,竞争是一种基本状态。在列强方面,各国争先恐后地扩大自己在海外的市场和原料供给地,掠夺殖民地与势力范围。列强对非洲大陆的瓜分是最明显不过的例子。在受到侵略的广大亚非拉地区,生存竞争活动则在另一层面上反映出来。各国既然被相互竞争中的帝国主义列强强迫纳入国际竞争机制,它们首要的目标就是努力摆脱被压迫被奴役的地位。这种生存竞争的最高形式是日渐高涨的民族解放运动。第一次世界大战结束以后,出现了世界上第一个社会主义国家苏联。第二次世界大战后出现了十几个社会主义国家。国际政治格局虽然起了变化,但是国家间的竞争却丝毫未减。竞争不但存在于不同社会制度的国家之间,亦存在于相同社会制度的国家之间。冷战阶段两个超级大国美国与苏联的核武器竞赛是国际间竞争在一个方面的登峰造极之作。目前,国际间的竞争已经发展到经济领域、高科技领域。国际政治的行为主体——每一个主权国家都面临着这一挑战。谁不想在激烈的竞争中被淘汰、谁就必须在经济发展与高科技发展中占有一席之地。否则,在国际事务中就很难有真正的发言权,甚至处处被动。"落后就要挨打",说的就是这个道理。

当今世界,科学技术对国际关系的影响越来越大,科学技术的发展与国际政治已越来越密不可分。在国际政治格局向多极化方向发展的过程中,科学技术起着十分重要的作用。科技中心的转移与变化总是影响着世界经济政治格局的变化。科技中心的位移往往成为世界经济政治中心发生变化的前奏。国力已得到长足发展的发达国家正牢牢地把握住这一关键。1983年,美国提出SDI计划;1985年,西欧提出了"尤里卡"计划;1986年,日本提出"人类新领域研究计划"。各国的竞争在此可见一斑。对大多数发展中国家来说,如何面对这些发展和挑战,不仅仅是一个单纯的科技发展问题,同时也是当今国际政治中的新课题。

竞争是国际关系中的一个基本状态,而冲突与合作则是国际关系中的最为普遍的现象。冲突的表现方面几乎无处不在。如边界之争、关税贸易之争、侵略与反侵略、称霸与反称霸等等。各种外交活动往往在很大程度上是力求缓和冲突、谋求妥协。当冲突中的外交努力失败后,战争往往成为解决矛盾的唯一手段。但是,每一次战争又为新的冲突埋下了种子。显而易见的例子是近现代国际关系史上各种战争连绵不断,仅20世纪上半期就打了两次世界大战。

在国际关系中冲突必然发生的同时,谋求合作的努力也是明显可见的。

国际法的产生与发展本身就是寻求国际合作的一种方法。国际合作也有多种类型。在传统欧洲国际政治中,创造和维持"均势"局面体现了一种避免冲突谋求合作的努力;提倡"欧洲协调"也是追求某种合作。这种合作并不是空泛的,更不是理想主义的、"超国家"的。合作仅仅是在特定环境中一种暂时的协调。它是具体的,很不稳固的。世界进入20世纪以后,两次世界大战导致了越来越多的国际组织的出现。联合国的作用已经受到越来越多的重视。国际关系发展演变到今天,世界变得越来越小。国家之间的利益往往是你中有我,我中有你。相互依存的需要促使各国寻求更多的新的合作方式。这种状况在传统的国际关系中是不曾出现过的。但是,由于历史遗留下众多的难以一时解决的问题;由于各国在社会生产发展水平上的差异;由于大国强权政治所造成的国际关系中的事实上的不平等;冲突的因素依然无所不在。国际关系中的冲突与合作往往是交织在一起的。

可见,只要有国家存在,就有国家之间的各种关系,冲突的发生不可避免,同时也伴随避免或解决冲突的努力。必须强调的是,所谓国际关系中的合作,就其本质而言,只是国家利益在某一时期的汇合。国际关系中没有为合作而合作。合作只是一种方式和手段。

四

近现代国际关系史纵横几百年。内容是极其丰富的,给人们的启示也是深刻的。国际政治的一个基本问题是战争与和平的问题。然而,战争与和平亦仅仅是表象。透过表象,几百年中国际关系史的发展演变究竟向我们提供了哪些启示,同时又展现了什么趋势与特点呢?

首先,国际关系越是在广度与深度上向前发展,对每一个国家的影响就越深刻,越全面。每一个国家的国际政策亦会相应地被提到越来越重要的议事日程上来。任何一个国家的领导人,无论所在的是大国还是小国,强国还是弱国,都要用相当的精力来考虑纷繁复杂的国际问题,因为国际环境无时无刻不在影响着国内,牵动和制约着国内政策。闭关自守已经越来越不可能了。

其次,从几百年近现代史的进程来看,军事战略以及执行战略的物质力量日益为人们所重视。同时,一个国家的军事战略以及执行战略的物质力量与该国的经济、科学技术发展情况又有极为密切的联系。一个国家的军事战略的发展往往在相当程度上反映着它的经济与科技发展水平。这在强国尤其如此。这样,发展军事理论与实践已成为国家的一项很突出的职能。同时对它的研究也越来越必不可少了。

国际关系发展的又一个趋势是层出不穷的国际组织的出现。如从性质上看,这些国际组织既有政治的又有军事的,既有经济的又有科技的。不少组织还具有多重性质。它们的数量之多足以让人们来编纂一部专门的辞典。随着国际政治向多极化方向发展,随着区域和地区的经济合作的频繁与深化,随着人类共同关心的问题如环境、人口、资源等等的不断展现,各种国际组织还将有增无减并在国际事务上发挥日益明显的作用。

前面我们已经提及,国际间的相互依存和依赖亦是国际关系中日渐明显的趋势。对于这一点,马克思和恩格斯在1848年的《共产党宣言》中已经做过预言:旧的、靠国产品来满足的需要,被新的、要靠极其遥远的国家和地带的产品来满足的需要所代替了。过去那种地方的和民族的自给自足和闭关自守状态,被各民族的各方面的互相往来和各方面的互相依赖所代替了。物质的生产是如此,精神的生产也是如此。各民族的精神产品成了公共的财产。民族的片面性和局限性日益成为不可能,……国际关系中的各种矛盾在发展,国际间的依存也在发展。虽分属两个轨道,但又时时碰撞与交织。尤其在核时代中,打一场核战争的可能性已越来越小了。于是,如何处理国际关系中相互矛盾和相互依赖的关系则成了一个十分严峻的挑战。

最后,随着国际关系实践的不断扩大与深化,国际关系也必将成为一门新的学科。如何从历史的、理论的、法学的多种角度来研究国际关系;如何借鉴与吸收国外有关国际关系学说中的合理成分;如何在学科建设中继承和弘扬中华民族的优秀文化和传统;这些都是摆在我们面前的重要课题。

在本书所论述的时期里,国际关系的发展速度和深度都在加速进行。资本主义经历了巨大的变化,社会主义也经历了巨大的变化,人类面临着一个又一个新的挑战。这是一个风云变幻、激动人心的历史进程,值得人们深刻的反思。人类所以要研究历史,主要的正是为了更好地认识现实。在很大程度上,我们只有根据过去才有助于理解现在,同样,也只有把握现在才能更深刻地理解过去。在一定程度上,也只有对于这两方面的理解,才有助于预见一定范围的未来。

因此,历史著作的价值,不仅仅在于给人以具体的、丰富的关于历史事件的知识和结论,更重要的是关于历史事件和过程所引起的进一步思考。人们在学习和研究历史时,不应该只是一个旁观者,而应该全心全意地投入到构成历史的生活中去,摸索历史的脉搏,追踪历史的脚步,把自己这一小我同历史这一大我紧密结合起来。

恩格斯在他去世之前两年曾在给友人的一封信中说过:"大自然是宏伟壮观的,……但是我觉得历史比起大自然来甚至更加宏伟壮观。……归根到底,自然和历史——这是我们在其中生存活动并表现自己的那个环境的两个组成部分。"⑥尽管我们水平有限,书中值得商榷之处及不足地方一定不少,但是我们仍愿读者们能以上述的心情来研读这一段历史。

五

在学习近现代国际关系史时,方法是非常重要的。

我们所谈的方法问题,实际上是观察问题分析问题的角度以及思想方法。如果在学习国际关系史的过程中,陷入大量的具体事件描述中,往往就会如坠烟海,或是如我们通常所说的,只见树木,不见森林。无论是从事国际法专业还是国际政治专业,都应当具备敏锐的现实感和深刻的历史感,即应当学会宏观把握。帮助我们进行宏观把握的科学方法是历史唯物主义和辩证唯物主义,对于这一点,不应当有什么怀疑。

关于以历史唯物主义和辩证唯物主义的方法来观察历史并进行科学的宏观把握方面,恩格斯曾做过一段相当精辟的论述。他是这样说的:"历史是这样创造的:最终的结果总是从许多单个的意志的相互冲突中产生出来的,而其中每一个意志,又是由于许多特殊的生活条件,才成为它所成的那样。这样就有无数点相交错的力量,有无数个力的平行四边形,而由此就产生出一个总的结果,即历史事变,……"⑦这一用历史"合力"的理论来说明纷繁复杂的历史,避免简单化,正是对历史进行的高度的科学的概括。西方一些历史学家在分析欧洲国际关系中的一些重大事件时,也用了同样的思路,只是没有像恩格斯的这一段话那样说得如此深刻、形象,同时又富于哲理。19世纪70年代末欧洲爆发了所谓的"东方问题",即欧洲土耳其问题,引发了欧洲列强的争斗。在1878年的柏林会议上,俾斯麦借调停之名,进一步扩大了德国在欧洲事务中的影响。一时之间,柏林似乎成了左右欧洲局势的中心。但是,在对这一段历史进行了深入研究以后,一位西方历史学家写道:"东方问题中出现的新的民族主义改变了国际关系的结构。这一国际事务中的革命是巴尔干斯拉夫人的功劳。尽管俾斯麦想把他们当成'偷羊人'一样打发,但是从长远来看是他们在影响俾斯麦和他的接班人的政策。"这一对事物内部关系的深入与辩证的分析,避免了只见树木不见森林的错误。

在《欧洲土耳其前途如何》一文中,恩格斯也有一段论述:"学会正确对待人类命运中永不停息的变革,知道在人类的命运中除了不固定本身之外没有任何固定的东西,除了变化本身之外没有任何不变化的东西,……"⑧这一观察国际政治变化的方法避免了僵化,与"合力"理论一样闪烁着辩证法的光辉。我们在学习国际关系史的过程中,就应当抓住这些基本的观察问题与思考问题的角度。

在国际关系中,行为主体是独立的主权国家。我们在前几部分中已做了概念上的阐述。在谈及方法时,我们只想补充一点,即国际政治中民族与国家的利益总是在第一位的。国际关系不是一般的阶级关系。在这一方面,不应当将认识论方法论同客观历史发展事实相混淆。不然,就无法解释国际关系史中许多纷繁复杂的现象了。如果抓住主权国家、国家利益这一基本点,再复杂的现象背后的本质东西也会显露出来。

在学习国际关系史时,应当熟记有关的重大事件。这一工作应当在做到宏观的、整体的把握之后扎扎实实地进行。历史发展本身非常复杂,但在学习与整理过程中却要能够分出经纬。就如同架篱笆一样,先将主要构架筑造起来,然后再细加工以定疏密。做大事年表,也是为了帮助记忆。为了突出重点,方便读者记忆,本书各章节中都用数码形式标出小标题,以引起读者对一些重要历史事件的注意。

本书在编著过程中,力求掌握略古详今的原则,同时也尽力注意将理论、历史和现状较为有机地结合起来。在编著中,我们尽可能地参考了国内外有关的著作,其中一些是较新的研究成果。所用资料,我们都以注释形式在每一章后列出以供读者参考。除了这些在注释中标出的书目外,我们主要参考了高等学校法学适用教材《国际关系史》和《国际关系资料选编》。

注释:

① 《马克思恩格斯全集》第21卷,人民出版社1965年版,第452页。
② 《十八世纪外交史内幕》,人民出版社1979年版,第19页。
③ 《列宁全集》第1卷,人民出版社1963年版,第139页。
④ 《十八世纪外交史内幕》,第41页。
⑤ 《周谷城史学论文选集》,人民出版社1983年版,第114—115页。
⑥ 《马克思恩格斯全集》第39卷,人民出版社1974年版,第63页。
⑦ 《马克思恩格斯书信选集》,人民出版社1962年版,第467页。
⑧ 《马克思恩格斯全集》第9卷,人民出版社1961年版,第37页。

第一章
威斯特伐利亚体系和欧洲五强的崛起

　　17世纪初,欧洲的政治局面开始发生巨大的变化。昔日控制着欧洲的神圣罗马帝国已经从鼎盛走向衰落。传统天主教派与宗教改革后产生的新教派之间的斗争激烈。虽然哈布斯堡王室仍然称雄欧洲,但摆脱哈布斯堡王室统治的离心倾向已经出现。各种矛盾的冲突经常导致战争,而战争又促使欧洲政治向多元的状态演变。在这一漫长的、进展程度参差不齐的演变过程中,最突出的政治特点就是欧洲近代民族国家的逐步形成。

　　1618年,欧洲三十年战争爆发。1648年,结束战争的《威斯特伐利亚和约》正式签订。威斯特伐利亚和会与和约成为近代国际关系史和近代欧洲外交史的开端。它显示的一项重要原则是,各国无论大小,都应以主权国家的身份参与国际事务。和会与和约的签订也推动了近代国际法的发展。

　　三十年战争结束后的一百多年中,欧洲很少享受过较长时间的和平。"近代欧洲是从战争的铁砧上敲打出来的。"在整个18世纪,欧洲战争连绵不断,其中主要的有西班牙王位继承战争、北方大战、奥地利王位继承战争、七年战争以及法国大革命时期的拿破仑战争。战争结束时交战国又签订了一系列的和约。这些和约主要是进行利益的再分配,但其中有的条款也丰富了近代国际法的内容。无论是用战争的手段还是用和平的方式,欧洲正在兴起的民族国家都在努力壮大自身实力,其结果是五强崛起,它们是英国、法国、奥地利、俄国和普鲁士。

第一节　威斯特伐利亚体系的建立

一、近代欧洲民族国家的形成

1. 英国

在地理位置上孤立于欧洲大陆之外的岛国英国,到16世纪下半期即伊丽莎白女王统治时期(1558—1603)已基本上结束了国内政治中因宗教原因引起的社会大动荡。在英国,既没有出现像德意志那样的对新教的狂热,也没有像法国那样坚定地反对宗教改革。英国走了一条相对折中的道路。伊丽莎白女王没有发动一场宗教战争就奠定了英国国教的基础。同时,她也拒绝与哈布斯堡王室联姻,以免哈布斯堡王室的政治势力渗入岛国。1588年,英国在海战中击败了称雄一世的西班牙"无敌舰队"。这是英国国内政治趋于稳定从而第一次向外部世界显示了自己的潜力的标志。1603年,英格兰与苏格兰正式联合,取得了政治上的进一步统一。

一个国家的政治发展与成熟是一个缓慢与渐进的过程。英国也不例外。17世纪上半期即斯图亚特王朝的詹姆斯一世统治时期,英国国内政治危机频频出现。国王与国会之间冲突加剧。中心问题是财政。自伊丽莎白女王去世以后这种冲突延续了40年。冲突达到无法调和的程度时便爆发了英国资产阶级革命。由于国内政治上的原因,英国在17世纪上半期无暇太多地顾及欧洲大陆上的事务。

然而,英国国内宗教信仰上的认同及政治上的统一,与欧洲大陆尤其是与哈布斯堡王室保持距离已经使英国以独立的姿态跻身于欧洲政治之中。这种独立姿态在英国的对外关系中表现得最为明显。

首先,英国在16世纪末至17世纪上半期始终将欧洲强国西班牙作为自己的首要敌人。英国不但在与西班牙的直接军事对抗中获胜,更多的是支持欧洲大陆上的荷兰与法国反对西班牙。对于当时的英国来说,虽然还未完全形成它日后关于保持欧洲大陆均势以利自身安全的明确概念,但是伊丽莎白一世已经意识到在强敌西班牙面前,法国的没落即意味着英格兰的噩运。因此,英国对欧洲大陆上的纷争始终是密切关注的。

其次,英国的崛起还表现在它已经以海洋作为自己的扩张目标。进入17世纪以后,英国已越来越显示了自己作为未来海洋大国的潜力。到17世纪中期,英国的军舰数量已经从1640年的39艘剧增到1651年的80艘。它的目光已经扫视着大海以及更远的"新大陆"。这不仅反映了英国的独立姿态与扩张的对外政策,同时也孕育着英国在海上与一些老牌海上帝国如西班牙、荷兰的矛盾与纷争。

总之,在17世纪开始时,英国已经使它的主要对手西班牙感到恐惧。西班牙的统治者们甚至发出了这样的惊呼:"让我们与整个世界去打仗,但要与英国保持和平。"①

2. 法国

法国的自然地理条件与英国不同,它是一个大陆国家。在16世纪末17世纪初,就其政治版图而言,它已不同于东邻的德意志和东南方的意大利。从整体上说法国已基本达成政治统一。它西临大西洋,东及莱茵河区,东南与西南方各有阿尔卑斯山和比利牛斯山为屏障。全国奉行天主教。但是,法国国内的胡格诺教派对法国统治者来说是一股强大的反对力量。

亨利四世(1589—1610)登上王位以后,法国开始在与哈布斯堡王室的争斗中扩张自己的大国地位。亨利四世努力安定国内矛盾,安抚胡格诺教徒,将打击哈布斯堡王室作为法国的主要目标。他的外交无处不在。在意大利、萨伏伊、马德里,法国都与占着当地统治地位的哈布斯堡王室为敌。

1610年,亨利四世遇刺身亡。继他之后真正控制了法国政局的是担任法国国王路易十三宰相的红衣主教黎塞留。黎塞留的政治宗旨是:摧毁胡格诺教派的反对势力;贬低贵族与教士阶层的地位;增强王权;让法国王室的威信名扬四方。②1614年,黎塞留这样写道:"国王是国家主权的公认的代表,是上帝赋予他这样的权力。"③当时的法国正处于从封建阶段向近代意义上的国家的过渡之中。由于传统的影响,贵族与教士们仍享有很大的特权。为了巩固王权,削弱贵族与教士的势力,实现自己的政治目标,黎塞留提出了著名的政治主张:"国家利益高于一切。""国家"观念被一再强调。在现代法语中,普通名词"国家"的第一个字母常以大写形式出现,以显示其重要性。

在对外关系中,黎塞留继承了亨利四世的政策,即全力打击哈布斯堡王室。黎塞留担任法国宰相的时期,正是欧洲三十年战争时期。黎塞留先是支持瑞典、荷兰等新教国家与哈布斯堡王室统治下的神圣罗马帝国作战,后来直接将法国引入了战争,黎塞留于1640年去世。他的继承人马扎林继续了法国这一既定政策,在三十年战争结束时巩固了法国的大国地位。

3. 德意志与哈布斯堡王室

16世纪与17世纪交替之际,地处欧洲中部的德意志还远不是一个统一的国家。1517年马丁·路德的宗教改革向神圣罗马帝国提出挑战以后,德意志被宗教改革的浪潮分成了许多小邦。地方诸侯割据一方,不断地扩张着自己的势力,诸侯之间的纷争使德意志战乱连绵不已。

神圣罗马帝国皇帝查理五世(1519—1555年在位)是哈布斯堡王室的嫡传。他曾企图镇压路德派新教徒在德意志的反对势力,但终因德意志北部新教诸邦、法国甚至教皇的反对而宣告失败。1555年签订了《奥格斯堡和约》,和约使德意志境内的宗教纷争暂告段落。新教与天主教形成了势均力敌的局面,查理五世亦宣告引退。但是,哈布斯堡王室的力量仍直接控制着奥地利、捷克和西班牙。

1576年哈布斯堡王室的鲁道夫二世任神圣罗马帝国皇帝。他本人懦弱无能,但却想仿效查理五世用武力来镇压德意志信奉新教的诸侯,这引起了新教诸侯的反抗。这种反抗发展到17世纪初已使新教诸侯连为同盟一体。

17世纪初,当德意志新教同盟与神圣罗马帝国皇帝的矛盾尖锐化时,斗争的格局已不再是德意志境内的问题。矛盾的性质也不纯粹是一个宗教问题。德意志的周边已有一批力图不断扩大自己势力的国家如法国、瑞典、荷兰等等。它们为了各自的国家利益都不能坐视神圣罗马帝国与哈布斯堡王室对德意志新教同盟的镇压。当时德意志的形势是,一方面新教诸侯要与神圣罗马帝国皇帝及哈布斯堡王室决一雌雄,而另一方面,周边各国也想利用欧洲腹地这一政治分散、争斗不已的局面来打击神圣罗马帝国,扩展自身的力量。

4. 瑞典、荷兰、西班牙与意大利

16世纪中期以后,瑞典在波罗的海崛起,但与欧洲其他一些大国相比,它的自然条件与经济实力都处于劣势。1611年,有"北方之狮"之称的古斯塔夫·阿道尔夫二世(1594—1632)成为瑞典国王,他开始进行一系列的改革。首先,他坚持以新教教义立国,使国内政治派别迅速统一。其次,他推行了一套有效率的官僚制度,使国家行政能力为之加强。他重视教育,曾下诏令说:"学校最主要的任务是教育青年不要对自己的国家怀有自卑感,而去欣赏外国的一切,以致怀疑自己从事伟大事业的能力。"他要求学生不仅要学习神学,而且应学物理学、天文学和政治学。④古斯塔夫二世最卓有成效的改革是在军事方面。在他的领导下,瑞典军队的战斗能力与素质在当时的欧洲堪称一流。这在后来的三十年战争中得到充分的体现。瑞典与亦想称霸波罗的海的俄国、波兰都不断发生冲突,但在17世纪初,它的主要敌人仍是企图称霸全欧的哈布斯堡王室。这个最主要的矛盾使瑞典积极地介入了三十年战争。

荷兰又称联合省共和国。它原属尼德兰,受西班牙哈布斯堡王室的统治。到 16 世纪后期才摆脱了哈布斯堡王室成立了独立的国家。在与西班牙斗争的过程中,荷兰始终得到英国在暗中的津贴与军事援助。荷兰一度在贸易、金融、工业方面迅速发展,它在海外的扩张远及非洲、南美洲、印度洋和远东,并在世界各地建立起一批殖民点。阿姆斯特丹一度成为国际金融中心,同时吸引了大批欧洲的能工巧匠。由于历史的原因与现实的利益,荷兰在欧洲政治中站在支持新教同盟反对哈布斯堡王室的一方。

17 世纪初,西班牙已经结束了它的鼎盛时期。1588 年,它的无敌舰队在与英国的海战中惨败,敲响了它的海上霸主计划的丧钟。几乎在西班牙与英国争斗的同时,尼德兰发生了资产阶级革命。荷兰摆脱了西班牙的统治成立了独立的共和国。这使西班牙国库原有的财政收入大受影响。除了如孪生兄弟一般的奥地利哈布斯堡王室的支持之外,西班牙面临着几乎所有的欧洲主要国家的敌视与挑战。1600 年时,西班牙还企图保持海上第一强国的地位,因为它的商船船队仅次于荷兰,它的联合海军力量则比英国与荷兰都要强大。但是这种情况并未维持很久。西班牙的衰落是有许多原因的。17 世纪初的西班牙已走进了一个自相矛盾的境地之中。连年的战争消耗使西班牙国库入不敷出。正如一位历史学家所形容的:"它贫穷的原因是因为它太富有了,它拥有无数金银而实际上它一无所有。"⑤在欧洲近代史上,西班牙的衰落是相对另一批国家如英国与法国的兴起而言的。

意大利在 17 世纪初也处于政治上极不统一的一盘散沙状况。在衰落与兴起的大国行列里几乎找不到它的位置。此处要提及意大利,是因为在欧洲近代民族国家形成过程中伴随出现了近代民族国家之间的外交。意大利的外交家在这一方面的贡献甚至可以追溯到文艺复兴时代。正像影响了欧洲政治几百年的马基雅维利理论诞生于文艺复兴后期的意大利一样,意大利的外交家们很早就提出了近代外交的理论:"一位大使的首要任务是和服务于政府部门的其他人员完全一样的。那就是他所做、所说、所建议的一切都要最好地为他自己的国家的生存和发展服务。"⑥17 世纪的欧洲外交家们都力图身体力行这一文艺复兴时期的观点。在近代欧洲民族国家的形成过程中,近代欧洲外交起了促进的作用。

5. 波兰与俄国

17 世纪初,波兰—立陶宛联合王国是东欧斯拉夫民族中最重要的国家,人口仅次于莫斯科公国。在联合王国内,波兰人占人口总数的半数以下,其余是白俄罗斯人、乌克兰人以及非斯拉夫民族的立陶宛人、日耳曼人和犹太人。与西欧的一些主要民族国家如英、法等国不同,波兰王权软弱,经济落后。在宗教问题上,波兰的反宗教改革派占着优势。他们拥护罗马教皇,反对新教。在对外关系上,波兰始终与莫斯科公国和土耳其奥斯曼帝国为敌。它曾经长期对莫斯科公国与东南方的鞑靼人、哥萨克人部落用兵,企图抵制俄罗斯和土耳其的势力。1618年,莫斯科公国不得不割让斯摩棱斯克等地给波兰,这引起了俄罗斯人对波兰的强烈仇恨情绪。当波兰将对外政策的重心放在东南方时,北方的瑞典在古斯塔夫二世的率领下进攻波兰。波兰无力还击。欧洲三十年战争爆发后,英法为了使瑞典军队在德意志发挥作用,出面调停,才使瑞典与波兰达成停火。波兰与瑞典的战争削弱了波兰的地位。到欧洲三十年战争结束时,波兰在欧洲政治中的地位更下降了。

波兰将它的战略重心放在东南方对付莫斯科公国与土耳其奥斯曼帝国,无暇顾及北方,这给波兰以及波罗的海地区的国际关系带来深远影响。除了瑞典的胜利之外,在波兰的西侧还巩固了勃兰登堡的霍亨索伦王室在普鲁士的地位。波兰的衰落与周边强国的兴起在17世纪中已初见端倪,到18世纪则将有更为显著的变化。

1613年,米哈伊尔·费多罗维奇(1613—1645年在位)就任俄国沙皇。他是罗曼诺夫王朝的创建者。当时的俄国远离欧洲中心,经济落后,它与西部的波兰与瑞典这两个大国一直处于战争状态,南部则受土耳其奥斯曼帝国的牵制。1615年,瑞典国王古斯塔夫二世率领瑞典军队进攻俄国,俄国无力反抗,向英国求援。英国出于对自身在俄国的商业利益的考虑,遣使出面调停。俄国急于和瑞典实现停火是因为它更需要集中力量对付头号敌国波兰。1618年,俄国与波兰实现停火,俄国将西部边界的一长条领土割让给波兰。次年,沙皇米哈伊尔之父、大主教菲拉雷特从被俘地波兰回到莫斯科,与沙皇共掌大权。在他的领导下,俄国曾试图与英国结盟,但终因两国基本利益相差太远而未实现。俄国希望联英主要是出于政治考虑,而英国则关心它的商业利益。俄国遂将目光移向瑞典,试图利用瑞典与波兰的矛盾争取盟友。古斯塔夫二世也想利用俄国与波兰的矛盾为瑞典争霸波罗的海的目的服务。1631年,瑞典成为第一个在莫斯科设立长驻外交使团的国家。俄国对土耳其的外交则没有像对瑞典那样成功。因为对土耳其奥斯曼帝国来说,它比俄国更关心在亚洲的纷争,因而它更希望看到俄国与波兰相互争斗,两败俱伤。

总之,17世纪初的俄国在欧洲政治中还处于边缘地位。它的真正崛起并加入欧洲大国行列是在17世纪后期彼得大帝即位以后。

二、欧洲三十年战争(1618—1648)

1. 战争的起因和进程

1618年前,德意志境内的诸侯各邦已分裂成新教联盟与天主教同盟。前者拥护宗教改革,反对神圣罗马帝国与哈布斯堡王室的统治。后者拥立皇帝与哈布斯堡王室。两者的矛盾已达到不可调和的地步。神圣罗马帝国皇帝和哈布斯堡王室对新教徒与联盟采取高压政策,更使矛盾不断激化。

矛盾激化的爆发地点是捷克人与日耳曼人居住的波希米亚。它是奥地利哈布斯堡王室统治下的一块富庶的地区,对神圣罗马帝国来说至关重要。因为皇帝不仅每年从波希米亚征收大量岁入,而且波希米亚的国王是七位有资格选举神圣罗马帝国皇帝的候选人之一。正因为这种经济与政治的双重重要性,神圣罗马帝国皇帝鲁道夫和马希亚斯都力图保持天主教势力在波希米亚占统治地位。这激起波希米亚的新教徒的强烈反对。冲突不时发生。1617年,马希亚斯提名哈布斯堡王室的斐迪南作为波希米亚国王,斐迪南是一个著名的天主教义捍卫者,这引起了波希米亚新教徒的不满。1618年,新教联盟公开起义反对哈布斯堡王室。三十年战争由此爆发。在战争爆发之初,它带有强烈的宗教色彩。

欧洲三十年战争大致可分为四个阶段:波希米亚起义阶段(1618—1623);丹麦参战阶段(1624—1629);瑞典参战阶段(1630—1634);法国参战阶段(1635—1648)。

由于本书的重点不是在战争史,故重点放在欧洲大国相继卷入三十年战争的动机与后果方面。换言之,将着重叙述三十年战争时期的欧洲国际政治。

2. 三十年战争中的欧洲国际关系

在战争的第一阶段,波希米亚人拥立弗莱德里克为国王,以此对抗神圣罗马帝国皇帝与哈布斯堡王室。弗莱德里克是英国国王詹姆斯一世之婿。他曾犹豫是否接受这一王位并遣使赴英求教于詹姆斯一世。英国国王表示反对。但是,英王的意见还未来得及到达布拉格以前弗莱德里克已同意了捷克新教徒的请求并登上了王位。在维也纳的命令下,神圣罗马帝国军队向布拉格进发。1620年11月白山一仗只持续了一个小时,波希米亚军队大败。弗莱德里克被迫逃亡。他向各新教诸侯求援无效。詹姆斯一世亦反应冷淡。

维也纳军队的胜利不仅仅反映在波希米亚战场上。哈布斯堡王室在欧洲的其他势力也趁机扩大自己的影响。西班牙哈布斯堡军队与巴伐利亚哈布斯堡军队成功地占领了莱茵河两岸。这样,由西班牙通往荷兰的道路打通了。这对法国构成了战略威胁,因为法国一直设防企图阻止西班牙得到这一通道。

在哈布斯堡王室的胜利面前,德意志新教诸侯不得不觅求新的支持者。英国很难有所作为,荷兰被西班牙牵制。丹麦与瑞典这两个新教国家便成为德意志诸侯求援的主要对象。瑞典与丹麦对哈布斯堡王室不满;对拯救新教事业怀有同样的热忱;对扩展自己在欧洲的势力具有同样的宏愿;然而它们自身又是争霸波罗的海的敌手。瑞典控制着东波罗的海地区。丹麦的势力则在波罗的海西部。两国曾在1611年为争霸而开战。当德意志新教诸侯败于哈布斯堡王室时,瑞典正被与波兰的战争牵制。于是,丹麦率先一步介入了欧洲战争。

丹麦军队在战场上遇到的是神圣罗马帝国的杰出将领华伦斯坦。1629年5月22日,丹麦不得不在吕贝克正式与华伦斯坦议和。丹麦愿放弃一切对德意志领土的要求,只占有石勒苏益格与荷尔斯泰因一部分。华伦斯坦不要求丹麦赔款,并力图说服神圣罗马帝国皇帝斐迪南二世(1619—1637年在位)接受这一宽容丹麦的条款。当时的欧洲国际形势是,瑞典在英法的调停下,已结束了与波兰的战争,正将主要目标向德意志战场转移。维也纳方面不得不对此保持高度警惕。

1630年7月4日,当古斯塔夫二世率领军队在德意志登陆时,这位年仅35岁的领袖已经做了19年的瑞典国王了。他在与邻国波兰、丹麦、俄国的作战中屡屡取胜。历史学家们形容他"从不在房内安寝,总是在征战的船上或帐篷内"。1630年夏天,他做了著名的讲演:"我愿普通农民们的牧场草地能长青如茵;愿他们的土地能百倍伸展;他们可以粮仓丰满,丰衣足食。"次日他便率领瑞典军队去"拯救德意志的新教徒事业"了。⑦

瑞典的参战使欧洲三十年战争掀开了新的一页。当时,为神圣罗马帝国皇帝屡建战功的华伦斯坦已受谗遭贬,但德国新教徒诸侯们也不积极支持瑞典国王的军事行动。古斯塔夫二世在开始参战时几乎是孤军奋战。然而他很快就得到了黎塞留的支持。1631年,瑞典与法国签订了一项五年协议。法国向瑞典提供经济援助,并支持瑞典在海上尤其是在波罗的海的自由行动。很显然,在哈布斯堡王室的威胁下,黎塞留坚定地执行联合瑞典反抗哈布斯堡的政策。在法国的支持和瑞典军队的胜利面前,德意志新教诸侯也纷纷改变了原来的消极态度。瑞典军队屡战屡胜,但古斯塔夫二世没有直接去攻打神圣罗马帝国与哈布斯堡王室的政治中心维也纳。他挥师向西,占领了一系列天主教诸侯的领地,并逼近法国边界。这一行动引起了黎塞留和法国的不安。1632年,瑞典军队在吕岑一战中大败哈布斯堡军队,但古斯塔夫二世亦在这次战斗中阵亡。此后,瑞典军队的战斗力大受影响,终于在由西班牙哈布斯堡王室和奥地利哈布斯堡王室联合的诺德林根战役中大败。原来已受重创的神圣罗马帝国又得到恢复元气称霸欧洲的机会,抵制与改变这一局面的只有法国了。

1635年,黎塞留正式向奥地利哈布斯堡王室宣战。他的目标很明确,即狠狠打击哈布斯堡王室,使之不再成为法国扩张的威胁。法国的参战受到瑞典、荷兰以及德意志新教诸侯的拥护。这时西班牙已为内乱困扰。尤其葡萄牙于1640年开始摆脱西班牙的统治,使西班牙军队的战斗力受到影响。1643年法军大败西班牙军队。西班牙从此一蹶不振。在这一局面下,神圣罗马帝国皇帝斐迪南三世(1637年即位)不得不下令和谈。瑞典此时也支持和谈。荷兰在法军大败西班牙军队以后,已意识到法国将成为荷兰的主要威胁,无意再支持法国继续作战。连罗马教皇都不再支持黎塞留的继任者马扎林。这样,实际上从1641年开始,谈判就在断断续续的进行之中了,但不是正式的和会,因为战斗一直没有停止。

3. 威斯特伐利亚和会

1644年,和会正式开始,它分别在德意志的威斯特伐利亚的两个城市进行。在闵斯特谈判的是奥地利哈布斯堡王室、天主教同盟诸侯和法国。在奥斯那布鲁克谈判的是神圣罗马帝国皇帝、德意志新教诸侯和瑞典。欧洲的主要国家几乎全部派出代表参加,只有英国、波兰、俄国与土耳其除外。英国国内当时已爆发了资产阶级革命与内战,无暇外顾。波兰、俄国与土耳其则陷在它们之间的纷争之中。

和会开始时,各国代表用了许多时间争论席位问题与代表的权限问题。法国与瑞典的大使明确宣布,它们不能与皇帝单独媾和,新教诸侯都应当在和会上有一席之地。过了8个月之后,皇帝才作出让步,同意了这一条件。

《威斯特伐利亚和约》于1648年10月24日正式签订。它的主要内容是:(一)每一个德意志诸侯国都享有主权,可以单独宣战与媾和。(二)阿尔萨斯(斯特拉斯堡除外)割让给法国;梅斯、土耳与凡登三个主教区归属法国得到进一步确认。(三)瑞典得到了波米瑞尼亚等地,从而控制了德意志三条主要河流的出海口。这三条主要河流是威塞河、爱珀河与奥德河。实际上,瑞典控制了波罗的海与北海沿岸。(四)法国与瑞典通过领土扩张,可以在任何时候干涉德意志事务。(五)荷兰与瑞士获得完整的主权,摆脱神圣罗马帝国而真正独立。(六)卡尔文教派与路德教派应享有同等的权利。同时,在帝国法庭上,天主教与新教的法官应人数相等。

威斯特伐利亚和会成为近代国际关系史和近代欧洲外交史的开端。它显示了一项重要的原则,即各国无论大小,无论是战胜国还是战败国,都能以主权国家的身份派出代表参加国际会议,解决国际争端。这打破了神圣罗马帝国凌驾于诸侯各国(无论是天主教还是新教)之上的局面。威斯特伐利亚和会的召开和和约签订本身也推动了近代国际法发展。

欧洲三十年战争是以宗教因素为起因的,但是很快就发展成欧洲各国出于自身利益而厮杀的一场实力较量。《威斯特伐利亚和约》的表面成果是法国和瑞典扩大了自己的势力,在欧洲国际政治中争得了更大的发言权,神圣罗马帝国的统治实际上已经结束。哈布斯堡王室受到严重打击。新教力量进一步增长。但是,欧洲三十年战争与威斯特伐利亚和会的深远影响在于它们推动了欧洲近代民族国家的发展,增强了各国的主权意识,王权进一步代替了神权。各国都要捍卫自身的国家利益。和会只是暂时结束了三十年战争,欧洲呈现出更为复杂的政治局面。

三、17世纪后半期的欧洲国际关系

1.《比利牛斯条约》(1659)

《威斯特伐利亚和约》签订之后,法国与西班牙的对抗仍在进行。马扎林在威斯特伐利亚和会进行时便有如下设想:"占有西班牙的荷兰对巴黎来说至关重要。法国的边界应当延伸到荷兰。而在德意志这一边,莱茵地区也是令人担忧的。洛林和阿尔萨斯都关系到法国的安全。"《威斯特伐利亚和约》签订后,法国实现了它的主要目的,但德意志诸侯对法国势力的扩张亦感到不安。西班牙虽受打击,但并不放过利用法国与诸侯的矛盾继续与法国作战的机会。因此法、西战事不断。在开始阶段西班牙占有一定的优势。1654年以后,战场形势开始向有利于法国军队方面转变。1659年11月,法国与西班牙签订了《比利牛斯条约》。条约共有124项条款,涉及政治、领土、王室关系诸方面。它的主要内容是:法国将其在加泰罗尼亚占领的部分地区以及在尼德兰和法兰斯—孔德的一些城堡还给西班牙,而西班牙则应永远放弃对阿尔萨斯的要求。

《比利牛斯条约》的签订进一步扩大了法国在西欧的势力。西班牙已不再是法国的主要对手。17世纪后半期以后,法国的主要对手是经历了国内政治动荡后趋于稳定的英国。

2. "光荣革命"和英国的对外政策

欧洲三十年战争后期,英国爆发了资产阶级革命。英国国内的政治动荡一直延续到17世纪80年代。复辟后的斯图亚特王朝发动了对荷兰的战争。在英荷战争中,英国一直保持与法国的友好关系并不断从法国国王路易十四那里得到暗中津贴。1685年,英国国王詹姆斯二世即位。他继续亲法政策,支持国内的天主教势力。詹姆斯二世的政策引起了英国国会与教会的强烈不满。主教们开始考虑借外部力量来改变英国国内的政治局面。他们向荷兰执政威廉发生了秘密邀请。威廉是詹姆斯二世之婿。他信奉新教,赞成立宪制度。1688年,威廉集结了由日耳曼人、荷兰人、瑞士人、瑞典人以及法国胡格诺派组成的军队渡海在英国登陆。詹姆斯二世逃往法国。威廉成为英国国王。这次事件是一次几乎不流血的政变。西方史称"光荣革命"。

从当时的欧洲国际背景来看,整个欧洲都知道威廉要干涉英国的计划,但几乎没有一种力量出来阻止威廉。新教国家支持威廉干涉,因为这样可以将英国留在新教阵营之内。天主教国家出于对法国称霸的恐惧,也希望威廉成功,从而可以分离英法,牵制法国。法国国王路易十四则不相信威廉的计划能够实现。他的设想是威廉的入侵必然会引起英国的内战,从而又使英国与荷兰再次卷入战争。法国届时可以乘机进一步向中欧扩张。

威廉成为英国国王之后,英国的对外政策发生了重大变化。它一改斯图亚特王朝时期的亲法路线,而将法国作为英国的首要敌人。此后,英国与法国的这一敌对关系贯穿了整个18世纪。

3. 欧洲的内战与和平

在实力的较量中,《威斯特伐利亚和约》与《比利牛斯条约》都反映了法国的崛起、西班牙的衰落。17世纪后半期,法国开始了有"太阳王"之称的路易十四执政时代。路易十四雄心勃勃,一心想在黎塞留、马扎林的对外政策基础上进一步推行扩张政策,实现所谓法国的"天然疆界"的宏大计划。为此,他一再破坏和约的规定,发动了一系列的侵略战争。1665年,路易十四发动了夺取西班牙所属尼德兰之战。1672年,他开始对荷兰用兵。1681年,他攻占斯特拉斯堡,公然破坏《威斯特伐利亚和约》的规定。在法国咄咄逼人的扩张与企图称霸欧洲的情况下,一个反法大同盟组成了。西欧国家几乎全部都参加了这一同盟,包括神圣罗马帝国、西班牙、瑞典、荷兰、勃兰登堡以及完成了"光荣革命"以后的英国。实际上,从1685年开始,路易十四已面临全欧的抵制,难以为所欲为。1696年开始,路易十四不得不与反法大同盟各国签订了《杜林条约》《立兹维克条约》。根据条约,法国做出了重大让步。法国将在前几次侵略中夺得的土地归还原主;法国承认了英国"光荣革命"的成果,承认威廉三世为英国国王;法国将原西属尼德兰的一部分让给荷兰军队驻防。法国还在贸易条例上对荷兰与英国作了让步。

在路易十四对欧洲进行扩张的同时,在欧洲中部还进行着另一场战争即奥土战争。土耳其奥斯曼帝国虽已走向衰落,但它仍希望趁神圣罗马帝国面临法国威胁之机扩张土耳其的势力。1683年7月,土耳其出兵包围了维也纳。哈布斯堡王室面临与法国和土耳其东西两线作战的危险。奥地利在权衡了形势之后,将军事与外交重点仍放在西线对付路易十四。当各国的外交家们在立兹维克进行和谈时,波兰和萨伏依的军队又解了维也纳之围。土耳其不得不于1699年与奥地利签订《卡洛维茨和约》。土耳其将匈牙利归还给奥地利,并对波兰、威尼斯及俄国都做了让步。

17世纪后半期欧洲的战争、外交与和约缔结表明,1648年形成的威斯特伐利亚体系并不是一个固定不变的国际结构。实际上,它自形成之日起就从来也没有稳定过。各国从自身的实力与利益出发,总是企图改变原有的状态。典型的例子就是法国路易十四的扩张。但是,一旦这种情况出现,欧洲的其他国家便会联合起来进行抵制。其结果便是一轮新的实力较量与利益再分配。从这个角度来说,威斯特伐利亚体系是一个近代意义上的国际政治体系。它的成员是一批实力不等、相互制衡的国家。到17世纪即将结束时,民族国家的观念已开始扎根于欧洲政治之中。中世纪的神权开始让位给民族国家的主权。王室间千丝万缕的联系让位给民族国家间的关系,而在调整这种关系中起决定作用的因素是国家的实力。各国君主们都在为增强自身的实力而绞尽脑汁。他们建立自己的军队;健全官僚政治机构,包括外交机构;注意本国的经济发展。当他们认为本国已具备了强于他人的实力时,他们便用战争的手段来加快实力增长的速度与进程。而一旦在实力较量中失败之后,他们又以国际会议、国际协商并缔结和约的方式重新调整关系,保存自身实力。事实上,他们已经将格劳秀斯著近代国际法经典著作时提出的关于国家主权、领土等原则具体化了。当然,从严格意义上说,欧洲民族国家的普遍形成是在18世纪后期即法国大革命时期。关于这一点,我们在以后将会详细谈及。

4. 欧洲的扩张

自17世纪初开始,尤其是17世纪中叶以后,西欧向整个世界扩张。欧洲主要的扩张活动是建立殖民地,掠夺世界各地的资源财富,贩卖奴隶,进行宗教与文化渗透。西欧国家如西班牙、荷兰、英国、法国、葡萄牙等都在这一扩张中扮演了重要角色。

在非洲,西欧势力自直布罗陀一直延伸到南端的好望角。在亚洲,它们控制了印度的孟买和果阿,还对锡兰和菲律宾进行了实际上的控制。欧洲的影响还达到了中国的广东等地。在西半球,葡萄牙在巴西建立了据点,西班牙在墨西哥和加勒比海群岛扩大势力,英国、法国的影响从波士顿一直向北伸展到魁北克。仅以语言上的影响为例,在当时欧洲势力的扩张圈内,除了中国没有在语言上被同化之外,几乎其他所有地区都受到西欧殖民者的影响并沿用他们的语言至今。

17世纪欧洲扩张的后果之一是世界各地财富向西欧集中。这不但在很大程度上改变了传统的生活方式,而且逐步形成了一个世界范围内的以欧洲为中心的经济秩序。马德里、里斯本、伦敦、阿姆斯特丹、汉堡、哥本哈根等城市在这种经济关系中迅速地发展起来。

欧洲向世界扩张的另一个主要后果是引起了它们之间无休止的纷争。法国、葡萄牙、英国、荷兰等国都曾因殖民地的纠葛而相互开战。而后,在欧洲进行内战时,西欧各国在海外的殖民地利益也一再成为政治交易中的筹码。这一点在18世纪欧洲国际关系中明显地体现出来,并且一直延续到19乃至20世纪。

第二节 欧洲五强的崛起

一、1700—1740年的战争与和平

1. 西班牙王位继承战争(1700—1713)

到1700年时,西班牙一直是由哈布斯堡王室统治的。但是,西班牙国王于1700年11月1日去世,死后无嗣。法国国王、波旁王室的路易十四便于1700年11月24日宣布,由他的孙子菲利普继承西班牙王位。菲利普将不但成为西班牙国王,而且将继承全部西班牙的内外权益。这引起了全欧的警惕。因为这不仅仅是西班牙王位是由哈布斯堡王室掌握还是落入波旁王室之手的问题。对英国、荷兰来说,这还意味着西班牙原来在欧洲大陆与海外的利益将被法国独占。根据1697年签订的《立兹维克条约》,如西班牙王位继承这样的重大事件不能由法国一家决定,而应得到全欧的承认。如果菲利普继承西班牙王位,这将意味着波旁王室的影响将在欧洲大陆扩展到西属尼德兰,在海外则取得原西班牙拥有的大量殖民地利益。1701年9月7日,英

国、荷兰与奥地利结成同盟。大多数德意志诸侯国都因为惧怕法国和得到英国荷兰的重金收买而倒向同盟一方。哈布斯堡王室的神圣罗马帝国皇帝向法国宣战。长达十三年的西班牙王位继承战争由此开始。中西欧的大部分国家都卷入了战争。在战争进程中,形势对法国不利。虽然战争进行中曾几次出现和谈的机会,但都因同盟一方或法国一方坚持己见而未获成功。1711年,神圣罗马帝国皇帝约瑟夫去世,由他的兄弟查理继位。查理原是准备与菲利普争夺西班牙王位的。在这一新情况下,英国宣布不准备为恢复昔日查理五世的神圣罗马帝国而战。实际上英国是不愿欧洲大陆均势发生重大倾斜,和谈正式开始。

2. 北方大战

18世纪初,曾在欧洲三十年战争中称雄一时的瑞典王国已开始衰落。但是,它在北欧尤其是波罗的海地区还有相当的影响。瑞典的邻国都视它为敌,企图进一步削弱瑞典,扩充自身实力。这些邻国主要是波兰、丹麦和俄国。1700年,俄国向瑞典宣战。俄国、丹麦、萨克森和波兰结成同盟进攻瑞典。在战争初期,波兰和丹麦都遭到瑞典的顽强抵抗,瑞典军队在战场上节节取胜。波兰、萨克森和丹麦都因在战斗中屡败而退出了战争。

瑞典的真正敌手是沙皇俄国。1689年,沙皇彼得大帝即位。他曾亲自赴西欧考察并回到国内推行改革。彼得将俄国引进北方大战的目的是很明确的。他希望以此来打通波罗的海通道,使俄国走出闭锁于欧洲政治经济发展之外的境地从而与西欧有更多的商业和政治往来。彼得乘西欧各国忙于西班牙王位继承战争之机,与南方的土耳其达成妥协,进而将俄国主要兵力投入北方大战战场。在瑞典军队的败退中,俄军迅速占领了波罗的海沿岸各省,占领里加并进逼芬兰。彼得大帝创建的俄国海军控制了波罗的海沿海地区并不断向瑞典炮击。原来已退出战争的丹麦和波兰又重与俄国一起向瑞典作战。1720年俄军在瑞典登陆。1721年,和谈开始。

3. 《乌得勒支和约》(1713)、《赖斯塔得和约》(1714)与《尼斯塔得和约》(1721)

西班牙王位继承战争和北方大战的结果是签订了一系列的国际条约。它们主要是《乌得勒支和约》《赖斯塔得和约》《尼斯塔得和约》。这些和约形成了18世纪上半期欧洲国际政治中的一个条约体系。这一条约体系维持到1740年。在1721年至1740年之间,欧洲出现了一个短暂且不稳定的和平局面。

1713年,英国和法国在荷兰的乌得勒支签订和约。和约的主要内容是:

各国承认波旁王室的菲利普为西班牙国王;英国从西班牙取得直布罗陀这一战略要地,并获得在西班牙美洲殖民地专卖黑奴的权利。英国从法国取得纽芬兰、阿卡第亚和哈得逊湾等北美属地。奥地利从西班牙取得伦巴第、那不勒斯、撒丁和西属尼德兰。《乌得勒支和约》的签订使英国在海上和海外殖民地的势力大大增强。法国称霸欧洲的计划受到严重挫折。

《乌得勒支和约》的一个重要特点是它将"势力均衡"(balance of power)这一概念正式写进了条约。"势力均衡"的思想源于古典欧洲政治。在马基雅维利的时代,它只是一个被用来描述维持城邦之间和平局面的政治术语。在欧洲民族国家开始形成之后,尤其是在长期的战争较量中一方或几方很难完全置另一方于死地的多次政治实践之后,"均势"概念开始被欧洲政治家、外交家们普遍注意。以法律条文形式将保持欧洲"均势"写进国际条约,《乌得勒支和约》是第一次实践。从这一意义上说,它进一步发展了近代国际法的内容。

当然,"均势"本身只是一种政治家们设计的国际关系状态。自《乌得勒支和约》签订起,"均势"也只是被欧洲的几个大国所操纵。它们往往根据本国利益或求得一时的和平玩弄"均势游戏"。对小国与弱国来说则很难有"均势"原则可言。

奥地利神圣罗马帝国皇帝查理六世拒绝在《乌得勒支和约》上签字。他不能接受把阿尔萨斯交给法国,更不能容忍哈布斯堡王室在西班牙的权利受忽视。他坚持要重新谈判。1714年,《赖斯塔得和约》签订。阿尔萨斯仍归法国所有。但是,作为回报,法国将《乌得勒支和约》所规定的法国得到的莱茵河以东地区的利益重新交出。

《尼斯塔得和约》是北方大战正式结束的标志。瑞典丧失了它所有的波罗的海省份,只保留了芬兰的大部分地区。俄国是最大的受惠国。它占领了芬兰湾、里加湾、爱沙尼亚以及大部分拉脱维亚。从此,俄国开始在欧洲国际政治中发挥日益重要的作用。

二、奥地利王位继承战争和七年战争

1. 奥地利王位继承战争(1740—1748)

1740年,哈布斯堡王室的神圣罗马帝国皇帝兼奥地利国王查理六世去世。因无男嗣,故由他的长女玛丽亚·特莉萨继承王位。年仅23岁的玛丽亚·特莉萨面对着一个十分复杂的欧洲政治局面。查理六世在世时,因担心周边的欧洲强国进攻奥地利,曾于1713年起草"国本诏书",以此来肯定长女的合法继承权并要求欧洲各国君主的认可与签字。1740年时,形势发生了很大的变化。普鲁士、法国、西班牙、巴伐利亚、萨克森等国都借口反对"国本诏书"中规定的长女继承权。

在这些国家中,普鲁士的腓特烈二世(又称腓特烈大帝)首先发难。他的目标是占领奥地利的西里西亚。腓特烈二世也于1740年登上王位。在他做王储时,他研究诗歌音乐,热衷于与当时欧洲的启蒙思想家如伏尔泰等人交往,并写了批判马基雅维利政治观的政论篇章。同时,他与玛丽亚·特莉萨也保持着友好的关系。但是,一旦当他看到查理六世的去世有利于普鲁士的扩张时,他便毫不犹豫地决定占领富饶的西里西亚。他曾以这样的理由来说服持怀疑态度的部下:"西里西亚应当属于勃兰登堡王室。我们有精良的军队,他们能出其不意地以优势出现在欧洲其他强国面前。英国和法国是死对头。英国不应当因为我占领了西里西亚而感嫉妒,那不碍英国的事。荷兰也不会在意。我们可以保证阿姆斯特丹在西里西亚的债权利益。如果我们不能与英国和荷兰协调,我们可以和法国做交易,法国是不会坏我们事的,它愿意那老大帝国衰败下去。只有俄国会给我们找麻烦。但只要那王后活着,我们就可以去贿赂那些显贵大臣们。如她死了,俄国就会乱成一团无暇外顾。我们一定要在冬季到来之前先占领西里西亚,然后再开谈判。"⑧1740年12月,普鲁士出兵占领了西里西亚。奥地利还击。长达八年的奥地利王位继承战争爆发。在普鲁士一方帮助作战的有法国、西班牙、巴伐利亚、萨克森、那不勒斯、撒丁、瑞典等国。在奥地利一方则有英国、荷兰与俄国。普奥对抗很快就成为一场欧洲战争。英法对抗的战场不仅在欧洲本土,两国还在北美、印度和海上开战。1748年,交战各国停战并签订了《亚琛和约》。《亚琛和约》的主要内容是:玛丽亚·特莉萨的继承权得到承认;奥地利将西里西亚割让给普鲁士;法国将马德拉斯和敦刻尔克工事让给英国。

奥地利王位继承战争以后,普鲁士正式加入了欧洲强国的行列。同时,普奥、英法之间的关系更加恶化。

2. 1756年外交革命

1755年,曾任奥地利驻意大利、法国和尼德兰大使的考尼茨已出任奥地利宰相,协助玛丽亚·特莉萨处理外交事务。考尼茨具有丰富的外交经验。奥地利王位继承战争结束以后,考尼茨清醒地认识到西里西亚的丢失已使普鲁士成为奥地利的头号敌人。在德意志,普鲁士已一跃成为一个最强大的离心力量并开始与奥地利争夺德意志的领导权。在这种情势下,奥地利不应再循守旧式的外交方针,即与东面的土耳其和西侧的法国为敌从而受两线作战的威胁。奥地利的外交必须来一次大变革,争取法国与俄国,这样才能打击首敌普鲁士。这是1756年考尼茨所领导与组织的外交革命的基本背景和出发点。

考尼茨通过他的外交渠道,展开了各种秘密外交活动。他的主要目标是争取法国。法国被告知,在未来的法英冲突中,奥地利将保持中立。在开始阶段,法国曾表示犹豫。但是,1756年1月英普签订了威斯敏斯特协议。考尼茨抓住了这个机会。考尼茨在法国与俄国活动,故意向双方提供错误信息。他的目的不在于结成法俄奥同盟,而是奥地利分别与法、俄达成协议对付普鲁士。1756年5月,法奥结成防守同盟。考尼茨的外交活动从根本上改变了欧洲大国政治的战略布局。自黎塞留以来,法国的传统政策是削弱奥地利,但是考尼茨却成功地将这一传统转为法国支持奥地利。1757年5月,俄奥攻守同盟成立。条文规定,奥地利将向俄国提供财政津贴,然而事实上真正的财源来自巴黎。至此,在奥地利王位继承战争中以普法为一方、奥英为另一方的局面已演变成七年战争开始时以奥法对抗英普的新局面。在历史上,考尼茨领导完成的这一欧洲国际关系大改组被称为"1756年外交革命"。

3. 七年战争(1756—1763)

1756年8月29日,普鲁士的腓特烈二世向萨克森发起攻击,拉开了七年战争的帷幕。虽然英法之间与普奥之间的矛盾引起了这场战争并贯穿战争始终,但是交战双方的阵营组成已发生了变化。英国支持普鲁士,奥地利则倒向法国一方。必须说明的是,这种阵营只是一种松散的联合,因为各国的参战目的不尽相同。普鲁士并不像英国那样强硬地对待法国。它甚至试图与法国达成一定的妥协来对付奥地利。然而,英国外交的操纵杆掌握在政治经验丰富的庇特手中。他许腓特烈二世以重金来资助战争,腓特烈则希望英国舰队能出现在波罗的海,牵制住瑞典与俄国以减少普鲁士与奥地利作战的后顾之忧。庇特没有同意,而是迫使腓特烈接受英国津贴并允诺绝不在单独议和的协议上签字。

庇特在巩固了英普同盟之后,将作战矛头对准了英国的首要敌人法国。英国派出了庞大的海军舰队在北美、西印度群岛、印度等海外殖民地与法国作战。因此,七年战争的战场不仅在欧洲本土,而是延伸至西半球和印度半岛。

英法较量的结果是英国取得战场优势。在欧洲大陆战场上,虽然普鲁士曾一度受挫,但仍与奥地利打成了平手。1763年2月10日和2月15日,英法、普奥分别举行和谈并签订了《巴黎和约》与《胡勃图斯伯格和约》。

《巴黎和约》的主要内容是：法国放弃它在美洲的大部分属地，将加拿大和密西西比河以东的土地（新奥尔良除外）让给英国；在西印度群岛，英国从法国取得了特立尼达和多巴哥、格林纳达等；西班牙重得古巴，但将佛罗里达给英国。条约确立了英国在海上的霸权。

胡勃图斯伯格和约的主要内容是：普鲁士保持对西里西亚的占有，但必须支持玛丽亚·特莉萨之子约瑟夫当选为神圣罗马帝国的皇帝。在和谈之前，考尼茨曾准备了五种议和方案，但终于接受了对奥地利最不利的选择。普鲁士的大国地位进一步得到了巩固。

对整个欧洲国际政治格局来说，七年战争虽然调整了一些大国间的关系与它们各自的领土和海外利益，但基本上仍以保持欧洲大国"均势"结束。没有一个大国达到完全称霸的目的。争斗的结果是妥协，妥协则以牺牲小国与海外殖民地利益作条件与筹码。但是，在欧洲国际关系史上，这种"均势"实践进一步被理论化了。著名的瑞士国际法学者瓦特尔于1758年发表《万国法》(Law of Nations)一书。他在书中写道："欧洲已经形成了一个政治体系。在这一体系中，国与国被各种关系和利益牵制并组成一体。欧洲的各个成员国是独立的，但又在共同利益下联合起来，其目的是为了保持秩序，保障自由。这就是著名的'均势'原则得以发扬的基础。它的核心意义是妥善安排国际事务，没有一个国家能居于至高无上的主宰支配他国的地位。"⑨

三、18世纪后期的欧洲国际关系

1. 美国独立战争中的外交

17世纪中期以后，欧洲移民陆续开始在北美洲东部沿海地区定居并建起了居民点。这些移民主要来自英国、荷兰、法国、德意志及斯堪的纳维亚半岛国家。到18世纪中期以后，北美东部大西洋沿岸的十三个英国殖民点的商业与贸易迅速发展，但政治上仍是英国殖民地。英王乔治三世的高压政策引起了北美洲殖民地人民的强烈不满。1773年，波士顿发生了当地居民将英国东印度公司的三条茶船上的三百四十二箱茶叶倾倒在大海中的事件。这是北美人民要求摆脱英国统治的先声。1775年，波士顿附近的列克星敦正式爆发了反对英国的武装冲突，冲突迅速蔓延到其他地区。美国独立战争正式爆发。1776年7月4日，在费城举行的北美十三州大陆会议上通过了《独立宣言》，宣布脱离英国统治而成为独立的美利坚合众国。

由于美洲"新大陆"与它们的欧洲母国有着千丝万缕的政治、经济、宗教、文化的联系；由于欧洲七年战争和《巴黎和约》的直接影响；由于美国独立战争中的外交家们与欧洲外交家们的频繁活动,美国独立战争始终有欧洲国际政治斗争的复杂背景。

　　从欧洲方面来说,法国起了支持美国独立的关键作用。法国在七年战争中损失了大量利益,一直企图对英国进行报复。当列克星敦的武装冲突爆发以后,法国外交大臣弗琴纳便认为这是"对法国的绝好机会"。法国当时的方针是支持美洲殖民地独立,而不是利用这一机会从英国手中抢夺殖民地。法国认为美洲的独立会打击英国的经济贸易,法国应从中获利。1776年,法国国王路易十六签发了向北美抗英者秘密运送价值100万利弗尔军火的命令。不久,西班牙也作出给北美同样数量支援的决定。1778年2月,法美同盟正式在巴黎成立。法美相互保证支持对方在美洲的利益;法国支持美国独立;双方都保证不单独与英国缔结和约。法国正式参战打破了英国对美国的海上封锁。继法国之后,西班牙也于1779年加入对英战争。西班牙参战的主要目的是企图从英国手中夺回地中海的西部咽喉直布罗陀。荷兰虽然也随后加入对英战争,但没有起重要作用。在法国的怂恿下,俄国沙皇叶卡捷琳娜二世于1780年纠集波罗的海诸国宣布武装中立。英国至此在外交上全面孤立。

　　从新生的美国一方来说,积极的外交不仅为独立战争赢得了国际舆论和物质援助,还练就了一批出色的外交家。本杰明·富兰克林、托马斯·杰斐逊等是其中的代表人物。他们被美洲大陆会议选派为外交代表出使法国,在巴黎进行了出色的外交活动。而当独立战争接近尾声,英王乔治三世急于在巴黎和谈时,富兰克林等人不顾法国出于私利的干预和阻挠,显示了完全独立的外交风貌,及时与英国单独谈判。他们认为这直接关系到美国的国家利益。1782年9月,美英达成协议。英国承认美国独立,在领土划归上对美国做了重大让步。因此,在美国独立战争过程中,美国已从较高的外交艺术起点上介入了欧洲政治舞台。但是另一方面,美国国内也有一股强大的力量要求新生的美国超脱于"肮脏的欧洲国际政治"之外,这是美国国内政治中孤立主义思潮的发端。

　　2. 俄普奥三次瓜分波兰

　　波兰在17世纪时曾是欧洲的一个大国,但是到18世纪时,它已被称作"欧洲病夫"。它完全丧失了大国的地位甚至无力像奥地利那样努力维持昔日的光荣。波兰国内政治腐败,贵族之间争斗不已。1773—1775年的波兰王位继承战争说明了波兰已无力抵御外力的干涉。当时波兰议会选举一位波兰人做国王。俄国马上作出反应,派军队进攻波兰以示反对。奥地利亦进行动员。只有法国因与波兰有王室联姻关系,联合撒丁和西班牙对奥地利宣战声援波兰。战争持续了将近两年。当英国表示要干预后,法国才停战议和。在此期间,波兰本身只能坐视大国争斗而毫无作为。到18世纪后半期,波兰国内形势更加恶化。但它的近邻俄国与普鲁士却不断扩张领土而日益强盛。普鲁士从奥地利取得西里西亚以后,更加紧版图的统一。当时的东普鲁士尚在波兰王国境内。普鲁士急于打开通道使东普鲁士与勃兰登堡连成一片。为达此目的,就必须占有但泽(今格坦斯克)等地。俄国在18世纪中不但与瑞典、土耳其作战,在欧洲扩张,而且已将势力渗入广袤的亚洲地区。为了继续与土耳其作战,俄国亦急于得到波兰通道。俄国与普鲁士的咄咄逼人的扩张势头不仅使波兰感到无所适从,而且引起了奥地利的疑虑和不满。奥地利已丧失了重要工业区西里西亚,它不能坐视普鲁士无限止扩张。俄、普、奥三国在地理上对波兰的包围以及政治上对波兰的野心已使波兰完全陷入被动挨打的境地。在这样的背景下,俄普奥三国曾于1772年、1793年及1795年三次瓜分波兰。

1772年,普鲁士为了巩固对西里西亚的占领,联俄制奥,以波兰为侵辱对象,进行第一次瓜分。奥地利亦不甘落后,参与分割。俄国由于想推翻奥地利和土耳其于1771年缔结的防御同盟,同意奥地利的参与。俄普奥第一次瓜分波兰的结果是:俄国得到了第聂伯河以东地区;普鲁士占领瓦尔米亚等地;奥地利得到了加里西亚。波兰失去了三分之一的人口和领土。

1789年,法国大革命爆发。波兰爱国者受法国大革命的影响希望收复失地。1792年,俄军进入波兰。1793年,普鲁士借口防止法国大革命的蔓延,亦出兵波兰并占领了波兹南。俄普两国缔结了瓜分条约。俄国得到了乌克兰和立陶宛的一部分,普鲁士得到但泽和波兹南。俄普成约之后,通知了奥地利这一既成事实。奥地利因没有得到好处,因此一直在寻找报复的机会。

1794年,波兰发生起义。俄国立即进行武装干涉。普奥密切注视事态发展。普鲁士遂向华沙进军。叶卡捷琳娜二世秘密与奥地利签订了瓜分波兰的条约,然后通知普鲁士。可见,在1793年和1795年两次瓜分波兰中,俄国均起了关键作用。它先是联普制奥,而后又联奥制普。第三次瓜分波兰的结果是:俄国得到立陶宛等地;奥地利占领了克拉科夫和卢布林;普鲁士则得到了波兰首都华沙。

俄普奥三次瓜分波兰,是欧洲强国在扩张中玩弄强权政治和秘密外交,牺牲弱国利益的典型例子之一。曾是欧洲大国的波兰因内政不修,坐弱待毙,竟在强邻入侵之后一度从欧洲版图上消失。俄、普、奥三国的欧洲大国地位进一步得到了巩固。

3. 法国大革命与拿破仑战争时期的国际关系

1789年7月14日,巴黎人民攻占巴士底狱,拉开了法国大革命的帷幕。"自由、平等、博爱"的口号很快席卷全欧。整个欧洲都震惊了。英国首相庇特暂时按兵不动。普鲁士和奥地利先于1792年组成了同盟进攻法国。同年9月,法军在瓦尔密大败普军,不久又击退了企图以武力控制奥属尼德兰(比利时)的奥地利军队。普奥联军的失败,尤其是低地国家(荷兰、比利时)面临的紧急情况使英国下决心直接干涉。因为英国的传统政策是低地国家不得由敌对势力占领从而危及岛国的安全。1793年,庇特策动成立了第一次反法同盟。法国遭到了英、普、奥、西班牙、荷兰等多国围攻。此时,法国国内以罗伯斯庇尔为首的雅各宾派取代吉伦特派执政,扭转了不利于法国的战场形势。1794年7月,法国发生了推翻雅各宾派的热月政变。热月党人与普鲁士、西班牙分别签订巴塞尔和约。普、西两国分别退出对法战争。法国占领了比利时与荷兰。荷兰改称巴达维亚共和国。法国在争取了普鲁士与西班牙之后,集中力量同英国、奥地利、撒丁作战。3.8万名法军在拿破仑·波拿巴的指挥下,进军意大利,大败撒丁军队。撒丁退出反法联盟。拿破仑即向维也纳进军。奥地利被迫议和。至此,第一次反法联盟已完全失败。法奥和约的主要内容是奥地利退出反法战争;比利时正式割让给法国;法国控制德意志和意大利。法奥和约同时也埋下了下一次战争的种子。因为全欧都已清楚地看到,法国已不准备再受传统的"天然疆界"论的束缚。法国还要越过阿尔卑斯山对意大利实行扩张。

1799年,第二次反法联盟成立。由俄国将军苏沃洛夫指挥的俄奥联军在意大利打退法军。英军在荷兰登陆。同年11月,拿破仑发动了雾月十八日政变。他本人成为第一执政。在他的指挥下,法国在意大利、荷兰的失地又失而复得。与此同时,拿破仑许俄国以地中海上的马耳他岛,以此来挑拨俄国与英国的关系。当英国占领了马耳他以后,俄国不得不再次纠集波罗的海诸国对英国实行武装中立。并遣使去巴黎与拿破仑进行和谈。1801年,奥地利与拿破仑签订《吕内维尔和约》。和约不但再次肯定了1794年法奥和约的内容,还在承认法国周边一系列缓冲地区上对拿破仑做了重大让步。第二次反法同盟又告失败。

1802年,英、法、西班牙、荷兰等国签订了《亚眠和约》。和约规定,英国将近年来夺得的一部分殖民地交还给法国、西班牙与荷兰,只保留锡兰和特立尼达,并保证英军在三个月内撤离马耳他岛。法国撤出那不勒斯,并把埃及交还给土耳其。《亚眠和约》签订的背景是英国在外交上失去了俄、奥等盟国，陷于孤立，企图以和约形式来稍事调整。实际上，敌对的英法两国并无真正和平的诚意。因此，当英国新任驻法大使于1802年底去巴黎就职时，他所得的训令是对英军撤离马耳他一事不做任何明确表态。英国的理由是拿破仑已开了破坏《亚眠和约》的先例。拿破仑于《亚眠和约》签订后不久即吞并了庇蒙特和厄尔巴岛，侵入瑞士，并将势力扩伸到德意志。英国认为法国不遵守国际法协议，而拿破仑则认为他依据的是法奥《吕内维尔和约》。英法关系再度恶化，《亚眠和约》已成一纸空文。

1805年4月，英俄两国在圣彼得堡签订同盟条约，旨在建立第三次反法联盟。同年12月，拿破仑在奥斯特里茨战役中大胜奥俄联军。第三次反法联盟又告失败。奥斯特里茨战役以后，拿破仑与奥地利签订了《普雷斯堡和约》。其中主要条款是奥地利国王弗朗西斯二世承认巴伐利亚、沃腾勃格和巴登成为独立王国，自此奥地利在德意志原有的势力范围已丧失殆尽。久已名存实亡的神圣罗马帝国正式在欧洲政治舞台上消失。

《普雷斯堡和约》签订后，英国又策动了第四次反法同盟。参加国有俄国、瑞典、普鲁士。但拿破仑又一次粉碎了这一脆弱的同盟。普王腓特烈向法军投降。

在一连串的战场胜利中，拿破仑开展了积极的外交活动。法国支持建立了莱茵联盟，联合德意志诸小邦对抗德意志的两个主要国家奥地利和普鲁士。1807年，法国与俄国签订了《提尔西特和约》。法国同意俄国对土耳其领土的一些扩张要求；重建波兰，但改名为华沙大公国。法国还实行了矛头主要针对英国的大陆封锁政策。

拿破仑的这些外交措施都曾在一段时间内产生了作用。俄国同意助法，参加反英的大陆封锁。普鲁士丢失了一半人口和土地。拿破仑在取得这些战场与外交上的成功之后，他已全然不掩饰称霸欧洲的目的。他不仅自己于1804年加冕成为法兰西皇帝，1805年兼意大利国王，还将他的兄弟安排在荷兰、那不勒斯做国王。他在政治上称霸，军事上发动了一系列侵略战争，经济上限制欧洲贸易。这些措施引起了欧洲普遍的反法情绪。英国的传统政策是绝不容忍欧洲大陆上任何一强独霸欧洲，于是在1809年组织了第五次反法联盟。

1812年，拿破仑在粉碎了第五次反法联盟之后，没有乘胜进攻奥地利，却将攻击的主要目标转向俄国。这是拿破仑在军事战略上所犯的一个致命错误。法国的40几万军队虽然进入莫斯科，但得到的是一座空城。法军撤退。

俄国遂联合普鲁士并会同英国、瑞典成立了第六次反法同盟。法军在莱比锡战役中退却,反法同盟联军进入法国。1814年3月1日,英、俄、普、奥四国在法国城市肖蒙签订了《肖蒙条约》。英国外交大臣卡斯尔累在《肖蒙条约》的签订中起了主要的作用。签约国保证绝不与法国单独议和。《肖蒙条约》进一步发挥了"均势"思想。条款中写道:"同盟缔约国以维持欧洲均势为目标,以此来保障各国的安宁与独立并反对多年来蹂躏这一世界的侵略战争。缔约国之间庄严保证自签字之日起将以上目标持续二十年。"《肖蒙条约》以这一维持均势的原则主导了后来的维也纳会议和巴黎条约的实践。

1814年3月底,联军进入巴黎。几天之后,拿破仑被迫退位并被流放到厄尔巴岛。法国波旁王朝复辟。1814年9月,结束反法战争后的维也纳和会开始,会上列强发生分歧,致使拿破仑于1815年3月逃出厄尔巴岛,并集结旧部占领了巴黎,发动了"百日政变"。英俄普奥立即组织了第七次反法同盟。6月18日,由英国威灵顿公爵率领的联军在比利时滑铁卢大败拿破仑军队。拿破仑被第二次放逐。至此,法国企图彻底改变欧洲版图,以比路易十四更大的野心称霸欧洲的计划宣告全面失败。

拿破仑战争失败以后,复辟的波旁王朝曾于1814年5月30日与1815年11月20日与反法同盟签订了两次《巴黎和约》。曾在拿破仑时期当过外交部长、波旁王朝复辟后又任法国外交大臣的塔列兰在签订和约中利用各种外交手腕为战败的法国保留最大限度的利益。第一次《巴黎和约》的主要内容是:法国保持1792年时的领土疆界;法国承认尼德兰、德意志和意大利诸邦以及瑞士的独立;莱茵河成为自由航行区;英国将除了多巴哥、圣卢西亚和毛里求斯外的战时夺去的法国殖民地归还给法国;英国占领马耳他。第二次《巴黎和约》对法国十分苛刻。其主要内容是:法国保持1790年时的疆界,从而失去了一系列重要的战略据点;反法联军占领法国三至五年,由法国负担占领费用。法国将赔款七亿法郎。拿破仑在侵略战争中夺取的一切艺术品都将归还原主。

在长达十余年的战争中,与法国较量最坚决彻底的是英国。当时英国国内的工业革命已深入开展,钢铁、棉纺织业发展迅速,交通运输发达,在海上与在亚洲、欧洲、西印度群岛、近东、拉丁美洲等地都占有很大的贸易优势。有强大的国力作后盾,英国的目标是继续在世界扩张,与此同时保持欧洲的稳定。因此英国在打击拿破仑战争中是最坚定的,在战后欧洲均势建立上英国外交也起了关键的作用。

到拿破仑战争结束时,俄国已经完全改变了18世纪初偏处于欧洲东隅影响颇微的地位。北方大战使俄国得以在波罗的海称雄,而拿破仑战争结束时俄国已完全以欧洲大国的姿态在欧洲事务中发挥着举足轻重的作用。俄国的目标仍然是继续扩张领土,并为争取出海口而奋斗。

奥地利在拿破仑战争中几乎沦为法国的附属国。在反法联盟中,奥地利也是比较坚决的。然而奥地利的国力无法与英国相比,甚至也不能与战败的法国相比。奥地利如想保持自己的欧洲大国地位,只能依仗外交。在奥地利首相梅特涅一手组织的维也纳会议上,这一点得到了充分的体现。

普鲁士与其他欧洲大国相比,在反法联盟中一直显得优柔寡断。它实际上于1806年才正式进入战争,而直接结果是普军大败,普王投降,普鲁士成为法国的附庸。为了弥补战争的损失,普鲁士在和会上甚至提出瓜分法国。这遭到了其他各国的反对。但是在波兰—萨克森问题上,普鲁士则向俄国发难。

可见,在拿破仑战争结束时,反法联盟各国间已出现重重矛盾,这使法国外交在极端不利的条件下有了一定的回旋余地。

注释:

① J. R. 西雷:《英国政策的发展》,剑桥1922年版,第270页。
② 卡尔·弗雷特利克:《巴罗克时代:1610—1660》,哈珀与罗出版公司1952年版,纽约,第198页。
③ 同上书,第201页。
④ 朱庭光主编:《外国历史名人传(古代部分)》下册,中国社会科学出版社1983年版,第319页。
⑤ 《巴罗克时代:1610—1660》,第308页。
⑥ 加雷特·玛廷利:《文艺复兴外交》,休顿·米夫林1971年版,波士顿,第117页。
⑦ 《巴罗克时代:1610—1660》,第179页。
⑧ 戈登·克雷格、亚历山大·乔治:《武力与治国之术》,牛津1983年版,第20页。
⑨ E. 瓦特尔:《国家间的法律》,1758年,摘引自F.L.舒曼:《国际政治》,纽约1937年版,第47页。

思考题:

一、名词解释:
　　三十年战争　《乌得勒支和约》　北方大战　俄普奥三次瓜分波兰
二、问答题:
　1. 威斯特伐利亚和会在国际关系和国际法发展中的意义是什么?
　2. 试述法国大革命和拿破仑战争时期的欧洲国际关系。

第二章
19 世纪的欧洲国际关系

拿破仑战争结束之后,欧洲出现了近一百年的和平局面。除了在局部地区发生过战争以外,欧洲没有打过大仗。这是 19 世纪欧洲国际关系较之 18 世纪来说很不相同的一个特点。18 世纪欧洲多次战争和约中和国际法学者们倡导的"均势"原则到 19 世纪时已被欧洲的政治家与外交家们普遍应用。

法国大革命以后,民族意识得到普遍传播。在 19 世纪中,不仅欧洲大国强调国家利益,一些中小国家如意大利、希腊、匈牙利的民族主义亦不断高涨。他们或是起义,反抗外国统治;或是革命,成立独立的共和国。意大利和德国在 19 世纪中期之后得到了统一。这些现象在 18 世纪不曾出现,但却深刻地影响了 19 世纪的欧洲国际政治。

从国际关系或战争与和平的角度来看,19 世纪是欧洲比较和平的一个时期;而从民族主义高涨、国家的独立与统一以及革命的角度来看,19 世纪又是欧洲的一个不平静的时期。因本书的主题所限,我们现将重点放在对前者即国际关系和外交的介绍与分析方面。

第一节 维也纳体系的形成与解体

一、维也纳和会

1814 年 9 月,拿破仑帝国的失败已成定局。欧洲各大国都开始积极开展外交活动,计划重新安排战后的欧洲政治局面。奥地利首相梅特涅不失时机地将欧洲各国代表请到了奥地利首都维也纳举行了自1814年9月开始的长达10个月之久的维也纳会议。自威斯特伐利亚和会以来,维也纳会议是欧洲又一次重要的国际会议。除了土耳其奥斯曼帝国之外,所有欧洲国家都参加了会议。

一位著名法国肖像画家曾绘制了维也纳会议主角人物群体画像。他的作品被描绘成:"在画面的正中,那张漂亮的脸上呈现出洋洋自得的神采的人物是会议的主人,奥地利首相梅特涅公爵。在他周围是其他大国的代表:英国外交大臣卡斯尔累双脚交叉,一副不屑理睬的神气;而普鲁士国王腓特烈·威廉三世则忧郁地盯着这位英国人;俄国沙皇亚历山大一世身着戎装,他那肩章无比硕大地压在双肩,使人怀疑他是否还能从座椅中站起来。而法国代表塔列兰则瘸着腿,戴着极为糟糕地粉饰的假发,双唇下垂,满眼是讥讽与冷笑。在他们的身后则是满身勋章绶带的会议的次要角色。那些大使们,外交秘书们,军事顾问们,脸上一律带着鄙夷的假笑,似乎他们都参与密谋什么事但又都保证绝不披露。"[①]

维也纳和会表面上是歌舞升平,实际上英、俄、普、奥等大国就一系列的战后利益问题进行着秘密协商与争吵。帝王们"分配赃物和奖金,并商讨能把革命前的形势恢复到什么程度。民族被买进和卖出,被分割和合并,只要完全符合统治者的利益和愿望就行"。

大国争吵的集中点是波兰—萨克森问题。波兰曾三次被俄普奥瓜分,一度从欧洲政治版图上消失。拿破仑攻占华沙后又一度成立了华沙大公国。由于华沙在瓜分波兰中是普鲁士的所得,因此普王威廉三世要求占领"原地",而沙皇亚历山大一世则希望霸占波兰,提出将曾位于神圣罗马帝国东北部的邦国萨克森许以普鲁士,以交换华沙大公国。俄普两国因此在波兰—萨克森问题上发生了分歧。与此同时,俄普与奥地利的矛盾更为尖锐。因为俄普将其他国家尤其是奥地利撇在一边而单独商量波兰问题,这又引起了奥地利的强烈不满。梅特涅首先不愿北方的普鲁士强大从而在德意志发挥更大的作用。奥地利企图保持自己在德意志的领导地位。同时,奥地利对俄国也有很大顾忌。因为俄国一直标榜自己是斯拉夫民族的天然朋友,一旦俄国势力强大,必然引起奥地利境内民族问题的尖锐化。英国外交大臣卡斯尔累亦对沙皇亚历山大一世没有好感,英国的原则是抵制欧洲大陆任何一个大国力量过分强大。拿破仑被击败以后,法国暂时一蹶不振,奥地利和普鲁士都受到削弱。唯一咄咄逼人的是俄国。因此此时英国的首要反对目标是俄国扩张势力。英国由此站到了奥地利的一方。战胜国之间的矛盾已明显暴露。

法国外交利用了战胜国在波兰—萨克森问题上暴露了分歧与矛盾的机会。1814年12月,法国代表塔列兰与英奥秘密议和。1815年1月签订了秘密同盟条约。英奥法三国联合起来反对俄普的坐地分赃。这样,塔列兰不动声色地使战败国法国在和会上争得了与战胜国平起平坐的一席之地。除离间战胜国之外,塔列兰还提出了"正统原则",即欧洲应恢复法国大革命之前的秩序与君主制度。这一"正统原则"很快被梅特涅等人接受了。他们又提出了"补偿原则",即以领土补偿弥补旧日损失而巩固"正统"。

波兰—萨克森问题解决的结果是:普鲁士占领但泽与波兹南;奥地利占领加里西亚;其余部分组成波兰王国并由亚历山大一世兼任波兰国王。萨克森王国保留一部分领土,其余的五分之二领土割让给普鲁士;还将莱茵河左岸和威斯特伐利亚王国割让给普鲁士以作"补偿"。

1815年6月,维也纳和会通过了"最后议定书"。它的主要内容是:欧洲旧王朝普遍复辟。如法国、西班牙、那不勒斯都恢复了波旁王朝;奥地利得到加里西亚;奥属尼德兰(比利时)并入荷兰,奥地利得到意大利北部作为补偿;意大利和德意志在政治上仍处于极为分散和不统一的状态。瑞士成为永久中立国。

维也纳会议与威斯特伐利亚会议比较,在对欧洲的政治设计上,除了安排各国战后利益的相同点之外,还有一个比较明显的不同点,即梅特涅提出的保持"欧洲协调"的原则。这一点在肖蒙和约以前的欧洲政治设计中是不曾出现过的。梅特涅与卡斯尔累都是"均势"原则的坚定维护者。梅特涅与卡斯尔累从18世纪欧洲国际关系的经验教训中得出结论,即纯领土的重新分配并不是保持欧洲均势的最好办法。反之,它们可能导致更不平衡状态。他们看到利益的重新分配是暂时的,冲突时时可能发生。18世纪的欧洲思想家伏尔泰等人曾提出欧洲因为有共同的宗教,相似的历史,众多的联姻,应当成立欧洲联盟。对梅特涅和卡斯尔累来说,这无疑是过于理想化的。然而,定期举行外交大臣会晤,互通信息,则是达到欧洲协调的最好方式,因此,在维也纳和会以后,欧洲国际政治中又出现了一个新名词即"欧洲协调"。

二、"神圣同盟"与"门罗宣言"

在拿破仑战争以后的欧洲国际体系或称维也纳体系中,有两个同盟需要提及。一个是1815年9月26日成立的"神圣同盟",另一个是1815年11月20日成立的"四国同盟"。这两个同盟主要是针对由法国大革命所引起的欧洲革命的。1815年时的欧洲不同于1789年。法国大革命以后,革命思想广泛传播，动摇着欧洲封建王朝的统治。民主的口号深入人心，民族主义情绪高涨。仅以法国来说，虽然恢复了波旁王朝，但是法国大革命以来所建立的不少行政、法制制度都得以保持。欧洲的君主们便设计了这一同盟体系来对付欧洲国际政治中的新局面与新问题。

沙皇亚历山大一世是神圣同盟的主要发起者。同盟宣言主要强调俄、奥、普三国君主根据基督教义结成同盟，缔约各国君主"无论何时何地均应相互在经济、军事及其他方面互相援助"。此后，除英国、教皇和土耳其以外，所有欧洲国家都加入了这一同盟。

"四国同盟"由英国发起，英俄普奥四国参加。商定定期举行会议。1818年，同盟国在德意志的亚琛举行第一次会议，商量同盟国占领军从法国撤退的问题。俄、普、奥等国君主担心军队长期在法国驻守会受到法国革命思想的影响，同意撤军，并将法国拉入"四国同盟"遂成"五国同盟"，共同对付革命。

1820年开始，西班牙、那不勒斯、希腊都陆续发生了革命和起义。神圣同盟的为首国家俄、奥、普等国组织了特洛波会议（1820年10月）与莱巴赫会议（1821年1月），力主镇压革命。特洛波会议之后，奥地利出兵占领了那不勒斯。1822年10月，各国又在维罗纳举行会议，商定武装干涉西班牙革命。法国代表夏多勃里昂表示法国可以承担对西班牙的战争。维罗纳会议后，法军越过比利牛斯山进入西班牙，扶植西班牙的波旁王室复辟。

19世纪的30年代与40年代是欧洲革命高潮时期。革命首先在1830年的法国爆发，推翻了波旁王朝。1848年的欧洲革命更加波澜壮阔。长期名存实亡的神圣同盟无力再起任何作用，彻底瓦解，维也纳体系彻底解体。

需要指出的是，在神圣同盟早期，英国已明确地表示了不合作的倾向。英国代表在特洛波会议和维罗纳会议上都表示不干预那不勒斯和西班牙的革命。英国的态度与其外交大臣坎宁的外交政策有关。坎宁的目光不仅看到欧洲大陆，更注视着欧陆以外的大片原属西班牙的土地和利益。坎宁希望利用西属殖民地人民反对西班牙统治的机会，与美国合作，扩大英国在拉丁美洲的利益和影响。坎宁的政策在美国决策层引起强烈反应。1823年12月2日，美国总统门罗在致国会咨文中提出美国对外政策原则。他提出"美洲是美洲人的美洲"，宣布任何欧洲强国都不得干涉南北美洲事务。这一宣言后来被称作"门罗主义"。在美国外交史上，"门罗主义"成为一个里程碑。它明确向欧洲"旧大陆"宣告，美国将在拉丁美洲取代旧欧洲殖民主义者。美国当时立国仅四十余年，但已开始在外交上与欧洲列强正面抗衡了。

三、克里米亚战争与《巴黎和约》

俄国的几代沙皇都将寻找出海口作为俄国的主要战略目标。从地理位置上说,黑海海峡与君士坦丁堡对俄国来说至关重要。因为控制了海峡俄国舰队便可以自由地驶入地中海。俄国这一扩张目标的首要障碍来自土耳其。

1844年,俄国沙皇尼古拉一世访问英国。他的主要目的是想拉拢英国瓜分土耳其。俄国方面正式提出,一旦土耳其"崩溃",俄英两国应当一致行动来控制局面。在俄方致英方的一个备忘录中,沙俄政府提出在土耳其问题上,"俄国应当在陆路上有行动优势,英国则在海路上有行动优势";"如果孤军作战,无论俄国还是英国都可能会进入歧途。如果协同行动,双方就会真正得益。"应当指出,俄国在与英国商谈土耳其问题时表现出很大程度的一厢情愿。英方并未做任何明确的表态。而且,尼古拉一世完全凭借他的个人意向行事,以为他亲赴伦敦,与英国外交大臣会面并讨论了土耳其问题就取得了英方的默认。事实上,英国宪法的理论和外交传统是:"一切有关和平和战争问题的正式条约必须提交议会讨论。如果一个条约使英国对于目前尚未预见到的偶然事件负有作战义务的话,议会多半不能通过。"对于英国这一政治传统和立法程序,尼古拉一世并不懂得。但是他却认为这次访问是他日后在土耳其问题上行动的一张底牌。

1848年底,法国政局发生变动。路易—拿破仑·波拿巴当选为法国总统。他是拿破仑一世的侄儿。热衷于政治冒险。四年之后,他又宣布称帝,将法兰西第二共和国变成第二帝国。他自称为拿破仑三世。在马克思的笔下,他的上台正说明了"法国阶级斗争怎样造成了一种条件和局势,使得一个平庸而可笑的人物有可能扮演了英雄的角色"。② 为了稳住他在国内的统治,拿破仑三世极力扩大他在国际上的影响。1852年,"圣地"事件使他找到了借口,插足土耳其事务。

在基督教中,"圣地"是指耶稣诞生地巴勒斯坦的伯利恒教堂和耶稣墓地耶路撒冷。几个世纪以来,基督教的两大支罗马天主教与希腊正教都以此作为朝圣之处。"圣地"又在土耳其政治管辖内。为了"圣地"由谁掌管问题,天主教僧侣与正教僧侣之间经常发生争吵,史称"僧侣之争"。法国一向以天主教徒的保护者自居。拿破仑三世上台后,认为"圣地"问题关系到法国的国家荣誉,向土耳其苏丹施加压力,要苏丹给天主教僧侣以"圣地"掌管权。土耳其政府举棋不定,对法国施用两面手法。1852年4月,法国军舰"查理曼"号开抵君士坦丁堡,以武力向土耳其示威。

俄国一向以正教教徒的后台自诩。在土耳其问题上，尼古拉一世自恃与英国有过面议，所以在法国武力炫耀面前，俄国不能听之任之。尼古拉一世于1853年2月派缅什科夫使团前往君士坦丁堡。缅什科夫曾任俄国黑海舰队司令。他抵达君士坦丁堡后向土耳其苏丹提出俄国的强硬要求，即将"圣地"管辖权完全交给正教教徒；俄土成立防御同盟；土耳其境内的所有正教教徒都处于俄国沙皇的直接保护之下。

由于俄方的要求直接干涉了土耳其的主权，土耳其拒绝了俄方的提议。在土耳其的强硬态度背后主要有英法的假手。就英国来说，地中海、埃及、小亚细亚、两河流域已成了英国通向印度的理想通道，维持一个软弱的土耳其以稳定现状对英国利益至关重要。反之，如让俄国得手，地中海东部现状被破坏，则是对英国在东方战略的致命打击。就法国来说，拿破仑三世则竭力企图在东方问题上拉拢英国共同对俄。不仅如此，英法还极力以外交手段笼络奥地利、普鲁士以结成对付俄国的联合阵线。在土耳其问题上，奥地利、普鲁士态度亦不一致。普鲁士认为东方问题离自身利益甚远，并不关心。而奥地利则密切注视着俄国的动向，因为奥地利担心俄国的行动将危及奥地利在多瑙河流域的利益。

尼古拉一世在缅什科夫使团的强硬外交失败以后，便诉诸武力手段。1853年6月，俄国出兵占领了原属土耳其管辖的多瑙河两公国：摩尔达维亚和瓦拉几亚。英法迅速做出反应。英法联合舰队开进了达达尼尔海峡。10月，土耳其向俄国宣战。

战争初期，俄方暂占优势。11月30日，俄军在锡诺普全歼土耳其舰队。黑海顿成了"俄国的内湖"。1854年1月，英法联合舰队驶入黑海，遏制俄国攻打君士坦丁堡的任何行动。英法两国要求俄军立即撤出摩尔达维亚和瓦拉几亚，遭俄国拒绝。3月底，英法两国正式向俄国宣战。在英法看来，地中海东部的"均势"不容破坏，而"谁控制了君士坦丁堡谁就控制了地中海"。7月，面对土耳其的顽强抵抗和英法联合舰队的进攻，俄军撤出了摩尔达维亚和瓦拉几亚。俄军一撤，奥地利军队即开进了这两个多瑙河公国。奥地利这一举动得到了英法的认可。同时，英法决定彻底摧毁俄国的海上力量以确保地中海东部的现状稳定。1854年9月，英法联军在克里米亚半岛登陆。它们的目的在于攻取俄国黑海海军基地塞瓦斯托波尔。1855年1月，在加富尔领导下的庇蒙特（撒丁王国）亦参加了英法联军，赴克里米亚作战。在克里米亚，经过将近一年的战争，联军攻克了塞瓦斯托波尔。这时几方都无力继续这场旷日持久的战争。尤其是俄国完全陷于孤立，损失惨重。加之尼古拉一世暴死,亚历山大二世即位,希望早日议和。1856年4月,结束克里米亚战争的和约在巴黎签订。签字国有英国、法国、奥地利、普鲁士、俄国、撒丁王国和土耳其。

1856年的《巴黎和约》的主要内容是:土耳其帝国的领土完整受到欧洲列强(欧洲大国和撒丁王国)的共同监督;黑海中立化;多瑙河航行自由由列强共同监督;多瑙河各公国仍属土耳其管辖,但受列强的共同监护而非俄国的独家保护;塞尔维亚与土耳其的关系不变,但受列强的集体监护。同时和约还规定:土耳其将恪守其一贯原则,即外国战舰一律不准进入达达尼尔海峡和博斯普鲁斯海峡。

1854—1856年的克里米亚战争是一场欧洲大国乘土耳其衰败之机在地中海东部争夺霸权的战争。英国遵循其传统的外交原则,遏制了俄国向南扩张,保护了英国通向印度的通道。在1815年至1914年近一百年间,英国在欧洲地区大动兵力唯有这一次。然而,在克里米亚战争前的十几年中,英国曾在阿富汗、中国、印度、南非等地挑起战端以追逐英国的利益。在这一场大国角逐中,俄国不仅在军事上失败,而且在外交上陷于孤立。俄国沙皇对旧日盟友奥地利的背叛十分不满。俄国暂时处于战略守势。由于结束克里米亚战争的和会在巴黎举行,巴黎一时成为欧洲的政治中心。拿破仑三世亦以霸主自居。奥地利失去了俄国的支持,无力再干涉德意志和意大利的事务,这在客观上为意大利和德国的统一减少了障碍。对于这一新的欧洲国际形势,意大利的加富尔和普鲁士的俾斯麦等新一代欧洲政治家都看得十分清楚并决定不失时机地加以利用。

第二节 意大利、德国的先后统一及其影响

一、意大利的统一

梅特涅曾经把意大利称为"仅仅是一个地理上的名词"。到1858年时,意大利仍然处于四分五裂的状态。意大利半岛上分布着若干小国,没有一个政治上统一的意大利。在半岛的南部,是由波旁王室控制的那不勒斯和西西里。中部是教皇国。稍向东北方是由哈布斯堡王室控制的小公国托斯卡纳(首都为佛罗伦萨),莫德纳与帕尔玛。伦巴第和威尼斯则完全属奥地利,从法律上被认为是奥地利帝国的一部分。半岛的西北角与法国接壤的是庇蒙特,它与撒丁岛合称撒丁王国,由萨伏依王室统治。这些小国之间很少有正

常的政治经济往来,交通亦十分不便。

受法国大革命的影响,在意大利的知识界和进步中产阶级中逐渐产生出要求意大利统一的强烈情绪。他们意识到,一个统一的意大利将在政治上摆脱封建统治,在经济上促进商业贸易繁荣,甚至可以利用地理优势充当西欧与东亚间的交通枢纽,在世界事务中发挥作用。这种民族情绪的产生和发展的原因除了是受到欧洲革命的影响外,也是由于对奥地利哈布斯堡王室高压控制的不满。1815年的维也纳会议认可了奥地利在意大利半岛的特权,结果导致了意大利秘密社团蜂起,反抗奥地利的控制。其中最有影响的团体是由意大利革命家马志尼领导的"青年意大利"。

克里米亚战争期间,庇蒙特(撒丁王国)参加英法联军一方作战。正如它的首相加富尔所预料,庇蒙特在欧洲大国政治中争得了一席之地。外交的作用变得重要起来。加富尔参加了1856年的巴黎和会。当会议讨论到国际法在解决国际争端中的作用时,加富尔试探性地提出1821年奥地利对那不勒斯的干涉问题。虽然关于这一具体问题的讨论没有得到任何实质性的答复,但是加富尔已经利用国际会议的场合将意大利问题正式提到欧洲列强的面前。加富尔注意到,由于奥地利在克里米亚战争中表现得犹豫不决,不但引起了俄国仇视,也引起英法不满。奥地利在外交上的失分正好是意大利的机会。

1858年7月,加富尔赴法国与拿破仑三世会晤。拿破仑三世希望将奥地利的势力驱出意大利而由法国取代之。加富尔则想利用法国的支持反抗奥地利。双方达成了一项协议。协议规定,如庇蒙特与奥地利作战,它将得到法国的援助;如果庇蒙特取得胜利,它将取得伦巴第、威尼斯、帕尔玛、莫德纳以及教皇国的一部分;意大利将在教皇领导下成为一个联邦国;法国则将得到尼斯和萨伏依。在19世纪的欧洲外交中,这一协议不同于早期的欧洲国家间的防卫性协议。它几乎是一个战争协约,就在那一次会晤中,加富尔和拿破仑三世甚至想在地图上找到一个向奥地利挑衅的起事地点。

然而,形势并没有按加富尔与拿破仑三世在法国设计的那样发展。欧洲列强尤其是英国向法国施加压力。拿破仑三世准备要放弃这一协议。在庇蒙特几乎陷于孤立之时,奥地利却棋错一步。在拿破仑三世还未正式明确表示放弃与庇蒙特协议,奥地利也没有来得及与其他德意志诸侯结盟之时,奥地利向庇蒙特发出了最后通牒。1859年4月,奥军开始了军事行动。奥地利的盲动给庇蒙特方面提供了机会。庇蒙特即起应战。拿破仑三世亦派出法国军队声援。

战争之初,奥军接连取胜。但是,由加里波第率领的撒丁志愿军很快深入伦巴第发动起义。加里波第是忠诚的意大利爱国者,且英勇善战。他不仅在伦巴第节节取胜,并且于6月攻占米兰。这一系列军事上的胜利激发起意大利民族解放运动的热潮。托斯卡纳等地爆发起义,反对封建专制统治,要求在政治上与撒丁王国合并。在一个意大利国家即将出现之时,拿破仑三世犹豫了。因为这一前景会导致法国受普鲁士、奥地利和意大利的几方威胁。于是,法国秘密与奥地利议和,并于7月11日在维拉弗朗科停战。法奥秘密协议的主要内容是,伦巴第划归撒丁,奥地利势力继续留在意大利半岛。

当加富尔得知维拉弗朗科的停战消息后,他"发狂似的咆哮",并立即辞职了。拿破仑三世的背信弃义引起了意大利各地更加广泛的革命。加富尔控制了在意大利革命中很有影响的政治组织"民族协会"。1860年3月,托斯卡纳、帕尔玛、莫德纳与教皇国都并入撒丁王国。除威尼斯以外,意大利北部和中部实现了统一。

意大利的统一浪潮势不可挡。拿破仑三世纵然恐惧,也不敢以武力来逆转这一趋势。而且,英国明确表示了对意大利统一事业的同情。法国虽然取得了尼斯和萨伏依,但是削弱了与英国的关系。1860年春天,意大利半岛南部的西西里又爆发起义。加里波第率领远征军开赴南部援助起义者。加富尔对加里波第的军事胜利深感不安。他在给加里波第远征军军事援助的同时,又秘密遣使与那不勒斯的波旁政府进行秘密外交,策划南部与撒丁王国合并。加里波第虽在军事上不断取胜,他的部队开进了那不勒斯,但他的最高目标是意大利统一。他同意南部进行公民投票来决定是否与撒丁王国合并。1860年10月,那不勒斯、西西里等地的公民投票以压倒优势同意与撒丁王国合并并服从撒丁国王维克多·伊曼纽尔领导。1861年2月,在都灵举行了新意大利议会。除了罗马和威尼斯以外,意大利王国宣布成立。首都设在佛罗伦萨。

对于意大利的统一,英国表示欢迎。法国无可奈何,但以后的事实说明法意矛盾经常不断。受意大利统一战争影响最大的则是德意志和哈布斯堡王室。继意大利的统一之后,又一个政治统一运动在中欧掀起,这就是以普鲁士为首的德国统一。

二、普法战争和《法兰克福和约》

1. 普法战争爆发的背景

地处中欧的德意志在19世纪上半期只是一个松散的号称德意志邦联的政治结构。由几十个大小国家组成,其中较为强大的是普鲁士与奥地利。这个松散的政治结构使欧洲政治画面呈现出这样一幅图景,即外围国家如英国、法国等力量较为雄厚而欧洲中心地带较为薄弱。政治上的不统一是这种薄弱的主要标志。

这种状况到19世纪中叶以后发生了变化。1861年意大利的统一给德意志诸国,尤其是经济上比较发达的北方诸国以很大的影响。同年,在普鲁士,威廉一世即位。1862年,曾担任过普鲁士驻俄国与法国大使的俾斯麦出任宰相。在他们周围,还有隆恩、毛奇等军事将领。这一批人组成了普鲁士的权力中心。

1864年,普鲁士联合奥地利发动了对丹麦王国的战争。战争的起因是石勒苏益格、荷尔斯泰因问题。这是两个以说德语为主的公爵领地,后者还是德意志邦联的成员。丹麦王国于1863年吞并了这两个公爵领地。普鲁士认为这是公然违背1852年伦敦议定书的行为,战争的结果是丹麦大败,普奥取胜。1865年,普奥签订了加斯丁协定。协定规定,普鲁士将管理石勒苏益格,奥地利得到对荷尔斯泰因的行政管理权。然而,荷尔斯泰因是在普鲁士的属地之内,奥地利无法插手。这是俾斯麦借奥地利的国内困境而故意埋下的伏笔。普奥联合打败了丹麦,普奥之间的关系迅速恶化了。普鲁士开始筹划对奥地利的战争并做了充分的外交准备。普鲁士努力与俄国保持友好关系。1865年,俾斯麦又专程去法国拜访了拿破仑三世。他暗示说如果法国在未来的普奥战争中保持中立,法国可以得到莱茵河左岸的土地。拿破仑三世接受了这一诱惑。接着,普鲁士又与意大利谈判成功。

1866年6月,普奥战争开始。战争持续了七个星期。7月3日,普军在萨多瓦大败奥军,这是关键的一仗。8月23日,普奥签订了布拉格条约。条约规定,石勒苏益格和荷尔斯泰因归普鲁士所有,奥地利承认"没有奥地利帝国参加的新德意志组织",同意在美因河以北成立一个德意志国家联邦。1867年,北方德意志联邦正式成立。这是德国统一的前奏。

在德国的统一事业中,最大的阻力来自法国。拿破仑三世曾经同意在普奥作战时居守中立,是因为他希望这一战争可以持久地消耗普奥两国实力而法国从中渔利。然而萨多瓦一战出乎拿破仑三世的意料之外。自1815年以来,法国第一次感到普鲁士崛起的真正威胁。因此,寻找盟友,阻止德国统一便成为法国外交的主要目标。但是,法国试图拉拢俄国、奥地利和意大利的外交努力均以失败告终。不仅如此,法国的行动还引起了普鲁士的防范和注意。普鲁士在加紧外交活动的同时,特别注意自身军队的建设。军队进行了改革,增强了战斗力,同时还建立了一个受过严格训练的参谋总部。一位西方历史学家评论说:"普鲁士军队的参谋总部集结了一批训练有素、值得称羡的将才。与它相比,欧洲其他国家的参谋总部不过是一批值班军官组成的杂牌而已。"③

可见,在19世纪60年代中期,欧洲的政治地理正在发生急剧的动荡与变化。一个统一的德国正在孕育之中。这个国家将产生于欧洲的腹地并对整个欧洲的政治与战略关系产生不可估量的影响。为此,普鲁士的政治家、军事家们正尽其全力促使这一德国的产生。与此同时,一直在欧洲以霸主自居的法国也在千方百计地阻止这个德国的产生。双方都发动了全部的军事与外交力量。1870年的普法战争便是双方力量的一场总较量。

2. 普法战争的起因与进程

1868年,西班牙发生政变。波旁王室的西班牙女王伊莎贝拉二世被废黜下台。西班牙临时政府及议会通过议案,实行君主立宪。西班牙王位继承问题又一次被提出。法国和普鲁士都十分关注西班牙事务的变化。当西班牙临时政府选择了霍亨索伦王室的利奥波德亲王作为西班牙王位继承人后,法国和普鲁士做出了态度截然不同的反应。霍亨索伦王室是统治普鲁士的王室。对西班牙临时政府的选择,拿破仑三世坚决反对,而俾斯麦则极力赞成。俾斯麦劝说普王威廉一世答应西班牙的请求时说:"为了王室与政治的原因,请用最大的热诚接受。如果在法国的背后有一个对普鲁士友好的国家,它的政治价值是不可估量的。"④1870年7月13日,俾斯麦利用自普王威廉一世发来的"埃姆斯电报"之机,拉响了战争警报。他并没有更动电报原文,只是简化了一下,突出了一点:"在普王与法国大使之间再也没有任何可谈的了"。当报纸披露了电报内容后,普鲁士的民族主义被煽动了起来。人们在柏林街头狂欢庆祝。这一民众情绪的激烈程度同样出现在巴黎。7月19日,法国向普鲁士宣战。拿破仑三世亲自往前线督战,但是法国面对着一支经过改造与屡次炮火洗礼的普鲁士军队。战争进程大出拿破仑三世的意料之外。9月2日,法军在色当大败。拿破仑三世本人亦做了俘虏。

3. 《法兰克福和约》

法军在色当失败以后,普法战争并没有马上结束。法国临时政府外交代表梯也尔等人在欧洲奔走。希望大国出面调停,但各大国反应冷淡。1871年1月,威廉一世在巴黎凡尔赛宫的镜厅举行加冕礼,宣布登位,正式称"德意志皇帝"。

1871年5月10日,法德和约在美因河畔的法兰克福签订。和约规定,法国向德国赔偿战争款五十亿金法郎。和约中最重要的一条是,法国将阿尔萨斯、洛林两省割让给德国。这两者的战略地位十分重要,而且煤、铁矿贮量丰富。还在普法战争进行过程中,普鲁士方面就在策划吞并阿尔萨斯和洛林。

普法战争及《法兰克福和约》的签订不仅给法德两国,而且给整个欧洲带来了深远的影响。法国的复仇情绪普遍高涨。法国政治家甘必大指出,"我们现在是在进行一场暗中的战争。欧洲再没有和平,没有自由和进步。割让阿尔萨斯和洛林意味着在和平的假面目下无休止的战争"。战争与和约的更广泛的影响是欧洲旧的国际关系格局被打破。法国削弱,德国兴起。欧洲的一个外交官对此做了一个形象的譬喻:"从此欧洲少了一个女管家,来了一个男主人。"欧洲列强出于自身的利害考虑,做出了不同的反应。

英国在整个普法战争期间基本上是坐山观虎斗。格拉斯顿内阁当时更多地考虑的是英国国内的问题。沙皇俄国乘机单方面于1871年3月宣布废除黑海条约。列强在伦敦开会,承认了俄国的要求,但同时坚持保留各自所谓的"国际义务"。奥地利已于1867年与匈牙利组成了奥匈帝国。在匈牙利人看来,主要危险不是来自普鲁士,而是来自俄国。意大利是普法战争的直接受惠者。普法战争开始时,在罗马驻扎的法国军队因战争撤出罗马。法军在色当大败后,意大利军队占领罗马。罗马正式归属意大利并成为意大利的首都。至此,意大利的统一事业亦全部完成。

可见,围绕着普法战争的爆发与进程,欧洲大国之间的关系在通过改动领土、修改旧国际条款中不断调整。大国的政治家们信奉"实力政治",他们毫不掩饰自己的目标,并在争斗中寸土不让。普法战争后,跟之而来的是一个和平局面。但是,这一"和平"局面是一种武装和平。

三、"东方问题"

1. "东方问题"的历史背景

自14世纪和15世纪以来,土耳其奥斯曼帝国一直控制着联结欧、亚、非三洲的辽阔地区。在亚洲,它控制着小亚细亚、叙利亚等地;在非洲,它控制着埃及与北非海岸线;在欧洲,它控制着整个巴尔干半岛以及多瑙河流域的一些地区。这一疆域辽阔的土耳其帝国到19世纪时已面临着一系列的危机。严重的问题来自土耳其帝国内部。长期以来,穆斯林与非穆斯林的矛盾就非常尖锐。穆斯林是统治者,他们轻视非穆斯林,称他们为注定做牛做马的无人保护的游牧人。然而,被统治者的成分是相当复杂的。就土耳其奥斯曼帝国的欧洲部分来说,其中有对自己那曾创造过灿烂文化的祖先深深怀念的希腊人;有因祖先曾征服许多地方因而气盖一世的罗马尼亚人;有阿尔巴尼亚人;还有同属斯拉夫民族的塞尔维亚人,保加利亚人,波斯尼亚人和门的内哥罗人,等等。土耳其征服者与统治者们既轻视这些有着光荣的过去的民族,又没有任何措施使他们融合与同化。他们唯一的办法就是用高压的方法。被统治者仅有一点自己的行政设施,但没有权力。土耳其统治者可以随意抄没他们的财产,甚至在不信任时对他们任意屠杀。到19世纪初,塞尔维亚人、希腊人先后起义,反抗土耳其的统治。意大利和德国的统一进一步唤醒了东南欧、巴尔干半岛的人民的民族意识。他们渴求从土耳其帝国的压迫下解放出来。这一尖锐的矛盾状态被称作"东方问题"。1875年7月,在土耳其控制下的黑塞哥维那省爆发了起义,邻近的波斯尼亚省很快响应。起义的原因是农业歉收,而土耳其的税收又十分苛刻。这些在土耳其统治下的基督徒们忍无可忍。紧邻的塞尔维亚是一个榜样。黑、波两省的人民认为,同是斯拉夫民族,他们也要像塞尔维亚一样摆脱土耳其的统治。黑、波两省的起义很快就得到塞尔维亚、门的内哥罗和保加利亚的坚决支持。"东方问题"又一次尖锐化了。

2."东方问题"的外交背景

对19世纪的欧洲列强来说,黑海、地中海、巴尔干半岛以及1869年开通的苏伊士运河与它们的利益息息相关。英国最关心的是通向印度的航道。俄国关心黑海出海口问题。奥匈则要保护它在亚得里亚海的出海口和在多瑙河的航行权。因为有列强的觊觎,"东方问题"的外交背景就变得非常复杂。它的核心就是"对土耳其怎么办"。

恩格斯在1853年时就指出:"当英国和法国(在很长一段时间内甚至还有奥地利)在黑暗中徘徊摸索,想确定自己的东方政策的时候,另一个国家却更狡猾地超过了它们。这就是俄国。"[5] 19世纪70年代,在俄国统治集团内部更盛行着一种泛斯拉夫主义。俄国当时驻土耳其大使伊格纳底夫是泛斯拉夫主义的代表人物。他曾毫不掩饰地说:"俄国在近东的政策就是废除1856年的《巴黎和约》;直接或间接地控制博斯博鲁斯海峡和达达厄尔海峡;控制巴尔干半岛上斯拉夫人的解放事业。"在他看来,"俄国最主要的敌人是奥匈,俄国要制止奥匈在巴尔干的扩张从而成为黑海和巴尔干半岛的真正主人"。[6] 1874年2月,英国保守党在大选中获胜,狄斯累里内阁上台。1875年,狄斯累里政府利用埃及总督的财政危机,买下了苏伊士运河的大部分股票,将这一通向印度的命脉牢牢掌握在英国手中。在"东方问题"上,狄斯累里政府支持土耳其苏丹,反对巴尔干的民族解放运动。奥匈帝国在1866年的普奥战争以后已完全失去了向北扩张的希望。巴尔干半岛是它唯一可能扩张的地区。

在奥匈统治集团内部,有一部分军事领袖强烈主张吞并土耳其的黑塞哥维那和波斯尼亚两省,但外交大臣安德拉西则主张维持现状。

当1875年黑塞哥维那和波斯尼亚两省的起义爆发以后,欧洲列强基于各自利益进行了一系列的频繁活动。

首先是1875年12月30日的安德拉西照会。奥匈帝国外交大臣安德拉西担心事态扩大故先发制人。照会建议黑、波两省实行完全的宗教自由;废除苛税制;并建立一个由穆斯林与基督教徒联合组成的委员会监督条款的执行。安德拉西照会被列强所接受,土耳其苏丹也同意,但起义者坚决反对。

1876年5月13日,经俄国建议,俄、德、奥三国在柏林商谈,订立"柏林备忘录"。备忘录要点是:一、土耳其政府提供条件使难民重返家园;二、成立一委员会负责上项工作,并由一黑塞哥维那人担任主席;三、土耳其军队集中于一定的地点;四、基督教徒可保留武器;五、各国领事和代表进行监督。英国狄斯累里政府公开反对"柏林备忘录"。狄斯累里对英国维多利亚女王说,如果英国接受柏林备忘录,守卫君士坦丁堡的就将是俄国。柏林备忘录的失败是"东方问题"发展过程中的一个转折点。俄国外交大臣哥恰可夫被英国的反应激怒了,威胁要让事态任意发展下去。

3. 保加利亚起义和塞土战争

1876年春,当欧洲大国卷入黑波两省起义问题又毫无结果之际,当时土耳其在巴尔干半岛的另一个省份保加利亚又爆发起义。当地人民杀死了几个土耳其官员,土耳其出动大批军队开进保加利亚并进行屠杀。一个英国官员在目睹土耳其军队烧毁一个有七千人口的城市后向本国政府作目击者报告时说,"这一次屠杀杀死了当地居民约五千人左右"。⑦

保加利亚惨案震动了国际社会。国际舆论对土耳其的暴行一片谴责。6月,塞尔维亚与门的内哥罗正式向土耳其开战。围绕着巴尔干民族解放运动继续高涨的局面,列强的外交不再继续立足于维持现状的设想,他们开始转向如何坐地分赃的种种设想。列强的外交活动集中表现在1876年7月的俄奥《赖希斯塔特协议》、1876年10月君士坦丁堡国际会议与1877年1月俄奥《布达佩斯协定》上。

《赖希斯塔特协议》是俄奥两国外交大臣会晤后的一份秘密记录。双方达成一致的是如土耳其获胜,则基本维持领土现状。但是,如塞尔维亚获胜,俄奥对如何分赃的意见就不一致了。俄国方面的记录认为奥匈只能得到波斯尼亚与奥地利边界相接的若干地方,而奥匈的记录则表明除了划给塞尔维亚和门的内哥罗的有限土地外,黑、波两省的大部分地区由奥匈占有。

1876年10月,土耳其军队已逼近塞尔维亚首都贝尔格莱德。俄国向土耳其提出48小时最后通牒。要求休战六周。俄国的强硬态度使其他各国都紧张起来。英国向各国发出邀请,希望各国派出特使到君士坦丁堡参加会议,协商解决巴尔干问题。但是,土耳其态度强硬。在国际会议正式开幕时,土耳其宣布颁布新宪法,土耳其是一个"不可分割的整体"。君士坦丁堡会议归于失败。

俄国决定采取军事行动。在此之前,俄国做了最后一次外交准备,即于1877年1月与奥匈签订《布达佩斯协定》。协定同意将黑、波两省划归奥匈,这是俄国急于争取奥匈在未来的俄土战争中所做出的让步。在补充协定中,俄国表示将兼并比萨拉比亚地区,这样就可以重新建立1856年克里米亚战争前的疆界。

4. 俄土战争和《圣斯特法诺条约》

1877年4月,俄国正式向土耳其宣战。俄土战争开始。在欧洲历史上,俄国与土耳其之间的战争持续不断。从彼得大帝以来,大约每隔20年就有一次冲突。但是对俄国来说,1877年宣战之前是做了大量外交准备的。在俄土战争开始时,欧洲的外交形势是德奥表面中立,英国采取观望态度,但随时准备行动。当俄军突破土耳其军队的防守向土耳其首都君士坦丁堡逼近时,英国国内的沙文主义情绪被煽动起来。英国政府决定派出舰队抵制俄军。当时俄军已经驻扎在离君士坦丁堡10英里的小镇圣斯特法诺。英国舰队占领了君士坦丁堡附近的岛屿。狄斯累里宣称,如果俄军未经土耳其苏丹同意就占领君士坦丁堡,英国就立即召回它驻圣彼得堡的大使。

这时,俄土双方都已打得筋疲力尽。停火实现了。1878年3月3日,俄土签订了《圣斯特法诺条约》。条约的要点是:土耳其承认门的内哥罗的独立;塞尔维亚完全独立;俄国以多布罗加换回1856年失去的比萨拉比亚;土耳其赔偿俄国十四亿一千万卢布;俄国取得土耳其的亚洲领土阿达罕、喀尔斯、巴统等地。条约中很重要的一条是成立一个保加利亚公国,由一个基督教政府管理。这一大保加利亚计划是俄国泛斯拉夫主义的主张。代表俄国与土耳其签订《圣斯特法诺和约》的是伊格纳底夫。

5. 柏林会议

《圣斯特法诺条约》引起了欧洲列强尤其是英国和奥匈的不满。狄斯累里政府态度强硬,要否定《圣斯特法诺条约》。奥匈则重申俄奥1877年协定,要在分割大保加利亚的前提下使奥匈恢复在西巴尔干的优势。安德拉西遂向列强发出邀请,召开国际会议,重新划分在巴尔干的势力范围。

1878年6月13日,柏林会议召开。这是在19世纪中自维也纳会议以后又一次重要的欧洲国际会议。德国宰相俾斯麦称自己为"诚实的掮客",意即德国在"东方问题"上没有直接利益,可以调停别的列强的矛盾。事实上,俾斯麦是利用这一机会力促柏林成为欧洲事务的中心,进一步孤立法国。柏林会议上最重要的讨论议题是保加利亚问题和波斯尼亚、黑塞哥维那问题。7月13日,《柏林条约》签订。条约的主要内容是,保加利亚为自治国家,但领土收缩到巴尔干山脉以北地区,其以南地区组成东鲁米利亚,仍属土耳其;塞尔维亚、罗马尼亚、门的内哥罗的独立被确认;奥匈帝国对波斯尼亚、黑塞哥维那有占领权;英国取得塞浦路斯岛;俄国取得比萨拉比亚,巴统和卡尔斯等地。

柏林会议对欧洲外交产生了重要的影响。英国打击了俄国。狄斯累里称自己为英国带回了"体面的和平"。俄国外交失败。从此,俄德关系被笼罩了阴影。俾斯麦一方面庆幸柏林成为欧洲事务的中心,另一方面要考虑下一步的行动。西方历史学家们在对这一问题作了研究以后,曾做了以下的评论。

"柏林条约的签订是为了迎合当时特殊而险恶的形势的需要。它的目的是为了维持欧洲大国之间的和平局面。千真万确的一点是,柏林条约不但是建筑在土耳其付出代价的基础上,而且也建筑在巴尔干人民付出代价的基础上。如果从严格的民族主义的观点来看,保加利亚问题,波斯尼亚、黑塞哥维那问题,比萨拉比亚问题,塞浦路斯问题,都并没有得到很好的解决。"[8]

"东方问题中出现的新的民族主义改变了欧洲国际关系的格局。这一国际事务中的革命是巴尔干斯拉夫人的功劳。尽管俾斯麦想把他们当成'偷羊人'一样打发,但是从长远来看是他们在影响俾斯麦和他的接班人的政策。"[9]

第三节 俾斯麦外交体系的形成与解体

一、三国同盟

1. 1879年德奥同盟的建立

1871年普法战争结束《法兰克福和约》签订以后,德国外交始终将孤立法国作为首要目标。1873年10月,俄奥德三国订立协议。因为是三国皇帝直接参与,故称三皇同盟。同盟规定国家利益在出现分歧时要协商解决;遇到侵略时采取共同行动,不寻求和缔结新的同盟。三皇同盟是一个松散的联合。外部有英法等国的猜忌,内部矛盾重重。"东方问题"出现并激化以后,俄奥关系首先恶化。三皇同盟事实上已不起任何作用。对此英国是表示欢迎的。

柏林会议以后,俄德关系迅速恶化了。俄国外交在柏林会议上受挫。俄国面对着英国的直接威胁。俄国陆军大臣米柳亭说:"在目前情况下,英国实际上已经控制了君士坦丁堡和海峡。土耳其京城的真正主人已不是苏丹,而是英国代表。"在俄国看来,柏林会议是一次反对俄国的阴谋,而德国在策划这场阴谋中则起了主要作用。当俄国参加柏林会议的代表之一、俄国驻英大使舒瓦洛夫回到彼得堡时,沙皇亚历山大二世对他说柏林会议是俾斯麦领导下的一个反俄的欧洲组合,俾斯麦是想为奥匈争到所有可以得到的好处。

俄德关系的恶化有一系列的表现。双方开动各自的宣传机器大肆攻击对方。泛斯拉夫主义的报纸指责俾斯麦忘恩负义,而俾斯麦则声称他在柏林会议上为俄国做的事比几个俄国代表加在一起还要多,他几乎像"第四个俄国代表"。其次在柏林会议后巴尔干划界委员会中俄德代表亦产生了矛盾。俄国代表抱怨德国代表不很好合作。经济上的矛盾更加导致俄德关系恶化。由于农业危机,德国容克地主坚决要求政府保护本国市场。俾斯麦于1789年1月以采取检疫措施为理由,几乎完全禁止俄国牲畜的进口。这使俄国的反德运动更加加剧。当时的德国驻俄大使在回忆录中写道:"防止兽疫措施在俄国引起的仇恨,超过了包括柏林会议在内的其他一切所引起的仇恨。"

在俄德关系恶化的情况下,俾斯麦开始考虑与奥匈结盟的问题。奥匈国内政治发生了变化。亲德的奥匈外交大臣安德拉西准备辞职了。俾斯麦担心一旦安德拉西从奥匈政治舞台上消失,奥匈的外交政策会向近俄近法的方向转化。1879年8月,俾斯麦和安德拉西在加斯丁会面。安德拉西表明,如果一个德奥同盟仅仅是为了反对法国,奥匈将不能接受,只有一个防俄的同盟才能被奥皇接受。俾斯麦以辞职相威胁迫使德皇威廉一世同意德奥结盟。1879年10月7日,德奥同盟在维也纳签订。其主要内容是:一、如果缔约国之一遭俄国的进攻,两国应以全部军事力量来进行互助;二、如果缔约一方遭另一国进攻,另一方应采取善意的中立但如进攻的国家得到俄国的支持,缔约国双方应共同作战,直到共同议和;三、条约有效期为五年;四、双方对条约保守秘密。德奥同盟是一个真正的军事同盟。它成了两代德皇外交政策的基石。

2. 1881年的三皇同盟

德奥同盟的建立是在中欧形成一个强大的军事同盟以向两边的邻国法国与俄国炫耀实力。但是,在俾斯麦看来,德国的头号敌人仍是法国,德国必须防止法俄结盟。因此,德国要避免与俄国过分疏远。俄国方面亦考虑到要慎重对待俄德关系。俄德又开始谈判。俾斯麦要求奥匈参加。俄国也同意了。因为俄国暂时无实力与其他列强抗争,俄国外交的主要策略是避免无益的纠纷。在奥匈方面,安德拉西已经去职。奥匈外交曾一度在联英与联俄之间徘徊。但是,1880年4月,英国狄斯累里保守党内阁下台。自由党格拉斯顿再次组阁。格拉斯顿在"东方问题"上态度明朗,即绝不支持土耳其,并且对奥匈帝国亦无好感。奥匈准备与俄国缓和关系。

1881年6月18日,俄、德、奥三国协定在柏林签字。它恢复了1873年的三皇同盟关系。新的三皇同盟的要点是:一、三个缔约国中一方同第四国交战时,所有缔约国应守善意的中立。这一点包括俄土战争的可能性在内。二、俄德声明尊重柏林条约对奥匈保证的利益,即奥匈对波、黑两省的占领;三、三个王朝一致承认海峡不准军舰通过的原则具有欧洲各国必须遵守的性质。最后一条是针对英国的。新三皇同盟条约还附有一个协定书,规定奥匈帝国保留兼并波黑两省的权利。此外,三国还一致同意"不反对保加利亚同东鲁米利亚合并"。这都是为否定柏林条约而留下的伏笔。

3. 德奥意三国同盟

在俾斯麦的精心策划下,1879年在中欧成立了德奥军事同盟,1881年俄德奥三皇同盟恢复。以德国为首的同盟体系开始建立起来。这是19世纪后期的一个特殊外交布局的开始。此时,俾斯麦又将注意力移向南方,因为意大利正向德国作出接近的姿态。

1870年普法战争后,意大利是受惠国。它取得了罗马,以罗马作首都最后完成了统一。但是,意大利的外交在此后并无很大作为。在柏林会议上,意大利虽然也派出代表参加,但仅仅是陪衬而已。在柏林会议的大国分赃中,英国得到塞浦路斯;意大利的宿敌奥地利得到对波、黑两省的占领权;另一个宿敌法国也得到列强对它占领非洲突尼斯的默许。意大利对此非常不满。19世纪后半期,欧洲帝国主义向世界经济落后地区扩张,并且在扩张中互相倾轧。意大利将北非的突尼斯视为自己的势力范围,不容法国染指。法意矛盾由此尖锐。1881年,法国出兵占领突尼斯。法意矛盾激化。法国的行动没有受到英德的谴责。意大利一时处于孤立无援的状态。与此同时,意大利在国内的教皇领地问题上也遇到困难。为摆脱困境,意大利急需找到盟友。因为意大利与法奥两国积怨较深,较为可能的盟友是德国。然而早在1877年,俾斯麦就暗示意大利,"通向柏林的道路要经过维也纳"。意大利国王曾于1881年访问维也纳,但并无结果。

然而欧洲形势的变化使俾斯麦加快了联合意大利的步伐。1881年底,法国甘必大政府上台。法国的新政府愿与俄英接近并与意大利妥协。与此同时,在俄国,泛斯拉夫主义集团又极力对新登位的亚历山大三世施加影响。泛斯拉夫主义者一直表示俄国应当与法国结盟。在这一形势下,俾斯麦就开始寻找与意大利接近的途径。俾斯麦对奥匈方面明确表示,在未来一场欧洲战争中,意大利的战旗与战鼓应当指向西线对付法国,而不是指向东线对付奥匈。德奥不应当希望从意大利方面得到什么帮助,德奥要争取的是意大利的中立。在俾斯麦的压力下,奥匈与意大利的谈判几乎没有任何阻力。

1882年5月20日,德奥意三国同盟正式在维也纳成立。三国同盟条约的主要内容是:一、缔约国彼此和平友好,不参加目的在于反对它们之中任何一国的同盟或协定;二、如意大利未有直接挑衅行为而遭法国进攻,其他两国即以全部军队给被攻击一方以援助,如德国遭受进攻,意大利负同样义务;三、如缔约国一方或两方未有直接挑衅行为而遭进攻并与两个或两个以上大国发生战争,所有缔约国应履行盟约;四、如果一个非缔约国威胁缔约国之一的安全,而受威胁一方被迫与其作战,另外两方应守善意中立;五、如果共同参加战争,非经共同商定,不得订立停战协约、和约与条约;六、此同盟条约为秘密条约;七、条约有效期为五年。

值得指出的是,5月20日三国同盟条约在维也纳签字,5月22日,意大利政府在罗马即发表了一项声明,声称条约在任何情况下"都不得认为是针对英国的"。不与英国为敌是意大利始终坚持的一个原则。

除了三国同盟条约以外,1881年6月28日签订的奥塞条约和1883年10月30日签订的奥罗条约亦需一提。因为这两个条约是俾斯麦同盟体系的扩大。奥塞、奥罗两个条约都是针对俄国的。

俾斯麦在这一阶段的两大外交成果是三皇同盟和三国同盟。然而这两个同盟本身就是互相抵触的。三皇同盟是以奥俄合作为基础的,而三国同盟却是为奥俄战争做准备的。三皇同盟既对法国,亦对英国,而且主要是针对英国,如它的条款中不让英国舰队进入海峡所示,而三国同盟则声明不针对英国,奥匈和意大利在与俄国和法国的对抗中都希望寻求英国的支持。俾斯麦为了达到孤立法国的目的,精心编织外交体系。但是,这样的体系带有很大的脆弱性,同时蕴藏着各种各样的危机。

二、地中海协定和再保险条约

在19世纪后期的欧洲大国外交中,1887年是一个重要的年代。年初,俾斯麦在帝国议会发表了著名的演说，称威胁来自法国，法国复仇主义情绪正在被煽动起来，德国必须对法国的攻击作好准备。他要求德国议会增加军费。

1887年2月12日，英意奥三国订立第一次地中海协定。三国同意维持地中海及亚得里亚海、爱琴海和黑海的现状。2月20日，德奥意三国同盟条约第一次续订于柏林。6月18日，德俄签订"再保险条约"。条约规定，"缔约国的一方如与第三国处于战争状态，另一方将保持善意的中立，并尽力使冲突局部化。如对奥或对法战争是由缔约国中一方发动，则不受条件约束"；德国还承认俄国在保加利亚与东鲁米利亚的绝对优势；德国还表示在俄国对海峡采取行动时保持善意的中立。由于德奥同盟已经保证了奥匈在德国对法国作战时守中立，而这一德俄条约又企图保证俄国的中立，故在历史上被称作"再保险条约"。

1887年12月12日，英意奥三国签订了第二次地中海协定。这一协定是奥匈在德国的支持下采取主动而签订的。条约主要针对地区是土耳其与巴尔干，规定"维持以条约为根据的东方现状"；"不得对保加利亚进行干涉以便在保加利亚建立外国行政"。在两次地中海协定中，俾斯麦并没有亲自出面，但他却巧妙地用三国同盟中的奥匈与意大利两国将英国拉到德奥意一边。还需提及的是意大利与西班牙也于1887年5月换文，成立另一个地中海协定。俾斯麦的外交网越织越密了。

"再保险条约"与地中海协定的签订被认为是俾斯麦外交的登峰造极之作。他的外交的复杂性和实用性是显而易见的。他在6月许给俄国的承诺可以在12月再假英国之手拿走。他像一个玩弄秘密外交的魔术师一样花样层出不穷地玩弄所谓"五球不落"的外交游戏。至1887年时，法国几乎被完全孤立了。但是这一状况很快就因为俾斯麦的下台而改变。

三、法俄同盟的建立

1. 1890年的欧洲大国外交舞台

1888年，德皇威廉一世去世，青年皇帝威廉二世即位。他野心勃勃，刚愎自用，经常与宰相俾斯麦发生争执。1890年3月，俾斯麦被迫辞职。

俾斯麦的去职对欧洲国际政治产生了深远的影响。德国的新路线执行者在对外政策上背离了俾斯麦的原则。他们拒绝续订再保险条约。再保险条约曾是俾斯麦外交体系中重要的一环，因为它牵制了俄国。俄国现在可以自由行动了。

德国疏俄，但仍准备与英国保持友好的关系。事实上德国做了错误的判断。英国于1889年3月通过海军法案,规定了"两强标准",即英国海军力量必须达到欧洲其他两个强国海军力量的总和。这说明英国正在采取主动发展自己的实力。在俾斯麦下台以后相当一段时间内,英国不断标榜自己的"光辉孤立"政策,英国将独立行事。

俄国外交失去了德国的支持,一度彷徨不定。俄国与奥匈在巴尔干问题上的矛盾是不可调和的。英俄矛盾亦非常尖锐。俄国可以接近的大国只有法国了。尽管沙皇厌恶共和制,但对俄国外交来说,除了与法国接近外几乎无别的选择。

俾斯麦去职后所留下的空白给了法国最好的机会。法国外交立即活跃起来。任法国驻君士坦丁堡大使的保罗·甘本说,"我们法国现在唯一可以得到的支持就是俄国。"事实上,在俾斯麦正式去职以前,法国就开始向俄国接近。俄国向法国大举借款,法国同意了。法国成为俄国的债权人。此外,德国外交新路线的推行者们对意大利的支持也使法国感到不安。意大利将德国看成是有力的反法后盾。在意大利的要求下,三国同盟于1891年提前一年续约。意大利取得了德国支持它向北非扩张的保证。这一系列的变化都引起了法国的警觉并加快了法国外交的行动步伐。

2. **法俄同盟的建立(1891—1893)**

1891年7月,法国舰队访问克琅斯塔特。这是法国舰队自1853年克里米亚战争以来第一次访问俄国,并在俄国受到了意想不到的欢迎。当乐队奏起曾在俄国被禁的马赛曲时,沙皇亚历山大三世竟脱帽致敬。所以法国总理弗莱西纳说,"当法国的舰队抛下锚链后,法俄接近已经成立了。剩下的问题就是将它变为官方文件。沙皇已经下决心了。"⑩1892年夏天,法国一个副总参谋长抵达圣彼得堡,法俄两方签订了军事条约,但并没有得到沙皇的核准。1893年夏天,德国扩军。常备军增加了7万人。俄国作出反响。1893年10月,俄国舰队回访法国土伦,受到同样热烈的欢迎。12月,沙皇终于核准军事条约。条约的主要内容是:一、如果德国或意大利在德国的支持下进攻法国,俄国应使用它所有的军队进攻德国,如果德国或奥地利在德国支持下进攻俄国,法国应用所有军队同德国作战;二、如果三国同盟动员,法俄无须事先协议,应立即动员全部军队并向边界集结;三、法国用于对付德国的军队为130万人,俄国对付德国的军队为70万—80万人,使德国不得不在东西两线同时作战。

法俄同盟完全是一个军事同盟。俾斯麦用了20年时间阻止的法俄接近终于变成现实。欧洲大陆上的两大军事阵营正式形成。

注释：

① 戈登·克雷格、亚历山大·乔治:《武力与治国之术》,牛津1983年版,第28—29页。

② 《马克思恩格斯选集》第1卷,人民出版社1972年版,第599页。

③ 戈登·克雷格:《1815—1914年的欧洲》,德莱顿1972年版,第258页。

④ 罗伯特·洛德:《1870年战争的起缘:德国档案中的新文件》,罗索1966年版,纽约,第203页。

⑤ 《马克思恩格斯全集》第9卷,人民出版社1961年版,第25页。

⑥ 威廉·兰格:《欧洲的同盟和联合》,阿尔弗莱德·诺夫1939年版,第67—68页。

⑦ 查尔斯·黑森:《1815年以来的欧洲》,亨利·霍尔特1910年版,纽约,第622页。

⑧ 《欧洲的同盟和联合》,第166页。

⑨ A.J.P.泰勒:《1848—1918年为主宰欧洲的争斗》,牛津大学出版社1960年版,第232页。

⑩ G.P.古奇:《1878年以来的欧洲》,朗门公司出版,第172页。

思考题：

一、名词解释:

　　门罗主义　克里米亚战争　《圣斯特法诺和约》　法俄同盟

二、问答题:

1. 简述维也纳体系的形成与特点。
2. 试述普法战争爆发的背景、进程及其结果。
3. 简要说明俾斯麦外交体系的形成与解体。

第三章
19世纪后期至20世纪初的帝国主义列强与世界

在第一章中,我们已简要地谈及欧洲国家如葡萄牙、荷兰、西班牙、英国、法国等向世界其他地方扩张的情况。这一扩张在17世纪以后不但没有停止,反而愈演愈烈。它打破了世界上不少地区的原有的社会秩序,阻遏了这些地区的自然经济发展,以致使这些地区相继沦为欧洲大国的殖民地和半殖民地。欧洲列强的侵略与掠夺的对象有印度、印尼、埃及、阿尔及利亚、中国、日本等。1840年的中英鸦片战争,即是西方列强凭借其武力强行打开中国的大门,严重损害中国的独立与主权利益的例证。

19世纪70年代以后,西方资本主义从自由竞争向垄断阶段过渡。1871年时,英国的煤产量达到1.18亿吨,德国为4000万吨,法国为1300万吨,而当时全世界的煤产量是2.13亿吨。到1900年,英国煤产量已达2.28亿吨,德国达1.5亿吨,法国达3300万吨。铁路总长到1900年时已达60万公里,主要是在欧洲。海底电缆开始架设。电话、电报等通信设备被广泛采用。电力、化学、机械工业迅速发展。恩格斯指出,"要了解和重视我们时代的异常革命的性质——在这个时代里,蒸汽和风力,电力和印刷机,大炮和金矿的联合作用在一年当中引起的变化和革命要多过以往整整一个世纪"。

资本的高度集中和垄断使欧洲列强对原料来源及投资场所更为重视。他们除了加剧自身之间的关税战和贸易战以外,更加紧掠夺海外殖民地。美国自19世纪60年代的南北战争以后,也逐步加入了欧洲列强的行列,开始参加争夺势力范围的斗争。大国角逐的场所是亚洲和非洲的广大地区。欧洲列强瓜分世界和重新瓜分世界的争斗是19世纪后期至20世纪初的国际政治中的重要特点。它不仅深刻地影响了欧洲国际关系,也深刻地影响了整个世界范围内的国际关系格局。

第一节 欧洲主要大国的扩张政策

一、英国

英国是一个老牌殖民主义国家,它在全世界的活动并非自19世纪始,但是到19世纪下半期,英国已经感到来自其他欧洲国家如法、德、俄甚至比利时的挑战了。英国的一个鼓吹殖民主义的代表人物曾公开发表演说:"英国必须下手干,否则就是灭亡。它必须尽快地寻找殖民地,把手伸得越远越好。英国必须把它的最精干的人组织起来,去抓住每一片它可以立足的但又被浪费着的土地,并且告诉那里的土人说他们必须向英国尽忠。英国人至高无上的目标就是从海上和陆地将英国的势力带向世界各地。"在这一时期,英国政府内设有殖民大臣,专管殖民地事务。英国首相本人也经常直接过问殖民地问题。狄斯累里甚至以做一个帝国主义分子为荣。在英国殖民者中的一个代表人物是西塞尔·罗得斯。他曾声称:"为了使联合王国4000万居民避免残酷的内战,我们这些殖民主义政治家应当占领新的领土,来安置过剩的人口,来为商品找到新的销售地区。"他在1877年写道:"世界几乎已经被瓜分完毕,余下的部分正在被瓜分、征服和殖民化之中。可惜我们不能达到夜间在我们头顶上闪烁的星星那里。如果可能,我就要吞并那些星星。我经常想到这件事。我看到它们这样亮却又那样远,只觉得心中难受。"[①]罗得斯的主要殖民活动是在有丰富的金矿与钻石矿的南非,而且一度成为英国在南非的殖民地总理。他的名字甚至被用来命名国家为"罗得西亚"(现在的赞比亚和津巴布韦)。

英国在亚非广大地区扩张的重点是阿富汗、伊朗、中国、缅甸、埃及和南非等地。在非洲,英国企图实现所谓从开罗到开普敦的"两C计划",控制自北到南的非洲大陆。

二、法国

法国是除英国之外的又一个殖民大国。一个鼓吹殖民主义的法国经济学家曾于1874年为殖民主义著书立说。他认为:"对法国来说,殖民主义是一个有关生死存亡的问题。法国要就成为一个主宰非洲的强国,要就在一两个世纪以后沦为欧洲的二三流国家,就像希腊和罗马尼亚一样。"法国殖民主义者在统治集团内部的代表人物是茹尔·费里。他可说是现代法国殖民帝国的奠基人。他认为殖民主义这个问题"不是一个眼前的问题,是一个关系到五十年一百年以后的问题,关系到子孙后代。一切难道还不清楚吗?现代欧洲强国,那些工业化已经奠定了的国家,都面临着一个困难的问题,那就是市场问题。这是工业生产的基础。欧洲大国一个接一个地开始推行殖民政策,这是市场的需要"②。

法国扩张的重点也是在亚洲和非洲。它们主要是埃及、阿尔及利亚、突尼斯、越南和中国。

三、德国

德国是继英法之后的又一个欧洲殖民大国。19世纪后期,来自德国的汉堡、不来梅这些大工业中心的商人已经在非洲和太平洋沿岸出现。伴随他们的还有德国的传教士。到19世纪80年代,仅在非洲的西海岸就有十五家德国公司开设的六十个工厂,而传教士点则达数百个以上。与其同时,德国国内也出现了要求加强德国海上力量的呼声。一个德国亲王说:"对一个年轻的国家来说,没有扩张就没有前途,没有海外政策也就谈不上扩张,而没有海军就谈不到海外政策。"德国在非洲强占了多哥、喀麦隆等地。德国在非洲占有的殖民地面积大于其本土五倍。它还企图把德属东非和西南非洲连成一片,建立一个从大西洋到印度洋的德属殖民帝国。在亚洲,德国将中国视为扩张的主要目标,企图建立与扩大自己的势力范围。

除了英、法、德等国以外,俄国、意大利等国也在积极推行扩张政策。它们的活动以及与其他列强的矛盾将在以下提及。在这里,还需提一下比利时国王利奥波德二世。他的思想和言行在当时欧洲帝国主义的殖民活动中很有代表性。他有"殖民主义之王"之称。他的名字同帝国主义对非洲刚果河地区的侵略与掠夺的黑暗历史连在一起。利奥波德二世曾多次拟定殖民扩张计划。他曾经想征服中国或远东的某一地区,但是他后来看到在"亚洲已无插足之地",便将目光转到非洲中部还未被侵占的地区。他以"科学考察""探险"等名义,将侵略矛头指向非洲腹地。刚果河流域后来一度成为欧洲列强争夺的场所,就与利奥波德的活动有关。

第二节　列强争夺亚洲的斗争

一、英俄在中亚

19世纪时,在中亚的广大土地上,分布着许多部落民族和封建汗国。较大的是浩罕、布哈拉和基发。1878年俄国在柏林会议上受挫,决定对西方采取守势而将进攻矛头转向中亚。土库曼草原成为俄兵驰骋的场所。那些封建汗国一个个地并入了俄国的版图。到19世纪70年代,东起帕米尔高原,西至里海的广大土地被以西土耳其斯坦为名成了直属俄国的一个省。俄国对这一地区的扩张野心还包括对我国的新疆伊犁地区。

1. 英俄争夺阿富汗

1881年俄国占领了土库曼。1884年侵占莫夫。俄军再向南挺进就将把势力扩张到阿富汗。当时英国正以印度为基地,正在向北方、东方、西方三个方向扩张。矛头向东指向中国与缅甸;向西指向波斯(今伊朗);向北则是阿富汗并通过阿富汗向中亚扩张。俄国要南下,英国想北上,双方成剑拔弩张之势。当时英俄双方都并不清楚阿富汗的确切疆界,于是匆忙通过各自的外交部门组成一个混合勘界委员会。英方代表迅速到达工作地点,俄方迟迟不到,故意拖延,目的是更多地争得一点土地。1885年3月,俄军进驻阿富汗的班吉。俄阿武装冲突使英俄关系更加紧张。当时俄军的行动又发生在英国在埃及与尼罗河流域受挫之际。格拉斯顿内阁决定在中亚对俄国采取强硬姿态。英国政府要求议会同意拨款1100万英镑作为战争用费,计划由黑海进攻俄国。英俄战争有一触即发之势。俄国外交也开始行动,俄国要求德、奥、俄三国条约起限制英国军舰进入海峡的作用。德、奥、俄三国向土耳其苏丹施加压力。土耳其在压力下不敢向英国开放海峡。英国在外交上陷于孤立,遂于4月将英俄在中亚的矛盾扩大到远东,占领了朝鲜的巨文岛。英国的用心,连当时任清政府北洋大臣的李鸿章也有所察觉。他认为:"英国海军实甲天下,彼自知陆兵不能敌俄,故欲以水师扼断海参崴之吭而牵制阿富汗之势。"可见,19世纪后期欧洲列强的扩张活动不仅是局部性的,有时会扩展到全球性的。英俄斗争由阿富汗而扩展到朝鲜与中国。情势十分复杂。

2. 英俄对伊朗的争夺

在中亚,英俄的另一个冲突点是波斯,即伊朗。1870年,英国迫使伊朗同意向英国提供经过伊朗铺设电报线路的租让权。俄国此后取得在伊朗修筑公路、铁路、开设银行的特权。英俄两国在伊朗激烈角逐。伊朗南部变成了英国的势力范围,伊朗北部变成俄国的势力范围。沙俄政府在德黑兰有很大影响,但英国在波斯湾、阿拉伯海和印度洋仍拥有极大的海军控制权,它保证在任何时候英印联军都能从孟买和卡拉奇迅速抵达波斯内部以遏制俄国。

二、英国在缅甸

英国曾于1824年和1852年两次发动对缅甸的侵略战争。战争的结果是缅甸被迫和英国签订不平等条约,下缅甸变成了英国的殖民地。1885年,英国发动了第三次侵缅战争。英军从伊洛瓦底江下游而上,缅甸国王被俘并被流放到印度孟买。1886年,上缅甸也完全沦落,整个缅甸变成了英国的殖民地。缅甸被宣布为印度的一个省。缅甸人民受到英国殖民者和印度买办高利贷者的双重压迫。

还应当提及的是,英国占领下缅甸以后,还企图从缅甸入中国云南继而进一步深入到中国长江流域。1875年2月,英国"探险队"译员马嘉里在由八莫到云南的路上被人杀害。英国马上借这一事件向清政府要挟,并指名要李鸿章出面谈判。李鸿章步步退让,于1876年9月签订了中英烟台条约。结束马嘉里案,中国允许英国派员调查滇缅边界通道和商订通商章程。另规定英国人可以游历甘肃、青海及从四川入西藏;各租界免收洋货厘金。

三、法国侵略越南

自19世纪中期以后,法国对越南发动多次侵略战争。1873年,法军攻陷河内,与越南签订了第二个西贡条约。条约规定开放红河,外交受法国监督,法国在越南享有治外法权。1884年,越南完全沦为法国的殖民地。至19世纪末,整个印度支那已被法国占领。

法国入侵越南的目的也是为了侵略中国。1883年,法国殖民主义者茹尔·费里出任总理,挑起了中法战争。战争不仅在红河三角洲进行,而且因法舰进攻台湾基隆和福建马尾等地扩展到中国台湾海峡地区及浙江镇海。1885年3月,中国军队在镇南关(今睦南关)大败法军。茹尔·费里因此下台。但是,中国军队在战场上的胜利并没有改变清政府的卖国路线。1885年6月,李鸿章与法国公使签订了中法越南条约,清政府承认越南是法国的保护国,在中越边界指定保胜以北和谅山以北为通商口岸。

四、沙俄侵略新疆

沙俄很久以来就觊觎中国的新疆。1865年,封建汗国浩罕头目阿古柏入侵新疆,占领了天山南北大片中国领土。沙俄和英国采用各种手段拉拢阿古柏,都企图把新疆变成它们的势力范围。俄国怕英国得手,于1871年出兵占领了新疆伊犁。伊犁河谷土地肥沃,物产丰富。伊犁在战略上也有极为重要的意义。俄军占领伊犁,对中国的西北是极大的威胁。此时,驻守西北的是左宗棠率领的清朝军队。左宗棠部队将士极力要求收复伊犁。与此同时,日本侵占了中国的台湾和琉球。在清政府内部爆发了一场"塞防"与"海防"之争。直隶总督兼北洋大臣李鸿章认为国防重点应在海防,不在西北边防。他认为历代备边,多在西北,但自鸦片战争以来,战事多在沿海。东南海疆万余里,各国通商传教,一国生事,各国呼应,一旦生衅,防不胜防。应集中饷力,加强海防。对于新疆,中国只能"力保和局",不能进兵新疆,开罪英俄两国。左宗棠则认为,"重新疆者,所以保蒙古,保蒙古者,所以卫京师。新疆不固,则蒙古不安。不仅陕、甘、山西时虞侵轶,防不胜防,即直北关山亦无宴眠之日"。

在民族危机严重时,清政府内部也不再是铁板一块。左宗棠终于争取到用兵新疆的权利。1877年俄土交战之际,左宗棠收复新疆大片失地。阿古柏在逃亡中自杀。左宗棠上书总理衙门,要求与俄国交涉,要俄国交还伊犁。

1878年,清政府派崇厚出使俄国。作为满洲贵族纨绔子弟的崇厚不顾国家利益,在沙俄政府的软硬兼施下,于1878年10月在克里米亚的里瓦几亚签订了丧权辱国的《里瓦几亚条约》。条约规定,俄国交还伊犁,中国偿还俄国"代守"费500万卢布;霍尔果斯河以西和伊犁以南的特克斯流域大片中国领土割归俄国;允许俄国在乌鲁木齐、嘉峪关等地设领事馆;俄商在天山南北路、蒙古免税贸易,并可由嘉峪关、张家口赴天津。《里瓦几亚条约》是一个卖国条约。中国只收回伊犁一座空城,但失去所有战略要地。俄国在柏林会议上外交受挫,在俄土战争中元气大伤,但却在伊犁问题上得手。消息传来,左宗棠等国内主战派奋力上书要求清廷严惩崇厚,重派使臣赴俄谈判伊犁问题。

1880年,清廷任命驻英法公使曾纪泽赴俄谈判。曾纪泽认为谈判不外是分界、通商、偿款三件大事。偿款事小,通商条款将来可以更改,唯分界问题最关重要。因为一经划定疆界,即成"永定之局",故应"持之以力,百折不回"。他利用俄国在欧洲外交中受挫之际,经过反复的外交折冲,于1881年2月与俄方签订《中俄伊犁条约》。中国收回伊犁九城与特克斯河一带;偿款增至九百万卢布;霍尔果斯河以西的中国领土仍被割去。1891—1892年,沙俄派兵占领了帕米尔地区两万多平方公里中国领土,对此历届中国政府都未予承认。

五、日本在东亚侵略活动的开始

1868年日本明治维新以后,日本实行"富国强兵"的国策。到19世纪70—80年代,它已经发展了一支相当庞大的军事力量,成为远东一个富于侵略性的国家。日本的崛起是东亚国际政治中的新因素。

1. 日本吞并琉球

琉球群岛长期来向中国纳贡。它的地理位置十分重要,控制着由中国东海到太平洋的出路。日本出于自身战略的考虑,于1872年宣布琉球为日本的藩属国。1875年,日本命琉球藩王停止向清政府纳贡。1879年,日本公开用武力将琉球藩王押至东京,将琉球改名为冲绳县。正式吞并琉球,控制了这一海上战略要地。在策划吞并琉球的过程中,日本也明确地显露了对中国领土台湾的野心。

1874年日本公然派兵侵台。在这一侵台行为未得其他列强谅解时,日本计划撤兵,但仍与清政府签订了中日北京条约。条约规定清政府给日本侵略者"抚恤银"和"修道造房银"共50万两。必须指出的是,虽然其他列强并未认可日本的侵略,但是美国一直是日本占领台湾的积极怂恿者。熟悉台湾情况的前美国驻厦门领事李仙得担任了日本外务省的顾问,直接参与日本侵台的策划活动。

2. 日本侵略朝鲜

在日本政府看来,朝鲜半岛的地理位置在战略上极其重要,因为它是通向中国大陆的桥梁。长期以来,朝鲜虽然向中国称藩,但它是一个独立国家。19世纪中期,法国和美国都挑起事端,炮击朝鲜,希图打开朝鲜大门,但均未成功。日本继法、美之后再次实行"炮舰外交政策"。1875年4月,三艘日本军舰驶进汉江,逼近朝鲜京城汉城。1876年,日本强迫朝鲜签订了《江华条约》。在条约正式订立之前,日本派代表森有礼前往北京,胁迫清廷同意朝鲜向日本开放。森有礼的态度极其傲慢。当中国方面指出日本军舰炮击朝鲜非法,并声明应当遵守1871年中日条约关于互不侵犯和不侵犯属地和附属国时,森有礼公开称:"条约适用于一般的贸易关系,重大的民族问题是由各国人民的力量对比来决定的,而不是靠条约来决定的;"他甚至说:"国际法也没有用。"[③]

《江华条约》的内容包括：朝鲜对日本开放釜山、元山和仁川；日本在汉城设使馆；日本海员有勘察朝鲜海岸和绘制航海图的权利；日本在开放港口享受治外法权。继《江华条约》之后，朝鲜相继被迫和美、英、德、俄、意、法等国订立了一系列不平等条约。

日本侵略朝鲜在一方面固然是要把朝鲜变为自己的殖民地，更重要的是企图以朝鲜为跳板，进一步侵略中国。日本的野心很快就昭然若揭了。

六、中日甲午战争和《马关条约》

1894年1月，朝鲜爆发了东学道领导的农民起义。清廷应朝鲜政府的要求派兵镇压，并将此决定照会日本政府。但是日本在接到清廷照会以前已开始出兵。6月，日本军队在仁川登陆并进入汉城。7月，日军占领了朝鲜王宫，扶植以大院君为首的傀儡政府充当日本侵略工具。日本与朝傀儡政权达成协定，待中日交战时，朝方援助日本，驱逐清军。这是日本为与中国交战所做的外交准备。同时，日本还利用英俄矛盾，与英国修好。1894年7月25日，日本军舰突然袭击中国运输舰。中日甲午战争开始。但是，日本当时采取偷袭作法，并未正式宣战。日本直到8月1日才正式向中国宣战。这一做法在当时的国际关系中几乎没有先例。

中日甲午战争的战场分海上和陆路两处。但两处的情况都是日军占优势。在海战中，中国的北洋舰队全军覆没。在陆地上，日军攻占朝鲜平壤后即进入中国东北，占领了旅顺大连。清政府被迫求和。

中日一战，列强十分关注。各自都怕自己的切身利益受到影响。俄国已于1891年开始修筑西伯利亚大铁路，计划通过这一条运输线将俄国的势力更快扩向远东。英国也试图在中日间调停。因为英国在中国沿海有巨大的经济利益，它担心日本进一步将军事行动南移。但日中两国都拒绝了英国的调停建议。日本坚持要李鸿章作为谈判的全权代表。李鸿章于1895年3月抵达日本，开始与日本全权代表伊藤博文和外相陆奥宗光谈判。4月17日，中国被迫和日本签订了《马关条约》。条约的主要内容为：中国承认朝鲜完全独立；中国割让辽东半岛、台湾和澎湖列岛给日本；中国赔款2亿两白银；允许日本在各通商口岸设厂；开放沙市、重庆、苏州、杭州为通商口岸。《马关条约》的签订，将中国带进了更为深重的民族危机之中。

七、三国干涉还辽

《马关条约》的签订使俄国意识到在远东已经出现了一个劲敌。俄国当局曾经希望联合英国来限制日本。但英国此时已经做出决定,只要日本不侵犯英国在中国的利益,英国将偏袒日本来对付俄国。在英国看来,日俄矛盾尖锐是符合英国国家利益的。俄国政府中当时主要决策人之一是财政大臣维特。他坚决主张在远东抵制日本势力扩张,以保证西伯利亚铁路修通后俄国在远东的利益。俄国外交开始积极试探德法两国的态度。德国在新外交路线的影响下,积极准备在争夺势力范围中扩大自己的地盘,远东则是一个重要的目标。同时,德国认为在远东支持俄国可将俄国的注意力自欧洲引开而削弱法俄同盟。法国因有法俄同盟的背景,同时也为了防止德俄接近,同意在外交上支持俄国。1895年4月,俄、德、法三国驻东京公使照会日本政府,要日本政府放弃对辽东半岛的要求。

日本在甲午中日战争中已伤元气。在俄、德、法三国的压力之下,自知无力再以武力抗拒。于1895年5月同意三国的要求,放弃整个辽东半岛,但又要求中国增加3000万两白银的赔款。

三国干涉还辽的外交背景十分复杂。日本外交自然是失败的。但是俄、德、法方面也非铁板一块。德国促使俄国卷入与日本冲突,动机相当明显。德皇威廉二世向俄国沙皇表示,"俄国未来的伟大任务无疑是开化亚洲大陆,并保卫欧洲不致受到强大的黄种人的侵犯。"然而,列强之间的这些交易,都是以牺牲中国为前提的。三国干涉还辽以后,一场瓜分中国的狂潮已在酝酿之中。

八、帝国主义瓜分中国狂潮

中日一战,《马关条约》的签订和三国干涉还辽,加速了帝国主义列强在远东角逐争斗的步伐。争夺的重点是中国。1896年5月,李鸿章赴俄参加沙皇尼古拉二世的加冕典礼,接受维特的贿赂并于6月签订了一项中俄密约。密约规定俄国得到中国的中东铁路的修筑权。中国的东北遂成为俄国势力范围。俄国道胜银行为经营中东铁路成立了中东铁路股份公司。公司有权管理由满洲里经哈尔滨到绥芬河与大连沿线的土地;有权自行规定铁路运价。

还在三国干涉还辽时,德皇就在给沙皇信中说:"正像我愿意帮助你顺利解决俄国尽可能并吞领土的问题那样,你也应该善意地对待德国,让它在'不妨碍'你的不论什么地方得到一个港口。"1898年3月,德国强租胶州湾,山东省成了德国的势力范围。法国则强租广州湾,两广云南成为法国的势力范围。英国强租九龙半岛和威海卫,长江中下游成为英国的势力范围。日本因已夺得台湾,遂将福建作为自己的势力范围。美国迟到,提出了"门户开放"

政策,要求"利益均沾"。

自 19 世纪 70 年代和 80 年代开始,中国的边疆已危机四伏。各帝国主义列强已从中国四周觊觎内地。90 年代末期的瓜分狂潮正是这种中华民族与帝国主义列强的矛盾以及帝国主义列强之间的矛盾发展激化的结果。原有的东方的国际体系被彻底打破了。它是被西方列强的强权和武力打破的。中国被完全被动地纳入了一个不平等的世界政治经济秩序之中。列强在中国的所谓"租借地""租界""通商口岸"都是列强在中国领土上扩张其势力范围的根据地。中国面临着沦为殖民地的严重危机。围绕在中国的利益问题,列强之间的纷争也愈加激化。英俄、日俄、英德、英法矛盾都相当尖锐。列强之间和列强与中国之间的公文来往都是"哀的美敦书"的口吻。"在 1898 年前后,甚至有一场因中国问题而发的欧洲战争的风险。"④ 在如此险恶的国际环境下,中华民族的生存危机是空前严重的。

第三节 欧洲列强瓜分非洲的斗争

一、英法争夺埃及

英法对埃及的争夺历时已久。埃及地处欧、非、亚三大洲的连接处,是自古以来东西方贸易的必经之路。战略地位十分重要。尼罗河在埃及境内贯穿南北,尼罗河沿岸土地肥沃,物产丰富,素有"地中海粮仓"之称。在拿破仑时期,他就宣称:"我们应当控制埃及,开凿苏伊士运河,这将使英国遭到真正的失败。"但是,英国绝不可能放弃埃及。英国控制着直布罗陀海峡,也控制着亚丁,地中海与红海的出海口都被英国牢牢地把持着,它绝不允许自己的利益被扼杀在由英伦三岛通往印度的航线的中段。1876 年,狄斯累里政府买下了苏伊士运河的大部分股票。英国的举动引起了法国的强烈不满。

"东方问题"出现后的柏林备忘录期间,俾斯麦曾会见英国大使,建议英国出兵占领埃及。俾斯麦说如果他是狄斯累里,他早就出兵占领埃及了。俾斯麦的用意是挑拨英法关系,同时将英国的注意力从欧洲大陆引开。但是,当时欧洲大陆上"东方问题"还未明了,英国与俄国在巴尔干与海峡问题上的矛盾还十分激烈,大陆上的三皇同盟还未彻底解散,英国没有直接对埃及下手。英国当时认为如在埃及问题上与法国争吵起来,俄国就很可能在"东方问题"上乘虚而入。英国既然不能与法国完全决裂,就只能根据当时情况用控制埃及财政的办法来与法国共管埃及。

英法共管埃及引起了埃及爱国者的强烈不满与反抗。他们曾用起义等方式来摆脱欧洲大国的控制。1881年9月,埃及人民再度起义,停止英法作为埃及财政监督人的权力。当时法国正是甘必大内阁时期。甘必大政府建议英国格拉斯顿政府对埃及国内的情势采用两国共管武装干涉的办法。然而,英国外交完全是根据欧洲国际关系局面的变化来决定自己政策的。既然"东方问题"的风波已暂时过去,俄国已在柏林会议上失势,德奥同盟已经建立,法国在欧洲又一次陷于孤立的地位,英国已没有必要再与法国共同行动而壮法国的声势,并以此去与德奥同盟对抗。英国完全可以单独行动。

1882年6月,埃及再度爆发人民起义。英国海军上将西摩下令用军舰炮击埃及的亚历山大港。9月,英军占领了开罗。在很短时间内,英国占领了整个埃及。英国对埃及的占领自1882年一直至1922年,其间多次发表"声明"要撤出埃及,但事实上不但不撤,还要进一步占领苏丹。法国对于英国占领埃及的行动不能容忍,英法矛盾加剧。英法在埃及和尼罗河流域的矛盾到19世纪90年代几乎引起战争。

二、法国夺取突尼斯

19世纪中期以后,位于非洲最北端濒临地中海的突尼斯成了法国、英国、意大利的角逐对象。1868年,突尼斯在巨大的经济危机中宣布国家破产,由英、法、意三国来共管其财政。法国在突尼斯不断地扩大势力,法意矛盾加剧,因为意大利将与意大利的西西里岛遥相对峙的突尼斯看成是自己的势力范围。1878年的柏林会议上,法国外交成功地赢得了英德两国的默许,为法国独占突尼斯奠定了基础。当时英国因想取得塞浦路斯岛,故与法国达成一项协议,即英国同意法国独占突尼斯,而法国则不反对英国取得塞浦路斯岛。俾斯麦为了想将法国的注意力从法德矛盾及阿尔萨斯和洛林问题上引开,也鼓励法国去"摘取突尼斯这一只成熟了的梨"。为了防止意大利抢先对突尼斯下手,法国于1881年派兵入侵突尼斯。1883年,突尼斯正式变为法国的殖民地。但是法意矛盾也由此更加加剧。

三、列强对刚果河流域的争夺

在19世纪80年代,导致列强在非洲矛盾激化从而举行大型国际协调举动的莫过于对刚果河流域的争夺了。

在介绍对刚果河流域的争夺时,必须提及殖民主义探险家斯坦利。斯坦利是英国人,后来取得了美国国籍。他长期在非洲探险,曾用999天时间在非洲中部进行探险活动,是走完从刚果河源到出海口全线的第一个欧洲人。他于1878年写成《穿过黑暗大陆》一书,详细地描绘他的"探险"活动,提供了刚果河流域大量的地理、政治、经济以及风土人情等第一手资料。这本书的发表轰动了当时的欧洲。

比利时国王利奥波德二世听说了斯坦利在非洲探险的情况,于1878年派出两名心腹抢先来到法国的马赛港,迎接刚从非洲回来的斯坦利。斯坦利到巴黎与利奥波德二世举行密谈,答应到利奥波德指定的非洲任何地方工作五年,并在合同期间,未征得利奥波德同意,不公布任何消息。1879—1884年,斯坦利对刚果河盆地的辽阔地区进行了勘探,强迫当地酋长订立了450多个"保护"条约,使大片土地转让到利奥波德名下。

与此同时,法国探险队也在刚果河下游活动。法国殖民者布拉柴从加蓬向刚果河流域推进,也强迫当地酋长们签订"保护"条约。比利时与法国产生了直接矛盾。参与刚果河流域之争的还有葡萄牙。葡萄牙以它的安哥拉殖民地为据点,宣布对刚果河两岸有占有权,这与法、比又产生了矛盾。1884年2月,英国与葡萄牙订立条约,英国承认葡萄牙对刚果河口的主权,葡萄牙则给英国以同等贸易的权利。英葡的行动势必将比利时的势力封锁在中非。利奥波德转向德法求援。法国为了反对英国,转而支持比利时。德国也支持比利时。在德法看来,与其让英国把住刚果河口,不如让小国比利时把住河口以利于操纵。这样,德、法、比、美等国联合反对英国。英国在压力下让步。

1884年11月至1885年2月,俾斯麦在法国的支持下在柏林召开国际会议,调解列强在刚果盆地的矛盾。利奥波德在会上进行了大量的秘密外交并获成功。与会的英、法、比、德、俄、美、奥匈、意、荷、西、丹麦、挪威、瑞典和土耳其等国签订了一项总议定书。议定书规定"刚果自由邦"(今扎伊尔)归利奥波德二世个人所有,刚果河出海口也归比利时,列强则取得在刚果河地区自由贸易和通航的权利。这样,比比利时领土大70倍的刚果就成了比利时国王的私人财产。它的首都利奥波德维尔亦以国王名字命名。

1885年柏林会议是又一次欧洲列强的分赃会议。它的直接目的是瓜分非洲,但是用国际会议的协调方式来解决列强间出现的复杂矛盾。然而,这种协调并不能从根本上解决列强间的纷争。因为英国对非洲的野心是要实现所谓的从开普敦到开罗的两C计划,而法国则企图由西向东扩张。在中非设立这样一个"自由贸易区"和"自由通航区"只是一种暂时的妥协。

四、英德在南非之争

南非的好望角是英国在非洲南端的战略要地。英国舰队可由大西洋南下绕过好望角直达印度洋。南非的矿产也十分丰富,尤以金矿和钻石矿著称。在南非有黑人的土著部落,也有荷兰人的后裔布尔人的定居之处。英国殖民者早就想独占非洲南部的这一地区。英国在南非的活动主要是通过西塞尔·罗得斯这样的殖民者来进行的。罗得斯与黑人酋长们签订了一些条约,这些条约完全是欺骗当地黑人的不平等条约。例如在1888年,罗得斯与一非洲黑人酋长签订一条约称"对英友好条约",罗得斯获得在其领地开采矿产的垄断权。黑人酋长所得到的报酬是一千支步枪和子弹,每月一百英镑。而罗得斯本人在几乎垄断世界钻石生产90%的情况下,每年可得500万英镑的纯利润。1889年,由罗得斯领导的南非公司成立。

英国在南非扩张活动的对手是德国。尽管俾斯麦公开表示他对殖民地没有很大兴趣,认为德国首先要在欧洲成为一个主宰大国。19世纪80年代,法国占领突尼斯,英国占领埃及,法意、英法的矛盾激化。俾斯麦高兴看到这一局面的出现。在柏林一家杂志上曾有一幅漫画。画面上是一个地球,俾斯麦伸开双手双脚懒洋洋地坐在地球顶端的一把安乐椅上。沙皇亚历山大三世的脸正从俄国通向波斯和阿富汗的一处探出来,英国人和法国人站在印度洋周围疯狂地挥舞拳头相互威胁。俾斯麦说,如果别人都在地球下方给自己找点什么事干,只对他有好处。⑤

但是,德国的资本家们却不允许俾斯麦对殖民地采取冷淡的态度,他们不能坐视别人在地球上争夺。他们于1883年开始在西南非洲设立居民点,并要求俾斯麦给予保护。1884年,这一地区成为德国的第一块殖民地——德属西南非洲。德国势力进入非洲,尤其进入南部非洲,与英国就形成了矛盾。这种矛盾尖锐化的结果将在19世纪90年代表现出来,并且形成英德外交关系趋向恶化的一个重要因素。

五、意大利争夺东非

在瓜分非洲的争斗中,德国和意大利较英法来说是后到者。但是,意大利的力量远不及德国。意大利在与法国争夺突尼斯失利之后,将注意力转向号称"非洲之角"的东非。意大利政府认为"通往地中海的钥匙在红海"。1882年,意大利政府从一家意大利公司手中买下了阿萨布湾。1885年,在英国的支持下,意大利占领了红海的马萨瓦港。1889年,意大利占领索马里,它在东非的殖民地基础已被奠定。

还需提及的是意大利对埃塞俄比亚的进攻。1894年,意大利出兵进犯埃塞俄比亚,遭到埃塞俄比亚的顽强抵抗。同时,欧洲其他列强亦不给予支持。意大利的侵略归于失败。

六、法绍达事件

1884—1885年的柏林会议只是暂时地平息了欧洲列强在争夺非洲时的尖锐矛盾。实际上,列强无时不在准备破坏协议。英国为了实现它的自开普敦到开罗的两C计划,于1894年5月与利奥波德二世签订了关于对刚果自由邦的条约。罗得斯是这一计划的主要策划者。条约规定,英国以埃及的名义,把尼罗河左岸的地区转让给刚果邦,而刚果则将坦噶尼喀湖北端一走廊地区让给英国。英国的目的是借刚果之手挡住法国由西向东的扩张,然后用得到的这一块狭长的地区作为由开普敦修筑通向开罗的铁路的必经之地。

英国这一行动激怒了法德两国。法德提出抗议。利奥波德让步了。他放弃了尼罗河左岸那一块地区。与英国的愿望相反,法国的东进不再受什么阻碍。德国当时正在其世界政策的新路线下企图扩大自己的海外利益。德国计划在它的东非属地修建铁路。英国与刚果的条约也妨碍了德国的利益。威廉二世不再让步,态度十分强硬。

英国的态度也非常坚定。英国于1895年3月由外交大臣格雷发表了一项著名声明。声明的大意是有谣传说不知名的探险队正由非洲不同的地区向尼罗河地区挺进;英国政府在尼罗河地区的利益是众所周知的,也是法国清楚的;如法国采取那样的行动,就将被英国视为不友好行为。

法国无视英国的警告,果然由1896年向尼罗河地区派出了由马尔尚上尉率领的探险队。经过两年多的长途跋涉,马尔尚探险队由刚果抵达尼罗河流域的法绍达,其时为1898年7月。但在9月间,英国将军克其纳也率远征军沿尼罗河而上,到达法绍达。殖民主义军官此时扮演了殖民主义外交官的角色。他们在法绍达升起了法国和英国的国旗。在非洲的这场冲突很快引起了伦敦与巴黎之间的剑拔弩张。

这是一场实力对抗。英国海军当时仍是世界第一。1898年时,英国有34艘装甲舰,法国只有10艘。英国用5艘炮艇在法绍达示威。此外,英国在苏丹的远征军总数在两万以上,在埃及有补给基地。而马尔尚的队伍只有百余人。法国与英国正面对抗,背后还有德国入侵之忧。英法这一场冲突的结果是法国妥协,英国势力完全控制了埃及,法国势力被彻底赶出了尼罗河流域。

法绍达事件的影响还不止于此。它在一定程度上分散了英法两国在远东与中国冲突的注意力。此外,它也明显地暴露了法俄同盟的脆弱,因为俄国坐视法国在非洲陷于困境而无所作为。法国外交要考虑重新调整。在英国国内,由于公众舆论、新闻媒介已经在国内政治生活中起越来越大的作用,法绍达事件中英国的胜利进一步煽动了沙文主义情绪。这将英国推向又一个冒险行动,这次的地点是在南非。

七、英国入侵德兰士瓦

英德两国在南非的矛盾前面已做了介绍。在南非德兰士瓦的金矿被发现以后,英德的矛盾就更加尖锐。1890年,罗得斯出任开普敦总督。他计划要夺取德兰士瓦。

此时英德两国的最高当局都已比过去更加关注海外殖民地事务。罗得斯本人在伦敦的支持者是英国殖民大臣张伯伦。德国外交当局也直接插手南非事务。德国自积极推行新外交路线以后,已经放弃了俾斯麦时代不重视海外殖民地的观念。俾斯麦曾经认为,如果在殖民地问题上作过多纠缠,就会像波兰小贵族一样只有华丽的貂皮大衣而没有睡衣。到90年代,他的奉行世界政策的继承人们已经完全摒弃这一观念了。由于英德双方在殖民地问题上的互不相让,已经使海外任何一个具体冲突都会引起两国关系的紧张。这一形势在英国入侵德兰士瓦时尖锐地体现出来。

1895年12月,英国南非公司经理詹姆森率领八百人偷袭德兰士瓦。消息传到欧洲,德国作出强烈反应。威廉二世命令德国驻英大使询问英国政府,而且以英德断交作为要挟要英国政府不支持这次偷袭德兰士瓦的行动。然而,英国冒险者的行动失败了。偷袭者被当地的布尔人包围,詹姆森一伙被捕。威廉二世亲自打电报给德兰士瓦总统克鲁格表示祝贺。德皇的电报公开发表。英国方面认为这是对英国的极大侮辱与挑战。英德关系严重恶化。

第四节 帝国主义重新瓜分世界的战争

一、美西战争

1. 美国的崛起

美国从欧洲旧大陆脱胎而出,国力迅猛发展。作为一个新起的资本主义国家,它的经济发展的起点是比较高的。自 19 世纪 70 年代以后,欧洲向美国大移民。从数量上说,这是人类历史上最大一次移民。1870 年以后的 30 年中,约有 2500 万欧洲移民到了美国。与前期欧洲移民不同,他们去美国的主要目的不再是为了逃避宗教与政治的压迫,而是因为经济的刺激。这些移民带来了欧洲的传统,但又形成了与欧洲"旧大陆"不同的新的美国国家特征。此时达尔文主义正风行欧洲,也影响了美国。达尔文本人在 1871 年写道:"美国的令人叹服的进步以及国民的性格就是自然选择的结果,从欧洲各地移民到美国的人是更为有活力,更为勇敢,并不停息的。"达尔文主义在美国的传播使一部分人大肆鼓吹美国的"命运天定"。一个美国历史学家公开宣称美国的责任就是要推行殖民政策。他们不断地宣传白种人的优越感。正如在美国开发西部的西进运动中不断消灭土著印第安人一样,美国在资本主义发展进程中是带有强烈的种族歧视与偏见色彩的。在美国政界,鼓吹这种"命运天定"说和白种人优越感的也不乏其人。参议员洛奇是其中的代表人物。他是一个典型的帝国主义分子。他在 1895 年声称,美国应该取得古巴和加拿大;在尼加拉瓜修筑运河;控制夏威夷群岛;缔造强大的海军并做一个殖民帝国。他说:"美国是世界强国之一,美国在列强争霸中决不能落后。"与此相呼应的是马汉的理论。马汉是美国的海军军官和历史学家。他在 1890 年出版了他的著名著作《论制海权对历史的影响》。其主要观点是海洋对历史的发展起决定性作用,制海权对军事、民族、领土和商业贸易起决定性作用;英国成功的秘诀就在于它控制了制海权。马汉的理论也是应运而生的,但对美国的影响极大,尤其对美国海军的扩建极有影响。

在美国经济实力增长与垄断资本的形成过程中,美国外交传统也发生了变化。如前所说,"门罗主义"的出现是美国企图主宰西半球事务的一个标志。但是,到 19 世纪后期,美国的扩张心理更大地膨胀起来。虽然孤立主义的传统仍在美国有很大影响,但是美国已经开始"放弃孤立,而不断地、越来越频繁地参与世界事务"。⑥美国出席关于刚果问题的 1884 年柏林会议即为一例。"美国工业的实力和海外贸易的崛起必然伴随着更加专横的外交和具有美国风格的强权政治。美国人声称,在世界各民族中他们具有一种使美国外交政策优于旧世界各国的特殊的道义才能,这些主张不仅掺杂着社会达尔文主义和种族论据,而且也掺杂着工业和农业压力集团要求获取海外市场的心理。"⑦

美国东濒大西洋,西临太平洋。因为历史地理等多方面原因,美国的注意力集中在中美洲和太平洋。正在不断走下坡路的西班牙成了美国的主要敌人。西班牙在中美洲与太平洋上有着不少传统的利益,美国要来直接进行利益的重新分配。

给美国提供机会的是西班牙殖民地人民的反西班牙斗争。首先是古巴问题与菲律宾问题。美国为此做了一系列外交上的准备。美国首先争得了英国的支持。美国总统麦金莱于1897年就职,他任命海约翰为驻英国大使。海约翰是坚决主张与英国合作的。英国承认美国在加勒比海拥有压倒优势,并允许美国放手进攻西班牙。作为交换条件,美国支持英国在远东事务方面攻击俄国。英国同意与美国接近的主要原因是它与德国关系日趋紧张,在国际上渐趋孤立。伦敦方面还在准备与南非的布尔人一战。在远东,英俄之争又十分激烈。而在美国方面,它主要是担心英国的强大的海军力量会限制它在进攻西班牙殖民地中的行动,故也力争英国的支持。

2. 美西战争的爆发和经过

美国将矛头对准了欧洲的二等强国西班牙,借口就是西班牙当局没有在古巴实行改革。美国总统麦金莱是一个帝国主义者。1898年2月,他派军舰"缅因号"驶进哈瓦那港。当时美国驻古巴的领事并不同意这样做。他认为这种行动的危险性很大,但是麦金莱有意作出了这一挑衅性的决定。2月15日,"缅因号"突然爆炸。

"缅因号"的爆炸一直是一个谜。它使军舰上的200多人全部丧生。美国国内为此舆论大哗。一些报纸立即要求向西班牙宣战。美西双方都派出调查委员会进行调查。美国自然将全部责任推到西班牙身上,因为"缅因号"是在西班牙的领海出事的。西班牙方面的调查报告则认为爆炸绝非外部原因而纯粹由于内部原因所引起。过了许多年之后,即到1911年,这艘沉没的装甲舰被打捞出水面,证明西班牙人当年的结论是正确的。

然而,不管调查结果如何,美国决心采取行动。"千万不要忘记缅因号"成为一个煽动人心的口号。美国报纸认为沉船本身就已经是一个战争行动。当时在美国国内还有一些人不主张打仗,主要是一批商业界巨头如洛克菲勒、卡内基、哈里曼等人。他们认为战争会破坏繁荣,影响货币稳定,危及商业。但是他们被谴责为胆小鬼和卖国贼。1898年3月,美国一参议员波洛克特到古巴进行了一番视察,回到美国后就大肆渲染那里的西班牙统治的残酷。他的演讲使华尔街的许多人改变了看法。3月26日,麦金莱向西班牙发出了最后通牒。4月23日,西班牙向美国宣战。但是,战争只进行了四个月,西班牙就无力再将战争进行下去。此外,美国之所以能在古巴完成既定的军事目标,不仅是西班牙的软弱无力,而且更重要的是因为古巴革命者的积极活动,连美军远征军总司令迈尔斯也承认"冲锋陷阵的都是古巴人"。

美西战争的战场主要是两处:加勒比海和太平洋。拥有绝对优势的美国海军击溃了两支西班牙舰队。一处在菲律宾的马尼拉湾,另一处在古巴的圣地亚哥。西班牙丧失了制海权。

在美西战争中,欧洲列强采取了坐视的态度。英国则以香港为基地,给美国军舰提供煤炭及弹药。英国还控制着欧洲到远东的航线,它处处设置障碍,西班牙军舰只能返回本国港口。在美西战争中,德国企图从中渔利。德国海军企图强占新的殖民地。它们首先看中菲律宾。一支德国舰队从中国领海调往马尼拉湾。美国展开了反德运动。此外,日本也跃跃欲试。此时,法国出面调停了。法国是西班牙的主要债权人,它不愿看到西班牙完全失败。美国国内的反战情绪也高涨起来。麦金莱决定媾和。1898年10月1日,在巴黎召开了美西和会。

3.《巴黎和约》

1898年12月10日,结束美西战争的和约在巴黎签订。和约规定:"西班牙放弃对古巴的主权及其他所有权的一切要求;该岛在西班牙撤出之后应由美国占领";"西班牙让与美国波多黎各和关岛";"西班牙以取得2000万美元为代价将菲律宾群岛割让给美国。"

《巴黎和约》在美国国会引起一场激烈辩论。民主党与共和党争执不已。但是,争论的出发点都是因为美国国内政治斗争的需要。1900年2月6日,美国国会终于通过了巴黎和约。按照美国法律规定,国会通过时需占三分之二多数。投票的结果是57对27,比所需的三分之二多数只多了一票。四天以后,美国总统即批准了和约。

美西战争是一场帝国主义的战争。在世界已经瓜分完毕的情况下,这是一场重新瓜分世界的战争,美西战争以后,美国在远东的地位改变了。美国占领菲律宾,在西太平洋地区取得了更为主动的扩张基地。菲律宾是"通往亚洲和中国的第一步"。美国和西班牙作战时,正值帝国主义列强瓜分中国狂潮进行之际。美国由于忙于战争,当时无暇旁顾。美国夺得菲律宾以后,已任美国国务卿的海约翰即提出了"门户开放"政策。这对中国和远东国际政治局面都产生了深远的影响。美国与日本、德国乃至英俄的矛盾也随之加深了。

二、英布战争

1. 英国的外交准备活动

英国由于在地理环境上超脱于欧洲大陆之外,并且在外交上一贯执行灵活独立的方针,它的外交政策与形象往往被形容为"光辉孤立"。但是,在19世纪90年代帝国主义争夺与瓜分世界的狂潮中,冷静的政治家们也看到英国不是"光辉地"孤立,而是"危险地"孤立了。1895年底,美国总统克利夫兰向国会提出特别咨文,要英国将委内瑞拉与英属圭亚那的纠纷交与美国仲裁,实际上是要英国退出中美洲而由美国取而代之。英国索尔兹伯里政府拒绝美国要求。英美关系紧张。1896年,英国南非公司偷袭德兰士瓦没有成功,反受德皇威廉二世致德兰士瓦总统克鲁格贺电之辱,英德矛盾加深。法绍达事件中虽然英国占了上风,但欧洲舆论并不为英国叫好,英法冲突的态势并没有变化。英俄在远东争夺激烈。面对这一外交孤立局面,英国试图能做出调整来摆脱孤立。

然而,一个国家的外交是受其总体政策与发展战略的指导与制约的,同时它也是受所处时代的影响与限制的。英国虽然想摆脱孤立状态,但在90年代末期的情况下,很难达到目的。英国曾向德国表示接近的愿望,但德皇威廉二世下令给予"不置可否地予以冷淡和拖延的答复",理由是英国宣称它可以单独对全世界作战。德国对英国抱有很大的猜忌。英国于1898年确实与德国签订了瓜分葡萄牙所属非洲殖民地的条约,条件是德国停止对布尔共和国的支持。然而,英国政府又玩弄两面手法,于1899年和葡萄牙缔结密约,葡萄牙同意在未来英国对南非的战争中允许英国使用葡属莫桑比克的港口。英国的总目标是将南非的布尔共和国占为己有。在与德国及其他国家的深刻矛盾下,它的外交活动余地十分有限。

2. 英布战争的爆发和经过

1899年秋天,英国开始大造舆论,说在德兰士瓦的外国人处境困难;布尔人政府压迫在南非的英国人。罗得斯领导的南非联盟在这一场宣传舆论浪潮中推波助澜。英国还从英国与印度派遣军队前往南非,目标就是德兰士瓦。南非的两个布尔共和国都知道英国的意图。它们希望在英国的军事部署完成之前先采取行动。1899年10月9日,德兰士瓦共和国总统克鲁格向英国发出最后通牒。英国政府拒绝了通牒。10月11日,英布战争正式爆发。

英布战争自1899年开始,至1902年结束,共持续了三年之久。布尔人在开始时给予英国侵略者以很大打击,在英国不断增加援军的情况下,布尔人又开展了游击战争,直到最后被迫议和,与英国签订了《弗雷尼欣条约》。条约规定英国取得在南非的统治权,两个布尔共和国丧失独立,承认臣属大不列颠王国,但仍有相当大的内部自治权。

英布战争是继美西战争以后的又一场帝国主义战争。它的影响远远超出了两个交战国关系本身。由于英国深深地陷入在长达三年之久的南非战争中,且被布尔人的游击战拖得筋疲力尽。英国为赢得对德兰士瓦这样一个蕞尔小国的胜利,竟调动了四十余万兵力,耗资2.5亿英镑。如此沉重的负担使英国不能太多地顾及世界其他地区,尤其是远东。俄国乘虚而入,极力在远东主要是中国扩大自己的影响。列强间的矛盾又尖锐起来。然而,1900年中国义和团运动的爆发又使列强重新勾结起来镇压中国人民的反抗。事实上,英国自英布战争以后外交更加孤立。欧洲的舆论都偏向布尔人。"所有欧洲大国都想让英国丢脸,利用它的困境得好处。"[8]英国为了彻底摆脱这一局面,必须彻底放弃它的"光辉孤立"形象,寻找盟友。在欧洲大陆上要做到这一点暂时是困难的。在与德国接近的试探屡屡遭挫之后,英国将注意力投向了远东。在远东日本与俄国的矛盾相当尖锐。为了对付自己的宿敌俄国,日本是一个理想的伙伴。英国外交开始作出重大调整,由"光辉孤立"转向结盟。

三、日俄战争

1. 英日同盟的建立

在远东的角逐中,实际上是英、俄、日三方在起主要作用。日本在甲午中日战争之后迅速崛起,欧洲列强都对它刮目相看,当然各自仍怀有不同的动机。日本对朝鲜半岛与中国东三省所遇到的争夺劲敌便是沙俄。1900年八国联军镇压义和团运动以后,俄国军队赖在中国的东三省一直迟迟不走。事实上,在俄国决策层中,对中国的领土野心还远不至此。早在1898年,俄财政大臣维特就在一次谈话中说:"其实俄国的地理位置迟早会保证它在华北的政治优势。"他用手围着直隶、山西、陕西、甘肃等省画了一个圈,然后说:"俄国迟早会吞并这一大片土地的。"[9]对于俄国的野心,日本非常警惕。英国和日本还十分注意西伯利亚大铁路的建设。当时英国已掌握了中国各港口输出货物的三分之二,俄国这一条铁路动脉的修建将直接打击英国的利益。此外,英俄还在中国争夺铁路修建权,尤其是以俄法为背景的对修建自卢沟桥至汉口铁路的贷款活动更为英国所不容,因为这直接影响到英国在中国长江中下游的利益,英日两国在反俄上有共同点,这是英日接近的基础。

1901年初,日本驻英公使就探询过英国政府的态度,表示愿意和英国缔结保护双方利益的"永久协定"。英国未做明确答复。另一方面,俄国外交亦不是无所作为。维特准备在朝鲜问题上向日本让步,拉拢日本对付英国。1901年6月,日本国内政局发生重大变动,桂太郎内阁上台。桂太郎与前任伊藤博文不同,是极端的军国主义分子。他认为有必要与英国订立反俄同盟。英日开始谈判。谈判在进行中时,日本又派伊藤博文赴彼得堡与俄国谈判。这是日本所施的外交手腕。它从侧面向英国施加压力,即如英日谈判不成,日本将与俄国接近。英国在英布战争中受挫,在对德接近试探中失败,又恐于日俄接近,终于同意了日方提出的条件。

《英日同盟条约》于1902年1月30日在伦敦签字。条约的主要内容是:一、缔约国双方相互承认有权保护自己在中国和朝鲜的利益;二、一旦缔约国一方为了保护本国在中国和朝鲜的利益而与第三大国作战时,另一方应严守中立;三、如同盟国一方与两个或两个以上的大国作战,另一方应负有军事援助的义务。

英日同盟的成立标志着英国已经放弃了传统的"孤立"政策,开始走上结盟的道路。它是日本外交的一大胜利。日本在远东有了英国这样一个盟国,便可以向俄国公开挑战了。英日同盟签订时还交换了秘密照会。照会规定,双方海军在"和平时期"将一致行动,两国在远东拥有超过任何一国的海军力量,它们无意放弃这一优势。列强对英日同盟的反应不一。俄国非常惊恐。它建议法国共同行动,但法国不赞成俄国将兵力调往远东。俄国又企图用1895年三国干涉还辽时一样将德国拉到俄法一边。德国采取了两面手法,他们支持俄国在远东加强防务,以减轻俄国在西线对德国的压力,但德国本身则无意卷入冒险。在德国看来,英俄如在远东开战,无疑对德国有好处。

2. 日俄战争的爆发与经过

英日同盟的建立是日本所做的外交准备。日本要抓住西伯利亚铁路尚未完工,俄国不可能向远东大规模运送兵力物资时先发制人。1904年2月,日本未经宣战突然袭击在旅顺口和仁川的俄国舰队。日俄战争正式开始。这是一场争夺中国东北和朝鲜的战争。

从战争双方来说,日本是占优势的。虽然俄国在海上的力量远远超过日本,当时俄国有20艘装甲舰,日本只有7艘,但俄国舰队分散在波罗的海、黑海和太平洋上。而日本则集结了它的海上优势。此外,外交方面亦对日本有利。英日同盟已成立。英美都向日本提供贷款。英国还警告土耳其,不让俄国黑海舰队通过海峡。日本将日俄战争局限在远东,法国无意介入,俄国反而有西顾之忧。法俄同盟削弱。俄国太平洋舰队兵力不足,黑海舰队又被锁在海峡之内,不得已只能由遥远的波罗的海调集波罗的海舰队驶往远东。舰队由1904年秋天从波罗的海启程,途经北海时又遇英国渔船。俄军判断失误,以为是日本军舰,遂向船只开火。英国立即向全世界宣布俄军炮击英国渔船的消息。因为事件发生在英国赫尔港附近,故称赫尔事件。俄国舰队经过长时间的海上航行,于1905年5月抵达日本海。但是,在对马海峡一战中,俄国舰队被早已埋伏在那里的日本海军击溃,全军覆没。在陆战中,日本亦在朝鲜和辽东半岛登陆,攻陷了旅顺口,又在沈阳会战中击溃俄国军队。俄国在军事上的失败引起俄国国内革命形势的高涨,这使沙皇政府十分恐慌。日本方面虽然在战场上取胜,但也打得筋疲力尽。双方都希望尽早结束战争。

3.《朴茨茅斯和约》

日俄战争中,英国是日本外交上的同盟国,而美国则是日本最大的债主。英美两国都从日俄战争中得到了不少好处。但是在美国看来,日本在远东势力的过分强大并不符合美国政府的意图。在战争初期,美国总统西奥多·罗斯福就对德国大使说:"让这两个大国彼此尽可能更加牢牢地揪住不放;在缔结和约之后,也不能让它们之间有摩擦的那些地区消失,从而使它们在划定各自势力范围方面大致还同战前一样互相对抗。这就使它们仍然保持战备状态而不能对其他地区抱有野心。这样,日本就不会在胶州湾威胁德国,也不会在菲律宾威胁美国了。"[⑩]罗斯福还在给一个英国人的信中说,要等两个大国打得双方筋疲力尽,"那时就会在不致出现黄祸,也不致出现斯拉夫祸的条件下媾和。"[⑪]待罗斯福认为这一条件已经具备时,他出面调停了。1905年8月,日俄双方在美国的朴茨茅斯举行和谈。9月5日,签订了《朴茨茅斯和约》。根据和约规定,俄国承认日本吞并朝鲜,并将旅顺、关东省、库页岛南部以及中东铁路的一段原来俄国的利益让给日本。

日俄战争影响深远。日本已完全崛起了。它的外交与军事力量经过了一场帝国主义战争的考验。这对于远东的国际政治格局产生了很大影响。日俄战争的主要战场在中国。《朴茨茅斯和约》又承认了日本在朝鲜半岛和中国东北的势力增强。对朝鲜人民和中国人民来说,这是又一场灾难。而在列强之间,旧日矛盾并未因战争的结束而消除,新的矛盾又产生了。在19世纪向20世纪过渡之际,重新瓜分世界的三场帝国主义战争中,美西、日俄战争都是新的帝国主义强国向老帝国主义挑战的战争。美国和日本已跃上世界强国的行列。它们之间在太平洋上和在远东的矛盾也很快尖锐起来。在远东的国际政治舞台上,原为主要的英俄矛盾逐步由美日矛盾所替代,这给远东国际关系格局带来了新的变化。

注释:

① 朱庭光主编:《外国历史名人传(近代部分)》下册,中国社会科学出版社1982年版,第559页。

② 威廉·兰格:《帝国主义外交》,纽约1951年版,第75—76页。

③ B.M.赫沃斯托夫编:《外交史》第2卷,高长荣等译,生活·读书·新知三联书店1979年版,第268页。

④ 理查德·兰霍恩:《欧洲协调的崩溃》,麦克米伦1981年版,第24页。

⑤ 《外交史》第2卷,第233页。

⑥ 欣斯利编:《新编剑桥世界近代史》第11卷,中国社会科学院世界历史研究所组译,中国社会科学出版社1987年版,第938页。

⑦ 保罗·肯尼迪:《大国的兴衰》,王保存等译,求实出版社1988年版,第298页。

⑧ 《新编剑桥世界近代史》第11卷,第774页。

⑨ 鲍·亚·罗曼诺夫:《日俄战争外交史纲(1895—1907年)》,上海人民出版社1976年版,第91—92页。

⑩ 《外交史》第2卷,第777页。

⑪ 同上书,第778页。

思考题:

一、名词解释:

"两C计划" 《中俄伊犁条约》 法绍达事件 《朴茨茅斯和约》
三国干涉还辽 "致克鲁格电报"

二、问答题:

1. 简述19世纪后期欧洲主要大国的对外扩张政策。
2. 试述19世纪后期日本在东亚侵略活动的开始与发展。
3. 简述19世纪末20世纪初帝国主义重新瓜分世界的三次战争及其后果。

第四章
第一次世界大战的爆发和战时国际关系

　　自19世纪初的维也纳会议至19世纪末20世纪初近一个世纪的时间内，欧洲本土上除克里米亚战争以外没有打过大仗，一直维持着和平局面。但是，在19世纪的最后三十年中，旧的"均势"结构不断受到冲击。帝国主义各国要求重新瓜分世界的争斗愈演愈烈。在世纪交替之际，巨变已在酝酿之中。各种秘密外交、秘密结盟正在加紧进行；危机和局部战争不断出现。国际关系上形成了瞬息万变的十分复杂和动荡的态势。与19世纪的国际政治的一个明显的不同点是，美国和日本已成为世界性强国。它们的参与使得原来的国际关系变得更为复杂。德国加紧推行"世界政策"，它要向老牌帝国主义国家英国公开挑战。工业技术的发展还引起了军火生产的多方面与多层次变化。军备竞赛激烈。总之，一切迹象表明，旧的国际政治结构已在世界的剧烈动荡中趋于削弱，新的国际政治结构必将取而代之。然而，究竟是什么推动与促使了这一改变呢？后来的历史表明，是一场使7400万人走上战场，用新型的杀伤武器，导致1000万人死亡，2000万人受伤，500万人失踪的世界大战。这是人类历史上一场空前的浩劫。本章将着重从两大军事集团的形成，战争危机的出现与外交控制，大战的导火索的点燃到最后引爆等方面叙述这一场浩劫的发生及其他的外交背景。

第一节　两大军事集团的最终形成与对峙

一、英德矛盾的加深

1. 19 世纪 90 年代的德国及其"世界政策"

19 世纪 90 年代的德国国力强盛,生产力高度发展。德国依靠洛林的丰富的铁矿资源,迅速地发展了自己的工业。尤其是在电力与化学工业方面,德国已处世界领先地位。1870 年时德国的生铁产量只有 150 万吨,到 20 世纪初已发展为 1500 万吨。克鲁伯、西门子等公司享有全球声誉。德国的电气产品已在质量上遥遥领先。德国的经济活力也在文化上得到体现。德国的化工和电力工业的发展迅猛是与科学技术的发展分不开的。不少人类科学史上的里程碑都纷纷在这一阶段建立起来。如 X 射线的发现,爱因斯坦开始研究相对论,医学研究中的不少重大突破,都出现在这一时期。在哲学社会科学方面,社会学学者马克斯·韦伯、经济学学者瓦格纳等,都纷纷在这一时期著书立说,而且影响深远。人才的出现又促进了教育的繁荣。这些著名学者在德国的大学中用新的方法讲授学问,举办讨论班,大大推动了大学教学的发展。许多方法被介绍到国外,其中美国受影响最大。德国的大城市如柏林、汉堡、慕尼黑等城市都集中了大量人口。这说明德国已经完成了由普法战争前的农业国向工业国的过渡。

但是,所有这些经济与科学文化的繁荣只是一种现象。从国际政治的角度来看,德国的主导政策究竟是什么呢? 德国有了如此强盛的国力,它要在国际舞台上扮演什么角色呢? 在威廉二世的领导下,德国的政治路线十分明确,那就是它的"世界政策"。1895 年 1 月 25 日,威廉二世做了世界政策的第一次公开演讲。他说,德国要推行世界政策。这种政策"将为商船船队和海军的发展所支持"。他宣称:"德国的未来是在海上。"在德国,威廉二世赋予"世界"这个词以特殊的意义,如"世界都市柏林""德国世界贸易""世界强国"等。他宣布:"德意志帝国要成为世界帝国。在地球遥远的地方,到处都居住着我们的同胞。德国的货物,德国的知识,德国的勤奋要漂洋过海。"[①]以上只是公开的演讲,在私下的政策设计中,威廉二世更加毫不掩饰对德国控制世界的野心。他在 1896 年给大臣的一份电报中说:"必须立即与巴黎和圣彼得堡开始进行谈判。谈判的基础将是互相保证各国的现有殖民属地。这又一次证明,我们十年前开始实行殖民政策而未拥有舰队,并且发展这个政策而不同时采取步骤建立一支舰队,是愚蠢的。我们现在背上了大量的殖民属地,变成原来被英国无懈可击的德国的唯一的弱点。因为这些殖民地使我们与英国继续不断地发生或大或小的纠纷,而英国在不久以后一定要宣告我们在海上是完全无能的。我们的贸易正在和英国作生死的斗争,我们的报纸每天宣传这种斗争,但是,在各大海洋上航行的挂着我们旗帜的大批商船,在130艘英国巡洋舰的面前而我们只有4艘来对抗的情形下,是十分不保险的。"②从中可以看到,德国的主要竞争对手是英国。作为一个后起的工业强国,德国在处处地方都表现出不甘现状与急躁的情绪。这是一种强烈的民族情绪,而它在政治上的体现者则是以威廉二世为首的统治集团。

德国的世界政策的第一个重要体现便是1897年强租中国胶州湾。它企图在远东站住脚跟,建立海军基地。德国这一行动果然引起其他列强纷纷效尤。1898年,德国通过了为期20年的庞大海军计划。1900年时又将计划扩大了一倍。德国的海军部长特皮茨宣称:"没有强大的海军,德国的世界作用就如同是没有壳的软体动物。"德国世界政策的又一个体现是威廉二世派他的参谋总长瓦德西作为八国联军总司令到中国镇压义和团运动。德国远征军于1900年7月在不来梅港出发以前,威廉二世发表了一篇"匈奴演说",他号召德国士兵"不要宽恕,也不要捉俘虏,谁要落入你们手中,谁就遭殃。像一千年前匈奴人在国王阿提拉领导下声威远播,至今还在童话和传说中威风凛凛一样,德国人的声威也要靠你们在中国流传千年,使中国人永远不敢再对德国人侧目而视"。③德国这一世界政策引起了英国的重视和忧虑。

2. 英德谈判(1898—1901)

长期以来,英国这个拥有广大殖民地的"日不落"帝国一直称霸世界。它之所以能够称霸主要是基于两个条件。它的主观条件是英国在经济方面和海上力量方面都有着无可争议的优势;它的客观条件是其他欧洲力量都在忙于应付欧洲大陆事务,不可能对英国的世界政策形成严重的威胁。但是到19世纪90年代,这两个条件已逐渐消失。英国在地球上有了众多的竞争对手,与它争夺经济利益和战略利益。更使英国害怕的是所谓"大陆同盟"的幽灵。德、法在非洲刚果河流域联合抗英,法、俄结盟,俄、法、德三国干涉还辽,在英国的一部分人看来,都是大陆反英联盟的迹象。英国面对这一新情势必须调整政策。英日同盟在1898年时尚未成立。英国先向德国做了试探。这就是自1898年至1901年间断续进行的英德之间的秘密接触和谈判。

在英国内阁中,除首相索尔兹伯里外,殖民大臣张伯伦是一个重要决策人。在他看来,英国的主要敌人是俄国,英国应当寻找反俄的盟友。张伯伦曾几度向威廉二世做出结盟姿态。1898年,张伯伦曾向德国表示:"我们应该对俄国说,你想要的东西都得到了。我们准备承认这一点。但是你们不能走得太远了。中国的其他地方应当由我们联合保护。"威廉二世斩钉截铁地回答说:"张伯伦不应当忘记,在东普鲁士,我有一个德国师团在抵御着三个俄国军团和九个师团,那儿可没有中国的万里长城,也不是英国的装甲舰能到的地方。"张伯伦的建议并不被德国响应。1901年,张伯伦又一次提出与德国结盟的建议。德国宰相标洛说:"在这一方面,我们必须表现得像斯芬克司那样神秘莫测。"④英国在几次试探均告失败之后,开始考虑新的方案。1902年的英日同盟是英国外交政策的重大调整,但仅仅是第一步。

二、英法协约

为了彻底地改变英国在欧洲国际关系中的孤立地位,为了全力对付德国的挑战,英国外交政策在20世纪初开始做大幅度调整。英国的外交大臣兰斯多恩曾担任过加拿大和印度的总督,也做过英国的陆军大臣。他主张在新形势下与法国调整关系。在欧洲大国中,法国的地位相对较弱。它的大部分资金在海外,国内经济的发展不如英国,更不如德国。法国在外交上自法兰克福和约以后一直较为被动。它内部政局不稳,内阁的连续更迭也使其他国家生虑。法俄同盟的成立对法国来说是外交上的一个胜利。但当时主要是俄国得利较多,因为它修建西伯利亚铁路需要法国的大量贷款。事实证明法俄同盟并不是十分有力的。法绍达事件中俄国外交的表现即为一例。法国外交家们面对20世纪初国际风云变幻,也在认真考虑法国外交政策的调整。

法国外交部长德尔卡赛是一个比较有战略眼光的人。连威廉二世后来也承认说:"德尔卡赛是异常聪明的,而且是十分有力量的。"德尔卡赛一直在密切观望欧洲国际关系格局的变动。英国向德国做出的姿态,德国的冷淡反应,英国外交政策开始调整,英日结盟等等都在他的视线之中。他逐渐形成了一个明确的战略考虑,即与英国接近。然而在现实中,这一战略考虑与实际困难有很大距离。1898年的法绍达事件被法国上下引为奇耻大辱,要平息公众舆论就需要一番努力,还要会捕捉时机。此外,英日同盟的成立使德尔卡赛更加忧虑。英俄在远东的矛盾为人所共知。如果日本将英国拉进在远东与俄国的纷争,作为俄国的盟国,法国不能无所作为,但又无法有所作为,那将是一个十分尴尬的局面。德尔卡赛认为决不能与英国为敌。必须与英国修好,采取主动。这是他的总体战略设想。

还值得提及的另一个法国外交家是保罗·甘本。他在英法接近中也起了关键的作用。作为大使一级的外交家,甘本是一个人物。在一个国家的对外关系中,领导者的战略设想要通过具体执行者去体现。作为一个大使,需集远见、深沉、灵活、忍耐、机智于一身。甘本具有这样的素质。他曾经预言过纳粹德国的兴起以及美俄在亚洲的争霸,对国际事务很有洞察力。他曾任法国驻西班牙和君士坦丁堡的大使。1898年,德尔卡赛就任法国外交部长,甘本被任命为法国驻英大使。这显然是一个重要的任命。当时法绍达事件刚过,形势对他十分不利。他于1898年12月8日抵达伦敦,在那里作为法国大使一直服务了22年。甘本主动向英国政府提出应当开诚布公地谈英法之间的分歧。他的目的很明确,即法国应联英反德。德国占领着阿尔萨斯和洛林,而英法矛盾都在海外。甘本在向英国作灵活姿态的同时,对德国却不抱幻想。有一个插曲很能说明甘本对德国的态度。1901年英国维多利亚女王去世。欧洲各国显要云集伦敦。在一个公众场合,甘本被德皇威廉二世截住了。威廉二世对甘本说:"你应该知道我对你的国家的感情。我认为对欧洲和平来说,法国是不可缺少的因素。我希望法国强大。如果你们有什么困难,就请告诉我,我会给你们帮助的。"时值英德接近的努力完全宣告失败。威廉二世看到英德和解不可能,想挑拨英法、英俄的关系。甘本的反应说明他已看清威廉二世的意图。他说:"对陛下的关心我极为感动。我会向巴黎报告的。但是法国希望生活在和平的环境里。我希望而且我也相信法国永远不会需要陛下的帮助。"⑤

英日同盟的缔结使甘本大为恼火。因为英国注意力如被日本东引,法国在欧洲就更要处于困难的地步。他提醒英国外交大臣兰斯多恩说:"日本人是亚洲人中最为狡猾的。他们会抓住一些小小的机会,躲在英国的背后挑动,把英国拉进一场无谓之争。"甘本在挑拨英日关系的同时,开始与英国就海外殖民地问题上英法纷争开始进行谈判。他认为英法在欧洲大陆根本没有矛盾,而只有共同的敌人德国;英法在海外的矛盾是可以妥协的,关键是双方要找到合适的妥协点,另外要创造妥协的气氛。

在英法外交两方的安排下,1903年英国国王爱德华七世访问法国。这是一次正式的国事访问。爱德华七世在巴黎用法语发表演讲。他的访问改变了法国的公众舆论。当英王抵达法国时,法国不少公众高呼:"布尔人万岁!俄国万岁!马尔尚万岁!"而当英王离开时,口号变成了"我们的国王万岁!"同年7月,法国总统卢贝回访。英国公众也以极大的热诚欢迎法国元首。

与这一系列公开的外交活动同时,私下的外交接触也一直在进行。虽然英法双方在海外的纷争牵涉到英法在西非、纽芬兰等地的利益,但矛盾的焦点只有两处,即埃及和摩洛哥。英法之间漫长的谈判主要是围绕着这两个问题。1904年日俄战争的爆发推动了谈判的进程。因为法国看到被孤立的危险。1904年4月8日,英法协定正式在伦敦签字。

英法协定主要有三个文件。第一个文件是《关于纽芬兰和西非及中非的协定》。法国放弃它在纽芬兰的部分权益,但保留捕鱼权。第二个文件是最重要的,即《关于埃及和摩洛哥的声明》。英国声明它无意改变埃及的政治地位;法国声明它无意改变摩洛哥的地位。实际上,英法双方各自承认对方的势力范围。第三个文件是《关于暹罗、马达加斯加和新赫布里底的声明》。⑥

英法协约不是一个军事同盟,它是英法两国在海外殖民地矛盾问题上的一个妥协,以便双方在海外争斗中腾出手来加强在欧洲事务中的作用。1904年的英法协约给了德国沉重的打击。德国决策者们从来没有想到英法这两个在海外殖民地利益上势不两立的国家会走到一起。在俾斯麦之后担任德国外交枢密顾问的霍尔斯泰因做了完全错误的估计。他一直是在德国外交中起关键作用的人物,并始终认为英法不可能接近,德国有充分的时间来等待英国求上门来并付出高昂的见面礼。但事实证明德国完全失算了。被英法协约激怒的德国决定还击。德国的根据是英法协约没有牢固的基础,英国对法国的外交支持是纯精神的;法国的军事力量不是德国的对手,应施加压力使它屈服并站到德国一边;法俄联盟在日俄战争中证明是软弱无力的。因此,德国认为分裂英法,联合法俄是有可能的。对付法国,德国决定利用摩洛哥问题,即第一次摩洛哥危机,下文中将提及。对付俄国,德国则想采取拉拢的办法,具体来说就是签订《毕由克条约》。1905年5月,德国利用俄国在日本海海战中失败的机会,安排德皇与俄国沙皇在芬兰湾毕由克岛附近的军舰上会晤,并签署了《毕由克条约》。内容大意是:如两帝国之一被一欧洲国家所攻击,它的同盟国将在欧洲以全部陆海部队予以帮助;不单独缔结和约。当尼古拉二世将文本带回俄国后,大臣们一致反对,认为这完全违背了法俄同盟。尼古拉二世复信给威廉二世,表示无法使《毕由克条约》生效。德皇大失所望。德国决定在摩洛哥问题上做文章,以此来压法国,拆散英法协定。

三、英俄协约

英德矛盾的尖锐化到1907年时已经非常明朗了。英国准备联合可能联合的欧洲力量共同反德的思想也已十分明确了。1907年1月1日,英国外交部的克劳备忘录对英国的政策思想做了系统的阐述。备忘录说:"英国的政策是维持均势,把自己的力量加在这一边或那一边,但是总是加在一边以抵制某一时期内一个最强大的国家或集团的政治霸权。这几乎成为一个历史上的真理。如果这样观察英国的政策是正确的话,那么,英国不可避免地一定要反对任何一个希望建立这种霸权的国家,这几乎成为一个自然的法则。把这个普遍的法则应用到一个特殊的事例,就要探讨一下,在一定时期内,某一个强大的和野心的国家是不是和英国处于天然的和必然的敌对地位。目前德国的地位可以这样考验一下。"⑦十分明显,英国已不再将德国视作假想敌,而是实实在在的对手了。克劳备忘录的结论部分讲得非常明确:"应该认定,德国是故意奉行在本质上反对英国的重大利益的政策,而且除非英国牺牲这些利益,使它自己失去作为一个大国的地位,或者英国变得十分强大,使德国无法在战争中取得胜利,否则一个武装的冲突是终究不可避免的。"英国为了进一步孤立德国,创造一个新"均势",除了英法协约以外,还准备进一步与俄国妥协。防止德俄接近。

  英国与俄国妥协是有很大的障碍的。老牌殖民大国英国与扩张势头同样很强的俄国需要在争执最大的几个地方达成妥协。但是,到1907年时,情况也已起了一些变化。在远东,日俄一战已将俄国的气焰打了下去。在中亚,虽然俄英矛盾依旧,但新加入进来的因素是德国。德国修建巴格达铁路的计划已直接威胁到英俄两国的利益。在最敏感的海峡地区,英国控制了埃及和苏伊士运河,俄国不可能有什么作为。英俄缓和既有必要也有可能。法国在这一方面亦做了不少工作,推动英俄两国摒弃前嫌而一致对德。英国新任驻俄大使尼科尔森在关键时刻抵达圣彼得堡。他在英俄协定的签订中起了重要作用。英俄正式谈判从1906年5月开始到1907年8月正式签订协定,共一年多时间。英俄协定主要由三部分组成。第一部分是有关波斯(今伊朗)的协定,规定波斯北部为俄国的势力范围;波斯南部是英国的势力范围;中间为中立地带。第二部分是有关阿富汗的协定。俄国承认了英国在阿富汗的势力,放弃了俄国在阿富汗的利益。第三部分是关于西藏的协定。英俄双方约定不干涉西藏内政。但这里必须指出,英俄这一做法本身是干涉了中国的内政的。

  1907年英俄协定的签订说明了自19世纪末开始的欧洲列强外交政策的重新调整暂时告一段落。阵线已大体明确,即三国同盟与三国协约的对峙。其中对立的主轴或主要矛盾是英德矛盾。英国战略做了重大调整。它已将战略重心从世界其他地方移回欧洲大陆。德国在外交上节节失利,但推行世界政策的野心却丝毫未减。它进一步扩充军队,尤其是扩充海军。

四、英德军备竞赛和两次海牙和平会议

1. 英德军备竞赛

英国一直是拥有强大海上力量的头号强国。它以坚持"两强标准"为荣,即英国海军的力量要超过其他两个海军强国的军舰总和。然而,19世纪末,英国的海上霸主地位受到了德国的挑战。1898年,德国通过了为期20年的庞大海军计划。1900年6月,德国又通过了一项新海军法案。根据这个法案,德国将拥有34艘主力舰,11艘重巡洋舰,34艘轻巡洋舰和100艘驱逐舰。1905年,英国开始制造"无畏舰"。德国奋起直追,也于1906年开始制造"无畏舰"。英国希望通过谈判来限制德国海军,但威廉二世的态度十分强硬。德国驻英大使公开向英国财政大臣劳合·乔治说:"英国采用无畏舰型的船舰,是一个大错误"。威廉二世则明确指示:不论英国人喜欢不喜欢,德国的海军法案将要全部实行。"如果他们要战争,让他们去发动,我们不害怕战争。"德国的态度已很明显,它虽然在外交上处于孤立的地位,但已准备用战争来改变这一局面。

2. 两次海牙和平会议

欧洲出现了两大军事集团。各国的军备竞赛加剧。德国的军事预算自1878年至20世纪初几乎增加了两倍;英国增加了一倍多;法国增加了几乎一倍。在列强中,俄国的经济是最困难的。沙皇尼古拉二世倡议召开国际会议来裁减军备,实际上是想尽量减轻自身的军备负担。在俄国的提议下,两次国际和平会议曾于1899年和1907年在海牙召开。会议的中心议题是裁军,但德国持明显的反对态度。德国公开声明,"召开一个海牙会议不是达成缩减海军费用的好方法"。

海牙和平会议的唯一成果是通过了有关战争规则的两个公约和建立常设的仲裁法庭。但是,海牙和平会议并没有限制列强的军备竞赛。欧洲国际政治中战争火药味已经越来越浓了。各大国都在充实自己的武器库,尤其是有着军国主义传统的德国。

第二节 战争危机的出现与外交控制

一、第一次摩洛哥危机

1. 危机的发生

位于非洲西北端的摩洛哥由于它挟直布罗陀海峡的咽喉地带而历来受

到列强的重视。在19世纪末帝国主义瓜分非洲的狂潮中,摩洛哥由于英、法、西等国的竞争与相峙而得以虎口脱险,勉强维持着"独立"的地位。1904年的英法协约中规定摩洛哥成为法国的势力范围。在此以前,法国又与意大利、西班牙等达成协议。法国在完成了充分的外交准备以后,于1905年2月公开提出由法国军官来组织摩洛哥警察部队,由法国垄断资本来建立摩洛哥国家银行。

德国为了拆散英法协约,决定在摩洛哥问题上做文章,挑起事端。1905年3月,威廉二世在摩洛哥的丹吉尔发表演说,表示对"摩洛哥的幸福和繁荣的关怀";"决心捍卫德国在摩洛哥的利益"。威廉二世的公开挑衅使欧洲的国际关系骤然紧张。德国与英法都开始做战争准备。这就是第一次摩洛哥危机。

英国坚定地支持法国与德国对阵。1905年夏,英国外交大臣兰斯多恩表示,如果德法为摩洛哥开战,公众舆论将迫使英国为法国而作战。1906年1月,英国的新外交大臣格雷又向甘本表示,法国如被德国进攻,英国不会中立。英法正式开始谈判军事合作问题。英法军事协议的主要内容是:英国将派遣十万陆军赴法;提供四万二千匹马作为交通工具;决定英军在法国登陆的港口,并规定十四天内完成所有的部署。由此可见,英国已经将原来英法在殖民地问题上妥协的政治协定变成了应付一场欧洲战争的军事同盟,其目的是破坏德国在欧洲建立霸权。

2. 阿尔几西拉斯会议

第一次摩洛哥危机给美国外交提供了机会。美西战争以后,美国的外交政策以"大棒政策"和"金元外交"为标志,在西半球事务中频频插手,同时"大棒政策的阴影也伸向了遥远的摩洛哥。"西奥多·罗斯福出面"调解",1906年1月16日,在西班牙的南部港口阿尔几西拉斯召开了关于摩洛哥问题的国际会议。各国外交官们可以从窗外看到停泊在直布罗陀海峡的英国大西洋舰队和地中海舰队。德国外交在会议上非常被动。德国方面发现,绝大多数欧洲国家甚至美国都偏向法国一边。鉴于这一形势,德国不得不作出了让步。经过近三个月的外交折冲樽俎,终于在4月7日通过了总议定书。议定书在表面文字上承认摩洛哥的独立和国家主权,但摩洛哥的实际权力中心为法国为首的欧洲列强控制的"国家银行",此外,法国还得到控制摩洛哥的警察与海关的权利。

德国想利用摩洛哥危机挑拨英法关系,但最后结果却是巩固了英法协约。俾斯麦所一贯为之担心的"联合的梦魇"在摩洛哥危机中出现了,德国被包围了。德国外交枢密顾问霍尔斯泰因对此惊叹说:"如果在未来几年中不能同英、俄缓和,德国将面临严重困难。三对一,严重不平衡。"⑧ 外交上的失策使德国决策阶层内部起了分化,威廉二世解除了霍尔斯泰因的职务。一场危机暂时被平息了下来。但是,第一次摩洛哥危机已拉开了欧洲列强在20世纪初争端的帷幕。

二、波斯尼亚危机

在第一次摩洛哥危机过去不久,"东方问题"又一次爆发了。奥匈起了关键的作用。1897年,俄奥两国曾就"东方问题"达成一项协议。协议内容是任何一方不得破坏巴尔干现状。这是在当时情况下的一个妥协。因为俄国急于向远东和中亚扩张,奥匈也没有争取到英国的支持。十年以后,奥匈认为机会到了。在奥匈帝国内部,民族矛盾日趋尖锐。南斯拉夫人因受马雅人的压迫一再起来反抗并得到塞尔维亚的支持。这对于奥匈统治集团形成很大的威胁。他们视邻国塞尔维亚为敌,矛盾难以调和。在1897至1907的十年中,奥匈利用欧洲其他列强在地球各处扩张争斗之际,静悄悄地将大量资本输进巴尔干地区。土耳其的欧洲部分大有成为奥匈帝国势力范围之势。尤其当时土耳其内部的青年土耳其党领导了革命。巴尔干半岛形势变化莫测。奥匈帝国统治集团内部的强硬派人物更希望能尽快行动。

1908年9月15日,奥俄两国外交大臣在布何劳会晤并达成了一项口头协议。大意是俄国同意奥匈兼并波斯尼亚和黑塞哥维那两省;奥匈则同意海峡向俄国舰队开放。在这一笔交易中奥匈占了上风。因为海峡开放的问题是要得到欧洲其他列强的认可的。俄国外交遇到了相当大的难题。会晤以后,俄国外交大臣伊兹沃尔斯基继续在欧洲旅行,试图劝说欧洲列强同意修改海峡条款,同意海峡向俄国舰队开放。但是,出乎他的意料,在他抵达巴黎时,他从当天报纸上看到奥匈的声明。奥匈帝国准备兼并波黑两省,并说奥匈已在此问题上得到了俄国的认可。伊兹沃夫斯基明白自己已上了奥匈外交大臣艾伦达尔的当。舆论已经遍及欧洲,即俄国外交大臣已把斯拉夫人居住的大片土地出卖给了奥匈。

1908年10月5日,奥地利皇帝发布诏书,正式宣布兼并波斯尼亚和黑塞哥维那。同时,奥匈还进行了战争动员。波斯尼亚危机正式开始,欧洲舆论哗然。在其他列强看来,无论是俄国向奥匈勒索海峡利益,还是奥匈向俄国勒索波黑两省利益,都是公然违背1878年柏林条约的行为。奥匈走得更为极端,它还公然以武力相威胁。俄国对此非常愤怒。它要求召开国际会议,重新讨论波黑两省问题。奥匈态度也极强硬,因为它得到德国的支持。1909年1月,德国参谋总长毛奇致函给奥匈参谋总长说,一旦俄国进行动员,德国也将动员,而且将动员全部兵力。德国的支持更加煽动起奥匈内部的帝国主义情绪,甚至有呼声要求与保加利亚一起瓜分塞尔维亚。艾伦达尔认为这将给奥匈带来更大困难,没有同意。

在德奥的强大压力下,英法又不表示坚决的态度,俄国无力单独与德奥抗衡,只得让步。波斯尼亚危机过去了,但却为未来的冲突埋下了种子。在巴尔干半岛上,奥匈和塞尔维亚的矛盾也愈加尖锐。波斯尼亚危机已经使整个欧洲看到了战争一触即发的阴影。

三、第二次摩洛哥危机

1906年的阿尔几西拉斯会议使列强在第一次摩洛哥危机时做了暂时的妥协。法国为首的国家银行控制着摩洛哥,但在表面上摩洛哥还是一个独立的国家。此后几年,法国势力不断向摩洛哥渗透。终于法国于1911年5月占领了摩洛哥首都菲斯。摩洛哥实际上已成了法国的殖民地。法国的行动引起了全欧尤其是德国的震惊。作为对法国行动的反应,德国派出炮舰"豹"号于1911年7月1日驶往摩洛哥西部濒临大西洋的港口阿加迪尔。"豹"的跳跃更使举世瞩目。这就是1911年的第二次摩洛哥危机。

法国占领菲斯和"豹"的跳跃说明阿尔几西拉斯会议协议已成为一纸空文。欧洲列强在新形势下重开较量。俄国此时不想多插手,奥匈亦尽力不介入,关键要看英国的态度了。此时英、法、德之间的外交关系十分微妙。英国当时非常害怕法德妥协,因为英国认为它在直布罗陀海峡的利益至关重要。当时法德外交部亦都在拼命活动,企图控制局势。德国向法国索取法属刚果,法国则认为代价太高,迟疑不决。1911年7月21日,英国财政大臣劳合·乔治在伦敦市长宴会上发表了一篇著名演说,公开表示了英国对德国的强硬态度。劳合·乔治说:"我相信,为了这个国家的最高利益,而且也为了世界的最高利益,英国不顾一切危险维持它在世界大国之中的地位和威望,是必要的。……如果我们被迫处于一种情势,只有放弃英国数百年来以壮举和功绩所得来的伟大地位,只有让英国在它的权益极其关系的地方被人视为好像它在国际社会中已无关紧要,如果这样才能维护和平,那么,我要强调地说,用这种代价得到的和平对于像我们这样的一个伟大国家是一个不可忍受的耻辱。"⑨演讲只字不提摩洛哥问题,但实际上是告诉法德两国,当它们进行秘密交易时,不能将英国抛在一边。与此同时,英国海军进入了战备状态。

英国的坚定表态将德法两国的秘密外交谈判推入了绝境。两国公众舆论沸腾,使两国的头面人物都不敢做任何妥协的表示。一场法德之间可能达成的妥协变成了英国与德国的直接对抗。这与第一次摩洛哥危机不同。第一次危机中英国给法国当后台,公开表现为法德矛盾。第二次危机中法国已跟在英国后面,英国走到前台,英德矛盾公开化了。在英国的强硬态度面前,德国让步了。德法达成了一项"协议",德国承认摩洛哥受法国"保护";法国则给德国一部分法属刚果作为"补偿"。1912年,摩洛哥正式沦为法国的殖民地,失去了独立的地位。

四、意土战争

第二次摩洛哥危机尚未完全过去,意大利又对的黎波里下手了。的黎波里当时受土耳其帝国的控制,但意大利急于将其变为意大利的势力范围。1911年9月29日,意大利向土耳其宣战。意大利的突然袭击使其他列强处于完全没有准备的地位。而且,其他列强又没有完全从第二次摩洛哥危机中抽身,顾不上的黎波里问题。英国外交大臣格雷则表示,"在目前这样的情形下,无论英国还是法国都不想跑到意大利的对立面去"。⑩在协约国中,俄国对意大利的行动表示了同情;法国持保留态度,而英国则不愿开罪意大利。而意大利所在的同盟国中,德国既对意大利恼火又不想激怒它,奥匈则非常震怒。意大利单独行动。在这一次战争中,飞机被使用了。这成为世界战争史上的第一次记录。意大利除了在的黎波里进行侵略战争以外,还将矛头指向爱琴海地区。列强终于干涉了。1911年11月5日,意大利宣布兼并的黎波里并恢复其旧称利比亚。1912年10月18日,意土两国缔结了洛桑和约。土耳其正式放弃的黎波里。

意土战争是欧洲的一个次强向没落的土耳其帝国的进攻,但却动用了当时最先进的武器。意大利的入侵引起了当地阿拉伯居民的强烈反抗。同时,意大利与奥匈及法国的关系都紧张起来,奥匈曾一度计划要向意大利开战。这说明三国同盟的脆弱与不稳定。

五、两次巴尔干战争

意土战争以两国签订洛桑和约宣告结束,然而意土战争引发的"东方问题"又一次爆发了。这一次的爆发与以前不同,它不是以民族起义的形式,而是以战争形式出现。意土战争敲响了土耳其帝国的丧钟。巴尔干国家纷纷利用这一时机扩大自己的势力,后面当然还有大国的假手,主要是俄国。巴尔干半岛上各种矛盾的交叉变幻从来没有像1912年以后那样尖锐。

意土战争还在进行之中时,俄国就在巴尔干半岛策动成立反土耳其的巴尔干同盟。同盟主要由塞尔维亚、保加利亚、希腊、门的内哥罗等国组成。意土战争硝烟未散,巴尔干同盟就向土耳其宣战。第一次巴尔干战争爆发。战争由1912年秋天一直进行到1913年5月。以土耳其和巴尔干同盟四国订立伦敦和约宣告结束。根据和约,土耳其将除阿尔巴尼亚以外的欧洲大陆上的土耳其领土割让给同盟国家;关于阿尔巴尼亚问题移交给六大国决定。

然而,巴尔干半岛并未因土耳其势力的退出变得平静。相反,巴尔干同盟内部争执又起。1913年6月29日,第二次巴尔干战争又爆发了。塞尔维亚、希腊、罗马尼亚为一方;保加利亚和土耳其为另一方参加了战争。前者有俄国做后台,后者则有奥匈为后盾。战争进行到8月结束,签订了布加勒斯特和约。各国对势力范围做了重新调整。第二次巴尔干战争使巴尔干国家分裂了。从此,巴尔干半岛上出现了两个对立的阵线。它们是欧洲两大军事集团对峙的一个缩影。在巴尔干问题上,塞尔维亚问题尤为明显。奥匈帝国千方百计要使塞尔维亚折服,以彻底根除奥匈统治的内患。第二次巴尔干战争以后,塞尔维亚根据布加勒斯特和约的规定得到了大部分马其顿地区。奥匈认为让塞尔维亚扩大势力是完全不能允许的,更加处心积虑地要压服塞尔维亚。巴尔干已经成为欧洲的火药库。

两次摩洛哥危机、波斯尼亚危机、意土战争和两次巴尔干战争已经拉开了第一次世界大战的序幕。在国际关系中,危机就是常态失去控制,正常关系失去平衡力与控制力,矛盾冲突加剧,要用大的外交行动或战争行动来达到新的平衡。危机有局部的,也有全面的,两者还可以相互转化。危机出现,就需用政治行为来解决,而政治行为又是由个人来实现的。欧洲两大军事集团的领袖人物们在外交行为或军事行为中都没有真正解决危机。他们只是局部地表面地平息事端,并不能彻底消除冲突的根源。相反,欧洲危机迭起,局部战争频繁。矛盾愈演愈烈。到1913年时,欧洲已处在大战的前夜了。

第三节 第一次世界大战与国际关系

一、萨拉热窝事件

奥匈为了自己在巴尔干半岛的利益,决心要拔掉塞尔维亚这颗"钉子"。

正如德国驻奥大使1914年3月在向本国政府报告中所说:"奥匈的主要利益仍然是把塞尔维亚这个俄国的前哨站排斥在亚得里亚海之外。"⑪为了打击塞尔维亚,奥匈决定对塞进行军事恫吓。奥匈选定1914年6月28日在波斯尼亚首府萨拉热窝举行一次军事演习。这对塞尔维亚是一次公开的挑衅和侮辱,因为在历史上,1386年6月28日是塞尔维亚被土耳其征服的日子。奥匈选择这一天举行军事演习绝非偶然。塞尔维亚的民族主义秘密组织决定予以还击。塞政府得到报告后,警告了奥匈方面。但奥匈仍一意孤行。6月28日,奥匈皇储斐迪南在萨拉热窝遇刺丧生。

奥匈对此立即做出强烈反应。它一口咬定暗杀事件是由塞尔维亚政府策划的。奥匈首先向德国咨询。柏林沉浸在对萨拉热窝事件的震惊与愤怒之中。威廉二世表现得极为狂怒。因为被刺的奥匈皇储斐迪南是他的好友,同他一样极端好战。当德国驻奥大使在事件发生后第二天自维也纳报告他正在设法使奥匈政府采取冷静与克制的态度时,威廉二世狂怒地说:"是谁让他这么干的?这是极为愚蠢的!那些塞尔维亚人一定要被处置掉!要就是现在,或者就永远不行了!"⑫7月5日,德国正式向奥匈保证无条件支持奥匈。

整个7月,欧洲处于激战前夜的躁动与紧张状态之中。7月23日,奥匈向塞尔维亚发生最后通牒。实际上是一个战争宣言,它要求塞尔维亚停止一切反奥活动,最极端的措辞是奥匈将派人员到塞尔维亚帮助镇压。俄国亦很快作出反应,表示俄国对塞尔维亚所受的威胁绝不会袖手旁观。最初的奥塞冲突演变为奥俄对立。法国采取了坚定支持盟国俄国的立场。7月20日,法国总统专程访俄,保证履行法俄同盟的义务。

到7月底,欧洲局势已经完全失控。无人理睬召开一次国际会议来处理危机的建议。各国都在做战争准备,而且都想先发制人。几天之内,两大军事集团的各国就纷纷卷了进来。下面的一张简单日程表可对此做一说明。

7月28日,奥匈正式向塞尔维亚宣战;

7月30日,俄国总动员;

8月1日,俄国对德国宣战;

8月3日,德国向法国宣战;

8月4日,英德进入战争状态(德国向比利时入侵,英国立即宣布进入战争状态)。

英德进入战争状态是欧洲大战全面爆发的最后标志。德国按照它的总参谋部早已制订好的"斯里芬"计划,企图假道比利时向法国进攻。这实际上直接侵犯了英国的利益。在英国看来,隔海与英国遥遥相望的"低地国家"如比利时、荷兰等是不容他人染指的。而且,根据列强共同的保证,比利时已于1839年成为"永久中立国"。德国现在无视这一国际保证,正好给英国介入提供了借口。英国实际上一直在备战,只是一直在窥伺时机。而"比利时的被侵犯,好像是上帝的赠品"。

欧洲进入了全面战争状态。从六月事件到七月危机到八月枪声,欧洲国际关系急剧地恶化。战争的直接起因,恰恰是从三国同盟与三国协约中的两个次强即奥匈与俄国开始的,但是,积聚了很长时间的矛盾和冲突都在这一时刻总爆发出来,将国际社会拖进了一场长达四年之久,有几十个参加国,死伤千万人的世界大战。在欧洲历史上,王室成员遭暗杀的事例并不鲜见,但由此而导致一场世界战争,这不仅在欧洲历史而且在整个人类史上也是第一次。自1870年以后几十年的"武装和平"局面已经结束了。"武装"已完全代替了"和平"。

二、大战中的国际关系

1. 欧洲的战局和主要外交活动

第一次世界大战的主战场在欧洲。两大军事集团在开战之初,都没有预料到这一场战争将是一场旷日持久的厮杀。德国由于受协约国东西两线的威胁,将其战略定为先攻打法国,并且认为攻打法国是一场速决战。然而,1914年9月马恩河一战决定了德国将在西线由快速进攻而转为持久战,而俄军已攻进东普鲁士。德奥陷入腹背受敌的境地之中。

战争一开始,欧洲的瑞典、挪威、丹麦、荷兰、瑞士、西班牙、葡萄牙等国纷纷宣布中立。而巴尔干各国则先后参加了战争。巴尔干各国参战怀有各自的动机,并且与所依附的军事集团达成各种协议。1915年10月,保加利亚对协约国宣战,协助同盟国德奥军队很快占领了塞尔维亚。罗马尼亚则经过一段时间的观望和犹豫,于1916年8月正式倒向协约国一边,向德奥宣战。希腊内部意见不一,直至1917年6月才宣布对同盟国作战。

值得着重介绍的是意大利和土耳其的态度。远在三国同盟于1882年成立时,意大利就发表声明说它加入该同盟不是针对英国的。在同盟国内,意大利一直是一个三心二意的伙伴。大战一开始,意大利就宣布中立。这是协约国在外交上的胜利。意大利乘两大军事集团交战之机,充分地展开灵活的外交活动,向各方进行讹诈。1915年4月,协约国同意大利签订了伦敦条约。协约国方面同意意大利的要求,即亚得里亚海将变成意大利的"内湖"。正如一位西方历史学家评论的:"这是一个意大利的外交政策的有连续性而又符合逻辑的结果,即充分地玩弄均势游戏来巩固自己的地位。"⑬意大利于1915年5月对奥宣战,1916年8月对德宣战。

战争开始时,土耳其国内也意见不一。但由于土耳其及其势力范围的战略地位至关重要,德国采取主动,派遣两艘战舰由地中海驶进了马尔马拉海。这给了土耳其关键的推动。土耳其原来于9月26日关闭了海峡,这是符合1878年柏林条约的。但是德国战舰公然于10月底驶进达达尼尔海峡并会同土耳其一齐炮击俄国港口敖德萨。协约国与土耳其中断外交关系并于11月向土耳其宣战。

在组织各自的战争营垒时,同盟国与协约国都各自开动外交机器。一系列的秘密谈判与协议陆续产生,内容直接牵涉到战后世界的分割问题。其中最主要的是分割土耳其。俄国明确要求得到黑海海峡和马尔马拉海,英法不表示反对。英法又就叙利亚、黎巴嫩、伊拉克、巴勒斯坦、约旦及阿拉伯半岛和红海沿岸等问题秘密划定了战后的势力范围。所有这些交易都是在任意牺牲弱小民族和国家的基础上达成的。

2. 远东局势

欧洲战争对远东的影响主要是围绕着日本的扩张展开的,而日本扩张的主要目标是中国。日本乘欧洲列强忙于在欧洲作战之机,以英日同盟之名,于1914年8月23日向德国宣战。实际上,日本并没有派出军队去欧洲参加战争,而是要从德国手中夺取中国的胶州湾。欧洲战争爆发后,侵略中国的帝国主义列强分为两个阵营,袁世凯政府遂于8月6日宣布中立。日本警告袁世凯政府,如果中国取还胶州湾,日本将认为这是支持德国的行动。迫于日本威胁,袁世凯政府不敢对胶州湾采取任何行动。日本向德国宣战以后,马上封锁了胶州湾,并以进攻青岛德国驻军名义出兵。日军在山东登陆,"如同进入敌国一样","日本帝国主义不仅是要从德国手里夺取胶州湾,而且要控制胶济铁路全线以至整个山东省。"⑭

1915年1月18日,日本向袁世凯政府提出了"二十一条"。其主要内容是:山东变为日本势力范围;日本在南满和东蒙享有独占权,中日合办汉冶萍公司;中国不让与第三国任何沿海岛屿和港口;日本对中国政治、财政、军事、警察等事务享有特权。"二十一条"是要将中国变为日本的独家殖民地的计划。欧洲列强忙于战争,无暇东顾,但日本的野心引起了美国的注意。美国在欧战开始时也宣布中立,持暂时坐山观虎斗的态度。但是,当日本以武力相胁要中国接受"二十一条"时,美国以尊重"门户开放"政策为理由,向日中两国提出照会。1917年,美日两国就中国问题进行谈判并签订了《兰辛—石井协定》。协定宣布中国领土完整、门户开放和机会均等。

20世纪初以后,帝国主义列强在远东的争夺中,原有的英俄矛盾逐渐为美日矛盾所替代。日本除了占领中国的山东省以外,还占领了太平洋上原属德国的马绍尔、加罗林和马利亚纳群岛。

3. 美国参战

"19世纪后半期到20世纪初,在全球实力对比所发生的一切变化中,对未来最富有决定性作用的是美国的崛起"[15]。美国越来越对西半球以外的事件干涉与参与。但是,欧洲战争刚开始时,美国仍采取超脱的态度。奥匈皇储的被刺事件在美国几乎没有引起太大的反应。美国庆幸自身在地理上的超然位置。一家芝加哥报纸评论道"真应该好好感谢哥伦布发现了美洲"。美国总统威尔逊在1914年8月呼吁美国人民"从思想到行动都应采取不偏不倚的态度"。然而,从当时大多数美国人的情绪来看,他们是倾向于英法一边的。威尔逊周围的高级谋士们亦都持同情英法的态度,其中包括他的顾问豪斯、美国驻英大使佩奇以及国务卿兰辛等人。

美国虽然在开始阶段宣布中立,但美国却借欧战之机大做军火生意。"军火生意对美国的经济和协约国的战争是同等重要的。"到美国正式参战时,由华尔街的银行给予协约国方面的现金贷款已达20亿美元,而给德国的贷款则只有2700万美元。[16]

1915年1月和1916年年初,威尔逊曾两度派遣他的顾问豪斯前往欧洲调处。但是,豪斯在与英法和德国方面接触之后,得出了"在付出了这么多生命财产的代价之后,没有人敢轻易地接受无结果的和平"的印象。同时,英法方面亦得到了这样的印象,即到一定的时候,美国将会参加反德的战争。

1917年1月,德国宣布它的潜水艇将不受任何限制袭击一切在战区之内的船只,包括中立国的商船与客轮在内。六个星期之后,德国的水下武器果然击沉了四艘普通的美国商船。几乎与此同时,美国从英国方面得知,德国外交大臣津默曼训令德国驻墨西哥公使,要试图让墨西哥与德国结盟反美,如获成功,墨西哥可重新得到得克萨斯州、新墨西哥州和亚利桑那州。训令中还表示将邀日本参与这一计划。以上这些消息一经公布,美国国内舆论大哗,一致反德。1917年4月4日,美国参议院以82票对6票通过参加战争案;4月6日,众议院以373票对50票通过。4月16日,美国正式向德国宣战。在国会中投反对参战票的主要是孤立主义者和来自德裔居民较多的中西部的议员。

美国的参战改变了欧洲战场上的格局。1917年2月俄国发生了革命,沙皇政府垮台,欧洲国际政治形势出现了微妙的迹象。俄国有可能退出战争,德国在东线不再受到牵制并将把全部力量集中到西线对付英法。美国参战,对协约国是一个关键性的支持。美国军队近200万人开赴了欧洲战场。

三、十月革命的胜利

1. 十月革命

世界大战加深了帝国主义的危机和各种矛盾。1917年1月,列宁预言:"欧洲孕育着革命。"3月(俄历2月),俄国就爆发了革命。统治了俄国三百多年的罗曼诺夫王朝彻底崩溃了。虽然在二月革命中布尔什维克领导下的工人与士兵起了主力作用,以罢工与起义推翻了沙俄政权,但胜利果实很快被资产阶级夺取。3月15日,资产阶级临时政府宣告成立。在国际事务中,临时政府仍宣称:"本政府将神圣地维护我国同其他强国之间的联盟,坚决履行与盟国缔结的各项协定。"临时政府决定继续站在协约国一边进行这一场帝国主义战争。7月,俄国军队在加里西亚前线惨败,消息传到彼得堡后,几十万工人与士兵走上街头反对临时政府,结果遭到了血腥镇压。在列宁的领导下,布尔什维克决定举行武装起义,推翻临时政府,使政权转到无产阶级和贫苦农民阶层手中。

1917年11月7日(俄历10月25日),布尔什维克起义成功。临时政府垮台。以列宁为首的苏维埃政府宣告成立。世界上第一个无产阶级专政的社会主义国家诞生了。十月革命是在帝国主义最薄弱的一个环节上爆发的。就对正在进行的世界大战来说,它使俄国迅速地退出战争,同时促使其他交战国人民的反战情绪高涨。无论在协约国国家还是同盟国国家中都出现了声势程度不同的反战运动。然而,十月革命的胜利对国际关系的影响远不在加速第一次世界大战的结束方面。第一个社会主义国家的诞生使旧的国际体系出现了一个大缺口,它改变了旧国际政治结构。苏维埃政权在对内与对外政策上都实行了完全不同于沙皇俄国的政策。在人类历史上,一个崭新的时期开始了。它的主要标志就是社会主义制度与资本主义制度对立共存。

2. 苏维埃政府的外交

新生的苏维埃政权面临着一个险恶的国际环境。退出战争;击退列强的武装干涉;粉碎国际帝国主义支持的国内叛乱活动;恢复经济成为苏维埃政府的几件头等重要大事。十月革命胜利的第二天,苏维埃第二次代表大会通过了列宁亲手起草的纲领性文件《和平法令》。

《和平法令》谴责帝国主义战争的非正义性,呼吁"立即签订和约,终止这场战争",进行正义的民主的和平谈判,缔结不兼并不赔款的和平条约。列宁在法令中阐明了对"兼并"的理解。他指出:"凡是把一个弱小民族合并入一个强大国家而没有得到这个民族的同意合并、希望合并的明确而自愿的表示,就是兼并或侵犯别国领土的行为。"[17]《和平法令》还宣布"废除秘密外交,立刻着手公布地主资本家政府从1917年2月到10月25日所批准和缔结的全部秘密条约"。实际上,在苏维埃政府很快陆续公布的一百多个秘密条约中,许多条约的签订日期已超出上述的时间范围,其中有1916年日俄秘密协定,英法俄于1916年订立的关于瓜分土耳其的秘密协定,1907年英俄协约中关于伊朗、阿富汗和中国西藏的协定,等等。

1917年12月3日,苏维埃政府发表《告俄国和东方全体伊斯兰教劳动人民书》。宣布苏维埃政府放弃沙皇政府对东方各民族的帝国主义政策,废除对伊朗和土耳其的一切秘密条约。此后,苏维埃政府还声明废除俄普奥三国三次瓜分波兰的条约,并两次发表对华宣言,放弃沙俄政府强迫中国签订的一切不平等条约。

与此同时,苏维埃政府着手组建外交机构。外交人民委员会成立了。它在列宁的领导下,本着《和平法令》的基本原则开始了工作。

3.《布列斯特—立托夫斯克和约》

为了贯彻《和平法令》,尽快结束战争,苏维埃政府于1917年11月21日向协约国发出照会,建议迅速停战,开始和谈。但是协约国拒绝了这一建议。德奥集团则因为美国参战,协约国方面力量大增,同时急于摆脱东西两线作战的困境,同意与苏维埃政府举行和平谈判。11月30日,和谈正式开始,地点在布列斯特—立托夫斯克。

德国提出了极为苛刻的停战条件。谈判进行得十分艰苦。为了要挟苏维埃政府接受条件,德奥方面又不断用武力相威胁,甚至将部队推进到离彼得堡只一百英里的地方。为了维护新生的苏维埃政权,争取时间,列宁指示苏维埃代表团接受德国提出的条件。1918年3月3日,《布列斯特—立托夫斯克和约》正式签订。和约宣布结束俄国与同盟国的战争状态;俄国放弃对波兰、立陶宛等地的管辖;俄军撤出卡尔斯、阿达汉和巴统;俄国承认乌克兰和芬兰的独立。双方放弃赔款要求。

和约的签订使新生的苏维埃正式退出了战争。同年11月,当同盟国彻底战败后,苏维埃政府宣布废除《布列斯特—立托夫斯克和约》。

四、第一次世界大战的结束

1. 威尔逊的"十四点"

美国的参战不是一个单纯的军事行动,而是一个政治行为。它标志着美国要向世界表明,美国要以它的价值观念、道德标准来设计世界秩序,主宰世界事务。美国在正式参战时,已经开始考虑战后世界的安排。简言之,美国已准备凭借它雄厚的经济实力在战后充当世界盟主。美国总统威尔逊就是这一美国式理想的政治代表人物。

1918年1月8日,威尔逊在美国国会发表了著名演讲,提出了战后世界和平方案,史称"威尔逊的十四点"。它的具体内容是:一、废除秘密外交;二、海上航行自由;三、消除经济壁垒;四、裁减军备;五、调整殖民地利益;六、使俄国进入"自由国家的社会";七、恢复比利时;八、阿尔萨斯和洛林交还法国;九、调整意大利边界;十、奥匈人民自决;十一、恢复巴尔干各国;十二、保护在土耳其的少数民族;十三、波兰独立;十四、建立国际联盟。

美国这一战后世界蓝图既是对英法等老牌帝国主义的挑战,也是对新生的苏维埃政府的威胁。在重新安排世界的规划中,美国要求有更多的市场、海上行动自由、势力范围。在"十四点"中,"建立国际联盟"是美国的主要目标,它可由此达到世界盟主的地位。

2. 保、土、奥投降

德国在《布列斯特—立托夫斯克和约》签订以后,立即将大量兵力增派到西线,并以炮击加毒气对协约国军队展开猛烈攻势。从1918年3月至7月,德军发动了四次进攻。但是在一场长达4年之久的持久战中,德军已是强弩之末了。德军的内部士气不振,德国国内反战情绪亦十分强烈。协约国军队虽然亦士气不高,但有美国作后盾,部队能及时得到装备、给养和兵援。7月18日,协约国军队在马恩河长达四十五公里的战线上开始反攻,德军节节败退。8月8日亚眠一战,德军开始全线崩溃。德国最高指挥当局已经认识到,德军无力在前线展开攻势去摧毁敌军,凭借防御行动求和亦不可能,胜利也无指望了。德奥集团希望通过外交途径结束战争,用外交手段挽救战场败局。但是,英法坚决拒绝了德奥的建议。这时在西线战场上,协约国军已对德军形成钳型攻势。

9月15日,协约国军队在巴尔干发动进攻,保加利亚军队全线崩溃。9月29日,保加利亚投降,保加利亚从希腊和塞尔维亚撤退。保加利亚退出战争使土耳其陷入绝境。因为协约国军队已控制了巴尔干半岛,土耳其与德国的联系被切断了。土耳其帝国内部起了分化。10月初,新上台的亲英内阁求和,10月30日,停战协定在英国巡洋舰"阿加麦隆"号上签字。土耳其退出战争,交出全部军舰,黑海海峡由协约国军队占领。

继土耳其之后就轮到奥匈帝国了。10月以后,奥匈内部已成分崩离析之势。奥属波兰、匈牙利、捷克、南斯拉夫国家纷纷宣布独立,脱离奥匈帝国。士兵们都自动地退出了战争。10月27日,奥匈向协约国要求单独媾和。11月3日,奥匈与协约国缔结停战协定,无条件投降。

土耳其和奥匈的投降说明第一次世界大战已接近尾声。德国已完全陷入被包围的孤立绝境。另一方面,欧洲的政治版图上也出现了重大变化。横跨欧亚非三洲并曾统治该地区达五百年之久的土耳其奥斯曼帝国彻底解体了。在欧洲曾称雄一时的哈布斯堡王朝在维持了七百年统治之后彻底覆亡了。

3.《贡比涅停战协定》

德军在8月已准备媾和,但遭英法方面的坚决拒绝。10月4日,德国新政府组成,由巴登亲王麦克斯担任首相兼外交大臣。麦克斯立即与美国总统威尔逊联系,表示愿意在"十四点"的基础上举行和谈。在德国方面,"十四点"的主要内容是可以被接受的。因为"十四点"在德国问题上相当宽容,除了阿尔萨斯和洛林问题外,几乎没有直接对德国进行惩罚的内容。相反,它却对英法等提出了直接挑战。德国认为有机可乘。协约国内产生了严重分歧。和谈也一直拖延。

然而,德国的"十一月革命"却使协约国又一致起来。10月28日,基尔的德国水兵发生兵变,拒绝与英国海军交战。基尔起义的火种迅速发展成燎原之势。短短几天内,全德境内都发生了武装起义,工人水兵一致行动。11月9日,柏林工人大罢工,卡尔·李卜克内西宣布德意志苏维埃共和国成立。威廉二世逃往荷兰。

在德国十一月革命的声势面前,协约国决定和谈。11月8日,协约国军队总司令福煦在贡比涅森林接见在打着白旗的德国代表团。11月11日,停战协定签订。协约国方面提出的停战条件相当苛刻,但德国已无力拒绝。根据协定,德国军队必须在15天以内从比利时、法国和卢森堡撤退;放弃阿尔萨斯和洛林;德国负担占领莱茵河左岸的协约国军队的给养;交出陆海空三军的主要装备。

《贡比涅停战协定》的签订标志着第一次世界大战的结束。一场长达4年、由33个国家参加的人类历史上空前的大战结束了。战争给各国人民带来了巨大的灾难,同时也使欧洲旧王朝的一顶顶王冠落地。历史的发展是不以人的主观意志为转移的。

注释:

① 朱庭光主编:《外国历史名人传(近代部分)》下册,中国社会科学出版社 1982 年版,第 132 页。

② 王铁崖、王绍坊选译:《1871—1898 年的欧洲国际关系》,三联书店 1957 年版,第 114 页。

③《外国历史名人传(近代部分)》下册,第 133 页。

④ 保罗·肯尼迪:《英德对抗的升级(1860—1914)》,乔治·艾伦出版社 1980 年版,伦敦,第 225—228 页。

⑤ 凯思·尤班克:《保罗·甘本》,俄克拉荷马大学出版社 1960 年版,第 68 页。

⑥《1871—1898 年的欧洲国际关系》,第 19 页。

⑦ 同上书,第 37 页。

⑧ N.里奇:《霍尔斯坦因文件》第 4 卷,剑桥 1963 年版,第 381 页。

⑨《1871—1898 年的欧洲国际关系》,第 70 页。

⑩ 勒内·阿尔巴利奇-加希尔:《欧洲外交史》,哈珀与罗出版公司 1958 年版,纽约,第 276 页。

⑪《1871—1898 年的欧洲国际关系》,第 120 页。

⑫ 劳伦斯·拉福:《长长的导火索》,纽约 1971 年版,第 213 页。

⑬《欧洲外交史》,第 340 页。

⑭ 胡绳:《从鸦片战争到五四运动》,人民出版社 1981 年版,第 920 页。

⑮ 保罗·肯尼迪:《大国的兴衰》,王保存等译,求实出版社 1988 年版,第 294 页。

⑯ 汤玛斯·贝利:《美国人民外交史》第 9 版,泼兰利斯 1974 年版,第 574 页。

⑰ 维戈兹基等编:《外交史》第 3 卷,大连外语学院俄语系翻译组译,生活·读书·新知三联书店 1979 年版,第 83 页。

思考题:

一、名词解释:

　　阿尔几西拉斯会议　波斯尼亚危机　意土战争　萨拉热窝事件

二、问答题:

1. 试述 19 世纪 90 年代后期的英德矛盾及其主要表现。
2. 简述欧洲两大军事集团的最终形成。
3. 第一次世界大战爆发的原因是什么?它的性质是什么?

第五章
凡尔赛—华盛顿体系的建立和对它的最初冲击

第一次世界大战结束了。战争给人类留下了一笔纷乱的"遗产"。从政治方面看,四个帝国解体了,它们是德国、俄国、奥匈和土耳其奥斯曼。国际政治权力中心已不再单纯地集中于中西欧,而已经开始向北美转移;同时,新诞生的苏维埃俄国亦对旧秩序提出了强烈的挑战。民族主义意识蔓延,民族独立运动进入了一个活跃的新阶段。在经济方面,旧的国际经济关系亦发生了深刻的变化。欧洲经济脆弱,而美国却由战前的负债国变为债权国。其他列强对它的负债数约达 20 亿英镑。美国还控制了世界黄金储备的 40%。在各种政治经济因素的交织下,战后世界矛盾重重,其中不仅有战胜国与战败国之间的矛盾,如美、英、法等国与德国的矛盾;也有战胜国之间的矛盾,如英法矛盾和美日矛盾。此外,西方资本主义列强与苏维埃俄国的矛盾,宗主国与殖民地国家的矛盾都不可调和。旧的世界秩序崩溃了,新的秩序尚未形成。西方学者将第一次世界大战结束后的国际社会称作"一个支离破碎的世界"。在 1919 年至 1929 年的国际关系中,下列一些方面是较为突出的:一、凡尔赛—华盛顿体系的建立;二、苏俄对外关系;三、亚非民族解放运动;四、德国问题;五、欧洲安全问题。

第一节 凡尔赛—华盛顿体系的建立

一、巴黎和会

1919 年 1 月,在与德国作战中二十七个战胜国的代表云集法国首都巴黎,讨论对德和约及其他有关国际问题,史称"巴黎和会"。和会于 1 月 18 日开始,至 6 月 28 日《凡尔赛条约》签字仪式止,历时将近半年。

巴黎和会虽然有二十七个国家的代表参加,但对所有的重大问题有真正发言权的国家只有五个,即美国、英国、法国、意大利和日本。与美、英、法相比,意大利的经济和军事实力均属二等,它的主要注意力在东地中海。日本在战争中发展了经济与军事力量,但它的主要目标是在西太平洋及原德属太平洋岛屿,对其他国际事务反应冷淡。在这种情况下,真正主宰和会事务的是美、英、法三国。许多重大问题是在美、英、法"三巨头"会议上拟定的。美国总统威尔逊、英国首相劳合·乔治、法国总理克里孟梭则分别是这三国的主要代表。

威尔逊于 1918 年 1 月在美国国会发表了著名的"十四点",提出了美国关于建立世界和平秩序的具体设想。具体内容前文中已经提及,美国当时已经取代英国成了世界经济的中心,"美国的地位在世界上是最强大的。美国与欧洲的盟国不同,经过这场战争,它变得不是比较贫穷,而是更为强大"①。以胡佛为首的美国救济总署,协调美国粮食、运输部门,向被饥饿困扰的欧洲运去了大量的粮食。威尔逊认为:"我们应当以资本供给全世界,而谁以资本供给全世界,谁就应当……管理世界。"②美国领导人正是在这一雄厚实力基础上,向全世界提出"十四点"方案的。在"十四点"中,最主要的是建立国际联盟的设想。威尔逊说:"美国人民的作用就在于要将他们的权威与力量补充给其他各国,以此来保证全世界的和平与正义。"③威尔逊的"十四点"发表后,美国宣传部门立即印发上百万的传单向世界各地散发。1919 年 1 月,威尔逊不顾美国国内部分人士的反对,又亲率美国代表团赴巴黎参加和会,以贯彻"十四点"。他的最大目标即是建立国际联盟。

劳合·乔治于 1916 年担任英国陆军大臣,同年年底,英王任命劳合·乔治组阁,就任英国首相。大战结束后,劳合·乔治为巩固地位,于 1918 年 12 月进行大选。当时英国国内反德情绪高涨,为了迎合这一公众情绪,劳合·乔治的竞选口号就是"我们要榨干德国!"。1919 年 1 月 10 日,劳合·乔治组成新政府,次日,他即率领英国代表团出席巴黎和会。战后的英国实力受到战争的削弱。仅以与美国的债务关系而言,它已从战前美国的债权国沦为战后对美国的债务国,但是,对其他欧洲盟国而言,它仍保持着债权国的地位。在军事上它仍是世界第一海军强国。英国此时的国际地位是较为微妙的。战前英德争霸中的主要敌手德国战败了,英国在海外的殖民地比战前更加扩大。但是,美国的强大又使英国受到了新的挑战。在欧洲大陆,法国对德国的强烈复仇情绪也使英国不安,因为如果法国变得过于强大,则有悖于英国一贯的在欧洲大陆保持均势的传统政策。此外,在远东虽有英日同盟,但日本在战争中的崛起亦向英国在远东利益提出了挑战。面对这一复杂局面,英国在巴黎和会上的外交主要目的就是要尽力维持英国在全世界的利益,它要与法国联手反对威尔逊"十四点"中的"航海自由"、"门户开放、机会均等"等原则。同时,它又要与美国联手反对法国过分压德的方针。从劳合·乔治在巴黎和会上以及和会以后的政策来看,他的做法与他在竞选时提出的"要把德国榨干"的口号是很不一致的。

克里孟梭在第一次世界大战结束时被法国人民称为"胜利之父"。德国投降消息传来时,年已77岁的克里孟梭老泪纵横地高喊:"我总算等到了这个复仇的日子!"法国在大战期间是欧洲主要战场,战争使法国大伤元气,素以高利贷国家著称的法国已成为向美英等负债的债务国。但是,法国仍拥有欧洲最强大的陆军,占领着不少战略要地,它的主要目标是最大限度地惩治德国,确立与巩固法国在欧洲大陆的霸权地位。1919年克里孟梭带着强烈的复仇心理代表法国出席巴黎和会时,他提出的和约方案是一个肢解德国的方案。除了要收回阿尔萨斯和洛林以外,还要求占有矿产丰富的萨尔区,并使莱茵河左岸脱离德国而成为法国控制下的缓冲地带。法国还提出要将德国东部领土分给波兰与捷克;并由德国赔偿全部战争损失。克里孟梭的方案遭到了英美的反对。

可见,巴黎和会召开之时,主要战胜国,尤其是美、英、法三国的战略考虑是大相径庭的。美国要以美国的理想方式来建立新的世界秩序,在这个新秩序中,美国又要占领导地位;英国则想保持它在世界事务中的传统优势并建立不受法国独家支配的欧洲大陆均势平衡;法国复仇心切,要重建它在欧洲的霸权。在这一背景下,巴黎和会从一开始就矛盾重重,争执不断。

1. 成立国际联盟问题

威尔逊将成立国际联盟视为头等大事。他自1916年美国尚未正式参战时便开始考虑这一问题,后来"成了世界上最热衷于这件事的人之一"。他的理论依据是,"欧洲平衡"或"均势"这一古老原则是战争的根源,解决国际争端必须另辟新的途径。因此,巴黎和会一开始威尔逊就提出讨论成立国际联盟问题。威尔逊的提议遭到英法等国的反对。英法认为和会首先应讨论领土划分、殖民地瓜分与战争赔偿问题。在英法看来,如果这些问题被纳入国际联盟的约束框架并受美国的控制,势必就要复杂化。争执最后的结果是,成立国际联盟专门委员会,由威尔逊担任主席。巴黎和会全体会议决定这一专门委员会筹备起草"国际盟约";"国际盟约"将是和约的一个组成部分。在以后的讨论中,围绕"国际联盟"的职能问题也出现了激烈争论。其中的主要两点需要提及。第一点是国联对原德国殖民地和土耳其领地实行委任统治制度。威尔逊坚决主张实行这一制度,英法等国坚决反对,因为他们在战争期间已经秘密通过各种协议瓜分占领了原属德、奥、土的殖民地。由于威尔逊的坚持,英法最后做了妥协。第二点是法国提出建立一支由国联控制的"国际部队",法国想借此加强武装力量以压制德国,但美英坚决反对。法国只好放弃这一提议。

列强们虽然在许多问题上各持己见,但在如何对待苏俄参加国际的问题上却意见一致。美国国务卿兰辛的话很有代表性:"国际联盟对革命政权是不开门的。"[④]

1919年2月14日,专门委员会拟定了国际联盟盟约草案。次日,威尔逊启程回国,他要说服美国国会接受这一盟约草案。因为如果美国国会不能以三分之二的多数通过,按美国宪法规定,条约将是无效的。一位对巴黎和会做了专门研究的西方学者评论说:"威尔逊的原则征服了欧洲,国联盟约无疑是他的努力的一座纪念碑。但是,新大陆的政治是否与旧世界一样还尚不可知。威尔逊的理想征服了欧洲,他是否能征服美国呢?"[⑤]

2. 德国疆界和战争赔款问题

巴黎和会上关于德国疆界问题主要是围绕德国的西部和东部疆界划定来进行讨论的。关于德国的西部疆界,法国要求收回阿尔萨斯和洛林,对这一点美英等不持异议。但是,法国紧接着又提出了新的领土要求,即要把莱茵河变为法德的天然疆界;把莱茵河左右两岸的德国诸省合并为一个"莱茵共和国",以作为法德之间的缓冲区。同时,法国还要求将从路易十四时代起直到1815年属法国管辖的萨尔南部归还法国;萨尔的全部矿山所有权交给法国。关于德国的东部疆界,法国提出建立一个包括波兹南和但泽在内的大波兰。法国的领土要求与建议遭到英美的坚决反对。在英国看来,法国的建议如付诸实现,法国势必在欧洲大陆的经济、战略地位上占绝对有利的地位,从而破坏了"均势"。1919年3月25日,劳合·乔治给威尔逊和克里孟梭发出一份备忘录,题目是"草拟和约条款最后文本前对和会的几点意见",又称"枫丹白露文件"。劳合·乔治明确反对成立莱茵共和国,"我坚决反对为了其他民族的利益超过必要限度地把德国居民从德国分离出去"[⑥]他的根据是,"德国人民已经无疑地证明了他们是世界上最有活力和力量的种族之一,但他们竟然被许多小国所包围,而这些小国中,有许多国家的人民过去从来没有为自己组织过一个稳固的政府,他们每个国家都拥有人数众多的德国人,这些人吵闹着要和自己的祖国合并。我想象不出还有什么比这种情况更能成为将来产生战争的根由了"。⑦威尔逊赞成劳合·乔治的看法。他告诉克里孟梭:"对德国应采取温和与克制的态度,德国不可能被摧毁。如果德国复仇心切,并找借口进行报复,那么战胜国就犯下了最大的错误。"在英美的联合压力下,克里孟梭表示法国将在莱茵河问题上让步,但他坚持法国应得到萨尔。"三巨头"谈判又陷入僵局。4月中旬,克里孟梭以同意美国将门罗主义原则列入国联盟约为条件,要美国同意法国的领土要求。英国支持美国对法国让步,但要美国放弃海军军备竞赛。会议终于在德国疆界问题上达成妥协。

关于战争赔款问题,主要是确定德国必须支付的总额及其分配原则。法国提出了巨额数字的赔偿金额。英国顾虑这将导致德国经济破产。美国更担心超出德国实际支付能力的赔偿将是"杀鸡取卵",使美国丧失在欧洲的债务。由于达不成一致意见,会议决定成立专门委员会来研究赔款问题。

3. 意大利和日本的要求

在巴黎和会上,意大利和日本都以主要战胜国的身份参加仅次于"三巨头"会议的"十人会议"。意大利代表是首相奥兰多,日本代表是前首相西园寺公望。意大利和日本在和会上提出了各自的利益要求。意大利视控制亚得里亚海为主要战略目标。此外,意大利曾于1915年4月与英国签订"伦敦协定",这是一个将原奥匈的部分领土划归意大利的秘密条约。意大利于1919年4月在巴黎和会上又旧话重提,要大家注意到意大利的存在,并提出原不属"伦敦协定"的阜姆问题。阜姆是一个人工港,现名里耶卡,在南斯拉夫的克罗地亚境内,大战以前是匈牙利货物的出海口。意大利的要求与威尔逊"十四点"中的第九点"在明确划分民族界限的基础上,修正意大利边界"是有矛盾的。因此,当奥兰多提出阜姆问题时,威尔逊断然拒绝说"没有听说过阜姆"。南斯拉夫人得到美国总统的支持,更强烈反对意大利的领土要求。威尔逊于4月23日公开宣布意大利对欧洲多瑙河流域的出海口阜姆港没有任何权利。奥兰多一气之下退出了巴黎和会。他想以此作为威胁,但美、英、法不做妥协。奥兰多担心意大利势单力薄,如在缺席情况下签订和约,意大利将更处于被动地位。于是,他于5月上旬又悄然回到巴黎。

日本参加巴黎和会的主要目标之一是想继承德国在中国山东强占的一切权益。1919年1月27日,日本代表、前外相牧野伸显代表日本政府在"十人会议"上要求取得德国在山东的"租借地"。1月28日,中国代表团第一次应邀出席"十人会议",会议主席是克里孟梭。中国代表、驻美公使顾维钧驳斥了日本的立场,坚持"胶州租借地、胶州铁路及其他一切权利,应直接交还中国"。中国还提出取消日本和袁世凯政府订立的"二十一条"。顾维钧发完言后,"威尔逊和兰辛、劳合·乔治与贝尔福都走到中国代表团处表示祝贺;会议的新闻发布也强调中国声明受到除日本以外各大国代表的一致赞扬"⑧。但是,形势很快就起了变化。日本利用1917年3月日本与英、法、俄、意达成的秘密协约为理由,坚持要得到在山东的权益。4月,当奥兰多因阜姆问题退出巴黎和会时,日本马上利用这一机会制造舆论说,如和会不同意日本对山东的要求,日本亦要仿效意大利,退出和会,不加入国际联盟。原来不希望日本在远东势力过于强大的威尔逊为了保住国联计划,决定牺牲中国的利益,在山东问题上向日本作出让步。4月22日,"三巨头"会议召中国代表到会,威尔逊对顾维钧说:"中国代表团可以看到现已造成的困难局面,劳合·乔治先生和克里孟梭先生不得不支持日本的要求。"⑨他们明确地要中国对日本的无理要求让步。4月28日,日本代表牧野通过英国外交大臣贝尔福向"三巨头"会议转告说,"如果日本得到了它对山东的要求,那么参加国联大会的日本代表就不会再提种族不平等问题,但如果日本认为它在山东问题上受到不公正的待遇,就很难预料日本代表会采取什么行动了"⑩。威尔逊决定彻底让步,满足日本的要求。

二、凡尔赛条约体系

1919年6月28日,在巴黎郊外的凡尔赛宫正式签署了《协约和参战各国对德和约》,简称《凡尔赛条约》。德国在英、法、美、意的巨大压力下,不得不无条件接受和约。这一和约与后来战胜国陆续与奥匈、保加利亚、土耳其等签订的条约一起构成了结束第一次世界大战的凡尔赛条约体系。

1.《凡尔赛条约》

《凡尔赛条约》共分两大部分。第一部分是《国际联盟盟约》,第二部分是对德和约。

《国际联盟盟约》确定了国联的组织机构和职能。国联的主要机构为全体大会、理事会和秘书处。盟约规定,每一个会员国出席大会的代表至多三人,但只有投一票的权利。大会每年举行一次常会,常会每年9月在日内瓦举行。国联理事会由五个常任理事国和四个非常任理事国组成,非常任理事国通过选举轮流担任。理事会负责解决所有和世界和平有关的会议。国联秘书处负责准备大会和理事会的文件和报告,并负责国联的新闻发布工作,英语和法语是新闻发布的官方语言。

《国联盟约》还规定了委任统治制度。委任统治地分成三类。甲类是原属土耳其奥斯曼帝国的一些地区；乙类是原德国在中非的殖民地；丙类是原德国在西南非的殖民地和太平洋上的岛屿属地。三类地区面积达125万平方英里，人口1900多万。

在《凡尔赛条约》中，对德和约占很大比重。主要内容是德国割让领土、对德国殖民地和势力范围的瓜分、限制德国军备、德国赔款问题等四个方面。根据和约，德国将阿尔萨斯和洛林归还法国，德法边界恢复到1870—1871年普法战争以前的状态。德国将萨尔区的矿山所有权交与法国，萨尔区的行政权力移交给国联，为期十五年，然后由全民表决归属问题。莱茵河左岸的德国领土由协约国占领十五年，德国不得在莱茵河左岸及右岸五十公里内驻军。德国将欧本和马尔美迪让与比利时。在德国的北部边界，由全民表决来决定石勒苏益格的归属问题（1920年全民表决后，石勒苏益格的北部划归丹麦）。在德国的东部，波兰独立得到承认，西里西亚南部划给捷克斯洛伐克。但泽成为国联保护下的自由市。

和约规定，德国的所有殖民地全部让予战胜国。多哥和喀麦隆划归英法；坦噶尼喀划归英国。德国原占有的太平洋岛屿，赤道以北的马绍尔群岛、加罗林群岛和马里亚纳群岛划归日本；赤道以南的新几内亚划归英国自治领澳大利亚，萨摩亚划归新西兰。和约还规定，取消德国在中国的特权，德国在中国山东的权益由日本继承。

中国在第一次世界大战中是战胜国。但美、英、法等国为了各自的利益需要，同意了日本对中国山东的无理要求，并将此写进了和约。因此，出席巴黎和会的中国代表团拒绝在《凡尔赛条约》上签字。

《凡尔赛条约》废除了德国的义务兵役制。规定德国的陆军总数不得超过十万人，军官数不能超过四千人。和约对德国的军舰和生产重型武器亦进行了严格的限制。

关于德国的战争赔款问题，和约规定，赔款总额将由一特别委员会确定，在1921年5月1日前向德国政府提出。在该日期前，德国应先支付200亿金马克。同时，德国将应负担占领军的全部费用。

2.《圣日耳曼条约》

1919年9月10日，战胜国在巴黎附近的圣日耳曼宫与奥地利签署了《圣日耳曼条约》。奥地利正式承认了捷克斯洛伐克、南斯拉夫、波兰、匈牙利的独立。条约以文字形式肯定了哈布斯堡帝国的灭亡。奥地利放弃在欧洲以外地区的一切特权；不得拥有空军与海军；奥地利在未经国联理事会同意的条件下不得与德国联合。

中国参加了《圣日耳曼条约》的签字,因此也成为国际联盟创始会员国。

3.《纳依条约》

1919年11月27日,在巴黎城郊的纳依签署了与保加利亚的和约。和约规定,保加利亚承认南斯拉夫独立,并交出在巴尔干战争和第一次世界大战中所得的大部分领土。具体地说,即将马其顿划给南斯拉夫;将南多布罗加划给罗马尼亚;通往爱琴海的色雷斯由战胜国代管(后划归希腊)。保加利亚陆军限于两万人,取消海军。保加利亚同意赔款4.45亿美元。

4.《特里亚农条约》

1920年6月4日,协约国与匈牙利在凡尔赛的特里亚农宫签署和约。匈牙利分别向捷克斯洛伐克、南斯拉夫和罗马尼亚割让领土。匈牙利陆军限于3.5万人,赔款22亿金法郎。

5.《色佛尔条约》

1920年8月10日,协约国与土耳其签订了《色佛尔条约》。条约规定,土耳其承认汉志(今沙特阿拉伯一部分)、亚美尼亚的独立;美索不达米亚(今伊拉克)和巴勒斯坦划归英国委任统治,叙利亚和黎巴嫩划归法国委任统治;土耳其的欧洲部分领土由意大利和希腊瓜分;海峡由国际共管。与战前土耳其奥斯曼帝国的领土相比,土耳其丧失了五分之四的土地。《色佛尔条约》是诸条约中最苛刻的。

三、华盛顿体系

《凡尔赛条约》签订了,但是,它却没有得到美国国会的批准。以参议院外交委员会主席、共和党人洛奇为首的国会议员们为反对《凡尔赛条约》进行了大量的活动。尽管威尔逊及其助手们努力宣传和约的意义,但最后仍归于失败。在第一次世界大战结束后的美国国内政治中,孤立主义思潮又一次抬头。威尔逊的反对者们批评他将美国带进了"肮脏的欧洲政治之中",从而违背了美国不介入旧大陆事务的传统。不少对威尔逊的批评是有很深的美国国内政治背景的。一位美国外交史学家后来分析说:"自由派人士认为条约太苛刻,社会主义者认为和约是资本主义的一次胜利,保守派们说国联盟约破坏了美国的独立性,爱尔兰裔美国人认为和约没有将爱尔兰从英国的统治下解放出来,德国裔美国人抱怨他们的母国被背叛了,不同国籍背景的移民们都在抗议和约中对边界的新规定。"[11]

尽管美国国内孤立主义的呼声又一次高涨,但是经历了第一次世界大战后的美国已经不可能在国际事务中完全回到战前的状态中去了。一个根本的原因是,美国的国力已经得到了急剧的增长,它强烈地刺激着美国向外扩张。美国在巴黎和会上受挫,很主要的一个原因是以威尔逊为代表的美国式理想无法与传统的欧洲观念融合。欧洲国际政治思想中的一个核心要点是"现实政治"(realpolitik)。无论是英国的"均势"政策,还是法国的复仇思想,本质上都基于对这种"现实政治"的考虑。

美国在欧洲受挫,但它的扩张势头有增无减,它的目光自然要转向世界上其他地区。远东和太平洋地区在美国的战略上占了越来越重要的地位。在这一地区,原来有英、俄、日、美、法、德六国进行角逐,英俄矛盾曾一度是主要矛盾。由于战争中的实力与政策的变化,战后美日矛盾已成为主要矛盾了。1919年11月,洛奇等美国参议员公开声明美国不承认将德国在中国山东的权益转让给日本。美日矛盾的尖锐化还牵涉到英日同盟。洛奇认为,英日同盟在美国与远东和太平洋的关系中是"一个最危险的因素"。对洛奇等人来说,"最重要的问题莫过于停止海军军备耗资亿万的竞赛",因为"如果日本实现了它的庞大的海军发展计划的话,就会在太平洋地区构成严重的威胁"。[12]

为了抵制日本独家占有中国,拆散英日同盟,削弱英日的海上力量,挽回在巴黎和会上的损失,美国筹划召开一次新的国际会议。1921年8月21日,美国总统哈定正式邀请英、法、日、意、中五国参加华盛顿会议。对于美国的邀请,英、法、意、中均持积极态度。日本提出"有条件的参加",即会议主题应为限制军备,太平洋及远东问题只限一般原则,从而避开山东问题及"二十一条"。除英、法、日、意、中五国之外,荷兰、比利时及葡萄牙因在远东有切身利益,也要求参加华盛顿会议。1921年11月12日,美、英、法、日、意、中、荷、比、葡九国在华盛顿开会。1922年2月6日会议结束,历时两个半月。

华盛顿会议的主要决定有《四国条约》、《关于限制海军军备的条约》(亦称《五国海军条约》)和《九国公约》。

1.《四国条约》

1921年12月13日,美、英、法、日四国签署了《关于太平洋区域岛屿属地和领地的条约》。条约的主要规定是:"缔约各国同意相互尊重它们在太平洋区域内岛屿属地和领地的权利。"实际上是承认了四国在太平洋占领岛屿的现状。《四国条约》规定,条约生效之日起,英日同盟自动终止。在远东的势力范围争夺中,英日同盟始终是美国的一个隐患。取消英日同盟是美国外交的一个主要目的。为此,美国还邀请法国参加。日本代表对英国代表说:"无论如何,你们给英日同盟安排了一个盛大的葬礼。"四国同盟的成立暂时调和了列强在远东的矛盾,但是对东方各民族解放运动来说,《四国条约》又加强了美、英、法、日的同盟。

2.《关于限制海军军备的条约》

第一次世界大战刺激了西方强国和日本的海军发展。还在 1918 年时,威尔逊就向国会提出扩充海军的计划。日本从 1920 年起开始了"八八舰队计划",即在八年中增加八艘主力舰和八艘巡洋舰。到 1921 年时,日本的海军军费已占国家预算的三分之一。英国为了加强它的海军舰队的"两强标准",维护海上霸权,议会亦通过决议,增加战列舰、巡洋舰和潜水艇的制造。就连原来重视陆军而不重视海军的法国,也制定了庞大的扩充舰队的计划。这一激烈的海军军备竞赛给各国带来了沉重的财政负担,同时,各国都视别国海军力量的增强威胁到本国的利益。美国正是在这一情况下提出限制海军竞赛方案的。美国国务卿休斯在会议一开始便提出暂时停止建造新战列舰,确定各国战列舰的吨位比例。英国实力衰退,被迫放弃了"两强标准",降为同美国一样标准。日本则提出它在远东和太平洋上的需要,坚持提高吨位。经过两个多月的激烈争论,美、英、日、法、意五国于 1922 年 2 月 6 日签署了《关于限制海军军备的条约》,即《五国海军条约》。条约规定了五国战列舰总吨位的限额。美英两国各为 52.5 万吨,日本为 31.5 万吨,法意两国为 17.5 万吨,通常称为 5:5:3:1.75:1.75 的比例。美国外交在海军条约的签订中又一次占了上风,英、日、法都作了让步。

3.《九国公约》

在华盛顿会议上,中国问题是远东和太平洋问题中的一个中心,核心是美日争霸。中国北洋政府派遣驻美公使施肇基、驻英公使顾维钧和前司法总长王宠惠出席会议。在此之前,中国代表已了解到《凡尔赛条约》必将成为总统竞选的政治争端,因为在美国国内,不仅共和党参、众议员们,而且人民也普遍反对山东条款"[13]。中国外交代表们虽然希望利用客观条件为中国力争到一些主动,具体地说是修改《凡尔赛条约》中的一些条款,但是,从总体上看,中国所处的地位就是被动的,它是大国之间进行交易的对象,并无真正的独立可言。既无独立,中国在会议上不得不更多地仰仗美国政界反对《凡尔赛条约》中有关山东条款的势力。1921 年 11 月 16 日,中国首席代表施肇基在美国国务卿休斯支持下发表十点声明,其要点是:"各国尊重中国领土完全及政治、行政的独立";"中国不以本国领土或沿海地方之无论何处,割让或租借与无论何国";"中国既极赞同所称开放门户主义,即与约各国一律享有工商业机会均等主义,故自愿承认该项主义,并实行于中华民国各地方,无有例外"。[14]中国代表的表态得到了美国的赞许,因为它符合美国倡议的"开放门户"原则。11月21日,美国代表卢特即提出"四点原则",将中国方面提出的十点声明归纳为"尊重中国主权""给中国以完全无碍之机会以发展维持一有力之政府""各国在中国商务机会均等""不得因中国目前之状况,乘机营谋特别权利或优先权利而减少友邦人民之权利,不得奖许有害友邦安全之举动"。[15]卢特的四点原则,一是继续强调美国对华政策,二是向日本发出了警告。1922年2月6日,美、英、法、意、日、荷、比、葡、中正式签署了《九国公约》。卢特提出的"四点原则"被列为第一条。

《九国公约》以国际条约的形式将美国在19世纪末20世纪初开始向远东太平洋地区扩张时的一个重要的政策思想——"门户开放"原则进一步具体化了。它同时也起了遏制日本独霸中国的野心。然而,中国代表在会上提出的关税自主、撤销外国邮局、废除领事裁判权、取消外国在华无线电台以及撤退外国军警等正义要求均没有得到解决,中国提出的废除和早日终止外国租借地的要求更被列强一口否决。英国表示它无意归还九龙,日本表示无意放弃旅顺及大连。"尊重中国主权"实际上是一句空话。

4. 中日《解决山东问题悬案条约》

日本参加华盛顿会议之前就明确表示不准备讨论任何具体问题,意即不提山东问题。在日本代表团的组成中,首席代表是海军大臣加藤。这一姿态表示日本只重视海军军备竞赛问题。然而,山东问题又是不可能回避的。日本于是坚持"山东问题只能是日中两国双边谈判时讨论的对象"。美英等国"为了迁就日本的意愿,山东问题的会谈是在会议之外进行的。"12月1日,中日双方开始谈判,美英代表列席旁听。

胶州铁路问题是谈判中的一个中心问题。日本最初提出铁路应由中日合办,中方明确反对。双方谈判出现僵局。美国遂向中国施加压力,美国国务卿休斯致电美国驻华公使舒尔曼,指示他向中国政府转达"如中国采取不妥协的态度,中国就将会失去他们至今已赢得的同情与信任,并且对会议的总体工作起很不利的作用,尤其对中国的地位更是如此"[16]。2月4日,中日签署了《解决山东问题悬案条约》及《附约》。条约规定:"日本应将胶州德国旧租借地交还中国;日本军队,包括宪兵在内,现驻沿青岛、济南铁路及其支线者立即撤退;青岛海关应即完全为中国海关之一部分。"但同时,"中国政府亦声明将胶州德国旧租借地全部开为商埠;外国人民在德国旧租借区域内之既得权,无论在德国租借时或日本军事占领时经合法、公道取得者,应尊重之"。[17]中国在山东的主权虽然得到一定的恢复,但是为更多的外国势力提供了机会。

凡尔赛—华盛顿体系的建立只是暂时地缓和了第一次世界大战结束后西方强国的若干主要矛盾,但是,这一体系播下了更多的纷争的种子。另外,新建立的苏维埃俄国更与它格格不入,水火不容。

第二节 对凡尔赛—华盛顿体系的最初冲击

一、苏俄对外关系

凡尔赛—华盛顿体系建立过程中,协约国一直将苏俄政权排除在外。克里孟梭曾公开提出要建立一条"防疫带",阻止布尔什维克主义的蔓延。协约国还在1919—1920年间组织了对苏维埃俄国的三次大规模武装进攻。在这种形势下,苏俄对外关系的主要方面是:一、粉碎武装进攻;二、突破经济封锁;三、打破外交孤立。

1. 粉碎武装进攻

1919年3月至8月,协约国对苏俄发动第一次武装进攻。在大战结束时,英国就决定支持俄国境内苏维埃政权的反对派邓尼金以及高尔察克政府。英法舰队并开进了黑海。在协约国的军事援助下,高尔察克建立了一支30万人的军队。协约国支持高尔察克和邓尼金发起第一次武装进攻时,红军被迫放弃维尔纽斯。波罗的海沿岸各国的苏维埃政权亦被推翻。美国驻伊尔库茨克总领事还会见了高尔察克,答应给白军提供援助,并说"今后我们将一起共事"。美、英、法、日等国向高尔察克提供了70万支步枪、3650挺机枪以及几亿发子弹和炮弹。1919年6月,红军击溃了高尔察克。英、美、法、意干涉力量被迫撤离俄国。

1919年9月至1920年2月,西方国家组织了对苏俄的第二次武装干涉。这一次干涉不再由协约国出面,而是对波罗的海沿岸的爱沙尼亚、拉脱维亚和立陶宛等俄国周边小国进行武装,利用它们来反对苏俄。针对这一情况,苏俄向这三个国家以及芬兰提出在尊重独立和主权的基础上缔结条约的主张。三国以及芬兰可以不偿还对沙皇政权所欠债务,并得到贸易优惠权。1920年4月至10月,爱沙尼亚、立陶宛、拉脱维亚和芬兰分别与苏俄签订条约,退出了武装干涉。

1920年4月至11月,协约国组织了第三次武装干涉。这一次它们利用波兰向苏俄发起进攻。波兰于5月占领了乌克兰首府基辅。6月,红军组织反击,收复基辅,挺进华沙。由于战场形势的变化,红军被迫退却。1920年10月12日,苏俄和波兰在里加签订停战协定。苏方同意将西乌克兰和西白俄罗斯划归波兰,从而确定了苏波边界。

2. 热那亚会议和《拉巴洛条约》

1921年3月,苏俄在伦敦与英国签订了《临时贸易协定》,两国建立通商关系并互派享有相当外交特权的商务代表。这一协定的签订标志着苏俄打破资本主义列强对它实行经济封锁的开端。此后,德国、挪威、奥地利、意大利、丹麦和捷克斯洛伐克等与苏俄签订了贸易协定。法国与美国则对与苏俄进行贸易往来持反对态度。

1922年1月,协约国最高委员会在法国戛纳召开会议,讨论欧洲经济问题。戛纳会议通过了召开欧洲经济会议的决议。会议在意大利的热那亚召开。随即意大利政府向各国发出了邀请。对于苏俄,意大利特别邀请列宁亲自参加。列宁非常重视热那亚会议,他指出:"我们不是以共产党人的身份,而是以商人的身份到热那亚去。"[18]苏俄代表团由列宁担任团长,外交人民委员契切林为副团长。列宁领导了苏俄代表团出席会议的全部准备工作。他反复强调,在任何情况下不要用"不可避免的武装政变和采取流血斗争""采用暴力手段""新的世界大战不可避免"这类"吓人的字眼";苏俄代表团的责任是"做出我们应尽的一切努力,以便尽可能广泛地执行这一和平主义纲领"。[19]列宁这一与西方主要资本主义国家和平共处的思想为苏俄外交定下了基调。

1922年4月10日,热那亚会议在圣乔治宫开幕。二十九个国家出席了会议,美国派驻意大使以观察员身份参加。

在热那亚会议上,德国与协约国的矛盾尖锐地表现出来。德国要修改《凡尔赛条约》,法国坚决反对。与此同时,协约国又向苏俄施加压力,要苏俄偿还沙皇政府、临时政府向西方各国欠下的全部债务,苏俄则要西方各国赔偿武装干涉所造成的损失。会议陷入僵局。苏俄代表团展开了对德外交。4月16日,德国代表团在拉巴洛与苏俄会谈并签订了《拉巴洛条约》。条约规定:苏德相互放弃战争赔偿;两国立即恢复外交、领事关系;两国互给最惠国待遇。《拉巴洛条约》的签订打乱了英法等国的计划,热那亚会议只能草草收场。但是,热那亚会议是苏维埃政权建立后参加的第一次重要国际会议。苏俄继粉碎武装干涉以后,积极开展外交活动,从而使它的对外关系进入一个与资本主义国家和平共处的时期。

3. 《中俄解决悬案大纲协定》

1919年至1923年间,苏俄政府曾三次发表对华宣言,宣布以前俄国政府历次同中国订立的一切条约全部无效,放弃以前夺取中国的一切领土和中国境内的俄国租界,并将沙皇政府和俄国资产阶级从中国夺得的一切,都无偿地永久归还中国。1922年8月,苏俄政府派越飞来华谈判建交问题,但因双方在中东铁路和外蒙古问题上的分歧未达成协议。1923年9月,苏方又派加拉罕来华。中国北洋政府先派王正廷同加拉罕谈判,后因内部意见不一,改由外交总长顾维钧直接与加拉罕交涉,最后于1924年5月31日签署了《中俄解决悬案大纲协定》和《中俄暂行管理中东铁路协定》。这两个协定的主要内容是:废除沙俄与中国签订的不平等条约;苏联政府承认外蒙古为中华民国的一部分;苏联政府放弃庚子赔款、在中国境内的租界地和领事裁判权;中东铁路为商业性质,主权归中国,营业事务归铁路本身管理。尽管外蒙古问题和中东铁路行政管理问题未能完全解决,1924年签订的中苏协定仍是自鸦片战争以来中国同外国签订的第一个平等条约。

4. 突破外交孤立

1924年2月,英国政府宣布承认苏联,成为第一个承认苏联的西方主要大国。接着,挪威、希腊、奥地利、瑞典、丹麦、法国等都与苏联建立了外交关系。1925年1月,苏联与日本建交。在当时的主要资本主义国家中,只有美国仍拒绝承认苏联。苏联成功地打破了外交上的孤立。

二、亚非民族解放运动

第一次世界大战以前,亚非广大地区已沦为西方列强的殖民地和半殖民地。帝国主义战争将这些地区都裹挟进国际政治的漩涡风暴中来。经过战争,民族意识觉醒,要求民族独立已成为战后国际政治中的一个主要特点。这一民族解放运动是世界性的。以下仅举中国、朝鲜、印度、土耳其和埃及为例。

1. 巴黎和会和五四运动

1914年8月,日本乘对德宣战之机,以武力强占了德国在中国的势力范围青岛。随后又占领了胶济沿线和胶南地区。1915年,在日本与袁世凯政府订立的旨在将中国全部变为日本殖民地的"二十一条"中,第一条就是中国承认德国在山东的一切权益由日本继承。山东问题以及"二十一条"严重地危害了中国的国家与民族利益。日本帝国主义的侵略和北京政府的卖国政策引起了中国人民的强烈反对。

1917年,中国向德国宣战,加入了第一次世界大战。战后,中国以战胜国的身份参加巴黎和会。按照国际公法和惯例,德国在战前在山东的一切权益应当交还中国。收回山东成为中国参加巴黎和会的一个主要目的。然而,在1919年4月29日,美、英、法"三巨头"会议上却通过了以下决议:"德国将按照1898年3月6日与中国所订条约及关于山东省之其他文件,所获得之一切权利所有权及特权,其中以关于胶州领土铁路矿产及海底电线,尤要放弃以与日本。"这一决议以明文写入了《凡尔赛条约》。

巴黎和会上中国外交失败,是美、英、法等西方大国为了各自的利益而迁就日本,从而不惜牺牲中国主权的结果。消息传出后,留法的中国留学生首先抗议,他们包围了中国驻法公使馆,要中国代表团拒绝在《凡尔赛条约》上签字。1919年5月4日,北京大学等各校学生三千多人在天安门前举行集会和游行示威。提出了"外争主权,内除国贼"的口号。5月5日北京学生宣布罢课,进行爱国宣传,北京政府出动了军警镇压,逮捕了爱国学生。但运动已经发展到全国。6月3日以后,各地学生罢课,商人罢市,工人罢工,爱国运动迅速在深度与广度上发展。虽然北京政府仍电令中国代表团在条约上签字,但是在国内强大的反对声浪面前,中国代表团发表声明,拒绝在条约上签字。

五四运动在中国近代历史上的影响是极其深远的。孙中山在1920年1月致海内外国民党党员的信上说:"自北京大学学生发生五四运动以来,一般爱国青年无不以革新思想为将来革新事业之预备。于是蓬蓬勃勃,发抒言论。国内各界舆论,一致同倡。此种新文化运动,在我国今日,诚思想界空前之大变动。学潮弥漫全国,人皆激发天良,誓死为爱国之运动。"[20]

五四运动后的1921年,中国共产党成立。中国近代反帝反封建历史掀开了新的一页。

2. 朝鲜"三一"起义

第一次世界大战爆发以前,朝鲜已完全沦为日本的殖民地。日本全面地控制了朝鲜的政治、经济和文化,实行高压政策。1919年巴黎和会召开前夕,朝鲜民族主义者派出代表要求参加和会,但却遭到了列强的拒绝。1919年3月1日,汉城学生召开大会,宣读《独立宣言》,游行示威,遭到日本殖民当局的残酷镇压。由"三一"运动引起的朝鲜各地抗日示威和起义持续了半年之久,参加人数达二百多万。日本原敬内阁对起义活动全力镇压,枪杀起义群众达10万人以上。"三一"起义虽然失败,但它已动摇了日本在朝鲜的殖民统治。日本统治者后来不得不采取一些"怀柔"措施,然而,朝鲜人民反抗日本统治,要求民族独立的解放运动已进入了一个新阶段。

3. 印度人民的反英斗争

自 17 世纪开始,英国殖民者已以东印度公司的名义在印度进行掠夺和扩张,印度的财富大量流入英国。1849 年,英国在印度建立了"完全的统治权",整个印度次大陆沦为英国的殖民地。英国以印度为基地,向亚洲各地和东非发动侵略战争,其中包括侵略中国的第一次鸦片战争。第一次世界大战爆发后,英国又将印度作为主要的兵源和后勤供应地。印度的民族主义者希望通过支持英国能在战后取得印度的自治,因此大力支持英国在战争中的耗费。大战结束后,英国拒绝了印度的独立要求。1919 年 3 月,英国殖民当局颁布了《罗拉特法案》,目的在于镇压印度人民的抗英活动。印度人民即举行示威游行和罢工进行抗议。4 月,在旁遮普邦的阿姆利则市发生了"阿姆利则惨案",英国殖民当局打死打伤手无寸铁的印度示威群众四千多人。印度国大党于 1920 年在加尔各答举行特别会议。会议通过了国大党的实际领袖甘地提出的不合作运动决议。决议号召印度人民不接受英国教育,抵制英货,不买英国公债等等。不合作运动曾导致五十万印度工人罢工,使印度人民的反英斗争达到高潮。1922 年,甘地被英国政府逮捕。但是,国大党运动已经在印度真正生根,印度的民族解放运动已经进入了战后活跃的新阶段。

4. 埃及人民的反英斗争

英国对埃及一直进行控制,因为埃及的地理位置,尤其是苏伊士运河对英国有着切身的战略与经济利益。1904 年英法协约中,英国在埃及的特殊地位得到了它的竞争对手法国的认可。第一次世界大战爆发后,埃及成为英国在西亚北非的作战与供应基地。1914 年 12 月,英国宣布取消土耳其奥斯曼帝国对埃及的宗主权,埃及成为英国的保护国。当时英国曾许诺战争结束时给予埃及独立。

第一次世界大战结束后,英国拒绝埃及独立。埃及的反英斗争围绕着独立问题迅速开展起来。以扎格鲁尔为首的埃及民族主义者成立了华夫脱党。华夫脱党发起了全民签名运动,要求取消英国对埃及的保护,埃及独立,扎格鲁尔等人代表埃及参加巴黎和会。

1919 年 3 月,英国殖民当局逮捕了扎格鲁尔等人并将他们流放到马耳他岛。消息传出后,反英起义从开罗蔓延到全国。英国动用军队镇压,打死打伤埃及人民四千余众。迫于埃及人民的义愤与压力,英国殖民当局不得不释放扎格鲁尔等人。但是,当扎格鲁尔等人到达巴黎要求参加和会后,却遭到美、英、法的拒绝。4 月 22 日,威尔逊宣布美国承认埃及受英国"保护"。《凡尔赛条约》第 147 条明文确认英国为埃及的保护国。列强的粗暴决定引起了埃及的强烈反对。1920年7月,扎格鲁尔率代表团到伦敦与英国谈判,但谈判破裂,英国殖民当局再次逮捕了扎格鲁尔等人。埃及的抗英活动又一次高涨。在开罗、亚历山大港等地,埃及人民举行抗议游行,抵制英货,实行罢工。英国出动军队镇压,甚至动用空军,轰炸尼罗河三角洲的埃及平民区。

1922年2月,英国政府宣布承认埃及"独立",但要求控制苏伊士运河,保留英国在埃及的军队,保留英国人在埃及的特权。1924年,埃及举行了第一次国会选举。华夫脱党取得了多数议席。被英国殖民当局释放的扎格鲁尔成为内阁第一任首相。然而,扎格鲁尔出任首相九个月后,英国当局就利用英国驻苏丹总督兼英军驻埃及总司令被刺事件,强行解散了埃及议会并剥夺了扎格鲁尔的权力。埃及的独立是形式上的。但是,埃及人民的抗英斗争从根本上动摇了英帝国主义对埃及的控制,同时也推动了非洲的民族解放运动。

5. 土耳其的民族独立战争

早在第一次世界大战之前,横跨欧亚非三洲的土耳其奥斯曼帝国就已是西方列强觊觎的对象。大战结束时,协约国的军队已陆续开进了土耳其的本土安那托利亚。英法舰队进入达达尼尔海峡,并进驻其首都伊斯坦布尔(君士坦丁堡)。英、法、意大利、希腊等国对土耳其怀有各自的领土野心。土耳其面临着被战胜国瓜分的严峻局面。在这样的形势下,土耳其爱国武装在杰出的将领凯末尔领导下集结起来,以抵抗帝国主义军队的进攻,凯末尔指出:"奥斯曼的国土完全被分割了,只剩下一小块土耳其人居住的地方。最后,就连这一小块地方也想加以瓜分。"1920年3月,协约国军队正式占领伊斯坦布尔,解散了奥斯曼帝国议会。4月23日,凯末尔在安卡拉召集大国民议会,正式成立安卡拉政府。大国民议会郑重声明,安卡拉政府为土耳其的唯一合法政府,1920年3月16日以后伊斯坦布尔苏丹政府与外国签订的条约一律无效。凯末尔指出,"祖国的领土完整和民族独立正处在危急中,只有民族的意志和毅力才能拯救民族的独立。"1920年8月,协约国与土耳其苏丹政府签订了《色佛尔条约》,根据条约,土耳其丧失约五分之四的领土。安卡拉政府警告苏丹政府,绝不能在《色佛尔条约》上签字,因为《色佛尔条约》是一个丧权辱国的条约。

1921年1月,希腊在英国的支持下,向安那托利亚发起进攻,企图消灭安卡拉政府领导的民族独立运动。凯末尔一方面领导与指挥反击,另一方面又积极开展外交活动。安卡拉政府与苏俄缔结了友好条约,又利用协约国内部的矛盾,与法国和意大利单独缔约。法意承认了安卡拉政府。英国和希腊受到孤立。1921年8月,土耳其国民军发动反攻,收复了安那托利亚的全部领土。土耳其独立战争的胜利标志着《色佛尔条约》的终止,因为土耳其苏丹政府完全崩溃了。

6.《洛桑条约》

土耳其的民族独立战争的胜利使协约国瓜分土耳其本土的计划彻底破产。1922年11月22日,英、法、意、希、日、土耳其等国在瑞士洛桑举行会议,重新讨论对土和约问题。美国派观察员与会。苏俄、罗马尼亚、南斯拉夫应邀参加黑海海峡问题的讨论。

洛桑会议是第一次世界大战结束后的一次重要的国际会议。1923年7月24日,协约国和土耳其签订了《洛桑条约》。

《洛桑条约》的主要内容是:

(1)黑海海峡问题

条约规定,任何国家的船只不仅在平时,而且在战时(在土耳其中立的情况下)都可以自由通过海峡;在土耳其参战的情况下,中立国军舰可以自由通过海峡,其他国家的军舰能否通过由土耳其政府决定;海峡地区解除武装,由非黑海国家组成国际委员会监督。

(2)摩苏尔的归属问题

摩苏尔地区盛产石油,英国坚持该地区应脱离土耳其而划归伊拉克,因为伊拉克由英国代管。土耳其则与美国达成协议,摩苏尔划归土耳其,而美国得到石油开采权。土耳其的方案遭到英法的共同反对。会议未做最后决定,将此问题留给了英土双方继续会谈。

(3)协约国承认土耳其的民族独立和国家主权

7. 民族问题是国际政治中的一个非常重要同时又非常复杂的问题

在近代国际关系史上,由于帝国主义列强的染指,亚非广大地区的民族问题就更加复杂化了。第一次世界大战结束以后,亚非许多国家的民族解放运动出现了新高潮。与此同时,帝国主义又插手地区事务,制造新的矛盾与争端。英国在中东地区的介入和《贝尔福宣言》是一个比较典型的例子。

1917年11月,英国外交大臣贝尔福公开发表宣言,声明英国"赞成在巴勒斯坦为犹太人建立一个民族之家"。英国对巴勒斯坦没有任何统治权,但却将其国土许诺给犹太复国主义者。英国当时的主要目的之一是利用犹太复国主义势力来抵制法国对巴勒斯坦的领土要求。1919年的巴黎和会上,美国提出了建立巴勒斯坦国家的建议。1922年6月,美国国会通过支持《贝尔福宣言》的决议。同年7月,国联将巴勒斯坦交给英国进行"委任统治"。英国在巴勒斯坦实行"扶犹抑阿"的政策,鼓励散居于世界各地的犹太人大批涌入巴勒斯坦,结果导致了犹太人和阿拉伯人的长期不和与冲突。使中东局势动荡不安。

三、德国问题

凡尔赛和约使战败的德国的国际地位一落千丈。德国要割让八分之一的土地,支付巨额战争赔款,陆军人数被限定至10万人,还被迫放弃海外殖民地,并由协约国军队占领莱茵河左岸。德国国内政局动荡,经济情况严重恶化。1921年4月,在伦敦会议上,协约国确定德国的赔款总额为1320亿金马克。这一赔款决议导致了马克的加速崩溃。通货膨胀越来越严重。1919年时,美元与马克的兑换率是1美元换8.9马克;到1923年1月,跌至1美元换17972马克。德国面临的严峻形势直接影响到赔款计划的执行并导致了一系列的国际纠纷与冲突。法德矛盾表现得最为尖锐。

1. 鲁尔危机

1923年1月,法国借口德国拖延赔款,联合比利时,出兵占领了鲁尔工业区。鲁尔区不仅是德国也是欧洲的重工业中心。法、比军队占领鲁尔区在德国引起了严重后果。11月通货膨胀达到顶峰时,1美元可换4.2亿马克。德国政府从巴黎和布鲁塞尔召回了大使,下令在鲁尔区实行消极抵抗,指示德国人员拒绝执行法比占领军的命令,停止采煤和运煤。英、美反对法、比占领鲁尔区的行动,建议召开国际会议,讨论赔款问题。美国积极插手,是因为在大战中英法等国都欠有美国巨额债务,而德国向英法的赔款直接影响到美国收回战时债务。如果德国经济完全崩溃,则美国收回战债亦将成为泡影。实际上,英国经济学家凯恩斯曾于1919年发表《和约的经济后果》一书。他的主要论点是,如果德国在政治和经济上受到严重削弱,而法国在欧洲大陆的地位上升,势必导致整个欧洲经济贫困,社会动荡。凯恩斯的结论曾被列宁誉为"比任何共产党革命家的结论更有说服力,更能引人注目,令人深思"。[21]凯恩斯的观点在当时就受到广泛的注意。当德国经济濒于崩溃时,美英等国更急于帮助德国摆脱危机,以保护自身的政治经济利益。

1923年8月,德意志人民党主席斯特莱斯曼组阁,成立德国新政府。斯特莱斯曼主张立即停止鲁尔区的"消极抵抗"。他认为,坚持消极抵抗"将使建立一种正常的货币、维持经济生活和确保我国人民的生存成为不可能。为了维持民族和国家的生存,今天我们面临着中断斗争的严峻必要性"。9月底,德国政府宣布停止"消极抵抗"。德国国内政局变化加快了英美建议召开国际会议讨论德国赔款问题的步伐。法国迫于财政困难,也同意召开国际会议。

2.《道威斯计划》

1923年11月底,协约国赔款委员会决定成立专家委员会,研究平衡德国预算和稳定马克的途径和方法。委员会由美、英、法、意、比代表组成,由美国银行家道威斯担任主席。

1924年8月,伦敦国际会议正式通过了专家委员会提出的方案,即《道威斯计划》。《道威斯计划》的主要内容是:

(1)帮助德国恢复经济,先以美国为主向德国提供8亿马克的贷款;

(2)规定了五年内德国赔款的数额。计划生效的第一年德国交付10亿马克赔款,以后逐年递增。从第五年起每年交付25亿马克;

(3)赔款的来源是运输税、铁路公债、工业债券、关税以及烟糖等税收;

(4)由协约国组成税收管理委员会监督德国税收。

《道威斯计划》要求法国和比利时从鲁尔撤军。

德国声明接受《道威斯计划》。这样,以美元为主的外国资本大量流入德国。斯特莱斯曼在4月底的一次演说中说:"政治问题的范畴应该高于经济问题。一个政府,如果不做任何牺牲而妄想解放莱茵地区和鲁尔,并且也不创造任何符合形势演变的条件,使我们最后能够重新采取政治行动的话,那也就太可怜了。"他确信,要复兴德国经济,就必须依靠盎格鲁—撒克逊人的资本大量输入,而要获得这些资本,首先必须重新恢复德国的国际信誉。

《道威斯计划》实施后,德国的生产显著上升,失业人数减少。《道威斯计划》是对《凡尔赛条约》的重大修改。由于计划的实施,欧洲国际关系起了深刻变化。德国地位得以恢复,法国地位下降,英国力图保住欧洲大陆的"均势",而最主要的是,美国重新在政治和经济上对欧洲事务取得了较大的发言权。

3.《杨格计划》

1928年,德国提出经济困难,无力支付《道威斯计划》规定的25亿马克的赔款,并要求修改《道威斯计划》。美、英、法等国出自各自的考虑同意了德国的要求。1929年2月,以美国银行家杨格为首的专家委员会成立。6月,委员会提出了一份新的德国赔款计划,即《杨格计划》。

《杨格计划》规定:

(1)自1929年开始,德国赔款计划分两阶段进行,至1988年完成。前37年每年赔款20亿马克,后22年每年赔款15亿马克。总额低于1921年伦敦会议规定的赔款总额;

（2）每年赔款分为"不得延期"的赔款和"如有困难可以延期"的赔款两种；

（3）德国享有充分的财政自治权，撤销"赔款委员会"，由"国际结算银行"代替，美国在其中占主导地位；

（4）十年后取消实物支付。

《杨格计划》进一步放宽了对德国的限制。美国通过国际结算银行，进一步扩大了它对欧洲事务的影响。

4.《洛迦诺公约》

早在1922年时，德国就向法国提出建议，保证法国东部的安全，但是法国拒绝了这一建议。在法国看来，法国的安全应由《凡尔赛条约》来保证。1924年，由于《道威斯计划》的实施，德国已从战后初期最困难的阶段摆脱出来。英国从它的维持大陆"均势"的政策思想出发，支持德国的复兴。英国驻德大使达伯农对此尤为积极，他建议斯特莱里曼再次提出倡议讨论法德边界问题。1925年1月20日，德国向英法发出备忘录，提出签订《莱茵兰公约》，解决德国西部边界问题，但不包括德国东部边界。

斯特莱斯曼从1924年底开始担任德国的外交部长。他的外交思想的主要内容是："充分利用第一次世界大战战胜国之间以及它们与苏联之间的矛盾，通过谈判与推行和平外交，恢复德国的战前边界，逐步消除战争造成的后果，重建德国世界强国的地位。"德国外交摆脱孤立地位并不自斯特莱斯曼始。1922年苏德签订《拉巴洛条约》已是一个信号，它对英、法、美来说是有潜在的威胁力量的。尽管法国对斯特莱斯曼的建议在开始时还持犹豫态度，但是在英美的压力下，法国表示同意。1925年4月，白里安担任法国外交部长，他是坚决主张法德接近的。在这一形势下，召开一次国际会议的条件已经逐步成熟。

1925年10月，英、法、德、比、意、波、捷七国在瑞士洛迦诺开会。出席这一次会议的有英国外交大臣张伯伦、法国外交部长白里安、德国外交部长斯特莱斯曼、意大利首相墨索里尼等人。在此之前，各国之间的协商与讨论已经开始了。9月，一个联席法律委员会已在伦敦拟就了初步方案。洛迦诺会议只是最后讨论一些疑难问题。10月16日，《洛迦诺公约》正式签字。

《洛迦诺公约》包括七个条约。它的主要内容是：

（1）德、比、法、英、意签订了《莱茵公约》。公约规定，德法、德比之间的边界维持现状；各方保证以和平方式而不是战争方式解决争端。

（2）德国与波兰、捷克签订协定，规定有争端时提交仲裁法院解决，但没有提维持德波、德捷的边界现状。

（3）原则上同意德国加入国际联盟。

在《洛迦诺公约》中，最重要的是德法和德比的边界保证条约，英国和意大利作为保证条约得到遵守的监督国。德国事实上承认了《凡尔赛条约》强加给它的西部边界。虽然在德国国内对于放弃阿尔萨斯和洛林仍有争议，但是德国在第一次世界大战结束后首次以完全平等的地位参加了欧洲大国会议，这是斯特莱斯曼"和平攻势"外交的一个胜利。《洛迦诺公约》削弱了《凡尔赛条约》。

1926年9月，德国正式加入国际联盟。

四、欧洲集体安全问题

《洛迦诺公约》签订以后，欧洲舆论在一段时间内被"洛迦诺精神"所主导。表面现象是"洛迦诺精神"带来了和谐与安全。当时担任英国财政大臣的丘吉尔认为"西欧在短时间内沐浴在洛迦诺的暗淡的阳光之中"。这在一定程度上也恰恰反映出一些欧洲政治家对欧洲和平前途的忧虑。

实际上，欧洲安全问题始终是困扰欧洲各国决策者们的一个主要问题。《凡尔赛条约》并没有从根本上解决这一问题。1920年，面对匈牙利反对《特里亚农条约》的强烈情绪，匈牙利的邻国捷克斯洛伐克、南斯拉夫和罗马尼亚三国就签订了军事同盟条约。这三国军事同盟亦被称为"小协约国"。法国在《凡尔赛条约》之后并没有从英美那里取得它所希望的安全保障，它又不可能像过去一样同俄国结盟，面对德国复仇的危险，法国只能去寻求它在传统做法上可能找到的安全保障。法国与1921年与波兰结成同盟，并与"小协约国"保持着较为密切的联系。而意大利则支持匈牙利、保加利亚这些受凡尔赛体系限制的战败国，对法国的安全构成威胁。1922年时，一位欧洲政治家便发表过以下评论："事实真相是，两个互不相容的联盟正在为争夺中欧的霸权而斗争：一个是德国、奥地利和意大利之间结成的南北联盟。一个是由法国、捷克斯洛伐克和波兰结成的东西联盟。"[22]欧洲传统的"现实政治"观念又一次在现实国际政治上展现出来。

安全问题的核心是裁军。在《凡尔赛条约》中，协约国对德国及其他战败国的裁军做了详细的规定。但是，德国并没有真正按和约办事。德国从1920年起，就征募所谓的"黑色国防军"，包括成立"国民自卫军"和"劳动指挥部"等准军事组织。德国政府还秘密地对克房伯军火工业给予资助。1922年，克房伯军火联合企业和德国国防部签订正式协定，决心"共同逃避实行《凡尔赛条约》的条款"。到1925年时,克虏伯已在瑞典、荷兰、西班牙和芬兰设计最新式的大炮和坦克,并秘密地制造德国潜艇并训练艇上人员。在与苏俄谈判《拉巴洛条约》时,德国还计划在苏俄的喀山等地制造大炮坦克、俯冲轰炸机甚至生产毒气。

在战后初期,德国这些军事活动当然是在秘密情况下进行的。表面外交是"和平攻势"。《洛迦诺公约》和德国正式加入国际联盟是"和平攻势"的具体成果。然而,就在洛迦诺会议举行前夕,斯特莱斯曼给德国皇太子的密信中说,德国政策打算达到的目标是:解决莱茵问题,保护生活在国外的一千多万德国侨民,修改德国的东部边界,兼并奥地利,"首先要让那些掐着我们脖子的人松松手,因此德国的对外政策从一开始就应该采取我相信奥地利的梅特涅在1809年以后曾经采用过的政策:善于用计对付和避免作出重大的决定"③。

很明显,在《凡尔赛条约》签订后的整个20世纪20年代,德国在经济、军事、外交等方面都在做积极的努力。在当时的情况下,这些努力并不是在一个强有力的政治核心的统一部署下进行的,但是,它们有着共同的汇合点,那就是德国的重新崛起。这对欧洲安全是一个巨大的潜在威胁。

在《凡尔赛条约》遭到挑战的同时,华盛顿体系也面临着挑战。美国对于华盛顿会议以后西方大国迅速发展海军力量深感不安。1927年6月至8月,美、英、日三国在日内瓦举行海军会议。法意两国虽被邀请参加,但意大利拒绝前往,法国因被告知"会议不准备讨论欧洲安全问题"亦表示不去参加。与会的美、英、日三国在会议上无法就限制海军问题达成一致。

美国政府在日内瓦会议上的失败导致了美国国内政治中另一股势力的增长。一批美国知识界人士和参议员波拉等人强烈要求宣布战争为"非法"。这一意见受到了法国外交部长白里安的欢迎。1927年4月,法国邀请几千名参加过第一次世界大战的美国退役士兵访问巴黎。白里安发表了热情洋溢的演说,建议法美缔结永远友好和放弃战争的双边条约。法国的意图是拉美抑德。美国国务卿凯洛格在12月复照表示,应该签署一个多边条约来代替法美双边条约的建议。在经过一番争论以后,1928年8月27日,《白里安—凯洛格公约》在巴黎签字。英、法、美、德、日、意、波、比、捷克等国家参加。条约规定:废除把战争作为实行国家政策的工具;只能用和平方式处理和解决国际争端。《白里安—凯洛格公约》又被称为《非战公约》。

《非战公约》是在20世纪20年代后期欧美盛行"和平主义"的形势下,欧洲政治和美国政治交错发展到一定阶段中的产物。它既没有杜绝秘密外交,也没有解决裁军问题。但是从国际法的角度来看,它还是一个重要文件,因为它强调了不侵犯的原则。然而,当真正的危机来临时,它只能成为纸上的"非战"。洛迦诺的"暗淡的阳光"已余晖散尽,一场资本主义世界经济危机的风暴正在酝酿之中。

注释:

① 欣斯利编:《新编剑桥世界近代史》第11卷,中国社会科学院世界历史研究所组译,中国社会科学出版社1987年版,第291页。
② 颜声毅等:《现代国际关系史》,知识出版社1984年版,第50页。
③ 阿明·拉巴波特:《美国外交史》,麦克米伦1975年版,第267页。
④ 《现代国际关系史》,第54页。
⑤ H. W. V. 坦普利:《巴黎和会史》,牛津1920年版,第204页。
⑥ 维戈兹基等编:《外交史》第3卷,大连外语学院俄语系翻译组译,生活·读书·新知三联书店1979年版,第212页。
⑦ 《新编剑桥世界近代史》第11卷,第309页。
⑧ 《顾维钧回忆录》第1卷,中华书局1983年版,第186页。
⑨ 《美国外交文件集(1919)》第5卷,第138页。
⑩ 同上书,第317页。
⑪ 《美国外交史》,第276页。
⑫ 让-巴蒂斯特·迪罗塞尔:《外交史》,李仓人等译,上海译文出版社1982年版,第113页。
⑬ 《顾维钧回忆录》第1卷,第214页。
⑭ 北京政府外交部编:《外交公报》,1921年第6期。
⑮ 北京政府外交部编:《外交文牍》,华盛顿会议案,1921年。
⑯ 《美国外交文件集(1922)》第1卷,第275页。
⑰ 王铁崖:《中外旧约章汇编》第3册,三联书店1962年版,第208—211页。
⑱ 《列宁全集》第33卷,人民出版社1957年版,第231页。
⑲ 《外交史》第3卷,第366页。
⑳ 胡绳:《从鸦片战争到五四运动》,人民出版社1981年版,第964—965页。
㉑ 《列宁选集》第4卷,人民出版社1972年版,第318页。
㉒ 莫瓦特编:《新编剑桥世界近代史》第12卷,中国社会科学院世界历史研究所组译,中国社会科学出版社1999年版,第314页。
㉓ 《外交史》,第94页。

思考题：

一、名词解释：

热那亚会议　《洛桑条约》(1923)　《贝尔福宣言》　《道威斯计划》
《洛迦诺公约》

二、问答题：

1. 简述凡尔赛—华盛顿体系的形成和主要内容。
2. 试述苏维埃政权成立后在对外关系中的主要特点及其表现。
3. 试述巴黎和会后亚非民族解放运动的高涨及主要表现。

第六章
凡尔赛—华盛顿体系的解体和第二次世界大战的爆发

1929—1933年的资本主义世界经济危机沉重打击了各国垄断资本主义,严重加剧了它们之间的矛盾、竞争和对抗。为了摆脱这一经济危机造成的后果和影响,在法西斯主义和军国主义势力的推动下,德国、日本和意大利迅速走上了实行对外侵略扩张的道路,变成了欧、亚的战争策源地。它们并在此过程中加强了相互勾结,结成了法西斯主义的同盟。

主要是由于英、法、美推行的绥靖主义和中立主义政策,英、法、苏就建立反法西斯国际统一战线进行的谈判在1939年招致了失败,法西斯国家侵略扩张的欲望愈益膨胀。

在此背景下,国际社会中战争危机不断加深,日本法西斯在亚洲发动的全面侵华战争,是第二次世界大战的前哨战。纳粹德国对波兰的入侵,则导致了第二次世界大战的全面爆发。在短短的两年间,欧亚大陆就被完全投入了战争的炼火之中。

第一节 欧亚战争策源地的形成与战争危机的加深

一、空前严重的世界资本主义经济危机

1. 危机的发生和特点

第一次世界大战结束后,经过几年的恢复,大约从1924年开始,资本主义世界出现了一段经济繁荣时期,而以美国最为突出。

然而,好景不长。就在各国垄断资产阶级竞相吹嘘资本主义的永久繁荣的时候,一场空前严重的资本主义世界经济危机突然袭来,迅速席卷了整个资本主义世界。1929年10月29日,美国股票市场股票价格出现狂跌,这是经济危机爆发的正式标志。未有多久,加拿大、日本和西欧诸国都相继陷入严重的经济危机之中。

这场危机特点鲜明:

首先,这场危机在资本主义经济史上历时最长。它从1929年秋天开始,到1932年夏天才基本度过了最低点,前后持续四年。并且,1933年时资本主义世界经济尚未达到繁荣就又进入了长期特种萧条状态。1937年,在许多资本主义国家中更是爆发了新的危机。

其次,1929—1933年资本主义世界经济危机涉及面极广。一方面,它袭击了资本主义世界的所有国家,无一能够幸免。另一方面,这场危机波及殖民地和半殖民地国家,而不是像过去的危机那样一般只局限于各主要资本主义国家。另外,这场危机遍及所有经济领域,工业危机、农业危机和货币信用危机同时并发,各个经济部门几乎全都陷于瘫痪。

再次,1929—1933年经济危机破坏特别严重。它使整个资本主义世界的工业生产下降了44%,贸易额减少了2/3。大批企业倒闭,失业总人数达到5000万人,大量的半失业者和破产农民尚未计算在内。据估计,这一场经济危机使资本主义世界遭受的损失达2500亿美元,比第一次世界大战造成的损失还高出800亿美元。

最后,1929—1933年经济危机激化了资本主义制度的各种矛盾。由于各国垄断资产阶级力图将危机的负担转嫁到本国劳动人民和殖民地、半殖民地人民的身上,各国工人阶级和广大群众纷纷举行罢工和示威,各殖民地和半殖民地的民族解放斗争也获得了新的动力。与此同时,这场危机也加剧了资本主义列强之间的矛盾、竞争和对抗。

2. 西方国家在经济领域的斗争

为了尽量缓和这场危机所给予的打击,各国垄断资产阶级以关税战、贸易战和货币战的形式展开了激烈格斗。

首先,各国力图通过提高关税、限制进口的政策,阻止外国商品的侵入,以保证本国市场尽量为本国商品所占有。在这方面率先行动的是美国。它通过国会立法,提高了对大部分进口工业品和农产品征收的关税。英国、法国、德国和日本等也纷纷起而仿效,在不同程度上采取了提高关税的措施。

据统计,从1931年6月到1932年4月,先后有76个国家提高了进口商品的关税率。

与此同时,各资本主义国家采用了各种非关税性措施,以减少从其他国家的进口,扩大对其他国家的出口。在这场贸易战中法国颇为突出,先后实行了"输入限额"制度和与外国订立互惠商约或清偿协定的做法。德国通过"登记马克"制度和"出口津贴"制度,鼓励其他国家从德国进口商品。英国与其自治领和殖民地缔结了《帝国特惠协定》,建立了限制外国商品进口的帝国特惠制。美国则与拉美国家签订了一系列的互惠贸易协定。

为了提高本国商品在世界市场上的竞争能力,各资本主义国家还纷纷减少本国货币的含金量,贬低本国货币与外币的比价,从而掀起了一场激烈的货币战。作为当时资本主义世界金融中心的英国,首先宣布停止实行金本位制,禁止黄金出口,以及英镑贬值。英国的各自治领、北欧和拉美的一些国家以及日本,也相继宣布放弃金本位制和实行货币贬值。

法国等西欧国家以及美国,出于各自的考虑,都曾在一段时间中坚持金本位制,并且组成了所谓的"金集团",与以英国为首的"非金集团"相对抗。但在非金集团通过货币贬值逐步取得了在对外贸易方面的优势之后,美国、比利时、意大利和法国等也先后停止实行金本位制,并将本国货币贬值。在整个危机期间,宣布货币贬值的国家一共达到56个。

英国在放弃金本位以后纠集各自治领以及欧亚拉美的一些在财政上与英国关系密切的国家,组成了"英镑集团"。参加国的货币与英镑保持固定比价,参加国间的贸易以英镑结算。英国在国际金融市场和货币市场上的竞争能力和地位因此得到了加强。为了与之抗衡,美国也联合拉美的一些国家组成了"美元集团"。美元集团还设立了20亿美元的外汇基金,以防英镑集团进一步降低英镑对美元的汇价。

3. 西方国家在德国赔款问题上的斗争

1929—1933年经济危机的袭击,使得德国工业生产和对外贸易急剧下降,通货贬值,资金大量外流。在此情况下,1931年6月5日,德国总理勃朗宁呼吁各国注意德国的危急状态,同意德国延期偿付赔款。同时,他还匆匆赶往伦敦就此与英国政府展开谈判。当英国拒绝了德国的要求后,6月20日,德国总统兴登堡又给美国总统胡佛发出了一份电报,竭力强调德国因财政困难已无法交纳赔款,请求美国给予支持。

美国政府认为,已经濒临险境的德国经济如因不堪承受赔款重担而崩溃,不仅会直接加剧欧洲经济形势的动荡,从而损害美国投资者及商人的利益,而且会危及欧洲的政治稳定,导致革命或骚乱。为此,胡佛以异乎寻常的速度于当天发表了一项宣言。其中建议:各国政府间的债务、赔款的偿还,暂缓一年。虽然英、意等国接受了胡佛的建议,法国却表示反对。因为法国的应得赔款远远超过它必须偿还的战债,胡佛的这一建议将使法国损失20亿法郎。经过反复磋商,7月6日,美法才正式达成了协议。它规定,德国仍须照样向法国支付无条件赔款,而法国则将这一赔款以借贷形式给予德国铁路公司;德国缓付的其他赔款及利息,则自1933年起分10年偿还。在此基础上,7月下旬,美、英、法、意、比、日、德等七国在伦敦通过了《胡佛延期偿付令》(《胡佛宣言》)。

然而,赔款问题并未因此得到真正解决。为了最终达到取消赔款的目的,1932年1月,德国总理勃朗宁宣称,德国将无力也不会在任何条件下支付赔款。赔款问题因而再度告急。6月16日,法、英、意、比、日、澳、德等国的代表在洛桑举行会议,继续讨论德国的赔款问题。美国政府唯恐各国在会议上要求它取消战债,因而只派出观察员列席会议。会上,德国代表强调经济危机已使杨格计划无法实施,要求就德国赔款问题做一彻底解决。同时,为取得美国的支持,德国代表又力主德国赔款与协约国归还美国战债问题无关。这一意见遭到了英、法、意、比等国的强烈反对。英国因为可获得的赔款数额较小而对美欠债数额较大,赞成将赔款和战债一并取消;法国因为可获得的赔款多于战债,遂主张取消战债而保留赔款。经过反复争论,最后会议达成妥协。7月9日签订的《洛桑协定》规定:在缓付三年后,德国应在37年内分期付清总额为30亿马克的最后赔款,其中一部分作为国际基金,一部分付予美国。但是,德国并未如数偿付这笔赔款。希特勒上台后,更是完全否定了支付赔款的义务。

洛桑会议期间,英法达成了两国放弃赔款应以美国放弃战债为条件的君子协议。这意味着,只有在英法本身所欠战债能获得满意解决时,它们才批准《洛桑协定》。11月初,在胡佛再次当选美国总统后,英法政府致函美国政府,要求取消战债。11月23日,胡佛在一篇声明中以赔款和战债分属不同性质为由再次拒绝了英法的要求。尽管如此,法国仍然从1932年10月起停止偿还战债,英国在1933年起停止还债,其他国家也都纷纷仿效。美国对此极为不满。1934年2月美国国会通过的《约翰逊法》,禁止向未偿清战债的国家提供贷款。

4. 西方国家在军事领域的斗争

由于各主要资本主义国家都将国民经济军事化和扩军备战作为摆脱危

机、加强竞争能力的重要手段,1929—1933年经济危机也导致了西方国家在军事领域斗争的尖锐化。在伦敦海军会议和日内瓦裁军会议上各国的争吵,就是这种斗争的集中反映。

1927年夏天举行的英、美、日三强海军会议失败后,它们在扩张海军军备方面迅速掀起了一轮新的竞赛。先是美国决定建造6艘大型巡洋舰,继而日本决定建造4艘万吨级以上的巡洋舰。为了维持自己的海上强国的地位,英国在加紧扩建新加坡海军基地的同时,竭力谋求召开新的海军会议。1930年1月21日,这一会议开始在伦敦举行。出席这一会议的除了英、美、日外,还有法国和意大利。

各国代表在会上提出的建议和要求充分暴露了列强间的矛盾及斗争。

地中海的海军军备限制问题是会议讨论的议程之一。意大利的代表声称,意、法既然同属地中海国家,它们的海军实力应当相等。法国则以它要同时在地中海和北海保持舰队为由,对意大利的要求断然加以拒绝。法国代表还表示,除非能缔结保证互不侵犯的地中海公约并有英美参加,法国决不减慢海军发展速度。英国和美国都拒绝在这方面承担任何义务,法国和意大利也都反对任何限制本国舰队规模的做法。

太平洋地区的海军军备问题是会议讨论的又一议程。日本代表最初提出的要求是:日本有权拥有的重巡洋舰和辅助舰只的吨位,应相当于美国同类舰只的70%;日本潜艇总吨位应可达到7.8万吨。美国对此表示坚决反对。最后英、美、日三国达成了妥协。按照它们在4月22日签署的《伦敦海军公约》,三国战列舰和驱逐舰的比例仍沿用华盛顿会议的限制,即5:5:3.5。具体地说,在巡洋舰方面,英、美、日可以拥有的吨位分别为33.9万吨、32.3万吨和20.9万吨;在驱逐舰方面,英美可以分别拥有的吨位为15万吨,日本则为10.5万吨;三国潜水艇的比例则完全相等,分别为5.27万吨。不过,后来的事实证明,这一公约并不能真正限制它们在扩展海军方面的努力,不过是一纸空文而已。

与伦敦海军会议不同,1932年2月2日在日内瓦召开的第一次国际裁军会议,是由国联负责筹备和组织的。出席这一会议的有60多个国家的代表,包括国联各会员国以及苏联、美国、土耳其、巴西、埃及等非会员国的代表。

在第一阶段会议上,西方列强提出了一系列的裁军方案。它们的一个共同特点是:只想使其他国家扩展军备的能力受到限制,而不愿使本国受到真正束缚。正如意大利代表格兰迪在向本国议会汇报时所说的那样:海军力量强大的国家主张裁减陆军,陆军力量强大的国家主张裁减海军;受到《凡尔赛条约》约束的德国要求"军备平等",法国对此则坚决表示反对。因此,当第一阶段的会议于7月下旬结束时,各国只按照英国代表的建议通过了一项既不涉及任何人的利益,也不与任何签字国立国精神相"抵触"的决议案。①

第二阶段会议在11月开始之后,最初德国拒绝参加,以此作为要挟,来推进它的"军备平等"的要求。德国的立场得到了英美的支持,陷于孤立的法国被迫作出让步。12月11日,英、美、法、德、意五国达成了一项协议,承认德国"在将为一切国家提供安全的体系中享有平等权利"。②这时,德国才同意重返日内瓦裁军会议。1933年3月中旬,英国首相麦克唐纳在会上提出了一个裁军公约草案,其中除了重申《华盛顿条约》和《伦敦海军协定》在海军军备方面规定的义务外,特别强调要裁减各国的陆军和空军,并允许德国在五年内建立一支与法、意、波等欧洲国家具有同等兵额(20万人)的陆军。6月,会议同意以麦克唐纳的这一草案作为正式的裁军协定的基础。然而,此时希特勒已经上台。他自然不会就此满足。9月,德国代表正式提出,德国军队人数的限额应为30万。由于这一要求不能得到接受,德国遂在10月先后宣布退出了裁军会议和国际联盟。至此,旷日持久的裁军会议实际已经破产,虽然它的最后一次集会要到第二年的5月底才举行。裁军会议失败后,法西斯国家更加肆无忌惮地掀起了扩军狂潮。

二、欧亚战争策源地的形成

1. 希特勒的上台和欧洲战争策源地的形成

第一次世界大战结束以后,德国不仅失掉了原有的殖民地,而且国内市场也因劳动人民购买力低下急剧缩小。此外,它还要负担沉重的巨额赔款。所以,1929—1933年的经济危机对德国的打击特别沉重。1932年德国工业生产倒退到19世纪末和20世纪初的水平,同年的对外贸易额比1929年下降了60%强,危机期间的农业收入则下降了30%。此外,德国外债直线上升,1930年时总额即高达255亿马克,1931年时须在当年归还的到期外债高达49亿马克,应在当年支付的利息高达15亿马克,同年爆发的货币信用危机更使德国的黄金储备减少了80%。

在危机期间,广大劳动人民的处境极为悲惨。垄断资本家和容克地主通过裁减雇员、增加税收和减少救济金将经济危机造成的困难转嫁到他们身上。工人纷纷失业(最多时达800万人),农民纷纷破产(被拍卖的土地达到56万公顷)。在此情况下,他们不断掀起反抗斗争。1930—1933年间,每年都发生数百次罢工。

由垄断资本家和容克地主组成的德国统治集团,为了维持他们摇摇欲坠的统治地位,力图利用德国社会中的各种反动力量建立军事独裁政权,以达到镇压国内人民和实行对外扩张的目的。

德国当时国内的特殊环境也有利于军事独裁政权的建立。首先,以普鲁士容克地主为代表的传统军国主义势力仍然具有强大的影响,它们公然宣扬的民族沙文主义和反动种族主义为军事独裁统治的建立提供了思想武器,它们支持的各种准军事组织和武装团体则构成了推行军事独裁统治的基本力量。其次,在第一次世界大战中战败的屈辱和协约国根据《凡尔赛和约》施加的种种限制乃至掠夺,在德国社会上激起了普遍的不满和对立,从而为实行以复仇主义为旗帜的军事独裁统治提供了方便。最后,德国工人阶级出现了分裂,社会民主党和共产党之间的激烈斗争不仅严重削弱了相互的力量,而且为以希特勒为首的纳粹党的迅速蔓延创造了条件。

早在 1919 年,阿道夫·希特勒就筹建了所谓的德意志民族社会主义工人党(即纳粹党)。它实际上属于彻头彻尾的法西斯主义势力。这从 1920 年希特勒抛出的《二十五点纲领》和 1924 年他在监狱中写成的《我的奋斗》中可以看出。希特勒在提出了一些蛊惑人心的口号的同时,竭力宣扬种种荒谬主张:建立包括所有日耳曼人的大德意志帝国,重整军备,向外夺取"生存空间","彻底打击马克思主义","维护私有财产制度"。希特勒对反动的种族优势论尤其顶礼膜拜,鼓吹亚利安人至上主义,公然叫嚣要"彻底消灭犹太人"。[③]

1929 年开始的经济危机,为希特勒的法西斯主义的泛滥提供了机会。一方面他和其他纳粹分子一起,用消灭失业、增加工资、将托拉斯收归国有、取消地租、废除债务、禁止高利贷和土地投机等甜言蜜语蒙蔽群众。1930 年,纳粹党在国会选举中获得的选票比两年前增加六倍,议席增加到 107 席,成为仅次于社会民主党的第二大党,1932 年更成为国会第一大党。另一方面,希特勒又竭力鼓吹反共反苏,叫嚣要在德国彻底根除马克思主义和向东夺取新的生存空间。他还提出,"强权国家是改善经济状况的前提"[④]。希特勒的这些主张,正好符合了德国垄断资产阶级的心意。他们决定起用以希特勒为首的纳粹党,建立法西斯统治。1932 年 11 月 19 日,德国最大的工业和金融巨头以及容克地主代表沙赫特、西门子、克虏伯等人向德国总统兴登堡发出联合呼吁,要求任命希特勒为总理。1933 年 1 月 30 日,希特勒登上了这一宝座,从而在德国开始建立了法西斯政权。1934 年 8 月,兴登堡病故,希特勒先是接管了总统和武装部队总司令的权力,继而又取消了总统职衔而自任国家元

第六章 凡尔赛—华盛顿体系的解体和第二次世界大战的爆发

首兼总理,实行公开的独裁统治。

一旦大权在握,希特勒的真实面目就彻底暴露。在短短的两年中,他废除了1919年魏玛宪法所规定的一切资产阶级民主权利。议会制度被取消,共产党受到镇压,犹太人和抵制法西斯主义的有识之士惨遭迫害。与此同时,希特勒积极实施国民经济军事化,迫不及待地带领德国走上了重整军备的道路,为进行武力讹诈和发动战争创造物质基础。

按照《凡尔赛条约》的规定,德国的军事力量规模受到了严格的限制,希特勒上台伊始,德国就正式提出了"军备平等"的口号。尽管麦克唐纳于1933年6月提出的裁军公约草案允许德国在五年中建立一支20万人的军队,希特勒仍然在10月中旬先后宣布德国退出日内瓦裁军会议和国联。他在为自己的行动辩护时说,日内瓦裁军会议不能满足德国关于军备平等的要求,国联这一国际组织将德国视作"二等公民"。12月18日,德国政府提出了重新参加裁军谈判的条件,其中包括:允许德国征兵30万,并同意德国拥有《凡尔赛条约》所禁止的各种武器。

事实上,法西斯德国这时已经片面地开始了重整军备的过程,军费开支的数额及其占国民收入的比例都迅速上升。1932年,军费开支为10亿马克,占国民收入的2%;1933年,它们分别增加到30亿马克和6%。退出日内瓦裁军会议后,德国在1934年的军费开支更高达55亿马克,占国民收入的10%。这一年,刚成立不久的国防会议决定,动员24万家工厂供应军事订货,与军备有关的工业优先发展。德国对外贸易也从主要进口生活资料转为主要进口军需原料。1935年3月16日,德国正式公布了重整军备宣言,指责"《凡尔赛条约》待遇不公,宣布从即日起实施国防军法,实行普遍义务兵役制"。该宣言还明确规定,德国在和平时期建立12个军36个师,约50万人,服役期限一年(翌年,德国又宣布将服役期限延长一年,从而使德国兵员猛增到100万)。6月,德国政府又和英国在伦敦签订了《海军协定》。据此文件,德国有权拥有相当于英国海军吨位35%的军舰和45%的潜水艇。这不仅意味着德国军舰的吨位可以从现有的7.8万吨增加到42万吨,而且意味着它可以建造为《凡尔赛条约》所禁止的潜水艇。这一年,德国的军费开支跃增到100亿马克,占国民收入的17%。

希特勒在率领德国公开地踏上了扩张军备道路以后不久,便积极谋划用军队重新占领莱茵河右岸的非军事区,从而对凡尔赛体系提出了直接的挑战。1935年5月21日,希特勒指责法国因缔结《法苏互助条约》违背了《洛迦诺公约》,否认了德国按照该条约应当履行的义务。这实际上是为德国占领莱茵兰非军事区的行动制造舆论。6月,希特勒正式开始着手这方面的准备工作。1936年3月2日,不顾许多高级将领的反对,以希特勒为首的德国最高指挥部对部队下达了行动的命令。当时,他凭着自己的直觉相信,法国不会对此真正进行干涉。同时,他又作好了万一法国实行干预德军就退出莱茵兰的准备。3月7日,希特勒在国会宣布,法苏军事同盟的矛头专门指向德国,《洛迦诺公约》从此实际上已经不复存在。"因此,德国认为它不应该再受这个失效的公约的约束了。"⑤德国外交部长牛赖特则召见了法国及其他的《洛迦诺公约》缔约国驻柏林大使,向他们宣布,德军"象征性的小分队"正在进入莱茵兰。事实上,这支所谓的"象征性的小分队"由19个营和12个炮兵连组成,共约三万人。并且,其他部队随后也开进了莱茵兰。

对于德国这一违背《凡尔赛条约》和《洛迦诺公约》的行动,法国表面上颇为愤慨。但在没有得到英国的明确支持以前,它不敢采取任何积极的行动,只是增加了马其诺防线的兵力。英国的态度更加模糊。3月9日,外交大臣艾登在下院发表演说时虽然认定德军重占莱茵兰的行动违背了国际条约,但又声称它没有构成战争威胁,并竭力劝说法国打消派遣军队进行干涉的念头。在此情况下,3月19日,《洛迦诺公约》缔约国建议将该公约与法苏条约是否冲突的问题提交国际法院裁决,并要求在取得结论以前德国限制之部署于莱茵兰的军队人数,在莱茵兰建立受国际武装力量监督的中立地区,其宽度为20公里。3月24日,希特勒公然声称他坚决拒绝这些"侮辱性"的建议。4月1日,他又提出了一项所谓的和平计划,其中除了重弹与法国、比利时签订为期25年的互不侵犯条约等陈词滥调以外,还假惺惺地提出,为了表示诚意,德国将在四个月内不增加它在莱茵兰的兵力。尽管法国政府拒绝就此与希特勒进行谈判,但始终没有采取任何有力行动去恢复莱茵兰的现状,尽管它当时完全可以做到这一点。希特勒事后回忆说:"进军莱茵兰以后的48小时,是我一生中神经最紧张的时刻。如果当时法国人也开进莱茵兰,我们就只好夹着尾巴撤退。因为我们手中可资利用的那一点点军事力量,即使用来稍做抵抗,也是完全不够的。"⑥

希特勒在莱茵兰的冒险行动表明,法西斯德国已经迅速变成了欧洲的一个战争策源地。

2. 日本军国主义势力的加强和远东战争策源地的形成

作为一个岛国,日本不仅国内市场狭小,而且原料严重依赖进口。因此,1929—1933年经济危机对它迅速造成了严重的后果。1931年,日本就达到了危机的顶点。这一年,它的工业总产值比1929年下跌了32.4%,其中重工业下跌了 50%。主要项目的出口减少了一半多。失业工人达 300 万，大约三分之二的农民丢失了土地。被日本占领的朝鲜和我国台湾人民的处境就更加悲惨。

经济危机的打击激化了日本国内的阶级矛盾。与 1928 年相比，1931 年罢工人数增加了 1.5 倍。农民也纷纷起来要求取消债务、减轻地租。同时，反对日本殖民统治的斗争也迅速发展。1930 年 5 月，朝鲜发生了反日民族大起义。同年 11 月，台湾又出现了反日大起义。

日本的地主和垄断资本家也试图通过对内加强统治、对外实行战争来摆脱困境。在最反动的久原、中岛等新财阀的支持下，日本军部内的一部分右翼法西斯分子表现得尤其活跃。他们竭力利用日本的军国主义传统和武士道精神，不断策动刺杀、政变等事件，加紧夺取政权，加快侵略步伐。1930 年 11 月，老财阀势力的代表滨口雄幸首相被法西斯组织"爱国社"刺杀身亡。民政党新总裁若槻礼次郎接任首相后，得到加强的法西斯主义势力积极准备发动对外侵略战争。

同德国相比，日本实行对外扩张的道路似乎要平坦得多。一方面，作为第一次世界大战的战胜国之一，战后日本的军事力量有了很大的发展。另一方面，为日本所觊觎的邻国当时正处于软弱和分散之中。

在日本的侵略扩张的蓝图中，中国东北成了首要目标。1927 年日本首相田中义一根据内阁召开的东方会议写成的奏折就生动地说明了这一点。其中讲道："如欲征服世界，必先征服支那"；"惟欲征服支那，必先征服'满蒙'"。"我对'满蒙'之权利如可真实的到手，那么，则以'满蒙'为根据，以贸易之假面具而风靡支那四百余州；再以'满蒙'之权利为司令塔，而攫取全支那之富源。以支那之富源而作征服印度及南洋各岛以及中、小亚细亚及欧罗巴之用。"⑦

为了实现征服我国东北的目标，日本最初采取的是逐步渗透的方式，并且取得了显著成效。然而，20 世纪 20 年代后期，张学良将军与亲英美的蒋介石关系日益密切，这对日本无疑是当头一棒。在 1929 年爆发的经济危机的打击下，日本急欲占领和控制中国东北。1931 年 6 月日本军方制订的《解决满州问题方策大纲》，明确决定了用武力实行侵犯的方针。

经过周密策划，1931 年 9 月 18 日晚，日军炸毁了南满铁路的一段路轨，却反诬此事为中国军队所为，进而向沈阳北大营发动了进攻。由于南京国民党政府采取的不抵抗主义，辽宁和吉林两省在不到一周的时间中就沦于日军的铁蹄之下。1932 年 1 月初，日寇全部占领了全国的东北三省。

日本帝国主义并不就此住手。紧接着它又将侵略矛头指向了具有重要的战略和经济地位的上海。1932年1月28日,日军向上海闸北地区的中国驻军防地发动了进攻,从而挑起了淞沪事变。日本侵略者原来以为,四个小时就可占领上海。然而,这一次它遭到了中国人民的英勇抵抗,被迫同意于2月底举行停战谈判。5月5日,中日双方签订了《淞沪停战协定》。由于国民党政府的卖国投降主义,这一协定竟然承认日本有在上海驻军的权利,而中国反而不能在上海周围驻军设防,并须取缔抗日活动。

与此同时,日本帝国主义还将侵犯魔爪伸向了热河、察哈尔和关内。到1933年5月,日本不仅占领了长城各口,还侵占了关内的密云、遵化、唐山等二十多个县,直接威胁到京津两地的安全。5月31日,国民党政府与日本政府签订了卖国的《塘沽协定》,事实上承认了日本占领中国北方大片土地的"合法"性。1935年,日本帝国主义又迫使国民党政府签订了《何梅协定》和《秦土协定》,从而实际上控制了冀、察两省。它还加紧侵略内蒙古,策动蒙奸王公"脱离中央而独立"。当时,毛泽东同志就一针见血地指出:"1931年9月18日的事变,开始了变中国为日本殖民地的阶段。只是日本侵略的范围暂时还限于东北四省,就使人们觉得似乎日本帝国主义者不一定再前进了的样子。今天不同了,日本帝国主义者已经显示他们要向中国本部前进了,他们要占领全中国。现在是日本帝国主义者要把整个中国从几个帝国主义国家都有份的半殖民地状态改变为日本独占的殖民地状态。最近的冀东事变和外交谈判,显示了这个方向,威胁到了全国人民的生存。"⑧

日本在不断巩固和扩大对中国大陆的侵略的时候,还积极扩充海军军备,为发动太平洋战争做准备。按照1930年的《伦敦海军公约》,日本的战列舰与英美同类舰只的比例仍为3:5:5,而驱逐舰的比例则为3.5:5:5。当时日本军舰的总吨位仅仅达到规定限额的60%。九一八事变后,日本加快了海军建设的步伐。1931—1934年间,日本的海军预算增加了一倍。日本还力图使自己的海军达到与英美同样的规模。1934年9月18日,即在侵略中国东北三周年之际,日本外相非正式地宣布,日本决定废除《华盛顿协定》。12月29日,日本政府以英美拒绝接受对等吨位限额原则为由正式宣布,从1936年12月31日起,它不再接受《华盛顿协定》的束缚。

1933年3月27日,日本政府还公然宣称它的国际政策、特别是远东政策,"与国联的见解完全不同",并以此为理由退出了国联。

日本对中国的侵略,日本对《华盛顿条约》的反对和从国联的退出,都表明它已成为亚洲的一个战争策源地。

3. 意大利对阿比西尼亚的侵略

当德国和日本成了欧亚的两个主要战争策源地时,另一法西斯国家意大利也在20世纪30年代前半期走上了发动侵略战争的道路。

名义上意大利也是第一次世界大战的战胜国,但是由于实力有限,在巴黎和会上得到的酬报与它最初的期望相差悬殊。这种"战争胜利、和平失败"的状况在意大利国内引起了强烈的不满。1921年发生的经济危机更使意大利政局动荡不安。法西斯党魁墨索里尼乘机于1922年10月发动政变,率领党徒进军罗马,建立了世界上第一个法西斯政权。

墨索里尼上台后,竭力实现意大利对地中海的控制。他在一次讲话中公然宣称:"意大利如果不能做地中海的主人,便要做地中海的囚犯。"特别是在1929年的经济危机爆发后,意大利的法西斯政权更是力图通过发动对外侵略战争来摆脱它所陷入的困境。1933年,墨索里尼露骨地叫嚣:"战争每一分钟都可能突然爆发,因此不是明天,而是现在就要做好战争准备。我们过去是,现在仍然首先是一个军事民族。因为我们是不怕舆论的。我们要补充一点,我们是一个好战的民族。"①

法西斯意大利首先将它的侵略矛头指向了非洲的阿比西尼亚(埃塞俄比亚)。一方面,这是因为阿比西尼亚具有极为重要的战略地位。它不仅毗邻意大利殖民地索马里和厄立特里亚,而且扼守着地中海经红海到印度洋的通道。另一方面,对经济力量和军事力量不够强大的意大利来说,以经济文化相对落后的阿比西尼亚作为侵略对象似乎也比较现实。

经过了一番准备,1935年10月3日,早在意属索马里和厄立特里亚集结待命的30万意军,分三路攻入了阿比西尼亚。然而,战争进程远不像墨索里尼设想的那么顺利。在最初五个月的时间中,侵阿意军仅仅推进了大约100公里。阿比西尼亚人民对侵略者进行了英勇的抵抗。直到1936年5月5日,意军才攻占了阿比西尼亚的首都亚的斯亚贝巴。四天以后,墨索里尼宣布了对阿比西尼亚的兼并,将它与意属索马里和厄立特里亚合并,组成了意属东非。

三、德、意、日法西斯集团的形成和战争危机的加深

1. 柏林—罗马轴心的建立

德、意、日这三个法西斯国家在实行各自的扩张计划的过程中,逐步加强了勾结,形成了一个法西斯侵略集团。这一集团的建立,又刺激了它们的扩张欲望,从而使战争危机不断加深。

柏林—罗马轴心的形成,是法西斯侵略集团形成的第一步。

德意法西斯的勾结经历了一个曲折的过程。在20年代和30年代初,它们的扩张计划明显存在着矛盾。对出生于奥地利的希特勒来说,将德奥合并为一个大日耳曼帝国是他孜孜以求的目标。然而,按照地缘政治的观点,这一计划一旦实现,与奥地利为邻的意大利的安全就会受到严重威胁,意大利向巴尔干的扩张也会受到严重阻挠。因此,1934年2月17日,意大利法西斯政权与英法政府一起发布了联合宣言,表示了维护奥地利独立的决心。一个月以后,意大利又和匈牙利、奥地利签订了旨在发展相互经济联系的《罗马议定书》。这同希特勒兼并奥地利的阴谋显然是针锋相对的。同年7月,当希特勒策动奥地利的纳粹分子刺杀总理陶尔菲斯以实现德奥合并时,墨索里尼立即作出了强烈的反应。他不仅公开表示了维护奥地利独立的决心,还向奥意边界增派了四个师的军队。1935年4月中旬,墨索里尼又和法国总理弗兰亭和英国首相麦克唐纳在意大利北部的斯特莱沙开会,讨论了欧洲的形势。他们在公报中对德国重整军备的行动进行了批评,重申了维护奥地利独立和完整的决心,从而建立了所谓的斯特莱沙阵线。

然而,阿比西尼亚战争推动了德意法西斯的结合。

意大利对阿比西尼亚的侵略损害了英法在北非和中东的利益。因此,尽管英法政府对意大利的侵阿战争采取了默许姑息的态度,这一事件还是疏远了英法与意大利的关系。势单力薄的意大利急于寻求新的支持,在国联于1935年10月通过了对意大利实行制裁的决议后更是如此。

就在此时,希特勒向墨索里尼伸出了自己的手。在他看来,意大利的侵阿战争不仅可以转移意大利对欧洲的注意力,而且能够加剧意大利与英法间的矛盾。为此,希特勒挺身而出,对意大利的侵略公开表示了支持。墨索里尼为此感激不尽,因而明显改变了对德国的态度。1936年7月,希特勒迫使奥地利签订了一个《友好条约》,以便为日后兼并奥地利埋下伏笔。墨索里尼对此不仅不加谴责,反而称赞它是"对和平的新贡献"。

德意法西斯的勾结在他们武装干涉西班牙内战的过程中得到了加强。

1936年2月,在西班牙的国会选举中,由共产党和社会党等组成的人民阵线取得了绝对多数,成立了联合政府。在群众革命斗争的推动下,新政府采取了一系列符合人民要求和愿望的政策。为了排除极右翼军人的干扰,联合政府还设法把法西斯组织长枪会首领、陆军总监佛朗哥从西班牙本土调往西属摩洛哥任职。

但是,极右翼势力并不肯就此罢休。在德国法西斯的支持下,1936年7

月,佛朗哥等将领在西属摩洛哥发动了反政府叛乱。西班牙本土的部分军队也迅速地站到了叛乱者的一边。为了保卫联合政府,30万西班牙人民志愿走上了战场,同叛军进行战斗。他们的献身精神弥补了训练的不足,法西斯叛军逐步陷入了岌岌可危的境地。

希特勒和墨索里尼都把西班牙叛乱视作扩大法西斯势力和本国影响的极好机会。实际上,他们早就悄悄地向佛朗哥提供了海军和空军的援助。在西班牙叛乱面临崩溃之际,他们更是向佛朗哥提供了公开的支持,不仅先后往西班牙派出了大批军队,在以后长达三年的时间中,德意军队和佛朗哥的叛军一起,同西班牙人民以及由54个国家的反法西斯战士组成的"国际纵队"进行了激烈较量。1939年3月29日,他们终于开进了马德里。

德意法西斯对西班牙的联合干涉,加快了它们相互勾结的步伐。1936年10月,墨索里尼的女婿、意大利外交部长齐亚诺与德国外长牛赖特签订了一个秘密协定,其中规定:德国正式承认意大利对阿比西尼亚的兼并,意大利则承认德国在阿比西尼亚享有特权;双方在多瑙河流域和巴尔干划分势力范围;双方在外交和军事方面实行合作,包括就重大的国际争端和欧洲问题采取共同路线;双方承认西班牙佛朗哥政权。这一协定标志着德意在建立法西斯联合阵线的道路上迈出了关键的一步。11月1日,墨索里尼在米兰透露这一协定时说,"新的时代已经开始"。他还叫嚣:"罗马和柏林的垂直线不是壁垒,而是轴心",欧洲国家应当围绕这一"轴心"进行合作。此后,人们就把德意法西斯的联合阵线称作柏林—罗马轴心。

2. 德日意反共产国际协定的签订

20世纪30年代初,德国和日本的关系颇为复杂。一方面,它们之间存在着不少矛盾。首先,第一次世界大战后,德国原来的一些属地为日本所占领,德国法西斯对此自然耿耿于怀。其次,德国与蒋介石政权的经济和政治关系一直比较密切,德国甚至派出许多军官到蒋介石军队中担任顾问和教官,参与军事计划的拟订和执行。这种做法显然同日本的侵华政策发生冲突。还有一点也不可忽视:德日法西斯最终追求的建立世界霸权的目标,以及希特勒的反动的种族优越论,也是影响两国关系的一股暗流。

但是,另一方面,德日之间又具有实行勾结、至少是暂时的勾结的基础。首先,在这两个国家中,都保留着较强的封建主义残余和军国主义传统。其次,这两个国家都对凡尔赛—华盛顿体系感到不满,有着打破现状的共同要求。再次,作为建立世界霸权战略的第一步,德国谋求建立对欧洲的统治;日本谋求建立对远东和太平洋地区的统治,因此暂时它们还不致发生直接冲突。最后,也是最重要的一点是,在实现第一阶段的战略目标时,它们都面临着共同的敌人和对手,即国际进步力量和英、法、美等希望维持现状的西方国家。

1935年5—6月间,日德便就建立两国军事同盟一事开始了接触。一年后,德国又向日本提出了建立反布尔什维克的共同战线的建议。经过谈判,同年11月25日,日本政府代表武者小路公开同德国政府代表里宾特洛甫在柏林签署了《德日关于共产国际协定》。表面上它以共产国际和苏联作为惟一对手,双方约定"相互通知关于共产国际的活动,为采取必要的防止措施进行协商,并且紧密合作完成以上的措置"。该协议的一个秘密附件更进一步规定:遇缔约国一方无故遭受苏联进攻或进攻威胁时,另一方不采取任何有利于苏联的行动,并应立即着手讨论保护共同利益的措施;在协定有效期内,两缔约国未经对方同意不得与苏联缔结违背该协定精神的任何政治条约。⑩实际上,这一协定也是针对力图维持凡尔赛—华盛顿体系的英、法、美等西方国家的。希特勒曾在私下泄漏了这一"天机",他说:"利用布尔什维克主义的幽灵来遏止凡尔赛诸国,要使它们相信,德国是反对赤祸的决定性堡垒。这是我们渡过危机、摆脱凡尔赛和约和重新武装的唯一方法。"⑪

德国和日本还竭力将意大利拉入《反共产国际协定》。德国法西斯重点头目戈林及牛赖特曾为此专门访问了罗马。墨索里尼最初犹豫不决:一方面,他对公开得罪苏联有所顾虑;另一方面,他对德奥合并的前景仍然感到不安。到1937年夏,墨索里尼的这一态度开始发生变化。同年9月底,他应邀到柏林和慕尼黑进行访问,受到了盛大的欢迎和肉麻的吹捧。作为回报,墨索里尼在柏林的一个欢迎盛会上用德语向80万听众宣布:"一个法西斯主义者一旦和一个人交上了朋友,他就会和他一直走到底。"几个星期后,11月6日,齐亚诺和德日两国政府的代表在罗马正式签署了《关于意大利加入反共产国际协定的议定书》。其前言宣布,意大利决定与同样具有反共产国际决心的德日"联合起来对付共同敌人"。这一议定书标志着"柏林—东京—罗马"轴心的最后形成。

四、英、法、美的不干涉政策和苏联建立反法西斯国际统一战线的最初努力

1. 英法的绥靖政策

从20世纪30年代的情况来看,如果英、法、美这些西方国家能够采取坚定的反法西斯的立场,在当时完全有可能阻止德、日、意法西斯的扩张政策的顺利推行,至少可以推迟第二次世界大战的爆发。然而,英、法、美却以不同的形式推行着所谓的不干涉政策,从而实际上支持和鼓励了法西斯的侵略行为。

以英法为代表的姑息、纵容德、日、意法西斯的政策通常被称作绥靖主义。它的出现不是偶然的,有着复杂的背景和原因。

英法尽管同为第一次世界大战的主要战胜国,但其经济地位和军事地位仍因战争受到了巨大的削弱。战后风起云涌的亚非民族解放运动进一步分散了它们的人力和资源。1929年开始的经济危机更是起到了雪上加霜的作用。这种状况使得英法统治集团中的部分人士不敢同德、日、意的侵略扩张政策进行针锋相对的斗争,而是试图通过满足侵略者部分贪欲的方法来维持自己的既得利益。

战后英法国内的政治状况也极为复杂。首先,凡尔赛和会将发动第一次世界大战的责任片面归之于德国。据此制定的《凡尔赛条约》对德国规定了颇为苛刻的条件。这种做法不仅引起了德国方面的不满,在英法等国的相当一部分居民中也造成了一种负罪感。他们对战后德国出现的强烈的民族主义情绪采取了一种理解的态度,对20世纪30年代德国的违约行动采取了一种容忍的立场。其次,第一次世界大战充分显示了现代战争的残酷性。它导致了交战国军队和军民的大量死伤,严重毁坏了交战国人民正常的经济生活。因此,战后在英法等国中出现了一种鼓吹不惜代价避免战争的和平主义思潮。还有,30年代经济危机使英法两国政局动荡,统治集团内部斗争空前加剧。从1920—1937年的短短七八年间,英国五次调换首相,法国则20次变更内阁,其中寿命最短的仅仅维持几天。很难指望这样的政府能在德、日、意的扩张进攻面前实行一种坚定和连续的外交政策。凡此种种,都为英法推行的绥靖政策提供了解释。

英法资产阶级对社会主义苏联的本能仇恨,对弱小国家的固有蔑视,是它们实行绥靖主义的最为重要的原因。

20世纪20年代以后,英法与苏联的关系逐步有了改善。但是,两国资产阶级统治集团对苏联却怀有一种本能的敌意和仇恨。在他们的内心深处,都想把法西斯的这股祸水引向东方,以希特勒的德国来消灭社会主义苏联。这一企图显然也符合英法传统的地缘政治的需要。希特勒对此可说是洞若观火。尽管按照德国法西斯的全球扩张的蓝图,无论是法国,还是英国、美国,都同苏联一样属于应被征服的对象,但在一个时期内,希特勒竭力造成一种似乎唯有共产国际、唯有苏联才是德国的敌人的假象。英法统治集团相信了这一点。

为了能够将祸水东引,英法统治集团不惜牺牲中国、阿比西尼亚、西班牙等弱小国家人民的利益,将他们的主权和领土当作与法西斯国家进行交易的筹码。

2. 美国的中立主义

在法西斯国家的侵略扩张日益加剧之时,美国奉行了一种表面上不偏不倚的中立主义政策。它与英法的绥靖政策如出一辙。不同的是,美国的中立主义被赋予了国内立法的形式。

产生这种中立主义的原因同样十分复杂。和英法一样,美国统治集团中也有相当一部分人指望利用法西斯国家来平衡苏联的力量;在美国国内也存在着不加区分地反对一切战争的和平主义情绪。还有,美国传统上对欧洲实行的孤立主义外交政策仍然有着重要的影响,20世纪30年代大危机更使许多美国人要求将注意力集中于国内事务。此外,美国的福特、洛克菲勒财团等与德国关系密切,它们为德国生产汽车、摩托车、航天发动机以及其他产品,并是德国最大的债主。中立主义的旗号可为美国与法西斯国家间的肮脏交易披上一层合法的外衣。

正是在此背景下,经过长期激烈的辩论,1935年8月31日美国参众两院联席会议终于通过了《中立法案》。它由罗斯福总统签署后于当日生效。其中规定:一旦其他国家之间发生战争,美国总统"应宣布此项事实,宣布之后,凡以军械、军火、或战备,自美国之任何地方,或其属地之任何地方,输出而运至该交战国,或运至任何交战国所利用之任何中立国港口者,均为违法"[12]。1936年2月,美国国会又对《中立法案》进行了修改,增加了两条内容:(1)禁止向交战国贷款;(2)《中立法案》的武器禁运条款不适用于拉丁美洲。后一规定显然表明,美国不愿使它在拉丁美洲推行的门罗主义因《中立法案》而遭到削弱。

在签署《中立法案》时,罗斯福发表了一项声明,声称《中立法案》"旨在避免卷入战争,表达了政府和人民的坚定愿望"。然而,由于《中立法案》模糊了正义战争与非正义战争的界限,实际上就与英法的绥靖主义政策一样,鼓励了法西斯国家的侵略扩张政策,加快了战争危机的到来。

3. 苏联为集体安全而斗争

在1929年资本主义世界发生了空前严重的经济危机之后,随着德国法西斯侵略扩张活动的不断加剧,苏联同英、法、美等西方国家的关系有了进一步的改善。这主要表现于苏美建交以及苏联加入国联。

虽然英法已在 1925 年同苏联建交,美国却一直顽固地拒绝承认苏联,1933 年罗斯福出任美国总统后,即建议美苏两国政府举行谈判来"结束一亿二千五百万美国人民和一亿六千万俄国人民之间目前的不正常关系"。这一呼吁得到了苏联方面的积极响应。11 月 16 日,罗斯福和苏联外交人民委员李维诺夫在华盛顿互换信件,宣布了两国外交关系的建立。1933—1935 年的两年间,苏联还先后同西班牙、匈牙利、罗马尼亚、捷克斯洛伐克、保加利亚、阿尔巴尼亚、哥伦比亚、比利时和卢森堡等国建立了外交关系。

长期以来,西方国家一直力图将苏联排斥于国联之外,而苏联也将国联看成英法等国推行其帝国主义政策的工具,以及世界反革命势力的总司令部。此种状况到 1933 年发生了明显的改变。11 月,法国外交部长保罗-邦库尔向苏联驻法大使提出了苏联参加国联的建议。12 月下旬,斯大林在接见美国《纽约时报》一记者时指出:由于德国和日本退出了国际联盟,国际联盟"能够成为制止或阻碍军事行动发生的一种因素",因此苏联将"不反对国际联盟"。[13]在法国政府的推动下,1934 年 9 月 15 日,以英法为首的 30 个成员国正式联合邀请苏联加入国联。三天以后,国联以 38 票赞成、3 票反对的绝对优势通过了接纳苏联加入国联并担任常任理事国的决议。苏联在加入国联时宣布,它对国联在此以前通过的决议及苏联未参加签订的条约一概不承担责任。它还重申反对国联的维护殖民主义的统治制度的立场,反对国联对民族平等的忽视。

苏联在改善与美、英、法等西方国家的关系的同时,还积极谋求建立集体安全体系,以克服日益扩大的战争威胁。

早在 1933 年 2 月的裁军会议上,苏联就提出,裁军公约应明确规定五种侵略行为,即:(1) 向他国宣战;(2) 不论是否宣战,以武装部队侵入他国领土;(3) 不论是否宣战,以陆军、海军、空军进攻他国领土、船舶或飞机;(4) 对他国的海岸或港口进行海军封锁;(5) 陆海空军未经他国政府允许或违反此种允许的条件而在该国登陆或进入该国境内。凡是实现了其中任何一种行为的国家,都是进攻的一方或侵略者。苏联的这一建议虽然没有得到接受,它在 7 月初与阿富汗、爱沙尼亚等 10 个欧亚邻国分别签订了三个内容基本相同的关于侵略定义的公约。

1933 年 12 月,联共(布)中央正式通过了关于开展争取集体安全斗争的决议,呼吁利用集体安全的力量反对法西斯国家的侵略行动,防止战争的爆发。按照这一精神,1935 年 1 月 17 日,苏联代表李维诺夫在国联理事会上进一步阐明了集体安全政策的内涵。他说,和平只有通过集体努力和集体的物质保证才能得以建立,而集体努力的主要形式就是缔结反法西斯侵略的双边或多边的互助条约。

正是在这种集体安全政策的指导下,苏联积极支持法国提出的缔结《东方公约》(即《东方洛迦诺公约》)的建议。按照1934年6月法国政府正式提出的草案,《东方公约》应包括两部分,即由法国、苏联、波兰、捷克斯洛伐克、芬兰、爱沙尼亚、拉脱维亚和立陶宛签订的《区域互助条约》和《法俄协定》。前者规定,签署国家自愿承担在一缔约国攻击另一缔约国时立刻互相给予援助的义务;任何缔约国都不得给予未参加该条约的侵略国以任何支持。《法俄协定》则规定,苏联愿接受《洛迦诺公约》,与英、意一样充当它的保证国;法国则重申它愿接受《区域互助条约》的约束。然而法国的这一建议遭到了英国和意大利的反对。英国担心,法苏的接近会破坏它一贯追求的所谓欧洲大陆的均势。意大利则担心,法苏的结合会加强法国在巴尔干问题上与意大利竞争的地位。1934年10月9日,积极主张联苏制德的法国外长巴都在马赛遭人暗杀,缔结多边的《东方公约》的计划遂告夭折。

此后,法苏便在缔结双边协定的方向上进行努力。1934年12月5日,继任法国外交部长的赖伐尔同李维诺夫在日内瓦签订了《法苏关于东方公约的议定书》。它规定,两国政府在外交上进行合作,不进行旨在缔结足以妨碍东方公约所包含的精神的双边或多边政治协定的谈判。然而,这一缺乏实质内容的协定远远不能满足当时日益紧张的形势的需要。双方都希望能缔结双边互助条约。1935年5月2日,《法苏联盟互助条约》在巴黎签署。它规定,当法国或苏联成为一欧洲国家侵略威胁和侵略危险的对象时,双方应立即进行协商,"以便采取关于遵守国联盟约第十条规定的措施";当法国或苏联成为欧洲国家未经挑衅的侵略对象时,双方"彼此应立即给予支援和协助"[14]。

两周以后,5月16日,苏联和捷克斯洛伐克也签订了内容基本相同的联盟互助条约。但是,根据捷方要求,这一条约所附的《签字协定书》规定,"相互给予协助的保证",要在法国也对被侵略国提供援助时才可生效。亲西方的捷克斯洛伐克总统贝奈斯说,他的国家所以坚持这一立场,是因为"不愿把自己政策的方向从西方转到东方"[15],不愿单方面与苏联发生联系。

法苏互助条约和捷苏互助条约虽然同苏联所设想的集体安全政策的要求相去甚远,同法国所建议的东方条约也有很大距离,但它们毕竟是在联合反法西斯力量和阻止法西斯侵略方面迈出的重要一步。可以断言,如果法苏能真正按照它们的联盟互助条约行事,希特勒就不敢那样轻举妄动和为所欲为。然而,由于英国的影响,特别是由于本国国内的绥靖主义思潮的压力,法国政府不仅未同苏联缔结一项军事协定来补充政治条约,甚至都无意认真履行这一政治条约。《法苏联盟互助条约》墨迹未干,赖伐尔就在华沙对戈林宣称,这一条约形同废纸。他还告诉波兰外长贝克:缔结法苏条约与其说是为了共同反对可能的侵略,不如说是为了防止德国同苏联的接近。

第二节 第二次世界大战的全面爆发

一、日本发动全面侵华战争

1. 日本加紧准备扩大侵华战争

1936年2月26日,由日本一小撮右翼少壮军人出面,制造了反对冈田内阁的武装政变。在新组成的广田内阁中,军部势力得到了显著的加强。5月18日,陆海军大臣应由现役军官担任的旧制正式恢复。他们与首相、外相、藏相一起组成的所谓"五相会议",不仅直接左右了内阁的政策,而且大大限制了议会的权力。在军部的推动下,广田内阁积极推行扩军备战和向外扩张的政策。在1937年的财政预算中,军费开支在总支出中占了80%以上,直接军费增加了40%。陆军人数将由45万上升到95万,海军人数也将上升25%。与此同时,8月7日"五相会议"决定,日本要通过外交与军事手段的配合使用,"一方面确保帝国在东亚大陆的地位,另一方面向南方海洋发展"。[16]8月11日,"五相会议"通过了《对中国实施的策略》和《第二次处理华北纲要》这两个文件。其中规定,日本将不惜采用武力手段,在中国华北五省建立一个类似"满洲国"的特别体制,形成一个"防共、亲日满的特殊地带"。[17]为了推行这一侵略方针,日本加紧向华北增兵。日本军舰还侵入了青岛、上海和长江沿岸的其他口岸。

1936年12月12日,中国发生了西安事变。但是,与日本帝国主义的期望相反,在中国共产党的推动下,这一事变最后得到了和平解决,抗日民族统一战线也因而得以组成。这使以军部为代表的日本军国主义势力感到失望和担忧,他们迫不及待地要求对中国实行全面战争。日本驻南京总领事须磨弥吉郎在1937年1月的归国退职报告中声称:"帝国过去对华所具有的威力,最近日渐显著减弱"。[18]在此之前,陆军省制定了《西安事变对策纲要》,宣称中国的"抗日反日思潮更加激化",日本应准备"毫不犹豫地运用自卫权"。[19]1937年6月9日关东军在其一份关于对苏对华战略的意见书中叫嚣,"首先对南京政权加以一击,除去我背后的威胁,此最为上策"。[20]

2. 七七事变

1937年6月,日军不仅向距中国第二十九军的驻地宛平县仅五六公里的丰台新派驻了一个大队,还频繁地在宛平附近举行军事演习。以后的事实表明,日军此举不是一种普通的军事挑衅,而是在为发动全面侵华战争寻找借口。7月7日夜间,日军便以它的一名士兵失踪为由要求进入宛平城搜查,甚至蛮横要求中国驻军从宛平驻地撤出。当这些无理主张遭到第二十九军的拒绝后,日军便开始了对宛平县城和与之紧邻的卢沟桥的炮击。在各地蓬勃掀起的抗日救亡运动的鼓励下,第二十九军毅然奋起抵抗,从而揭开了中国全面抗战的序幕。日本侵略者制造的七七事变也打响了第二次世界大战的前哨战。

七七事变发生以后,日本军部表面上宣称采取不扩大方针,实际上决定加快对中国的侵略,这一路线得到了日本的大官僚和财阀的直接支持。驻日美国大使格鲁在7月13日的日记中写道:"在现阶段,在内阁、军部、外务省、新闻和工商业者之间,对于无论如何也必须控制日本在华北地位的继续衰弱,似乎已经有了取得完全一致的意见。"[21]

7月11日晚,日本政府发表了一篇声明,指责中国方面拒绝谈判,宣布决定"向华北派兵"。7月26日,参谋总长载仁亲王指示在华驻屯军行使武力;次日,他又对国内的三个师团下达了动员令。7月28日,日军按照预定日程发起了总攻击,两天以后攻占了华北的心脏部分平津地区。与此同时,日本法西斯还积极策划扩大对华东地区的侵略。驻在该地的日本第三舰队司令官长谷川清在8月10日向军部建议说,仅仅打击中国的第二十九军,不能达到"以武力打开日中关系的现状"的目标;"最好派遣陆军五个师团控制上海和南京",以使"当今中国的中央势力屈服"。[22]这一建议在次日的五相紧急会议上即获得通过。8月13日,在日本内阁会议决定从国内向上海增派两个师团的同时,驻华日军向上海发起了大举进攻,并迅速向南京推进。8月17日,日本内阁会议正式宣布放弃过去所执行的所谓"不扩大方针","采取战时所必需的各项准备及对策"。9月4日开幕的日本议会批准了超出20亿日元的临时军费,并通过了将军需工业动员法应用于对华侵略的法令。11月12日,日军攻占了上海,12月中旬又先后攻占了南京、济南。仅在南京一地,就有30多万中国军民惨死于日本屠刀之下。

3. 英美对日本侵略政策的姑息纵容

日本法西斯发动的全面侵华战争,以将中国变为它的独占的殖民地为目的。这一阴谋如若得逞,不仅中国人民将饱受亡国之苦,英美等西方国家的在华利益也将受到严重损害。然而,令人不可思议的是,在此时刻,英美政府竟然采取了一种姑息纵容日本侵华政策的立场,即通过牺牲中国的利益和满足日本的部分贪欲的做法,与日本求得妥协。

日本侵略者制造了七七事变后,美英政府只是空谈"维持和平"、反对"应用武力"和"干涉他国之内政"等原则,很少对日本的侵略行为进行正面和具体的谴责,更谈不上对日本采取针锋相对的行动。罗斯福告诉记者,制裁是一个应被"扔到窗外去"的"可怕字眼",张伯伦也一再表示反对对日本实行经济制裁。

更为甚者,在日本发动全面的侵华战争以后,英美还继续向日本出售它急需的战略原料和军事物资,从而事实上援助了日本侵略者。当时,日本在石油、钢铁、铝合金、飞机、汽车等方面都严重依赖从美英的进口。如果西方国家拒绝向日本提供这些物资,它的军事能力将受到明显削弱。然而,实际发生的情况与此相反。1937年美国对日输出总额为2.8亿美元,1938年和1939年略有下降,分别为2.3亿美元;而其中军用物资的比例则显著上升,1937年为58%,1938年为66%,1939年上升为81%。美国还协助日本扩大军事工业,从资金、技术和设备方面提供方便。当时任美国陆军部长的史汀生也坦率承认:"日本的侵略得到了我国大力支持,这种侵略行为不仅受到支持,而且我们的援助是如此有效,如此举足轻重,如若断绝援助,这种侵略就可能被制止和停止。"[23]英国的情况也大同小异。1938年,日本从英国及其自治领和殖民地进口的物资占其进口总额的20%强,而其中军用器材又占进口总额的17%。日本还可租借英国船只供军事运输之用。

二、德国吞并奥地利和《慕尼黑协定》

1. 法西斯德国并吞奥地利

利用奥地利纳粹分子发动叛乱以并吞该国的阴谋虽然失败,希特勒并不肯就此罢休。特别是在1936年3月重占莱茵兰非军事区的冒险行动得手以后,他更是将合并奥地利以及捷克斯洛伐克的苏台德区视作当务之急。希特勒指望这一所谓的大日耳曼帝国将成为他的侵略扩张的基地。1936年7月,就在法西斯德国与奥地利签订承认该国主权和保证不干涉其内政的条约的同时,希特勒着手制订武装入侵奥地利的计划。到了1937年,希特勒德国更是加快了吞并奥地利的准备。11月5日他在帝国议会对纳粹德国的其他军政首脑说:"我们的第一个目标,必须是在同时摧毁捷克斯洛伐克和奥地利,以便在可能对西方进行的战争中解除我们侧翼的威胁。"[24]

以后,希特勒一面按照所谓的"塔弗斯计划"支持奥地利境内的纳粹分子频频制造事端,一面又迫使奥地利总理许士尼格同意访问德国。1938年2月12日,里宾特洛甫交给来访的许士尼格一份最后通牒,提出了下述要求:取消对奥地利的纳粹党的禁令,大赦纳粹罪犯;由纳粹分子赛斯-英夸特担任内政部长、亲纳粹党人的格拉斯-霍尔斯特瑙担任国防部长;加强奥德之间的军事及经济联系。许士尼格被迫屈服。2月16日,奥地利政府进行了改组。一时间纳粹分子甚嚣尘上,奥地利面临亡国的危险。广大人民群众对此极为不满,纷纷举行游行集会,要求政府采取果敢行动,反对希特勒的侵略阴谋。由于人民群众的推动,许士尼格在3月9日宣布,四天后就奥地利独立问题进行全民表决。希特勒对此决定极为担心,遂决定直接使用武力。3月11日上午,希特勒先是通过赛斯-英夸特命令许士尼格取消全民表决。当许士尼格接受了这一要求之后,希特勒又通过戈林逼迫他辞职,由赛斯-英夸特接替。当晚,德军即借口赛斯-英夸特的请求,按照占领奥地利的"奥托计划",开进该国境内。在希特勒的提出下,3月13日,以赛斯-英夸特为首的奥地利"临时政府"宣布,奥地利和德国实行合并。3月14日,希特勒签署了所谓奥德"联合"的文件。奥地利成了德国的一个省,由赛斯-英夸特担任省长。

西方国家对德国兼并奥地利的行动再次实行了一种实际是默许纵容的政策。

3月11日,以旭丹为首的法国政府曾在一次小型会议上决定,如果能够得到英国的支持,法国即对德国采取军事行动。然而,英国的张伯伦政府却劝告奥地利人不要抵抗。3月17日,苏联外交人民委员李维诺夫在一篇声明中谴责了法西斯德国对奥地利的武装入侵,宣布愿意"立即同其他国家在国联内外讨论为当前形势所要求的实际措施"。英国政府迅速拒绝了苏联的这一建议,声称它"对欧洲和平的前景未必会产生良好的作用"。[25]至于墨索里尼,他在奥地利问题上的态度已非昔日可比,对许士尼格请求援助的呼吁根本不加理睬。这个独裁者直言不讳地说,"我的态度是由我们两个国家和两个轴心国家的友谊决定的"[26]。希特勒在一份电报中表示他"永远不会忘记"墨索里尼的这一帮助。

对奥地利的吞并,使德国面积扩大了17%,人口增加了10%,经济和战略地位也得到了重要改善。同时,这一"胜利"也进一步激励了希特勒的扩张欲望,肢解捷克斯洛伐克的问题被迅速地提上了议事日程。

2.《慕尼黑协定》

根据《凡尔赛条约》独立建国的捷克斯洛伐克,不仅具有地处欧洲中心的重要战略地位,而且拥有颇为发达的工业基础。俾斯麦曾经不无道理地说过,谁控制了波希米亚,谁就控制了欧洲。这样一块宝地,自然不可能不引起希特勒的觊觎。还在1937年6月,他就指示国防部长勃洛姆堡制订了对捷实施突然进攻的"绿色方案"。

在侵略捷克斯洛伐克的过程中,法西斯德国竭力利用所谓的苏台德区问题。当时捷克斯洛伐克拥有1500万人口,其中320万为日耳曼人,主要居住于苏台德区。由于希特勒的支持,1933年10月出现了以康拉德·汉来因为首的"苏台德日耳曼人党",汉来因及其党徒们秉承希特勒的旨意,一再提出本国政府不能加以接受的要求,以便为法西斯德国的插足制造借口。1938年4月24日,在苏台德日耳曼人党的代表大会上,汉来因提出了八点纲领,包括在苏台德区实行完全"自治",释放被关押的纳粹政治犯,改变捷克斯洛伐克同法、苏结盟的政策。捷政府同意对1200名纳粹政治犯实行特赦,但拒绝同意苏台德区的完全自治。汉来因遂中断与政府的谈判,动身前往德国。捷克斯洛伐克的形势开始紧张起来。

英法的绥靖主义政策加快了希特勒的侵略步伐。作为国联的成员国和《洛迦诺条约》的签署国,在遭到侵略的情况下,捷克斯洛伐克完全有理由指望得到其他大国的帮助。事实上,在德国吞并奥地利后,苏联就曾建议由英、法、苏共同向捷克斯洛伐克提供安全保证。鉴于本身的地位已经岌岌可危,当时的捷克斯洛伐克政府也一再要求英法给予援助。然而,英法的态度依然如故。在10月底与法国新任总理达拉第会谈时,张伯伦建议英法采取联合行动"鼓励"捷克斯洛伐克政府作出让步。5月7日,英法驻捷公使在拜会捷外交部长时宣布,如果因捷克斯洛伐克的不愿让步而发生冲突,英法将拒绝对捷提供援助。英法政府的这种立场使得希特勒有恃无恐。5月19日,希特勒调动了4个摩托化师集结于德捷边境,对捷施加军事压力。此事引起了捷克斯洛伐克人民的强烈愤慨,捷政府也在当夜宣布动员有关后备役军人和专业人员入伍。双方军队在边境对峙,从而产生了所谓的"五月危机"。

在此情况下法国政府最初对捷克斯洛伐克表示了某种程度的支持。但是,张伯伦政府却在5月22日的一份致法国的照会中声称,它只有在法国受到无端侵略情况下才会出面干涉,而不可能为了捷克斯洛伐克去打一场前途渺茫的欧洲战争,法国政府对此不应存在任何幻想。于是,法国的态度再次发生变化,它听从了英国的"劝告",与之一起向捷政府施加压力,要求捷政府对汉来因及其党羽进一步作出妥协。然而,与此同时,法国政府还是"提醒"希特勒德国,一旦德国对捷实行侵略,它将履行对捷的同盟义务。

苏联当时的态度极为明朗。斯大林通过捷共领导人转告贝奈斯总统,如果捷克斯洛伐克遭到德国侵略,只要它自己决心抵抗,即使法国不履行自身的义务,苏联也准备向捷克斯洛伐克提供援助。

这一切使希特勒感到,执行"绿色方案"的时机尚未成熟。为此,他在5月24日下令取消了已下达的军事措施,并指示外交部否认德国具有侵捷意图。两天后,汉来因奉希特勒之命恢复了同捷政府的谈判。然而,就在世人刚刚感到形势有所缓和的时候,5月30日,希特勒签署了最迟在10月1日执行"绿色方案"的新指示。他在这一文件中开门见山地宣布,"我的不可变更的决心就是在最近即以军事行动粉碎捷克斯洛伐克"[27]。

在以后的几个月中,以汉来因为首的苏台德纳粹分子步步紧逼,希特勒则大肆制造战争气氛,以便对捷克斯洛伐克和英法的资产阶级政府施加压力。到9月初,希特勒自感时机已经成熟。因此,尽管贝奈斯已同意授予苏台德区日耳曼人广泛的自治权利,希特勒仍指示汉来因在9月7日中断了同捷政府的谈判。9月12日,希特勒在纽伦堡纳粹党代表大会上公开叫嚣,苏台德区日耳曼人正在遭受折磨,德国有责任保卫他们。在他的煽动下,第二天起,苏台德区的纳粹分子掀起了新的骚动。他们甚至准备制造武装叛乱。

"九月危机"发生后,英法的绥靖主义者变得更加妥协。9月12日,法国外长庞纳在内阁会议上声称,即使法国、苏联和捷克斯洛伐克的军队联合起来作战,也无法抵挡德国的进攻,因此,法国要尽力避免发生武装冲突的危险。张伯伦则在9月13日晚向希特勒发出了一封急电,要求同意他立即到德国与之进行会谈。两天后,年迈体弱的张伯伦从伦敦风尘仆仆地赶到了德国的伯希特斯加登。希特勒在会谈中蛮横地提出了将苏台德区划归德国的要求,并声称德国不惜为此一战。张伯伦一方面表示,他需要与本国政府及法国政府就此进行磋商;另一方面他又宣称,同意苏台德区脱离捷克斯洛伐克的原则。法国总理达拉第也很快接受了张伯伦的立场。9月19日,两国政府向捷克斯洛伐克政府提出了它们的要求:为了维持和平,捷克斯洛伐克应当同意修改疆界,凡有50%以上的居民使用德语的地区均应归并德国。英国还在照会中假惺惺地表示,在割让了上述领土后,捷克斯洛伐克的新疆界将得到英国参加的"国际保证"。

英法的照会引起了捷克斯洛伐克人民的强烈愤慨。9月20日,捷政府在给英法两国的复照中拒绝了它们的要求,并建议根据1925年德捷仲裁条约规定的程序进行谈判。这使英法两国政府极为恼火。次日凌晨,它们向捷政府发出了最后通牒式的警告:如果捷克斯洛伐克不愿无条件地接受英法政府的建议,它应对因此而引起的战争承担全部责任,不能指望英法给予任何支持。9月21日下午,始终以英法立场为政策取向的捷克斯洛伐克政府,正式接受了它们的要求。

9月22日,张伯伦满怀信心地飞往德国戈德斯堡,与希特勒再次进行会晤。然而,贪得无厌的希特勒这时的胃口已经急剧扩大,进而提出:在捷克斯洛伐克,除日耳曼人占居民半数以上的地区由德国实行军事占领外,日耳曼人不占多数的地区应通过公民投票决定其归属;捷克斯洛伐克还应将西里西亚的切青地区割让给波兰,南斯洛伐克割让给匈牙利。第二天,希特勒又要求苏台德区的捷克斯洛伐克人从9月26日开始撤离,捷政府在9月28日完成交割手续。张伯伦竟然答应劝说捷政府接受德国的要求。作为"回报",希特勒则同意将完成交割的期限推迟到10月1日。

希特勒的这一立场不仅遭到了捷克斯洛伐克和其他主持正义的国家的反对,在英法也引起了强烈的不满。9月25日,捷政府正式拒绝了希特勒的蛮横要求,并实行全国总动员。苏联政府表示,只要捷克斯洛伐克奋起反击并请求苏联援助,即使法国不履行有关条约义务,它也将向捷提供军事援助。苏联政府还警告波兰:不得对捷克斯洛伐克实行入侵,否则将立即废除《苏波互不侵犯条约》。法国总理达拉第也宣布,如果捷克斯洛伐克遭到攻击,法国将按照《法捷条约》对捷提供援助。甚至英国政府都在9月26日发表了它一定与援助捷克斯洛伐克的法国站在一起的声明。次日,英法两国实行局部动员,并从首都疏散人民。

然而,这时的希特勒对英法两国的绥靖主义者的心态已经了如指掌。一方面,他继续施加军事压力。9月26日,他在柏林体育馆叫嚣:"如果到10月1日,苏台德区还没有交给德国,我希特勒将亲自作为第一个士兵同捷克斯洛伐克作战。"9月27日,希特勒通知张伯伦,德国将在第二天下午颁布总动员令。另一方面,希特勒又向英法政府虚伪地表示,德国决不同英国作战,对法国也没有任何要求。这种做法迅速生效。27日晚,张伯伦在广播演说中声称:"不论我们如何同情一个强邻压境下的小国,我们决不能使整个大英帝国仅仅为了它而陷入一场大战。"㉘与此同时,张伯伦两次给贝奈斯打电报,要求捷接受德国的"某种有限度的军事占领"。他还进一步威胁说:如果捷克斯洛伐克拒绝这一计划,"除遭到武力侵略和武力肢解外,将别无其他出路"。9月28日,张伯伦在给希特勒的信中表示,他愿意立即到柏林与希特勒及捷代表商讨移交苏台德区的问题,并建议邀请法、意的代表参加。张伯伦强调英法具有"可以保证诺言得到公正、完全和迅速的履行的能力"。㉙

希特勒同意与英、法、意的代表进行会谈,但拒绝捷克斯洛伐克政府代表的参加。9月29日,张伯伦、达拉第与希特勒、墨索里尼一起举行了臭名昭著的慕尼黑会议。捷克斯洛伐克政府的代表虽然也被召到了慕尼黑,但不得参加讨论,只能听候"判决"。墨索里尼在会议开始时提出了一个实际是德方拟定的书面建议。张伯伦和达拉第对此竟然大加赞扬。9月30日凌晨,四人签订了完全符合希特勒心愿的《关于捷克斯洛伐克割让苏台德区给德国的协定》(即《慕尼黑协定》)。它规定,捷克斯洛伐克将苏台德区割让给德国,并在从10月1日开始的10天内自这一地区撤退完毕。新的边境线将由一个包括英、法、意、德及捷克斯洛伐克的代表的国际委员会划定。协定的附件规定,英法将保障捷克斯洛伐克的新国界不受"无端侵略"。当天上午,捷克斯洛伐克政府决定接受《慕尼黑协定》,将苏台德区割让给德国。

英法出卖捷克斯洛伐克的收获是,它们分别在9月30日和12月6日同德国签署了一项宣言。在《英德宣言》中希特勒虚伪地表示,德国不想与英国交战,决心以交换意见的方式解决两国间存在的问题,并尽力"消除足以引起分歧的根源"[③]。在《法德宣言》中,希特勒则假惺惺地宣布,德国将与法国保持和平和睦邻的关系,两国间现有的疆界是确定的疆界。

《慕尼黑协定》是帝国主义强权政治的反映,是张伯伦、达拉第之流的绥靖主义政策结出的恶果。英法这两个西方大国,为了自己的苟且偷安以及祸水东引的目的,无视捷克斯洛伐克的国家主权和人民意志,满足了希特勒法西斯的肢解捷克斯洛伐克的扩张主义欲望。

然而,这一协定虽然牺牲了捷克斯洛伐克人民的利益,却并不能真正实现绥靖主义者所期望的目的。这是因为:一方面它使法西斯德国获得了360万人口和1.1万平方英里的土地以及仅次于马其诺防线的坚强工事,从而大大增强了经济和军事实力;另一方面,它又使希特勒更加感到了绥靖主义者的软弱可欺,从而进一步膨胀了贪欲。英法最后是搬起石头砸了自己的脚。《慕尼黑协定》签订后仅仅一年多,德国法西斯就占领了法国,与法国隔海相望的英伦三岛也成了德国狂轰滥炸的目标。

《慕尼黑协定》的签订还加速了德意军事同盟的建立,破坏了苏联为同英法结成反法西斯联盟而作出的持续努力。

三、德意军事同盟的建立和英、法、苏结盟谈判的失败

1. 德意军事同盟的建立

德、日、意签订的《反共产国际协定》并未规定明确的军事义务。随着这

些法西斯国家侵略活动的加剧,从 1938 年起它们便开始了建立严格意义上的政治、军事同盟的活动。

谈判最初是在德国和日本之间进行的。为了促进这一谈判,1938 年 2 月,希特勒德国承认了伪"满洲国";同年 7 月,它又撤回了派往蒋介石国民党军队的顾问,并停止了对国民党军队的武器供应。但是,德国和日本之间仍然存在着不少一时难以解决的矛盾。首先,德国希望能在中国的沦陷区获得"较任何第三国更为有利的地位";而日本却竭力维持它在这种地区的独占地位,不愿对德国的要求作出让步。其次,德国指望重新获得第一次世界大战爆发以前它在中国的租借地和在太平洋的殖民地;而日本则无论如何也不愿失去这些地方。最为重要的是,德国(和意大利)认为,法西斯国家当时面临的主要敌人是英法;为了避免陷入两线作战的境地,它们应暂时缓和同苏联的关系。日本则主张,讨论中的法西斯军事同盟暂时主要应当针对苏联,而不应与英、法、美出现对抗。1939 年 4 月,日本正式拒绝了缔结德、日、意三国军事同盟的谈判。

在订立三国同盟的问题上,希特勒和墨索里尼的立场最初就是比较一致的。进一步促进了两国间的勾结。当德日无法就缔结三国同盟的问题取得一致时,德意便决定首先缔结两国同盟。1939 年 4 月,希特勒的重要帮凶戈林为此访问了罗马。当然,德意之间也还存在着分歧。希特勒当时急于向波兰实行扩张,而墨索里尼则希望战争被推迟到 1943 年之后,因为他需要时间消化在阿尔巴尼亚和埃塞俄比亚取得的"胜利",充实部队人员和更新武器装备。墨索里尼还希望 1942 年的国际博览会能如期在意大利举行。这一矛盾最终以意大利法西斯的让步而得到解决。1939 年 5 月 22 日,里宾特洛甫和齐亚诺在柏林签署了主要反映德国立场的《德意友好同盟条约》,即所谓的《钢铁盟约》。

《钢铁盟约》是一个真正的侵略性同盟条约。它规定,如果缔约国的共同利益受到国际事件的"危害",双方应立即就有关的措施进行协商;一缔约国与其他国家发生战争,"另一缔约国应以同盟关系立即赴援,并以陆海空军予以各种援助";"两缔约国一经共同参加战争,议和休战必须由两国本身完全同意后,始能订结"。《钢铁盟约》的缔结,使德意真正组成了以德国为核心的政治军事同盟,代表着这两个法西斯国家、特别是德国在积极准备发动战争的道路上迈出的重要一步。

2. 英、法、苏缔结同盟谈判的失败

德国对奥地利的吞并和对捷克斯洛伐克的肢解,以及法西斯国家间就缔结政治军事同盟进行的谈判,使得欧洲的力量对比明显地出现了有利于法西斯德国的变化。同时,英法政府逐步认识到,尽管它们千方百计地将祸水东引,法西斯德国的进攻锋芒有可能首先指向西方而非东方。1939年初,张伯伦曾通知罗斯福:根据英国政府掌握的情报,德国政府试图在东方战役开始以前首先发起对西方国家的进攻。在此背景下,英法逐步加强了军事合作。

1939年3月下旬,英法两国的外长就对德作战时相互支援的问题在伦敦进行了会谈,并为此交换了照会。4—5月间,英军参谋长戈特和法军司令甘末林进行了互访,以表明两国武装力量的团结。同时,英法还对希腊、罗马尼亚、波兰、荷兰、比利时和土耳其的安全提供了联合保证。英法实际结成了一条针对德意法西斯的联合阵线。并且,这一英法联合阵线一度还出现了转变成英法苏三国同盟的可能。

随着德国法西斯侵略扩张活动的加剧和欧洲战争危机的加深,苏联曾一再做出努力,谋求建立包括英法苏以及其他一切爱好和平的国家的反法西斯统一战线。1939年3月18日,即在希特勒出兵吞并整个捷克斯洛伐克三天以后,苏联政府公开发出呼吁:召开由英、法、苏、波、罗、土等国出席的国际会议,讨论采取共同行动制止法西斯德国的侵略的问题。4月16日,苏联政府进一步向英法提出了缔结三边(若有可能加上波兰)军事协定的具体计划。按照这一计划,缔约国将承担义务,保证中欧、南欧和东欧的所有认为自己受到纳粹的威胁的国家的安全。

苏联的建议不仅受到了英法两国的广大人民的支持,就连统治集团中的"反绥靖派"也表示了欢迎。丘吉尔说:"如果我们不能建立反对侵略的伟大联合,就将陷于致命的危险。如……我们拒绝同苏俄的自然合作,则将是最大的愚蠢。"艾登说:"如果英法俄能够达成谅解,就是和平的一大收获,协定越快,越全面,影响越大,就越好。"[31]

面对着法西斯国家的咄咄逼人的扩张,以及国内要求同苏联结盟的强大压力,到了1939年5月,张伯伦终于同意与苏联就签署互助条约以及对受纳粹威胁的国家提供保证的问题展开谈判。法国政府也作出了同样的表示。

然而,这一由苏联新任外交人民委员莫洛托夫和英法驻莫斯科大使进行的谈判一开始就遇到了困难。一方面,双方在所谓"间接侵略"的问题上发生了分歧。苏联提出,英法苏三国也应在波罗的海国家(拉脱维亚、爱沙尼亚和芬兰)遭到直接或间接侵略时予以援助。英法则认为"间接侵略"一词的含义过于模糊而坚决加以拒绝。另一方面,英法和苏联在军事协定的问题上也出现了争执。苏联建议,三国在签订互助条约的同时应当签订一项军事协定,具体规定军事援助的范围和方式。英法则主张,在缔结互助条约后再谈判军事协定。到7月初时,英法苏三国的政治谈判仍然未能取得实质性进展。

为了打破这种僵持状态,使谈判能尽早取得成果,7月9日,苏联又提出了在政治谈判达成协议之前就举行军事谈判的建议。随着欧洲局势的日益严重和战争威胁的不断加深,7月下旬,英国政府终于同意在莫斯科举行这一谈判。但是,它所任命的代表团团长是一个即将退休的海军将领,在军队中从未担负要职。8月12日,英法苏军事谈判正式开始。英法代表声称,他们的任务是讨论一般原则,而无权讨论任何一方应当承担的具体责任。苏联代表团团长、国防人民委员伏罗希洛夫元帅则强调,谈判的目的不是为了制定抽象的宣言,而是要拟订一项具体的军事条约。苏联代表团在其建议中全面规定了各种不同的情况下苏联和英法应当相互提供的军事援助,以及为提供这种援助苏联可从波兰和罗马尼亚获得的过境权。然而,英法代表却无权确定在苏联以及其他有关国家遭到侵略时它们的政府可以提供的兵力。波兰政府又坚持在任何情况下苏联军队都不得进入波兰。这样,到了8月下旬,英法苏军事谈判也终于以失败而告终。

应当指出的是,就在英法苏进行三国谈判的同时,从5月到8月,英国又和纳粹德国进行了秘密谈判。就英国而言,张伯伦始终念念不忘他的祸水东引的政策。在德国方面,希特勒则指望能借此阻止英法苏结成反法西斯同盟。据英国外交大臣哈里法克斯透露,这一谈判涉及了"殖民地问题、原料问题、贸易壁垒问题,'生存空间'问题,限制军备及其他有关欧洲人的一切问题"[②]。8月上旬,张伯伦的顾问威尔逊在会见德国大使时提出了实现英德和解的具体措施:(1)德国不干涉英国事务,英国则"尊重"德国在东欧和南欧的"利益",双方划分势力范围;(2)英德两国裁减军备,英国将解除对波兰等国提供的保证,停止与苏联的结盟谈判,促使法国取消它与苏联缔结的互助条约。

然而,英德谈判最终未能取得成功。究其原因,首先是因为法西斯德国不愿接受英国提出的划分势力范围的建议,因为这种建议一经采纳,将使德国的利益局限于某一地区,而不能随意扩张。其次,在英国,张伯伦绥靖政策的实质已为越来越多的有识人士所看清,张伯伦在外交政策方面的活动余地已经大为缩小,任何进一步满足希特勒贪欲和与希特勒勾结的做法都会引起国人的强烈反对。最后,不容忽视的是,到8月时,希特勒已确定了首先进攻西欧的政策,为此目的,他作好了同苏联进行谈判的准备。

3.《苏德互不侵犯条约》的签订

虽然德国扩张主义的目标是要兼并整个欧洲乃至整个世界,历史的教训使希特勒认识到,至少在一定时间德国要避免与英法及苏联同时作战的局面。与此同时,现实的经验又使希特勒感到,同苏联相比,英国和法国显然更容易对付。这不仅是由于英法在经济上和军事上面临严重的困难,而且是因为张伯伦、达拉第之流在政治上一贯推行绥靖主义政策,长期来放松了必要的准备。为此,希特勒对其亲信透露:"苏联是个庞然大物,吃了它可能噎死。我将不从苏联开始。"[③]1939年初希特勒在侵略波兰的"白色方案"中宣布,德军的主要目标是首先解决同西方国家间不可调和的矛盾。正是出于这种首先集中力量对付西方的目的,希特勒从1938年底就着手改善德国与苏联的关系,包括倡议举行两国间的贸易信贷协定的谈判。随着实施"白色方案"的日期的临近,到1939年7月,希特勒更是迫不及待地要求缔结苏德互不侵犯协定。这一法西斯元凶的出价是,苏联在波兰以及波罗的海国家的利益将得到保障。

虽然苏联是反法西斯国际统一战线的积极倡导者,它的努力却因英法坚持推行的绥靖主义而付诸东流。1938年7月和1939年5月日军在张鼓峰和诺门坎制造的挑衅,更使苏联为自己的安全感到忧虑和担心。它也想尽可能摆脱战争的威胁,特别是同时与德日法西斯作战的威胁。因此,苏联对德国的态度逐渐地发生了变化。不过,直到1939年8月初,斯大林对希特勒的缔结互不侵犯条约的建议仍然采取十分谨慎的态度。德国驻莫斯科大使舒伦堡在向外交部汇报他在8月3日晚拜会莫洛托夫的经过时说:"我的总的印象是,苏联政府目前已决心同英国和法国缔结协定,只要它们能满足苏联的全部愿望。"[㉝]尽管如此,希特勒并不放弃努力。8月中旬,他指示舒伦堡多次拜访莫洛托夫,要求两国政府就签订互不侵犯条约一事举行会谈。希特勒重申,德国愿意同苏联一起对波罗的海各国做出担保,并愿意对日本施加影响来缓和日苏关系。此时,苏联立场又有了新的发展。在8月17日给德国的一份照会中,苏联政府声称,它之所以"参与组织一个反对(德国)侵略的联合防御阵线"是因为德国一直推行反苏政策并为此建立了统一战线;如果德国能改变这种做法,苏联也准备修改自己的政策,以改善两国间的关系。但是,该照会强调,这一定要通过"认真而实际的步骤"才能做到。

在这以后,苏德接近的步伐迅速加快。8月19日,它们缔结了经济协定,据此德国将向苏联提供2亿马克贷款,供苏联向德国购买机器设备。8月20日,希特勒直接给斯大林发出一份电报,要求苏联同意接待里宾特洛甫,签订两国间的互不侵犯条约。几乎与此同时,波兰政府也正式否定了允许苏军进入波兰的可能。在此背景下,斯大林最终做出了转变政策的决定。8月22日,作为希特勒的全权代表,里宾特洛甫飞往莫斯科。次日,他同斯大林和莫洛托夫举行了会谈,并在会谈后签署了《苏德互不侵犯条约》。该条约的主要内容是:(1)缔约双方保证不单独地或联合其他国家"以任何暴力或侵略或攻击行为加于对方";(2)任何第三国以类似战争的行动"加诸缔约国之一方时,他方即不得对于该第三国予以任何援助"。(3)缔约双方均不得参加"直接或间接以反对对方为目的之任何集团"。㉟

根据1948年1月西方国家公布的德国外交文件,《苏德互不侵犯条约》还包含着一项重要的《秘密议定书》。该议定书划分了苏德在东欧的势力范围:(1)在芬兰、爱沙尼亚、拉脱维亚、立陶宛等波罗的海国家发生领土或政治变动时,"立陶宛北部的边界应成为德国和苏联两国势力范围的边界"。(2)在波兰发生领土或政治变动时,"德国和苏联的势力范围将大体上以那累夫河、维斯瓦河和散河一线为界";至于是否需要维持独立的波兰以及这个国家的边界应如何划定的问题,两国将根据未来政治局势的发展"通过友好协议"加以解决。(3)"关于东南欧,苏联提请注意它在比萨拉比亚的利益。德国方面宣布,它对这些地区在政治上完全不感兴趣。"㊱

《苏德互不侵犯条约》的签署,标志着苏联外交政策完成了一次重要的转折。自希特勒上台后,苏联一直坚决地揭露法西斯的战争阴谋,提倡集体安全主义,力图建成以苏、英、法为核心的国际反法西斯统一战线。然而,英法的绥靖主义者们却一心追求"祸水东引"的目的,不惜牺牲弱小国家的利益来满足法西斯的贪欲,以维护自身的安全,并进而挑起德苏的冲突。与此同时,日本法西斯也野心勃勃,一再对苏联进行了挑衅,威胁了苏联的安全。苏联因而改变了以往的政策,转而与德国签署互不侵犯条约,试图以此粉碎张伯伦之流的祸水东引的目的,摆脱可能要同时与两个法西斯国家作战的困境。

《苏德互不侵犯条约》产生了极其复杂的后果。一方面,它使苏德战争能在一个更加有利于苏联的环境下发生和进行。首先,该条约粉碎了英法绥靖主义者的险恶用心,不仅使得苏德战争推迟爆发,而且使得它发生在德国与西方国家的战争开始之后。其次,这一条约打破了德日法西斯的反苏联合阵线。日本将德国签署《苏德互不侵犯条约》之举视作一种叛卖性的行动,为此正式提出了强烈抗议。日本驻柏林大使大岛奉命通知德国政府:《苏德互不侵犯条约》是对《反共产国际协定》有关秘密条款的彻底破坏,彻底取消了缔结德日意三国军事同盟的可能。日德的勾结因而遭到严重的挫折,以后苏联的反法西斯战争基本上是在一条战线上进行的。

另一方面,《苏德互不侵犯条约》具有严重的消极作用。首先,这一条约至少暂时宣告了建立反法西斯联合阵线的努力的失败,使法西斯德国摆脱了最初就要在两线同时作战的困境,使欧洲力量发生了明显地有利于希特勒法西斯的变化。希特勒在苏德条约签署以后直言不讳地对他的高级军事助手们说:"我已经从西方列强的手中把(俄国援助)这个家伙打掉了","现在我们可以打击波兰的心脏了。据我们所知,军事道路畅通无阻。"㉝其次,《苏德互不侵犯条约》签订后,苏联不再将德国法西斯视作世界人民的共同敌人,而是将英法谴责为穷兵黩武的战争贩子。更为严重的是,苏联不仅自己这么做,还要求其他国家的共产党也采取类似的政策,这就在世界人民和国际共产主义运动中造成了严重的混乱,从而影响了国际反法西斯主义运动的开展。

最后,还应当指出的是,《苏德互不侵犯条约》所附的秘密议定书,不顾其他弱小国家的主权和意志划分了势力范围,从而严重地违背了社会主义国家对外关系的基本原则,是当时苏联主要领导人的大国沙文主义和民族利己主义的集中表现。

四、德军入侵波兰和第二次世界大战的全面爆发

1. 德国进攻波兰

纳粹德国进攻和占领波兰的阴谋有着极为深刻的背景。从历史上看,普鲁士曾与俄、奥一起在18世纪后半叶三次瓜分波兰,并通过1815年的维也纳会议获得了波罗的海沿岸地区(但泽地带)。然而,第一次世界大战后签署的《凡尔赛条约》剥夺了为德国侵占的波兰领土,这在德国的民族主义分子中引起了强烈不满。从现实的角度而言,由于波兰既是连接中欧和苏联的重要通道,又是英法在东欧的一个最坚强盟国,因此早就成为希特勒的觊觎对象。在他看来,无论是进攻西欧还是进攻苏联,都有必要首先征服波兰。为此,慕尼黑会议召开后不久,德国法西斯就急剧增加了对波兰的压力,向波兰提出了一系列咄咄逼人的要求。在吞并捷克斯洛伐克并对波兰形成了三面包围的态势以后,1939年4月3日,希特勒便下达了永远消灭波兰的"白色方案"。4月27日,德国在宣布废除1935年的《英德海军协定》的同时,以波兰同英国承担互助保证义务为借口,宣布废除1934年的《德波互不侵犯条约》。

《苏德互不侵犯条约》的缔结,使希特勒感到进攻波兰的时机已经成熟。还在里宾特洛甫动身前往莫斯科的8月22日,希特勒即发出了三天后(预定签署苏德条约的日子)进攻波兰的命令。但就在这一天,英国政府和波兰签订了同盟条约。其中规定,在缔约国一方受到侵略或者独立受到威胁时,另一方应立即自动地进行干涉。墨索里尼又坚持认为意大利尚未完全做好进行战争的准备。因此,希特勒被迫在最后一刻发出了延期作战的命令。以后几天中,希特勒又提出了由德国合并但泽、整个波兰"走廊"和上西里西亚的部分领土的要求。它们理所当然地遭到了波兰的拒绝。于是,8月31日中午,急不可待的希特勒发出命令:"对波兰的进攻将按照'白色方案'所规定的准备工作进行。"按照这一命令,150万德军立即开往德波边境的出击阵地。当晚,希特勒法西斯又在紧靠波兰的一个德国小镇制造了一起所谓遭受波兰军队进攻的闹剧。一批德军士兵穿着波兰军服"袭击"了这一小镇,并用波兰语发表了反德的广播演说。于是,整个德国迅速掀起了一股歇斯底里的反波浪潮。次日黎明,希特勒悍然出动了58个师的德军、2500辆坦克和2000余架飞机,从德波边境和东普鲁士向波兰突然发动了大规模进攻,与此同时,纳粹德国宣布了对但泽的兼并。

德军对波兰的入侵导致了第二次世界大战的全面爆发。希特勒在进攻波兰的当日发表了《告德国武装部队书》,并在国会发表了演说。他一方面为德国的侵略扩张进行狡辩;另一方面,他又故技重演,虚伪地宣称德国"对西方没有任何要求",德国愿意同英国维持"友好"关系,现有的"德法边界是最后边界",企图以此诱使英法政府继续采取绥靖主义政策。[38]张伯伦、达拉第之流也确实还指望通过与德国的谈判"恢复和平"。但是,这一次他们的立场在国内遭到了强烈的反对和抵制。在反绥靖主义力量的压力下,英法两国政府采取了比较迅速和果断的行动。9月1日,英法政府向德国发出照会,要求德军在两天内从波兰领土上全部撤出,否则英法将"毫不犹豫地履行自己对波兰所承担的义务"[39]。同时,英国下院通过了增加军事拨款的法案。9月2日,法国议会也投票通过了750亿法郎的军事拨款法案。9月3日上午9时,英国政府向希特勒政府发出最后通牒,限令后者在11时以前保证从波兰撤军。当这一要求遭到拒绝后,英国对德国宣战。中午12时30分,法国政府也向纳粹德国发出最后通牒,要求希特勒政府在下午5时以前保证从波兰撤军。这一要求自然遭到了同样的拒绝,于是,法国也对德宣战。随后,英国的自治领加拿大、新西兰、澳大利亚和南非也相继宣布进入战争状态。第二次世界大战的战火终于全面燃起。

2. 第二次世界大战爆发的原因和战争性质

就像第一次世界大战一样,第二次世界大战爆发的根本原因,乃是资本主义国家在经济和政治上的不平衡发展,以及它们争夺对世界的支配权力的斗争。德日意法西斯国家,长期以来对凡尔赛—华盛顿体系加于它们的种种限制一直感到不满。随着 1929—1933 年资本主义世界经济危机的出现,这些国家力图通过武力的威胁和使用来打破现状,重新分割势力范围。德国最大的垄断资本家之一蒂森曾经公开地叫嚣:"我们需要市场,我们不能用协议来获得这些市场。唯一的途径,就是借用武力来占有这些市场。……其余的一切,完全是废话。这是无情的战争,不是你死就是我活。"⑩另一方面,英法这些国家则力图维护凡尔赛—华盛顿体系,维护那种使它们处于有利竞争地位的"现状"。最初,英法垄断资产阶级曾试图通过牺牲弱小国家和苏联的做法,来满足法西斯国家的扩张欲望,保护自己的根本利益。当这种努力最终不能奏效时,英法便走上了以武力对抗武力的道路。这样,英法与法西斯国家间的战争便变得不可避免。

但是,第二次世界大战不是第一次世界大战的简单重复。首先,英法等西方国家与德日意等法西斯国家对第二次世界大战的爆发具有明显不同的责任。法西斯国家为了达到重新分割势力范围和扩张领土的目的,一再威胁使用武力和使用武力,而英法政府则竭力避免使用武力,尽管他们的绥靖主义政策事实上鼓励了法西斯的扩张欲望。当这两个西方国家最后对步步紧逼的德国宣战时,它们在很大程度上已经是在进行一场旨在维护领土完整和民族生存的斗争了。其次,德日意国家的法西斯主义代表了一种极端反动的思潮和政策。这种思潮和政策以奴役世界各国人民和反对一切进步力量为目的。因此,法西斯国家是世界人民面临的最凶恶的敌人,而开展反法西斯的斗争则是一切反法西斯国家面临的首要任务。英法等西方国家反对德国的斗争无论在客观上还是在主观上都具有反法西斯的性质,都具有历史的进步意义。斯大林颇为公允地指出:"反轴心国的第二次世界大战与第一次世界大战不同,它一开始就带有反法西斯战争、解放战争的性质,它的一项任务,就是要恢复民主自由。苏联参加反轴心国的战争,只能加强——并且确实加强了——第二次世界大战的反法西斯的和解放的性质。"⑪

注释:

① 颜声毅等:《现代国际关系史》,知识出版社 1984 年版,第 177 页。
② 王绳祖主编:《国际关系史》上册,武汉大学出版社 1983 年版,第 416 页。
③ 《世界现代史》编写组:《世界现代史》,山东人民出版社 1981 年版,第 304 页。
④ 同上书,第 306 页。
⑤ 让-巴蒂斯特·迪罗赛尔:《外交史》上册,李仓人等译,上海译文出版社 1981 年

版,第 201—202 页。

⑥《现代国际关系史》,第 230 页。

⑦ 王绳祖主编:《国际关系史资料选编》上册第二分册,武汉大学出版社 1983 年版,第 577、578 页。

⑧《毛泽东选集》第 1 卷,人民出版社 1991 年版,第 143 页。

⑨《现代国际关系史》,第 240 页。

⑩ 复旦大学历史系编译:《日本帝国主义对外侵略史料选编》,上海人民出版社 1983 年版,第 224 页,第 226 页。

⑪ 萨姆索诺夫:《苏联简史》,北京大学俄语系译,生活·读书·新知三联书店 1972 年版,第 293 页。

⑫《现代国际关系史参考资料》,高等教育出版社 1958 年版,第 186 页。

⑬《斯大林全集》第 13 卷,人民出版社 1972 年版,第 522 页。

⑭《国际关系史资料选编》上册第二分册,第 651—652 页。

⑮ 同上书,第 656 页。

⑯《日本帝国主义对外侵略史料选编》,第 199 页。

⑰ 同上书,第 204 页。

⑱ 信夫清三郎编:《日本外交史》下册,天津社会科学院日本研究所译,商务印书馆 1980 年版,第 616 页。

⑲《日本帝国主义对外侵略史料选编》,第 209 页。

⑳ 同上书,第 231 页。

㉑《日本外交史》下册,第 620 页。

㉒ 同上书,第 622 页。

㉓ 维戈斯基等:《外交史》第 3 卷下册,大连外语学院俄语系翻译组译,生活·读书·新知三联书店 1979 年版,第 892 页。

㉔《现代国际关系史》,第 274 页。

㉕《外交史》第 3 卷下册,第 972 页。

㉖《外交史》上册,第 222 页。

㉗《现代国际关系史》,第 279 页。

㉘ 同上书,第 285 页。

㉙ 同上。

㉚《国际关系史资料选编》上册第二分册,第 688 页。

㉛《现代国际关系史》,第 299 页。

㉜ 同上书,第 307 页。

㉝ 同上书,第 310 页。

㉞ 威廉·夏伊勒:《第三帝国的兴亡——纳粹德国史》,董乐山等译,生活·读书·新知三联书店 1974 年版,第 705 页。

㉟《国际关系史资料选编》上册第二分册,第 704 页。
㊱《现代国际关系史》,第 316—317 页。
㊲ 同上书,第 316 页。
㊳ 同上书,第 327 页。
㊴《现代国际关系史》,第 327 页。
㊵ 柯罗文等:《苏联对外政策与现代国际关系》,人民出版社 1953 年版,第 213 页。
㊶《斯大林选集》下卷,人民出版社 1979 年版,第 489 页。

思考题:
一、名词解释:
《胡佛宣言》　九一八事变　　　　柏林—罗马轴心　《中立法案》
张伯伦　　《苏德互不侵犯条约》

二、问答题:
1. 试述欧亚战争策源地形成的背景。
2. 美国的中立主义和英法的绥靖主义政策出现的原因及其影响是什么?
3. 第二次世界大战的性质与第一次世界大战有何异同?

第七章
世界反法西斯战争的胜利和雅尔塔体系的建立

由于英法政府长期执行绥靖主义政策,第二次世界大战在欧洲拉开全面冲突的帷幕以后,德意侵略者在欧洲迅速推进。这一"胜利"进一步刺激了法西斯国家的扩张野心。1941年,德国和日本相继发动了苏德战争和太平洋战争。但是,在随后的两年中,法西斯国家在欧亚非遭受了严重的军事挫折,陷入了疲于应付的被动地位。1945年,德日法西斯最终接受了失败的命运,先后宣布无条件投降。第二次世界大战遂以反法西斯力量的彻底胜利而告结束。

苏德战争和太平洋战争的爆发,推动了国际反法西斯力量的相互合作,导致了国际反法西斯统一战线的形成。在与法西斯侵略者进行殊死搏斗的过程中,国际反法西斯联盟克服了内部在开辟欧洲第二战场和苏联参加对日作战等一系列问题上的矛盾和分歧,获得了巩固和发展。

大战后期,美苏英三国政府的首脑就战后合作问题进行了多次直接的商谈,就战后世界秩序的安排达成了一系列协议,从而奠定了战后曾一度存在的世界秩序——雅尔塔体系的基础。

第一节 战火的蔓延和反法西斯联盟的形成

一、德意法西斯在欧洲的迅速推进

1. 波兰的灭亡

按照1939年5月签订的《法波军事协定》,一旦德国侵略波兰,法国空军应立即对德国实施轰炸,陆军应在第三天开始局部性军事行动,海军应在第五天以全力发动进攻。同样,根据 8 月 25 日缔结的《英波互助协定》,当波兰遭到德国的侵略时,英国应立即提供支持和援助。然而,在英法于 9 月 3 日先后向德国宣战后,它们并未真正着手履行这些义务。张伯伦、达拉第之流所代表的绥靖主义仍然阴魂不散。正如毛泽东所指出的,它们"一方面大举封锁德国的西面,……再一方面,则拿波兰,甚至还准备拿匈牙利,拿罗马尼亚,作为礼物,以引诱德国。总之,用威迫利诱种种办法,推动德国放弃苏德互不侵犯条约,使之倒转枪口,进攻苏联"①。在这种错误政策指导下,英法政府既不向波兰派出一兵一卒,也不肯在西线对德国发动有效的牵制性攻击。事实上,当时德军的大部分兵力都已投入到波兰战场,守卫着西线齐格菲防线的只有 23 个师。相比之下,拥有 100 多个师的法国占有压倒优势。如果它能在西线发动大规模军事进攻,完全有可能置纳粹德国于首尾不能兼顾的境地,从而大大减轻德国对波兰的压力。可是,号称欧洲之冠的法国陆军除了在 9 月 9 日至 12 月间在萨尔布占肯地域发动了一次有限的进攻(突入齐格菲防线大约 10 公里)外,始终只是静静地坐在马其诺防线后观战,听任波兰在希特勒的屠刀下呻吟。至于英国,直到波兰灭亡三个星期,才派出了 4 个师的英军在法国登陆。

英法的绥靖主义者们再一次帮助了希特勒。侵波德军既无后顾之忧,便可利用现代化的优势大胆地实施闪电袭击,一周中就突破了波兰防线,两周后从南北两方包围了华沙,并在付出巨大代价后于 9 月 28 日占领了这一城市。

就在波兰危在旦夕的时刻,9 月 17 日,苏军越过边界,进入了波兰东部的西白俄罗斯和西乌克兰。苏联政府在当天递交波兰政府的一份照会中宣布:"波兰政府已经崩溃且已无生命的迹象,这就是说实际上波兰国家和政府已不复存在。因此,苏波之间缔结的条约已归于无效……波兰已经成为可能对苏联造成威胁的种种偶然和意外事件的方便场所。苏联政府迄今为止一直是保持中立的,但它不能再以中立的态度来对待这种局势了。""苏联政府对居住在波兰境内的同胞——乌克兰和白俄罗斯人的命运不能采取漠不关心的态度,这些同胞被抛弃,任人摆布而毫无保障。""鉴于这种局势,苏联政府命令红军总司令部所属部队越过国界,去把西乌克兰和西俄罗斯的居民的生命财产置于自己的保护之下。"②次日,德苏两国发表了一项联合声明,其中讲到,它们决心在波兰恢复秩序,消除因国家分裂而引起的混乱,并对波兰居民提供援助。9 月 22 日,德苏就划分它们在波兰的占领区的问题达成了初步协议。9月27日,里宾特洛甫再次前往莫斯科与斯大林、莫洛托夫就波兰问题进行会谈。翌日,也即德军占领华沙的当天,双方签署了《德苏边界友好条约》。按照这一条约,德国一共得到了7.2866万平方英里土地和2214万人口。其中,但泽自由市和东普鲁士与西里西亚之间的3.2万平方英里的土地被直接兼并,而被称作总督区的3.9万平方英里土地则被置于德国的保护之下。苏联占领了东部波兰7.762万平方英里的土地和1319.9万人口。立陶宛和斯洛伐克也得到了割自波兰的小块土地。同日,西乌克兰和白俄罗斯成立了苏维埃政权,并分别加入苏联的乌克兰加盟共和国和白俄罗斯加盟共和国。10月12日,希特勒下令成立"波兰总督辖区",对波兰人实行赤裸裸的法西斯统治。

2. 对丹麦和挪威的占领

在灭亡波兰以后,纳粹德国就把侵略的锋芒指向了北欧的丹麦和挪威。这两个国家南北相望,据守着波罗的海和北海的通道。对它们的占领,不仅可使德国加强了侧翼的安全,而且能使德国获得从海上进攻英法的前哨阵地。此外,德国向瑞典购买的大量铁矿都需通过挪威的纳尔维克港转运国内。控制了挪威,就保证了这一对德国生命攸关的"铁矿之路"的安全。

1940年1月下旬,希特勒指示军方制订了代号为"威赛尔演习"的占领丹麦、挪威的军事计划。其要点是,以陆军进行突袭,占领丹麦;以登陆部队和空降部队夺取挪威的重要港口和机场,进而占领挪威全境;以航空兵对付来援的英法海军,避免进行大规模海上交战。据此计划,德军进行了精心的准备。4月2日希特勒正式下达指令,规定一周后实行"威赛尔演习"计划。

面对着与日俱增的法西斯的侵略威胁,挪威政府确定了与英法协同防御的政策。4月5日,英国海军在挪威海域布雷,以阻止德国货船的通过和军舰的逼近。4月7日,英国远征军在挪威开始登陆。希特勒遂以帮助挪威和丹麦抵抗英法入侵,以免斯堪的纳维亚成为反德战场为由,在4月9日凌晨派军队同时侵入了丹麦和挪威。在丹麦,德军几乎没有遇到任何抵抗,仅花4个小时就占领了全境,并将它置于德国的军事管制之下。在挪威,由于当地的法西斯政党(民族统一党)党魁、前国防部长吉斯林的破坏,奥斯陆很快失守。但德军在随后的推进中遭到了顽强抵抗,到6月10日才占领了挪威的全境。吉斯林受命组成了傀儡内阁。

3. 荷、比、卢、法的沦亡

在占领丹麦和挪威以后,希特勒感到在西线发动攻势的时机已经最后成熟。

早在1939年10月9日,希特勒就下令军方制订一项穿越荷兰、比利时和卢森堡进攻法国的计划。希特勒叫嚣,这一军事行动将"决定德意志民族在未来一千年的命运"。德国陆军总司令遂按此指令拟订了"黄色方案"。按照这一方案,德军将在低地三国实行全面突破,而以比利时中部为主攻目标,并经过该地对法国北部实施闪电袭击,进而占领法国沿岸港口和控制英吉利海峡。1940年1月10日,希特勒下达了一周后实施这一方案的命令。然而就在同一天,黄色方案为比利时所缴获,希特勒被迫推迟了进攻日期。2月下旬,德国最高统帅部根据冯·曼施泰因将军的建议,修改了黄色方案,将原来的主攻方向改为佯攻,吸引盟军注意力,德军主力却转而攻击比利时南部的阿登地区,进而对法国实施中间突破。由于阿登地区地势复杂,因而防御力量肯定比较薄弱。希特勒要求部队在5月5日以前完成西线作战的全部准备工作。

另一方面,直到1940年3月12日,由法军总参谋长、英法联军总司令甘末林将军提出的"D字计划"才最后得到确定。这是一个消极防御的计划,它规定,由于法德边境有耗资20亿法郎的马其诺防线,法比边境南端的阿登地区丛林密布,德军坦克无法通过,法军应将主力置于法比边境的北端迎击德军。

1940年5月10日拂晓,德军在长达800公里的战线(荷兰海岸至马其诺防线)上向荷兰、比利时和卢森堡发起了大规模进攻。法军统帅部相信,德军的主攻方向在北部,因此按照D字方案将法军主力分别开进了荷兰和比利时。然而,尽管如此,在德军B集团军群的打击下,5月15日荷兰即宣告投降,女王政府逃亡伦敦。5月28日,比利时国王利奥波德三世下令比军投降。更为严重的是,就在法军主力被吸引到荷兰和比利时北部的时候,德军A集团军群却在比利时南端和卢森堡实施主要突击,于5月10日当天占领了卢森堡,并迅速越过阿登山脉,绕过重兵防守的马其诺防线,5月13日占领色当,两天后突破最后一道防线进入法北平原。5月20日,德军坦克到达英吉利海峡,英法联军约40个师被围困在比法边境的敦刻尔克地区。在这生死存亡的关键时刻,英法盟军进行了顽强抵抗。与此同时,从5月26日起,英国调集了8500艘各种船只,实施帮助被困盟军从敦刻尔克撤退的"发电机计划"。经过八个昼夜的紧张和有效的努力,到6月4日德军攻占敦刻尔克时,已有34万盟军(其中英军22万人,法军8万人,比军4万人)逃出了德军虎口,但仍有4万多法军被俘。

敦刻尔克的战斗刚刚结束,6月5日,希特勒就命令A、B两个集团军群在

180公里的战线上发动了新的攻势,开始了法兰西战役。6月10日,意大利也对法国宣战,意军越过阿尔卑斯山进入了法境。这时,两路德军已从东西两个方向迂回包抄了巴黎,并前进到马其诺防线的后方。6月12日,新任法军总司令魏刚宣布巴黎为不设防城市。6月14日,巴黎沦陷。同日,德军C集团军群在50公里宽的正面向马其诺防线发起了进攻。法军腹背受敌,马其诺防线很快被突破。6月17日,德军攻占了斯特拉斯堡。近50万法军除少数逃至瑞士外,都遭歼灭。

巴黎沦陷后,法国内部以总理雷诺为首的主战派认为,法国应当坚持战斗。以丘吉尔为首的英国政府也向法国提出了一个英法"联合"共同进行反法西斯战争的计划。然而,以副总理贝当和魏刚为首的法国投降派却认为,军事形势已经绝望,法国必须尽快停战,以保存军队的存在,防止无政府状态的蔓延和革命的爆发。在投降派的压力下,6月16日,雷诺被迫辞职,贝当担任了总理。他随即通过西班牙大使向德国提出了停战的请求。魏刚则宣布2万人以上的城市为不设防城市。6月21日,法德的军事代表在康边森林的"停战谈判车厢"里进行了谈判,并于次日晚签订了停战协议。它规定,法国划分为德国"占领区"和"自由区"两部分。占领区约占全国的五分之三领土。它位于北部和中部,包括巴黎以及法国所有的工业区,还有英吉利海峡和大西洋沿岸的全部港口。"自由区"在法国的南部,由贝当政府管辖。希特勒显然指望利用这一傀儡政权实现对法属殖民地的控制。有关的军事条款则规定,法国拥有的任何军队、武器、飞机和舰船均不得转移到国外。希特勒担心这些军事力量会落到英国的手中。6月23日,法国和意大利也签订了停战协定。

7月1日,贝当政府迁都维希。根据新修改的宪法,国名被改为"法兰西国家"。法兰西第三共和国至此宣告灭亡。拥有5000万人口和300万军队的法国,所以在短短数周中就被纳粹德国击溃,归根结底是由于达拉第等人长期推行了绥靖主义政策的结果。这一政策使法国在心理上放松了对希特勒的侵略扩张的警惕,在外交上断送了经多年努力才得以结成的同盟体系,在军事上忽视了必要的准备并形成了消极防御的战略。

但是,贝当政府的投降并不意味着法国人民斗争的终止。6月18日,就任未久的法国陆军部副部长戴高乐出走伦敦。他在当天发表的广播演说中庄严宣布:"这场战争并不局限于我们这个不幸的国家。法国之战没有决定斗争的结局。这是一场世界大战。错误是犯过的,曾经有过迟延和说不尽的苦难;但是事实仍旧是,我们来日粉碎敌人所需要的每一件东西依然在世界上存在着。"③

4. 英国的抗战

按照希特勒的扩张蓝图,英国是继法国之后的又一侵略目标。为此,法国灭亡后,他一方面故伎重演,在7月19日的国会演说中再次提出,如果英国承认德国在欧洲的掠夺成果,德国将和英国缔结和约;另一方面,他又下令制订了攻打英国的"海狮计划"。这一计划的核心是,德国要通过空战和海战击败英国。它规定,德军首先应夺取在英吉利海峡和不列颠群岛的制空权,以便对英国本土实施大规模轰炸,摧毁它的经济力量和军事力量,削弱英国人民的斗志;在此基础之上,德军然后应实行渡海作战,完全占领英国。

按照"海狮计划",纳粹德国在已被它的军队占领的各个港口集中了近4000艘船只。这些船只可以运载50万军队。与此同时,从8月中旬起,德国空军集中了约2400架作战飞机开始对英国进行狂轰滥炸。最多时一昼夜德军曾出动1950架次飞机。

然而,这一次英国并未退缩。德国法西斯在欧洲的迅速推进、特别是法国的沦亡,使以丘吉尔为首的英国政府认识到,坚持退让到头来不仅会断送英国的大国地位,而且还会葬送它的主权和独立。同样不可忽视的是,长期以来在英国广大群众中已经积聚了一股反对妥协投降的强烈情绪。任何敢于进一步推行绥靖主义政策的英国政府,都"会被它本国的人民所抛弃"④。此外,这时候美国政府也支持英国采取坚定政策。罗斯福深知,德国的霸权在欧洲的建立,不仅将直接威胁到位于大西洋彼岸的美国的安全,而且也会激励日本在太平洋采取与美国利益更不相容的冒险行动。因此,法国灭亡之后不久,美国政府就向英国提供了一批步枪、大炮。美国还同意向英国空军提供一部分武器和装备。9月3日,美国又与英国达成一项协议;英国将大西洋上的八个重要基地租借给美国,美国向英国提供50艘旧驱逐舰。《租借法案》的诞生更使美国成了英国的战略后方。到了1941年春,形势已经变得很明显:英国军民终以自己的"劳苦、眼泪和血汗"粉碎了希特勒的侵略企图,保卫了祖国的尊严和主权。

5. 入侵东南欧

希特勒在不断扩大德国对西欧的侵略的同时,积极染指和插手巴尔干半岛。一方面,他支持意大利的军队在1940年10月从被占领的阿尔巴尼亚向希腊发起了进攻。另一方面,他又通过挑拨巴尔干国家的关系和制造内乱的方法,在1940年底和1941年初,分别将匈牙利、罗马尼亚和保加利亚拉入了法西斯军事同盟。

然而,意大利军队在希腊的侵略遭到当地军民和英国远征军的沉重打击,墨索里尼被迫向希特勒求援。此外,在南斯拉夫的亲德政府于 1941 年 3 月 25 日签署了加入法西斯军事同盟的协定以后,亲英法的军官发动了政变。新组成的政府宣布拒绝参加德意日军事同盟。4 月 1 日,英国宣布,它将向无端遭到侵略的南斯拉夫政府提供援助。在此情况下,希特勒决定赤膊上阵,命令德军于 4 月 6 日同时从保加利亚向希腊和南斯拉夫发动了进攻。

在意大利、匈牙利和保加利亚军队的配合下,德军在南斯拉夫的进展比较顺利。4 月 12 日,贝尔格莱德沦陷;4 月 14 日,国王彼得仓皇出逃英国。四天以后,南军在萨拉热窝签订了投降书。但是,南斯拉夫人民并未屈服,在以铁托为首的南斯拉夫共产党的领导下,始终坚持着抵抗斗争。

在希腊,法西斯德国的军队则遇到了更多的困难。尽管雅典在 4 月 27 日被攻占,希腊国王逃往开罗,但希腊军队和英联邦军队在克里特岛实施了顽强的战斗。直至 6 月 2 日,德军才完全占领克里特岛。

1941 年初,德国侵略军的铁蹄还踏上了非洲的土地。当时,法西斯意大利的军队在北非遭到了英军的沉重打击,损失惨重,处境岌岌可危。为了挽救意军,2 月 6 日,希特勒命令隆美尔率领两个装甲师前往利比亚。隆美尔指挥德、意军队于 3 月底发起了一次闪电式的进攻,经过两个星期的激战,迫使英军后撤到埃及的西部边境。

德国对东南欧和北非的侵略,一方面巩固了它在侧翼的安全,使它获得了急需的粮食、石油和其他原料;另一方面又分散了它的本来就颇感拮据的兵力、武器和装备。这种消极作用将会越来越强烈地表现出来。

6.《租借法案》的诞生

纳粹德国对捷克斯洛伐克的兼并和对波兰的野心,使得罗斯福对欧洲形势有了更为清醒的认识,感到了重新审查美国对外政策的必要。1939 年 3 月 17 日,即在捷克斯洛伐克被德国吞并后两天,罗斯福向国会提出了制订新的中立法、废除军火禁运条款的要求。但是,美国的孤立主义思潮仍然相当顽固。经过激烈争论,参院在 6 月 30 日通过了继续对交战国实行军火禁运的提案。德国对波兰发动进攻以后,罗斯福在宣布美国为中立国的同时,为修改《中立法案》不失时机地掀起了新的斗争。他在 9 月 21 日开幕的国会特别会议上分析了欧洲和世界的形势,对 1935 年的《中立法案》表示了遗憾,并强调出售军火可以增加美国人民的就业机会。罗斯福还通过一批新闻记者和社会活动家积极鼓吹修改《中立法案》的必要。这一次,孤立主义分子遭到了挫折。10 月 27 日和 11 月 2 日,美国众参两院分别通过了《新中立法案》。11 月

4日,罗斯福签署了这一法案。它取消了原来的《中立法案》中有关武器禁运的条款,规定了交战国购买美国武器时应当采用的"现金购货、运输自理"的原则。表面上,这一法案并不偏袒英法与德国中的任何一方,但它实际上对作为金融大国和海上霸主的英国更为有利。

  1940年5—6月间德国在西线的胜利以及西欧国家的惨败,使罗斯福受到了进一步的震动。为此,他加快了备战的步伐,任命积极主张援英抗德的史汀生和诺克斯分别担任陆、海军部长。与此同时,罗斯福政府迅速加强了与英国政府的军事合作关系,以增强英国抗击德国法西斯的决心和能力,改善美国的战略地位。

  到了1940年底,英国在财政上也遇到了很大的困难,已无法用现金继续从美国购买大量武器、装备。因此,12月8日,丘吉尔致信罗斯福,要求美国给予全面援助。这时,罗斯福已经第三次竞选总统成功,其地位得到了进一步的加强。于是,他更加积极地寻求可有效地援助英国的新途径。这一努力导致了《租借法案》的诞生。

  罗斯福在12月17日的一次记者招待会上用形象的比喻生动地说明了关于《租借法案》的构想。他说:"假使我的邻居失火,而我家只有一个浇花用的水龙带,要是让邻居拿去接上水龙头,我就可能帮他把火灭掉。我怎么办呢?我不会在救火之前对他说,'老兄,这条管子我花了15元,你得照付价钱。'那么我怎么办呢?我不要15元,我要他在灭火之后还我水龙带,就是这样。要是火灭了,水龙带还是好好的,没有损坏,那么他就会送还原物,连声道谢。"⑤要是坏了,那用"实物"偿还就是了。12月29日,罗斯福在一次广播谈话中更加明确地阐述了向欧洲反法西斯国家提供直接援助的必要性。他说,柏林—罗马—东京三国轴心是妄图统治和奴役整个人类的邪恶联盟,"一个国家想要同纳粹和平相处,只能以全面投降作为代价";美国"不能用缩进被窝、蒙头大睡的办法去回避危险或对危险的害怕","必须成为民主国家伟大兵工厂"⑥。与此同时,罗斯福任命了一个国防委员会,具体筹划有关加强防务和支援英国的各项措施。1941年初,罗斯福政府宣布冻结德、意两国在美国的资产,扣留了轴心国及其附庸停泊在美国各港口的船只,并将美国东海岸以东1000海里的大西洋海域划为美国的"安全带"。此举表明,美国已在大西洋上开始了对德国的"未经宣告的战争"。⑦它不仅断绝了美国同法西斯国家的经济联系,而且大大减轻了在大西洋上运送军用物资的英国船只所遭到的压力。3月8日和11日,美国国会众参两院分别通过了《租借法案》,授权总统以租借或贷款形式向那些对美国安全至关重要的国家提供武器和其他军用物资,以及粮食等,并为此给予各种方便。罗斯福在参院通过后的当天就签署了这一法案。翌日,国会即为《租借法案》的实行拨款 70 亿美元。

《租借法案》的诞生标志着美国的以《中立法案》为标志的中立主义政策的正式结束,走上了公开地反对希特勒法西斯的道路。3 月 30 日,美国全部没收了被扣留在它的港口的 84 艘德国及其附庸国的船只。4 月 25 日,罗斯福决定开始实行海上巡逻,以保证《租借法案》的顺利实施。当美国运输船"罗宾·摩尔号"被德国潜艇击沉后,5 月 27 日罗斯福宣布,美国"处于无限制的紧急状态中",它将毫不犹豫地使用武装力量击败攻击。7 月 7 日,罗斯福宣称,美国已应英国的要求接管冰岛防务,以免该岛"被德军占领"。接着,他又下令美国海军在从北美到冰岛的航线上进行全面护航。这一系列措施对加强世界人民的反法西斯力量具有重要的作用,直接推动了英国人民为抵御纳粹德国的侵略而进行的艰苦斗争。

二、苏联卫国战争的开始

1. 苏联的"东方"战线的构筑

当着法西斯德国在西欧加紧进行侵略扩张的时候,苏联正忙于构筑它的"东方"战线,推移它的西部边界。

芬兰首先成了苏联的目标。从 1938 年春起,由于担心德国通过芬兰进攻列宁格勒地区,苏联先后几次向芬兰政府提出租借芬兰的汉科港以及换取芬兰湾的苏尔萨里岛等领土的要求。由于这些要求损害了芬兰的独立和主权,削弱了芬兰的安全,因而遭到了芬兰政府的拒绝。但是,芬兰政府表示,它愿意对苏芬边界线进行某些调整,包括将靠近列宁格勒的边界线北移 20—30 公里。

苏联政府并不以此为满足。它见无法达到自己的目的,便决定诉诸武力。1939 年 11 月 26 日,苏联政府向芬兰政府发出照会,借口苏军在卡累利阿地峡遭到了芬军的炮击,要求芬军从边界后撤 20—25 公里。28 日,苏联政府又在一份声明中宣布,由于芬兰政府对苏联采取"极端敌视和挑衅"的态度,苏联认为芬兰"已经走上了直接对苏联发动战争的道路"[⑧],两国在 1932 年缔结的互不侵犯条约已经遭到破坏。次日,苏联宣布中断同芬兰的外交关系,并在几小时后向芬兰发出最后通牒。30 日,苏军向芬兰发动了全线进攻。

苏芬战争爆发后,苏联不仅在外交上遇到了很大的困难,在军事上的进展也颇不顺利。英法政府策动国联于 12 月 14 日做出了开除苏联的成员国资格的决定,并向芬兰提供了大量的武器装备。在一万多名来自不同国家的志愿者的支持下，芬兰军队表现得意外地顽强。苏军在付出了重大代价后才于3月上旬突破了芬军的曼纳海姆防线。芬兰政府被迫向苏求和。由于当时英法正策划向芬兰派遣远征军，苏联政府也希望早日结束战争。经过谈判，1940年3月12日，两国代表在莫斯科签署了《苏芬和平条约》。苏联据此从芬兰割取了1.6万平方公里的土地。而苏联原来应允的向芬兰割让领土以做补偿一事，在条约中根本没有提及。3月31日，苏联宣布在它从芬兰获得的土地上建立卡累利阿—芬兰加盟共和国。

随后，苏联将它的注意力集中到了波罗的海东岸的三个国家。

立陶宛、拉脱维亚、爱沙尼亚在第一次世界大战结束以后重新获得了独立。1920年苏俄政府承认了这些国家，并在以后的十多年间先后与它们签订了《互不侵犯条约》和《关于侵略定义的公约》，充分肯定了它们的主权和领土完整。

纳粹德国开始了对波兰的入侵后，苏联对波罗的海三国的政策有了明显的变化。1939年9月下旬，苏联同它们就所谓防止隐蔽在波罗的海的外国潜艇的偷袭和保障苏联海域的安全的问题进行了谈判，并在9月底和10月初与三国分别签订了互助条约。这些条约规定，苏联在三国境内有驻军、建筑军港和空军基地的权利。但它们同时又规定，"本条约的实施无论如何不得损害缔约各方的主权，不得损害它们的经济制度和国家结构。"⑨

1940年5月，在法西斯德国发动了对西欧低地国家的进攻以后，苏联也加快了构筑"东方"战线的步伐。6月14日，即巴黎沦陷的当天，苏联政府借口立陶宛政府破坏了《苏立互助公约》，向它发出了限令同日给予答复的照会，要求改组立陶宛政府，以保证两国间互助公约的执行。6月16日，拉脱维亚和爱沙尼亚政府从苏联政府接到了同样的最后通牒。它们都被迫接受了苏联的要求。7月中旬，三国分别建立了苏维埃政府，并申请加入苏联。8月上旬，苏联最高苏维埃通过了接纳这些波罗的海国家加入苏联的决定。苏联因而增加了17.4万平方公里的土地和58.6万人口。

苏联政府在解决波罗的海三国问题的同时，还于1940年6月26日向罗马尼亚政府发出照会，指责罗马尼亚于1918年利用俄国战后虚弱之机强行夺取了比萨拉比亚，并以"罗马尼亚统治集团的政策严重威胁苏联西南边界的安全"为由，要求罗马尼亚将比萨拉比亚"归还苏联"，将北布科维那作为一种补偿"移交给苏联"。⑩这一照会限令罗马尼亚于次日做出答复。罗马尼亚政府为此事同英、德、意等国进行了协商。英国当时是自顾不暇，德意则支持苏联的立场。6月28日，罗马尼亚政府终于接受了苏联的要求。两天以后，苏军开进了比萨拉比亚和北布科维那。8月初,苏联最高苏维埃通过决议,在比萨拉比亚成立摩尔达维亚苏维埃社会主义加盟共和国,北布科维那则并入乌克兰苏维埃社会主义加盟共和国。苏联因此又增加了5.1万平方公里的土地和400万人口。

这样,自1939年9月与德国签订关于波兰的边界条约以来,在短短的一年间,苏联即将它的西部边界向西北、正西和西南三个方向推进了150—300公里,获得了46.5万平方公里的土地和2300万人口,建立了所谓的"东方"战线。

苏联试图通过"东方"战线的建立,增加自己的防御纵深,更有效地维护本土的安全。然而,在现代战争中,如果缺乏强大的火力配置,仅仅单纯延长防御空间并不具有真正意义。事实上,在纳粹德国于1941年6月22日发动了对苏联的攻击以后,以坦克和摩托化兵团为先导的德军仅仅用了半个月的时间就成功地跨越了苏联煞费苦心建筑起来的"东方"战线。

更为严重的是,苏联领导人在建立"东方"战线过程中暴露出来的大国沙文主义和民族利己主义,不仅引起了有关国家的强烈不满,客观上推动了芬兰、罗马尼亚先后同德国结盟的过程;而且加剧了其他国家对苏联政策的误解和猜疑,不利于反法西斯统一战线的建立。

2. 苏德战争的爆发

在希特勒的称霸欧洲的计划中,征服苏联是极为重要的一环。希特勒曾经在其臭名昭著的《我的奋斗》一书中写道:"当我们今天谈到欧洲的新领土的时候,我们主要必须想到俄国和它周围的附庸国家。"1939年8月签订的《苏德互不侵犯条约》并未消除希特勒的这一野心。条约签订不久,他便在一次会议上说:"条约只是在对我们有用的时候才有遵守它的必要。一旦我们在西方腾出手来,我们就可以对俄国作战。"[11]

法国投降之后,希特勒加紧了侵苏战争的准备。这是因为,一方面,对周围一系列国家的占领,不仅使纳粹德国控制了欧洲的经济最为发达的地区,而且使它缴获了大量的武器和其他装备。希特勒感到,德国已经取得了开辟第二条战线的实力。另一方面,尽管德国空军的狂轰滥炸,英国始终拒不屈服。希特勒认为,英国的强硬也同苏联的地位有关。为此,他试图调整进攻方向,即首先东向征服苏联,再回头集中力量击败英国。希特勒相信,英国"像一个快要淹死的人","如果俄国被摧毁,英国最后的希望就会被粉碎。那时,德国将成为欧洲和巴尔干的主人"。[12]

希特勒起初指望在1940年秋就能发动对苏战争,后因准备工作一时难以完成，他才决定将进攻时间推迟。1940年12月18日，希特勒正式下达了代号为"巴巴罗莎"的侵苏计划。该计划规定，在对英战争结束以前，德军必须"以一次快速的战役击溃苏俄"，"用装甲部队纵深楔入的大胆作战摧毁俄国西部的俄国陆军主力，并且要防止有战斗准备的俄军完整无损地撤退到俄国的广阔地区去。这次作战行动的最后目的是要建立一道从伏尔加河到阿尔汉格尔的防线，以对付俄国的亚洲部分。"该计划还具体规定，"必须在1941年5月15日以前完成"一应准备工作。[13]

1941年上半年，纳粹德国加紧从德国及各占领国向苏德边境调遣军队。为了隐蔽军队的集中和展开，遮盖进攻苏联的战略意图，希特勒采取了一系列的政治欺骗和军事伪装措施，包括与苏联签订贸易协定、向苏联出售一些先进的军用技术、散布准备攻打英伦三岛的假情报等。此外，为了换取英国政府在即将爆发的苏德战争中的中立或支持，5月10日，希特勒派遣他的副手、纳粹党副元首赫斯飞往伦敦，向丘吉尔提出了两项建议。第一项是，如果英国保持中立的话，它将不会遭到德国的空袭。第二项是，如果英国站在德国一边进行战斗，那么世界的大部分地区就能由它们两国进行瓜分。然而，此时的英国已经失去了绥靖主义政策赖以生存的基础。丘吉尔相信，苏联一旦被打败，英国绝对不能幸存。因此，赫斯的使命未能成功。

由于德军入侵希腊的行动遇到了有力的抵抗，希特勒未能像"巴巴罗莎"计划所规定的那样在5月中旬发起对苏联的入侵。但是，在完全攻占克里特岛后不久，1941年6月22日4时30分，希特勒撕毁了《苏德互不侵犯条约》，指挥德国及其附庸国共190个师的军队，出动3500辆坦克和5000多架飞机，在从波罗的海到黑海的1800公里的战线上向苏联发起了全线进攻。一个小时后，德国大使才向苏联政府递交了一份宣战声明。接着，意大利及匈牙利、罗马尼亚、芬兰、西班牙等也相继对苏宣战。

侵略军分成了三路。北路从东普鲁士出发，以占领波罗的海沿岸土地和列宁格勒为目标。中路从东普鲁士和布列斯特地区出发，循明斯克、斯摩棱斯克进攻莫斯科。这是主攻方向。南路则从卢布林以南地区出发，指向基辅、哈尔科夫和顿巴斯。为了彻底消灭苏联方面的有生力量，希特勒竟然在战争爆发以后下令："列宁格勒或莫斯科方面即使提出投降，也不得予以接受。"[14]

战争初期，苏联受到了严重的挫折。第一天，敌军击毁了1200架苏联飞机，其中800多架甚至尚未来得及起飞。从6月22日至7月9日，敌军在三个方向分别推进了300—600公里。战争爆发一个月以后，沦于敌手的苏联土地相当于法国领土面积的两倍,这一方面是由于法西斯德国为了进行这一战争已经在人力和物力方面做了精心的准备,另一方面是由于当时苏联领导人对希特勒的进攻缺乏足够的警惕。他们认为,德国要在征服英国或与英国议和之后才会发动侵苏战争。斯大林后来曾亲自告诉丘吉尔:"那时我不需要任何警告,我知道战争一定会打起来,但我认为我还能赢得6个月或6个月左右的时间。"[15]因此,苏军未能做好应付突然袭击的准备,一度陷入了极为被动的局面。

然而,事实证明,在苏联共产党的正确领导下,苏联人民和苏联武装力量最终是不可战胜的。

3. 莫斯科保卫战的胜利

战争爆发以后,苏联党和政府一面动员各族人民更加紧密地团结起来,英勇地进行卫国战争;一面采用了一系列措施,以便有效地组织和利用一切可以用来抵御敌人的力量。为了加强对战争的高度集中的领导,6月30日成立了以斯大林为首的国防委员会,8月8日设立了以斯大林为最高统帅的武装部队最高统帅部。为了使国民经济能适应战争需要,西部的主要工业设备和工作人员被迁往乌拉尔以东地区,许多民用企业被改组为军用企业,大量农业器械和数百万头牲畜也被移入内地。为了进一步充实武装力量,立即实行征兵动员,将大批地方干部调到军队,在各地建立地方武装,在被占领区建立游击队。

由于这些成功的努力,尽管希特勒扬言要通过闪电战在一个半月到两个月中击败苏联,侵略军不久就陷进了代价沉重的消耗战的泥潭。北路德军虽于7月上旬即已进逼列宁格勒,但久攻不克。在中路的斯摩棱斯克,从7月中旬起,苏联军民英勇奋战一个多月,歼敌25万。在南路,7—8月间先后开始的基辅保卫战和敖得萨保卫战歼灭了敌军的大量有生力量。

在此形势下,希特勒被迫放弃了最初采用的全面进攻战略,集中了180万人、1390架飞机、1700辆坦克和1.4万门火炮对莫斯科实行重点进攻。战斗在10月2日揭开序幕。德军的前锋部队一度曾抵达距莫斯科城仅有20—30英里的地方,德军侦察营更曾潜到了莫斯科城下。然而,在全国各地人民的支持下,莫斯科的军民采取积极防御的方针,实行了英勇的保卫战。到12月上旬时,筋疲力尽且面临严寒的德军开始失去了战役主动权。从1941年12月6日到1942年1月7日,苏军在西部战略方向上实施了反攻,消除了对莫斯科的直接威胁。随后,苏军又在三个战略方向上同时开始了总攻。到4月20日总攻结束时,苏军向西推进了100—350公里。德军一共损失了50万人,1300辆坦克,2500门火炮,1.5万辆汽车。

莫斯科保卫战的胜利,使德军在苏联战场的攻势受到一次严重挫折,彻底粉碎了希特勒的闪击速胜的战略企图,为根本扭转苏联战场的形势奠定了基础。

莫斯科保卫战的更为重要的意义是,它打破了法西斯德国的陆军不可战胜的神话,鼓舞了正以不同方式同法西斯国家作战的各国人民的信心,促进了世界反法西斯同盟的巩固和发展,加剧了法西斯集团内部的矛盾和斗争。

4. 世界反法西斯力量的合作的加强

法西斯德国发动的侵苏战争,推动了世界反法西斯国家的合作。

1941年6月22日晚9时,英国首相丘吉尔在一项声明中表示了对苏联卫国战争的支持。他说:"任何对纳粹帝国作战的个人或国家,都将得到我们的援助。"[16]第二天,美国代理国务卿代表总统发表了支持苏联抵抗法西斯侵略的声明。6月24日,罗斯福亲自在记者招待会上宣布,美国准备向苏联提供援助。当日,美国政府解除了对苏联在美国的存款的冻结。两天后,美国政府又宣布允许苏联用现款在美国购买战略物资。7月31日,罗斯福在接见苏联军事代表团时许诺,美国将拨给苏联200架战斗机。8月上旬,罗斯福派遣他的亲信顾问霍普金斯访问莫斯科,以便同苏联领导人就美国如何才能更加迅速有效地提供援助问题进行磋商。

尤其重要的是,在苏德战争爆发后,英美和苏联还就反德战争的目的以及其他一系列原则问题达成了协议。7月12日,苏英两国在莫斯科签订了《为对德作战采取联合行动的协定》。它规定,在对希特勒德国作战时,两国将"彼此给予各种援助和支持";"除经彼此同意外,既不谈判亦不缔结停战协定或和约"。[17]这一协定为苏英两国之间的战时同盟关系奠定了基础。8月9日至12日,罗斯福和丘吉尔在停泊在大西洋北部的军舰上签署了一份联合宣言,即《大西洋宪章》。8月14日,该宣言正式发表。它提出了世界秩序应当赖以建立的一系列原则,包括"不追求领土或其他方面的扩张";"尊重各民族自由选择其所赖以生存的政府形式的权利";在为本国的经济繁荣所必需的世界贸易及原料的取得方面,一切国家"俱享受平等待遇";"应使一切人类可以横渡公海大洋,不受阻碍";"无论为实际上或精神上的原因,必须放弃使用武力",等等。[18]9月24日,苏联发表了同意《大西洋宪章》基本原则的声明。

在此期间,苏联还和其他国家的反法西斯力量建立了联系。7月18日和30日,苏联政府分别与设在伦敦的捷克斯洛伐克和波兰流亡政府签署了相互援助及支持的协议。苏联同意在其境内建立捷克斯洛伐克民族军队和波兰民族军队。8月25日,苏联和英国同时将军队开入了伊朗,以阻止德国势力在这一国家的渗透。7月26日,苏联承认了以戴高乐为首的"自由法国"运动,并同意向它提供全面的援助。

三、太平洋战争的爆发

1. 远东慕尼黑政策的失败

1937年7月7日日本军国主义发动全面侵华战争时,日本陆相杉山元曾在天皇面前夸下海口:"支那事变可以在一个月内完全结束。"日本统治集团中的多数人即使不是如此狂妄,也认为在三个月到半年之中可以灭亡中国。然而,由于中国抗日民族统一战线的成功建立,由于全国的军民特别是中国共产党及其领导下的人民武装的浴血奋战,到1938年10月日军占领了广州、武汉后,日本"速战速决"的侵略计划就宣告破产,中国人民的抗日战争进入了相持阶段。

在此形势下,日本法西斯试图通过拉拢、勾结国民党政府的政治手腕实现尽早征服中国的目的。转入这种"政略进攻"的标志是日本政府在11月3日发表的所谓东亚新秩序声明。该声明宣称,倘若国民党政府放弃以往的抗日政策,改变人事结构,有意"分担建设东亚新秩序之责任",将不会为日本方面所拒绝。这就明确修正了先前的"不以国民政党为[谈判]对手"的政策。[19]日本的这一做法得到了西方列强、特别是英国的张伯伦之流的配合。他们不惜牺牲中国的主权和利益,以满足日本侵略者的贪欲,从而推行了所谓的"远东慕尼黑"政策。

1938年冬,英国驻华大使曾多次到重庆和蒋介石密谈,劝说国民党政府同意与日本停战议和。年底和1939年初,美英法政府又先后提出了"召开太平洋国际会议斡旋中日战争"的建议。英国政府更是表示,可承认长江以北为日本的势力范围。但是,由于日本统治集团中意见不一,尤其是由于中国人民的反对,这一酝酿中的计划最终未能实现。毛泽东同志当时曾一针见血地指出:"所谓太平洋会议,就是东方慕尼黑,就是准备把中国变成捷克。"[20]

1939年夏,在日军开始了对天津英租界的封锁以后,张伯伦的态度变得更加妥协。他说,"我们最好的出路是在尽可能得到的有利条件下与日本达成某种协议。虽然这样做我们将使自己遇到相当程度的屈辱和批评。"[21]7月24日,英国驻日大使克莱琪与日本外相有田在东京签署了《英日协定》。在这一协定中,英国承认日本在中国造成的"实际局势"及"特殊要求",承认它有权对任何有碍于日军的行为与因素加以制止或消除,保证英国将"无意支持任何妨害日军达到上述目的之行动或措施"。克莱琪声称,这一协议可扩展至华北、华中、华南日军占领的所有地区。这一协定实质上肯定了日本有侵略、奴役和镇压中国人民的行动自由。它再次暴露了英国的绥靖主义者们的真实面目。为此一出笼就遭到了中国人民和世界人民的反对。甚至美国政府也对《英日协定》表示了不满。

希特勒德国入侵波兰后,张伯伦政府的远东慕尼黑政策更是发展到了顶峰。它急于通过对日妥协来维持英国在远东的帝国主义利益,为此一方面积极谋求在日本和蒋介石之间进行所谓调停活动,一方面又与日本就英租界问题重新开始了谈判。谈判中,英国政府在《有田—克莱琪协定》的基础上作出了更大的让步。此外,张伯伦等人还试图利用经济领域的让步达到进一步绥靖日本的目的。1939年10月上旬,日本驻伦敦大使提出了英日就支付平衡达成君子协定以保证日本从英联邦取得原料供应的要求。11月13日英国外交部就此提出了"在理论上可行的三种协定"。后来只是因为担心美国反对,英国政府才放弃了缔结这些协定的打算。

在德国于1940年5月成功地发动了对西欧国家的闪电战后,日本的扩张野心也急剧膨胀,从而对英国在远东的利益造成了更大的威胁。尽管如此,以丘吉尔为首相的新政府并未彻底清算张伯伦时期长期推行的远东慕尼黑政策。它仿效关闭了滇越路的法国贝当政权,于7月17日决定关闭滇缅路三个月,同时宣布禁止军需物资经由香港运往中国内地。这显然是一种助纣为虐、帮助日本压迫中国的严重步骤,它使中国丧失了主要的军用物资来源。与此同时,英国战时内阁还积极策划所谓"慕尼黑总协议",指示其远东问题专家提出了各种方案。正是在这些方案的基础上,8月8日英国外交部起草了题为《对日总协议》的备忘录。这是一个全面的对日妥协纲领,深刻地反映了英国不惜牺牲中国和其他亚太地区的人民利益以满足侵略者贪欲的罪恶用心。但是,由于日本侵略进程的加快,这一协议尚未着手实施就已破产。

2. 日本的"南进战略"的确定

卢沟桥事变发生后,日本统治集团集中力量全面侵略中国。与此同时,它又在积极策划新的扩张,从而导致了"南进战略"与"北进政策"之争。南进战略也即海洋战略,强调在发动对中国的侵略后应首先南下进攻西方国家在东南亚和太平洋上的殖民地,以实现对整个亚太地区的控制。北进政策也即大陆政策,鼓吹在发动对中国的侵略后首先进攻苏联。在张鼓峰事件和诺门坎事件中日军的连续受挫,以及苏德互不侵犯条约的缔结,使北进政策的鼓吹者们受到打击,宣扬南进战略的叫嚣一时间甚嚣尘上。

1940年夏天,德军在西欧的连连得手,不仅极度刺激了日本军国主义的扩张欲望,而且似乎也为它提供了实施南进战略的合适时机。法英在欧洲战场陷入的困境,表明它们可用来在亚太地区维持殖民统治的力量大大削弱。因此,日本军国主义加速了推行南进战略的步伐。6月29日,日本外相有田发表了所谓"建设大东亚新秩序"的演说。7月16日,第二届近卫内阁组成,松冈洋右出任外相,东条出任陆相。新内阁在7月下旬先后制定了《基本国策纲要》和《适应世界形势发展而处理时间的纲要》,其中规定了在新形势下日本政府应当采取的三项具体政策:(1)尽快结束对华战争;(2)强化建立"大东亚新秩序"的努力,准备武力南进;(3)加强与德意的接近及联合。8月1日,松冈在上台后的第一次演说中正式提出了建立"大东亚共荣圈"的口号。他说,要"排除一切有形无形的障碍","以'日满'支为一环,确立大东亚共荣"。被划入这一"共荣圈"的,除了日本本土、中国、东南亚和太平洋上原德属诸岛外,还有南亚、大洋洲等广大地区,其中以印度、澳大利亚和新西兰为第二步目标。日本军国主义势力妄图征服世界的野心由此可见一斑。9月22日,日军入侵印度支那,迈出了武力南进的第一步。

3. 《德意日三国同盟条约》和《苏日中立条约》的缔结

日本军国主义分子懂得,在亚太地区的扩张,不仅会遭到当地人民的强烈反抗,而且迟早将导致与在该地区有着重要利益的英美的冲突。为此,日本政府在从军事上积极进行准备的同时,从政治上加紧与德意法西斯实行勾结。

第二届近卫内阁一成立,就主动向德国表示了恢复因苏德互不侵犯条约的缔结而中断的三国同盟谈判的愿望。希特勒这时也想利用日本在太平洋海域拖住英国海军以便德军在英伦三岛实行登陆作战,因而同意了日本的要求。9月9—12日,德国政府的代表与松冈在东京进行了谈判,双方就三国同盟条约取得了初步的一致。9月19日,里宾特洛甫赶到罗马,取得了墨索里尼对这一条约的支持。9月27日,《德日意三国同盟条约》在柏林正式签署。它是5月22日德意同盟条约的进一步发展,标志着德意日三国轴心军事同盟的正式形成。以后匈牙利、罗马尼亚、保加利亚等作为附庸国也先后参加了这一条约。

三国同盟条约的主要内容有:日本承认德意"在欧洲建立新秩序的领导权",德意承认日本"在大东亚建立新秩序的领导权"。三国同意按照上述方针努力合作,并承允"如果三缔约国中之一受到目前不在欧洲战争或中日冲突中的一国攻击时,应以一切政治、经济和军事手段相援助"。该条约的第5

条规定,它"毫不影响三缔约国各与苏俄间现存的政治地位"。㉒显然,三国同盟条约主要针对的已是美国而非苏联了。

为了进一步改善在未来的太平洋战争中的处境,德意日三国同盟条约签署以后,日本政府又积极着手调整与苏联的关系。1940年10月3日,日本外务省制定了《调整日苏邦交纲要草案》。10月30日,日本驻苏大使在会见莫洛托夫时再次提出了缔结日苏互不侵犯条约的建议。当时,苏联政府正为欧洲的形势感到不安,因而也希望能够缓和同日本的关系。11月18日,它提出了中立条约的草案,但同时又强调,在签署这一条约前双方应首先解决在相互关系中存在的重大问题,即取消日本在北库页岛开采石油和煤炭的权利。日本拒绝了这一要求,建议苏联将北库页岛出售给日本。双方争执不下,谈判一度陷入停顿。

1941年春,一心南进的日本政府急于取得北方的稳定,为此派遣外相松冈两度访问莫斯科,同莫洛托夫等苏联领导人进行了会谈。北库页岛问题最初仍是争论焦点,最后双方都作了让步,同意"应在数月内努力解决"这一分歧,从而实际上暂时搁置了阻挠两国间谈判取得进展的最大障碍。4月13日,松冈和莫洛托夫在克里姆林宫签订了《苏日中立条约》。它规定,"双方保证维持它们之间的和平友好关系,并相互尊重缔约另一方的领土完整和不可侵犯";"如果缔约一方成为第三者的一国或几国的战争对象时,缔约另一方在整个冲突过程中将保持中立"。此外,双方声明:"苏联保证尊重满洲国的领土完整和不可侵犯,日本保证尊重蒙古人民共和国的领土完整和不可侵犯。"㉓

苏联签订这一条约,主观上是为了保证自己在远东地区的安全。而且,在此之后,苏联并未放弃对正在浴血抗战的中国人民的支持。但是,这一条约的缔结客观上有助于日本在北方的地位的巩固。同时,苏联政府在"满洲国"问题上所作的声明,无疑损害了中国的主权和利益。

4. 太平洋战争的爆发

日本的南进战略及其实施,显然损害了美国的重大利益。为此,罗斯福政府的对日政策逐渐出现了变化。一方面,它逐步增加了对日本的经济压力。1940年1月,《日美通商航海条约》刚刚到期,美国政府便立即宣布不再续订,随后又宣布停止向日本输出飞机及其他航空设备。7月,罗斯福又进一步规定,日本需凭许可证购买美国的武器、军需品、军事器材、石油和废钢铁。两个月以后,罗斯福更是下令完全停止向日本出口废钢铁。这一决定严重打击了日本的军火生产,因为日本是个缺少矿藏的国家,而日本生产的钢材有一半以上供军方使用。另一方面,美国政府还针对日本在太平洋地区的推进采取了一系列直接的军事对抗措施。5月,罗斯福命令美国太平洋舰队集结于夏威夷。6月底,美英联合委员会发表了一项宣言,将东经180°线以东的英法属地划归门罗主义适用范围。1940年11月初罗斯福竞选连任获胜后,更是加快了备战的步伐,包括扩充陆军的规模,增加军用飞机的生产。1941年1月底,美国、英国和英联邦自治领的参谋部官员在华盛顿举行秘密会议。这一会议通过的决议规定,美国一旦参战,其军事力量必须主要部署于欧洲、地中海和大西洋地区,对付轴心国的主要成员德国,以使英国有可能保卫它在远东的属地免遭日本攻击;同时美国还应负责保护夏威夷、菲律宾、关岛、威克等岛,并牵制马绍尔群岛和加罗林群岛。美英两国政府在5、6月间分别批准了这一计划。

但是,尽管如此,美国政府并未完全放弃通过某种让步同日本达成妥协的企图,为此它不惜损害亚太地区的他国人民的利益。例如,就在罗斯福根据《加强国防法案》决定日本需凭许可证购买美国的石油和废钢铁以后,1940年8月,输入日本的生铁、废钢铁达30万吨,等于上半年的总和。1940年输往日本的汽油高达391万桶,比前一年超出214万桶。1941年初,美国又开始了和日本的秘密谈判。尽管美国国务卿赫尔在会谈时向日本大使野村吉三郎提出了保证领土完整和尊重主权、不干涉内政、机会均等和维持太平洋的现状等四项原则,他又同意以所谓《日美谅解方案》作为谈判的基础。这一谅解方案实质上规定:如果日本答应在南洋使用和平手段,并且同意只在德国遭受侵略的情况下才向它提供援助,美国将恢复和日本的全部贸易关系,并且愿意充当日本和中国国民党政府之间的调停者。

然而,对日本外相松冈等人来说,就是这样的条件也是不能接受的。松冈在5月12日的修正案中对日本根据三国同盟条约援助德国的义务做了广义解释;要求美国政府承认日本首相近卫文麿于1938年12月提出的调整日中关系三原则("亲善友好""共同防共""经济提携")以及日本同汪伪政权缔结的《日华基本条约》和所谓《日满华共同宣言》;删除了规定日本在南进时不得行使武力的要求等。7月,日军又开进了印度支那南部。这时,美国的态度才真正变得强硬起来。7月26日,罗斯福下令冻结日本在美国的资产。8月1日,美国宣布完全停止对日本的石油供应。美国政府还决定向中国政府派遣顾问,从而迅速组成了在太平洋地区与日本抗衡的ABCD(美、英、中、荷)阵线。与此同时,美日谈判也陷入了僵局。

9月6日,日本御前会议通过了所谓的《贯彻帝国国策纲要》,确定了以战争手段打破美日关系的僵局的立场。该纲要宣称,在同美(英)进行谈判时,日本应该达到的最低限度的要求是:"美、英不插手,不阻挠帝国对中国事变的处理。""美、英不在远东采取威胁帝国国防的行动。""美、英应在帝国取得所必需的物资方面给予合作。"[28] 9月20日,日本政府将它的上述诸项要求通知了美国。美国政府在10月2日的答复中重申了以往的立场,从而事实上拒绝了日本的要求。日本军国主义分子遂决心对美开战。10月18日,以其代表东条英机为首相的新内阁组成,东条同时还兼任陆相和内相的职务。11月5日,御前会议通过了大本营和政府联席会议提出的《帝国国策实施要点》。其中规定,如在12月1日上午零时以前对美谈到尚不能取得成功,日本将在12月初对美英荷开战。这一文件还包括了对美谈判的最后两个方案。11月10日和26日,美国政府先后拒绝了这两个方案,并且向日本提出了以"赫尔四原则"为基础的反建议:日本无条件地从中国和印度支那全面撤兵;否认满洲国和汪伪政权;放弃在华各种权利;放弃德日意三国同盟。这一被日本军国主义势力说成是最后通牒的建议显然不能为东条内阁所接受。12月1日,日本御前会议作出决定:"帝国决定向美、英、荷开战"。日美外交阶段由此宣告结束,日美对立转入了武力阶段。

就在日美围绕着日本的两个方案进行最后谈判时,日本的作战准备已紧锣密鼓地抓紧进行。11月中旬,日本南方集团军已在我国华南、台湾及印度支那等地集结了大约40万人;偷袭珍珠港的日本舰队也已秘密地集中到千岛群岛的基地。11月26日,它们离开了南千岛向夏威夷进发。12月1日,日本大本营最后确定:东京时间12月8日对美英荷发动攻击。

美国政府虽然知道日美战争不可避免,但没有想到战争会如此之快地爆发。12月6日晚上,罗斯福甚至还致电日本天皇,请他一同寻求"驱散乌云的办法"。直到12月7日上午美国情报部门从破译的电报中获悉日本即将提出最后通牒时,马歇尔才向美国各海军基地下达了紧急戒备的命令。然而,这一命令在下达时又遭到了耽搁。因此,当日本在12月7日凌晨(夏威夷时间)利用从日本特遣舰队起飞的183架飞机向珍珠港发动袭击时,美军处于毫无戒备的状态。经过约两个小时的作战,日军炸沉炸伤美各型舰艇40余艘(美太平洋舰队停泊于珍珠港的舰只共86艘),击毁飞机260余架,毙伤美军4500多人。日军仅损失潜艇6艘,死伤约200人,飞机29架。但是,日军突袭的主要军事目标——美国太平洋舰队的三艘航空母舰当天正好不在港内。

在突袭发生以后,日军才向美英两国正式宣战。同日,美英两国也向日本宣战。这样,太平洋战争的帷幕正式拉开。

日本偷袭珍珠港的巨大成功,使得日军在太平洋战场上一度处于主动地位。在随后的五个月中,它按照预先制订的计划,向东南亚各国和西南太平洋的岛屿实行了全面进犯,先后占领了泰国、马来亚、菲律宾、香港、威克岛、新加坡、缅甸、新几内亚和所罗门群岛等战略要地。

然而,历史证明,对珍珠港的偷袭最终使日本走上了灾难的道路。首先,日本军国主义所采用的这种手段,在美国引起了强烈的愤慨,各种孤立主义、绥靖主义的情绪、言论和运动迅速偃旗息鼓。连宣传孤立主义最为卖力的"美国第一"委员会也在珍珠港事变后自行宣告解散,并在一项呼吁书中要求其成员支持政府为战争作出的努力。其次,由于日本军国主义势力此后与亚太地区国家及人民全面为敌,战线极度延长,使本已捉襟见肘的日本人力和物力资源就更加匮乏。最后,珍珠港事件促进了反法西斯国际统一战线的最终形成。

5. 反法西斯国际统一战线的形成

1941年12月8日,也即日本发动了对珍珠港的偷袭的第二天,加拿大、澳大利亚、新西兰等20多个国家迅速对日宣战。9日,中国国民党政府在全面抗战已经进行了四年五个月之后正式对日德意三个法西斯国家宣战。12月11日,德意两国对美宣战。这样,第二次世界大战的范围迅速扩展开来。

在奴役世界人民和毁灭进步文明的侵略活动中,德日意法西斯进一步加强了它们的勾结。1941年12月11日,德国外长里宾特洛甫和日意驻德大使在柏林签署了《德意日联合作战协定》。该协定规定,三国"应共同地并以在它们支配下的一切手段",对美英进行战争,直到"获得胜利为止";三国"保证除经彼此完全同意外,不与美国或英国订立停 战协定或和约"。[25]翌年1月18日,三国又进一步缔结了《日德意军事协定》。它规定,日本和德意以东经70度为界划分作战范围。在该线以东,由日军承担作战;在该线以西,由德意两国的军队承担作战。该协定还具体规定了三国军队的作战行动大纲及军事协助的计划。

与此同时,为了更有效地开展反法西斯的战争,反法西斯国家进一步加强了它们的合作,反法西斯国际统一战线逐步形成。1941年12月22日起,美英两国政府首脑在华盛顿举行了"阿卡迪亚会议",商讨全面合作的问题。苏联驻美大使李维诺夫也出席了几次会谈。会议首先制定了一份将由所有反法西斯国家签署的原则宣言。罗斯福和丘吉尔还同意,由于欧洲战场决定着整个第二次世界大战的进程和前途,应将集中全力击败法西斯德国视作首要任务,而在太平洋战场采取守势。此外,这两位首脑决定建立英美联合参谋长委员会和几个其他的机构,以便能对两国军队的军事行动实行共同的计划和指导,以及更合理地分配军火、船舶吨位、原料和其他物资。1942 年元旦,美、英、中、苏、加、澳、印等 26 个国家在华盛顿签署了由美英起草的《联合国家宣言》。一方面,这一宣言强调,所有签字国政府都赞同美英首脑在《大西洋宪章》内所宣布的"宗旨与原则";另一方面,该宣言又规定了各签字国政府为了战胜"力图征服世界的野蛮和残暴的力量"而应遵守的两条重要的方针:保证在与德日意及其附庸国作战时"使用其全部资源,不论军事的或经济的";保证实行相互合作,"不与敌人缔结单独停战协定或和约"。㉖《联合国家宣言》的签署,表明了国际反法西斯统一战线的真正形成。尽管参加这一战线的国家在种族、社会制度和意识形态方面有着很大的差别,但它们都将打败法西斯侵略视作自己的最为重要的任务。这一战线的形成,对于反法西斯国家在第二次世界大战中的最终胜利具有极为重要的作用。

在国际反法西斯统一战线中有着特殊责任和作用的美苏英三国,通过一些条约和协定巩固和发展了相互之间卓有成效的合作。

1942 年 5 月,莫洛托夫和艾登在伦敦签署了《苏英同盟合作互助条约》。条约规定,两国在同德国及其仆从国作战时互相提供军事及其他的一切援助与支持;两国不和希特勒政权进行谈判,未经双方同意,也不和任何没有放弃侵略的德国政府或其仆从国政府进行谈判,或缔结停战协定。该条约还规定了指导战后两国关系的原则,双方保证实施共同的行动与合作,促进欧洲的安全与经济繁荣,以阻止德国发动新的侵略;任何一方决不参加旨在反对另一方的同盟。这一条约显著改善了苏英乃至苏美关系,加强了国际反法西斯统一战线的团结。

1942 年 2 月和 6 月,美国还分别与英国及苏联政府的代表缔结了《关于在反侵略战争中相互援助所适用原则的协定》。它规定,美国将继续以美国总统"准许移交或提供的防御物品、防御服务以及防御情报"供应英苏两国,而英苏两国则将"继续对美利坚合众国的防御及其加强做出贡献,并将尽其力所能及提供一切物品、服务、设备或情报"。㉗

此外,苏美英三国在制定及实施重大的政治和军事战略的问题上也保持着频繁的接触和紧密的联系。

第二节 第二次世界大战的转折与反法西斯联盟的巩固

一、欧洲和北非战场形势的转折

1. 斯大林格勒保卫战

尽管在莫斯科会战中遭到严重挫折，希特勒并不甘心失败。他根据战争需要加快改组本国经济结构，征召新兵，并大肆搜刮被占领国的人力和物力资源，为在苏德战场实施新的进攻创造条件。鉴于当时苏军集中于莫斯科周围，1942年6月28日，德国集中了2000架飞机、2000辆坦克和100多个师的陆军，于南翼600公里长的战线上发起了大规模的夏季进攻，旨在歼灭顿河东岸的苏军，占领高加索油田和控制高加索的交通线。希特勒指出，在实现了这一战略目标之后，德军就可北上攻打莫斯科和列宁格勒。

由于苏军在人员和武器方面所处的劣势以及战略协同的缺乏，德军最初推进迅速，在20天中即侵入了顿河下游地区，直接威胁到位于伏尔加河下游的斯大林格勒。但是，在这一段时间中，苏联也迅速调整了战略部署，将防御重点转移到斯大林格勒，并在7月12日成立了斯大林格勒方面军。从1942年7月中旬到1943年2月初，双方在列宁格勒地域进行了历史上有名的大会战。

前四个月为苏军的防御时期。从7月17日开始，苏军先是在距斯大林格勒外层围廓约60公里的地带进行防守。经过一个多月的激烈争夺，德军先后占领了斯大林格勒的外层围廓和内层围廓。9月13日，德军以7个师的兵力组成两个突击集团，开始向市中心进攻，从而拉开了市区争夺战的序幕。到10月底，德军占领了26个区中的22个区。然而，苏联军民的英勇顽强的抵抗，使得德军的有生力量遭到惨重损失。据统计，到11月中旬，德军死伤近70万人；而且，可以使用的预备队仅剩下15个半师。与此同时，苏军却在斯大林格勒地域集结起110.6万人的战略预备队，各种战略物资也从大后方及美国源源不断地运到。

11月19日，苏军开始了围歼斯大林格勒地域敌军集团的战略进攻阶段。11月下旬，由鲍卢斯将军指挥的22个师（约33万人）的德军陷入重围。1943年1月10日，苏军向被围德军发起了全面攻击。1月31日，刚被希特勒提升为元帅的鲍卢斯被迫投降。2月2日，歼灭斯大林格勒地域被围敌军的任务最终完成。这样,经过 200 个昼夜的苦战,苏联军民终于取得了斯大林格勒会战的辉煌胜利。这一胜利具有极为重要和深远的意义。

首先,斯大林格勒大会战使德军的力量遭到严重削弱,从而扭转了苏德战场的战略态势。在整个会战中,德国及其仆从国的军队共损失 150 万人(占其在苏德战争作战总兵力的四分之一),3500 辆坦克和 3000 架飞机,可谓大伤元气。此后,德军在苏德战场上丧失了主动权,转入了战略防御;而苏军则结束了战略防御阶段,转入了战略反攻。到 1943 年 11 月时,苏联即已收复了三分之二的失地。

其次,斯大林格勒大会战也是第二次世界大战的转折点。这一会战使德国及其仆从国的有生力量大量被歼,为英美军队在中东和北非的进攻创造了条件,也为反法西斯力量向德意日侵略势力的最后全面进攻创造了条件。毛泽东同志正确地指出:"拿破仑的政治生命,终结于滑铁卢,而其决定点,则是在莫斯科的失败。希特勒今天走的正是拿破仑道路,斯大林格勒一役,是他的灭亡的决定点。"㉘

另外,斯大林格勒大会战中苏军取得的胜利,鼓励了反法西斯国家及其人民的斗志,推动了德国的仆从国和被占领土上的抵抗运动的开展,巩固和扩大了国际反法西斯统一战线。加拿大和墨西哥等拉丁美洲国家先后与苏联建立或恢复了外交关系;美英也开始着手研究开辟第二战场的问题。捷克斯洛伐克、波兰、南斯拉夫、阿尔巴尼亚、希腊和法国等被占领国家的人民,为抗击法西斯侵略掀起了更加广泛和深入的武装斗争和其他形式的群众斗争。匈牙利傀儡政权则在 1943 年春通过梵蒂冈与英美建立了联系;罗马尼亚傀儡政权的"总统"则在给希特勒的信中公然表示,"不能再忍受战争的紧张状态"。

斯大林格勒会战加剧了德国国内对希特勒的法西斯政权所怀有的不满情绪。1943 年初,一部分德国军官两次密谋推翻希特勒,就与德军在这一战役中的严重失败有着直接的关系。同样,意大利墨索里尼的统治基础也因斯大林格勒会战的结果而受到严重打击。

2. 北非战役的胜利

苏德战争爆发之初,德国控制着北非的利比亚。为了能集中力量进攻苏联,当时希特勒满足于维持北非战场的现状。然而,刚刚经受了不列颠战役考验的英国,却利用这一机会积极调整和加强自己在北非的力量,准备发动新的攻势。按照英军中东司令部拟订的"十字军"行动计划,英军将从埃及出发,彻底摧毁位于昔兰尼加的德国非洲军团的装甲部队,收复该地,并争取进而攻占的黎波里塔尼亚。1941年11月18日,英军发起了进攻。经过近两个月的激战,到1942年1月10日,非洲军团退至锡尔特湾的阿格拉地区。"十字军"行动中,英军损失了1.7万人和270辆坦克,德军则损失了3.3万人和300辆坦克。

然而,"沙漠之狐"隆美尔并不甘心于这一挫折。他指挥得到补充的非洲军团于1月21日转入了反攻。在取得一连串的军事胜利后,7月初德军抵达离尼罗河三角洲仅100多公里的阿拉曼以南地区。开罗陷入一片混乱,埃及政府着手销毁档案和准备撤退。然而,这时德军却因缺少补给而无法前进。"沙漠之狐"及其指挥下的非洲军团被困于沙漠之中,从进攻转入了防御。

到了1942年秋季,德军在非洲的处境变得更加困难。一方面,由于进行斯大林格勒大会战的需要,希特勒不得不将大量的人力、物力资源运往苏德战场,对非洲战场更加无力顾及。另一方面,从意大利到北非的运输线又因马耳他岛上英国空军的攻击而遭到严重阻碍。与此同时,在美国的支持下,英国迅速加强了北非和地中海的军事力量。新担任的英军第八集团军总司令的蒙哥马利决定于10月下旬从阿拉曼发动被称作"捷足"行动的大规模进攻。它所要实现的目标是,迅速向西推进,占领整个昔兰尼加和的黎波里塔尼亚,同即将在法属北非登陆的美、英联军一起,从北非逐出所有德意军队。

1942年10月23日深夜,阿拉曼战役正式打响。德国的坦克和步兵打得十分顽强。但是,由于英国在空军和海军方面具有的优势,英军不仅控制了战场的制空权,而且破坏了德意军队的后勤供给线。同时,蒙哥马利能够根据战况的实际发展及时调整部署。这样,英军最终取得了主动。隆美尔指挥下的军队于11月初开始后撤,1943年1月23日撤离的黎波里,2月退至利比亚和突尼斯交界处进行固守。

在阿拉曼战役中,英军取得了歼敌5.5万人、击毁坦克350辆的重大胜利,但并未能够实现全歼隆美尔军团的目标。另一方面,英军本身也死伤1.35万人,被击毁的坦克更是多达500辆。尽管如此,阿拉曼战役仍然具有重要的战略意义,是北非战局的转折点。丘吉尔曾把这一战役说成是"命运的关键"。

就在蒙哥马利指挥他的第八集团军由西向东追击隆美尔军团的时候,美英联军于1942年11月8日在法属北非登陆,由西向东对德意军队实行进攻。

法属北非包括摩洛哥、阿尔及利亚和突尼斯,在法国投降后即处于维希政权的控制之下。这一地区具有突出的军事价值。早在1941年12月下旬访美时,丘吉尔和罗斯福就开始讨论在法属北非实行登陆作战的问题。同在巴尔干开辟欧洲第二战场的计划相适应,丘吉尔提出了在北非登陆的"体育家"作战计划。经过多次协商,到1942年7月双方终于取得了一致。9月20日,美英联合参谋长委员会就"火炬"作战计划(由"体育家"改名而来)的实施确定了具体方案。它规定,为参加这一行动,美英应使用13个师的军队、600艘军舰和运输舰,以及1700架飞机。登陆应在摩洛哥的卡萨布兰卡、阿尔及利亚的奥兰和阿尔及尔三处同时进行。

实施"火炬"计划的时机相当有利。当时,德军的主要注意力正集中于斯大林格勒,而隆美尔的军团又在阿拉曼战役中遭到失败。因此,美英军队的登陆行动颇为顺利,阿尔及尔的法军当天下午即停止抵抗,奥兰和卡萨布兰卡的法军也于10日和11日分别宣布投降。希特勒对此极为恼火。为了对法国人实施报复,他命令德军占领了法国全境,并企图夺取以土伦为基地的法国舰队。法国水兵勇敢地凿沉了停泊在港口的273艘军舰。

盟军登陆后,迅速扩大战果,到月底即已占领了整个摩洛哥和阿尔及利亚,并且进入突尼斯境内。经过几个月的准备后,1943年4月19日,美英联军和蒙哥马利的第8集团军分别自西向东和自南向北对德国的非洲军团发起了总攻。经过18天战斗,突尼斯城和比塞大港终被占领。由于缺少船只无法撤退,25万德意军队于5月13日被迫宣告投降。

北非战役不仅彻底肃清了当地的法西斯军队,而且使欧洲的德意军队在侧翼受到了严重威胁,是美英从战略防御进入战略进攻的转折点。它大大鼓舞了盟国的士气,并为日后英美军队在西西里和诺曼底登陆提供了丰富的经验。斯大林曾就此做出过重要的评价。他说:"由于非洲的军事行动表示主动权转到我们盟国手中,欧洲的军事政治状况从根本上变得有利于英苏美同盟。"[29]

然而,当着美英在北非成功地实行了军事合作时,它们却因究竟谁有权利在北非代表法国这一政治问题陷入了长期的争执。

英国政府始终倾向于法国抵抗运动"自由法国"的领袖戴高乐将军。但是,美国政府拒绝承认他对法属殖民地的管辖权。一方面,罗斯福等人认为,由于戴高乐曾经站在英国一边同维希政权作战,他不可能为北非的法国人所接受。另一方面,戴高乐一开始就表现出的桀骜不驯的立场也使罗斯福极为恼怒。美国政府将希望寄托于1942年4月刚从德国监狱逃出的法国将军吉罗及海军上将达尔朗。然而,1942年11月15日,在美国的居间调停下,达尔朗与吉罗达成了一项协议。它规定,由达尔朗负责北非事务,吉罗则在其领导下担任北非法军总司令。该协议同时规定,不准戴高乐进入北非。11月22

日,达尔朗又和美国将军克拉克签署了一项协议,它规定了美国和法属北非当局的关系。按照这一协议,美国方面对北非法国行政长官的命令拥有否决权。12月14日,成立了包括达尔朗和吉罗的所谓"帝国委员会"。这种做法遭到了戴高乐将军的"自由法国"运动的强烈反对。12月24日,一个年轻的戴高乐分子在阿尔及尔刺杀了达尔朗,"帝国委员会"遂任命吉罗接管了达尔朗的权力。

这样,在海外的法国人中就出现了两股对德作战的力量,一股是戴高乐为首的"自由法国"运动。它同国内的大部分抵抗运动战士和许多左派分子有着直接的联系。另一股势力是吉罗领导的北非法国人集团。它同维希政权中的某些人物有着复杂的关系,并且得到了美国人的支持。这种状况不仅分散了法国的反法西斯力量,而且也增加了美英在协调政策方面的困难。在美英的压力下,1943年3月,两派正式开始了谈判。按照它们最后达成的协议,6月3日在阿尔及尔成立了"法兰西民族解放委员会",该委员会设立了两个具有同等地位的主席职位,分别由戴高乐和吉罗担任。但是,由于吉罗仍想保持总司令的职务,他在10月1日辞去了共同主席的职务。1944年4月,他又因同戴高乐的分歧辞去了总司令的职务。6月3日,法兰西民族解放委员会在成立一周年之际改称"法兰西共和国临时政府"。然而,直到法国解放以后它才得到盟国的承认。

3. 西西里岛登陆战役的胜利

西西里岛是地中海中最大的岛屿,意大利南部的主要屏障。早在1943年11月,罗斯福和丘吉尔就在卡萨布兰卡商定,一旦结束了在北非的军事行动,盟军就应开始攻打西西里岛。然而,美国的三军参谋长们则主张集中力量攻打法国,以开辟欧洲第二战场。为此,1943年5月中旬丘吉尔访问华盛顿时,竭力劝说美国军方接受了他的攻打意大利这一敌人软腹部的立场。

1943年初夏,由英国亚历山大将军指挥的第15集团军群(包括蒙哥马利统率的英军第8集团军和巴顿将军统率的美军第7集团军)在北非和地中海东岸的港口集中,准备实施在西西里岛登陆的"哈斯基"行动。它拥有总兵力47.8万人,作战飞机4000架,各种战斗舰艇和辅助船只3200艘。从7月3日起,盟国空军开始对西西里岛、撒丁岛和亚平宁半岛南部展开猛烈轰炸。五天后,满载盟军登陆部队的舰船分别从它们所停泊的港口起航。7月9日深夜,盟军登陆部队和空降部队在西西里岛南部实施登陆和空降。但是,由于德军的顽固阻击,直到8月5日英军才攻克了卡塔尼亚,而美军更是迟至8月16日才进入了墨西拿。次日,5万德军经墨西拿海峡仓促撤至意大利本土,意军则全部被俘。德意军损失共达16.7万人,其中德军3.7万人。

西西里战役中盟军虽然未能取得全歼驻守该岛德军的战果,毕竟最终实现了对它的占领,从而为进攻意大利本土创造了条件。

盟军在北非、特别是在西西里岛取得的胜利,使意大利陷于严重的军事、政治和经济危机之中。在此情况下,意大利统治集团内部出现了严重的分歧。其中部分人,包括墨索里尼的女婿、意大利外交部长齐亚诺,试图摆脱这一独裁者。1943年7月25日,意大利国王维克托·埃曼努埃尔突然宣布免去墨索里尼的职务而改由巴多格里奥元帅接任,墨索里尼还遭到了软禁。

巴多格里奥上台以后,表面上宣称意大利将继续站在轴心国一边参战,以免遭到希特勒的报复,实际上却与盟国进行了秘密的接触,表示了反戈一击、与反法西斯国家一起对德作战的愿望。8月6日起,意大利政府和盟国开始了正式谈判。9月3日,巴多格里奥的代表和艾森豪威尔的代表在西西里岛正式签署了停战协定。五天以后,意大利政府和盟军司令部公开发布了停战宣言。

希特勒遂以此为口实,命令驻意德军占领了罗马和意大利的大部分领土。9月10日凌晨,巴罗格里奥内阁的成员和意大利王室的成员一起仓皇出逃罗马。9月12日,德国的一支突击队,分乘12架滑翔机,从意大利中部的阿布鲁齐高山救出了墨索里尼。在希特勒的支持下,三天后墨索里尼宣布他重新领导意大利的法西斯主义,并在9月18日正式建立了所谓的"意大利社会主义共和国"。

另一方面,9月3日以后在意大利本土登陆的盟国军队虽然进展缓慢,到10月1日仍然抵达了那不勒斯。10月13日,以盟军占领区为基地的巴多格里奥政府宣布对德作战,英美苏三国政府也发表宣言,承认意大利为共同作战一方。11月中旬,盟军与德军相峙于意大利半岛中部的古斯塔夫防线一带。这一进展为以后盟军在1944年攻占整个意大利创造了必要的条件。

二、亚洲和太平洋战场形势的转折

1. 中美联合抗日

太平洋战争的爆发,促成了中美两国的联合抗日。它使罗斯福进一步认识到,中国人民正在进行的艰苦卓绝的抗日战争,对美国在远东和太平洋的战略地位至关重要;保卫中国是保卫美国的关键。为此,珍珠港事件发生以后,美国政府迅速采取了积极援华抗日的政策。1942年2月上旬,它决定向中国国民党政府提供5亿美元的贷款。6月初,它又与国民党政府签署了《中美抵抗侵略互助协定》。该文件规定,美国将依据租借法案向中国提供8.457亿美元的物资。

中美还在军事行动方面实施了合作。为了阻止日军占领整个缅甸,在1942年3月8日仰光陷落后,由中国军队组成的援缅远征军,在美国史迪威将军的率领下入缅协同英军作战。当缅甸最终沦陷后,1943年底,史迪威率领中美联军从印度向缅甸推进,并在英军和从云南出击的中国军队的配合下,于1944年8月攻占了缅甸重镇密支那,收复了缅北大部分地区。美国援华空军第14航空队直接参加了中国的抗日战争。与此同时,从1942年初起,中国同意为对日本进行轰炸的美国空军提供机场,以缩短飞机航程和减少危险。

中美之间的这种合作,不仅有助于两国的抗日斗争,符合两国人民的利益,而且也推动了世界人民的反法西斯事业的开展。

2. 中国解放区军民的英勇斗争

太平洋战争爆发后,由中国共产党领导的八路军、新四军以及解放区的人民武装,依然是亚洲战场上一支重要的反法西斯力量,为亚洲战场形势的好转作出了重要的贡献。他们通过以游击战为主的持久全面的人民斗争,严重地牵制和打击了日军的有生力量,有力地支援了盟军在太平洋和东南亚的斗争。据统计,1943年初,在中国战场上的日军有38个师团外加20个旅团,总兵力约为140万,飞机750架。而中共领导的军队和解放区抗日人民武装力量在基本没有外来物资援助的情况下抗击了侵华日军的70%,此外还抗击了伪军的95%。从1941年6月到1943年5月,他们毙伤的日伪军达26万多人,俘获的则达65万人。正是由于这种英勇有效的斗争,到1943年底时,解放区胜利地度过了最困难的时期,开始了新的恢复和发展。这为1944年的局部反攻奠定了基础。

3. 太平洋战场形势的转折

日本依靠偷袭珍珠港的胜利,一度在太平洋战场取得了主动地位。从1941年12月8日至1942年3月底,日军占领了东南亚广大地区和西太平洋、南中国海的全部美英海空军基地,使美国太平洋舰队和英国远东舰队遭到严重损失,据不完全统计,在这三个多月的时间中,该地区死伤及被俘的盟国军队达30余万人,被击沉和击伤的大型作战舰只约40艘,而日军仅伤亡约4万人,伤大型作战舰只5艘。这一结果甚至超出了日本大本营的预计。那些狂热的军国主义分子在无限兴奋之际,叫嚣要东取夏威夷,西进印度洋和南攻澳大利亚。就连相对比较谨慎的大本营也认为,接下来日本可以进一步扩大它的"外防御圈",使之达到东京以东和东南 6000 公里至 8000 公里的地区;而重点是攻占南太平洋和大洋洲的一些岛屿,以切断美澳之间的海空交通线,孤立澳大利亚。

然而,事实上日本侵略者在太平洋战场好景不长。首先,由于日本将战线拉得过长,人力、物力资源十分窘迫。其次,因为美国具有巨大经济潜力,美国的军事力量迅速得到了恢复。当时,美国军需生产相当于德意日三国的总和。1942 年初起,美国就开始着手加强它在太平洋的防御力量。同时,它还以 4 艘航空母舰作为基础,加强了对太平洋上日军基地的轰炸。这样,太平洋战场的形势逐渐发生了不利于日本军国主义者的变化。

1942 年 4 月初,日军为了继续扩大"外防御圈",决定向西南太平洋推进,夺取新几内亚东南海岸的重要港口莫尔兹比以及中所罗门群岛的图拉吉岛。但是,日军虽然顺利地在 5 月 3 日占领了图拉吉岛,却在随后同美太平洋舰队航母编队进行的激战中失利,被迫于 5 月 8 日中止了对莫尔兹比港的夺取。这是日本自发动太平洋战争以来进攻势头第一次受阻。

日本并不甘心于这一挫折。经过短暂休整,1942 年 6 月初,日本海军又向位于珍珠港西北 1000 余海里的中途岛发动了大规模进攻。中途岛是夏威夷群岛的西北门户和屏障,又是美国海军的航空站。为了进行这次战役,日本大本营尽其所能地集中了最大兵力,包括 200 余舰艇(含 8 艘航空母舰)和约 700 架舰载飞机。

美军早已获得日军计划进攻中途岛的情报。鉴于当时能够调集的力量颇为有限(3 艘航空母舰、23 艘其他作战舰只和 233 架舰载飞机),美太平洋舰队司令米兹海军上将决定采取集中兵力于途中进行伏击的战术。6 月 4 日,美军在中途岛以北 200 多海里的海域对日舰实施突然攻击,一举击沉日本联合舰队的 4 艘航空母舰。此外,日军重巡洋舰一艘被击沉,飞机 332 架被击落,官兵死伤 2000 多人。次日下午,日联合舰队司令山本只得下达总退却令。在这一战中,美军仅损失航空母舰 1 艘和驱逐舰 1 艘,飞机 147 架,官兵 307 人,取得了重要的胜利。它使太平洋战场的形势发生了转折。此后,日军丧失了在战争初期夺得的海空控制权以及战略进攻能力,转而采取了守势。中途岛海战也极大地鼓舞了反法西斯国家和人民的士气。

在中途岛胜利的推动下,1942 年 8 月 7 日,美海军陆战队两万人向日军占领的所罗门群岛的瓜达尔卡纳尔岛以及图拉吉岛发起了攻击,并于次日占领了整个图拉吉岛和瓜岛的机场等主要设施。在随后的几个月中,双方进行了激烈的瓜岛争夺战。到 1943 年 2 月日军最后撤出瓜岛时为止,双方共进行了海战30余次。双方损失的驱逐舰以上的舰只各为24艘,但日军损失飞机600余架,被歼兵力2.4万人,远远超出了盟国,盟军伤亡仅5800人。盟军在瓜岛之战中取得的胜利,巩固了它在中途岛之战后已经获得的战略主动权。如果说中途岛之战挫败了日军夺取向东太平洋扩展的据点的企图,瓜岛之战则除掉了日军为进攻西南太平洋已经建立的一个重要阵地。

三、从卡萨布兰卡到德黑兰

1. 英美首脑的三次会谈

当盟军在战场上取得了一连串具有重要的战略转折意义的军事胜利的时候,盟国政府举行了一系列的国际会议。一方面,盟国通过这些会议进一步协调了战略与行动,以促进军事上有利形势的进一步发展。另一方面,在已经取得的军事胜利的鼓舞下,盟国又通过这些会议讨论了打败法西斯后应当建立的新的国际秩序的问题。

美英两国首脑在1943年1月14—25日于摩洛哥的卡萨布兰卡举行了这一系列会议中的首次会议。他们本来希望斯大林也能参加,但当时这位苏联领导人正忙于斯大林格勒战役的指挥而无暇出席。

在这一会议上,美英双方对北非战役后究竟是应攻打意大利还是法国的问题进行了讨论。美国方面强调,美英军队应在法国登陆,以对德国军队实施正面的和集中的攻击。英国方面则主张从北欧或巴尔干登陆,对德意军队实施侧翼攻击。经过讨论,罗斯福和丘吉尔最后在这一问题上达成了妥协,并就其他若干作战行动问题取得了一致。其中包括:(1)于6月或7月进攻西西里岛,以迫使意大利退出战争。(2)继续加强对德国的战略轰炸以及反潜艇战。(3)继续在英伦三岛集结美国军队,准备到8—9月间实施在法国的登陆行动。(4)于11月在缅甸向日军发动总攻势。

这些决定对于协调美英两国的行动具有重要意义。但是,推迟在法国登陆的时间的做法引起了斯大林的强烈不满。苏联认为,美英试图让它为西方国家火中取栗,而自己则坐享其成。

卡萨布兰卡会议后不久,1943年5月,罗斯福和丘吉尔又在华盛顿举行了一次会议("三叉戟"会议)。由于这一会议主要讨论军事问题,许多高级军事指挥官也都列席参加。这一会议除了重申"先欧后亚"的原则外,还作出了下述的主要决定:(1)将在西欧登陆的行动("霸王"战役)推迟到1944年5月1日进行。(2)委托丘吉尔就在亚速尔群岛建立盟军基地一事与葡萄牙政府进行谈判(同年10月双方达成了协议)。(3)放弃在中国的治外法权。

"三叉戟"会议做出的再次推迟开辟第二战场的决定使得斯大林极为恼火。他在给丘吉尔的信中尖锐指出,由于盎格鲁—撒克逊人已经数次改变这一时间,苏联对他们是否会在1944年5月发起"霸王"战役已不再抱有信心。他甚至一度从华盛顿和伦敦召回了苏联的大使。

1943年8月17日,美英两国的首脑在加拿大的魁北克再次举行首脑会议("四分仪"会议),中国代表宋子文也参加了其中的一些讨论。它主要涉及的仍然是军事问题,取得的重要协议有:(1)重申1944年5月1日实施"霸王"计划的决心;并且,为配合这一计划的执行,决定将同时实施在法国南部登陆的"铁砧"计划。(2)决定在对德战争胜利后一年内击败日本。(3)制定了四大国(美、英、苏、中)关于建立国际组织的宣言草案。

2. 开罗会议和德黑兰会议

根据1943年10月在莫斯科举行的美苏英外长会议,三国首脑将于11月底到德黑兰进行会谈。但是,罗斯福希望在此之前能够首先就有关问题同蒋介石进行磋商。丘吉尔也想在赴德黑兰之前能与罗斯福统一立场。因此,1943年11月22—26日,罗斯福、丘吉尔与蒋介石举行了第一次开罗会议。

主要是由于丘吉尔所持的冷漠态度,开罗会议在军事问题上收效甚微。然而,它在政治上却有重要收获。三国领导人讨论了远东的前途问题,并于12月1日发布了《开罗宣言》。宣言明确表示,三国"将坚持进行为获得日本无条件投降所必要之重大长期作战",同时严正声明:"我三大盟国此次进行战争之目的,在于制止及惩罚日本之侵略。三国决不为自身图利,亦无拓展领土之意。三国之宗旨在剥夺日本自1914年第一次世界大战开始以后在太平洋所夺得的或占领之一切岛屿,在使日本所窃取于中国之领土,例如东北、台湾、澎湖群岛等,归还中华民国",并"决定在相当期间,使朝鲜自由独立"。⑨

这一宣言肯定了中国收复失地的权利,并使中国获得了相应的国际地位。但是,罗斯福借此要求蒋介石同意将大连辟为自由港,以换取斯大林参加对日作战的许诺。蒋介石也同意考虑这一建议。中国的主权因而受到了新的损害。

开罗会议结束后不久,11月28日至12月1日,罗斯福、丘吉尔与斯大林在德黑兰举行了第一次美英苏三国首脑会议。丘吉尔称这一次会晤是"世界上前所未有的权力大集中"。⑩三巨头就尽快结束反法西斯战争以及战后世界秩序的安排等重大问题交换了意见。

军事方面讨论得最多的是开辟第二战场的问题。最初,三国首脑在这一问题上存在着重要分歧。一方面,斯大林要求"霸王"战役至迟应在5月举行。英美首脑则坚持这一战役可能有必要推迟。另一方面,丘吉尔希望盟军在法国登陆的同时也能在巴尔干登陆,这又遭到罗斯福、特别是斯大林的反对。斯大林强调,必须直接进攻德国的心脏,而巴尔干并非是通向德国心脏的捷径。最后,三国首脑决定,将于1944年5月发动"霸王"战役,从而解决了这一曾在盟国间引起不少摩擦的矛盾。

军事方面的另一问题是苏联对日作战的条件和时间。关于条件,斯大林要求美英承认苏联重新收回库页岛和得到千岛群岛的权利,并要求在远东获得一个不冻港。罗斯福遂根据他在开罗会议期间对蒋介石试探的结果,建议将大连辟为国际自由港。在此基础上,斯大林答应在欧洲战争结束后半年内参加对日作战。

德黑兰会议在政治方面也取得了重要的成果。首先是战败德国的处置问题。三巨头都赞成战后对德国实行肢解。他们担心,一个统一的德国很可能再次变成欧洲的战争策源地。但在具体做法上,三巨头的意见并不一致。最后他们决定将这一问题提交由三国外长组成的"欧洲咨询委员会"研究解决。此外,斯大林建议战后盟国应在德国境内和境外控制一系列战略据点,以对德国进行监视。罗斯福完全同意这一观点。

三巨头还讨论了波兰边界问题。斯大林主张,波兰西部应以奥得河为界,东部则应以1939年的边界为准。这意味着苏联将可继续保有西俄罗斯和西乌克兰。斯大林还要求将德国东普鲁士领土的一部分(包括在波罗的海上的不冻港)割让给苏联。丘吉尔原则上同意波兰的疆界西移,试图以此换取苏联对英国在巴尔干的传统利益以及波兰流亡政府的承认。但是,他认为,波兰的东部疆界应依寇松线划定。罗斯福没有参加这些讨论,但对它们的安排也未表示异议。

未来的国际组织问题是会上的又一重要的政治话题。罗斯福对此尤其热心。他提议,新成立的国际组织应当有三个机构:(1)由大约35个联合国家组成的大会,定期讨论有关问题;(2)由苏联、美国、英国和中国以及它们之外的欧洲两个国家、拉美一个国家、近东一个国家、远东一个国家及英帝国自治领的一个国家组成的执行委员会,实施大会提出的建议;(3)由苏联、美国、英国和中国四个所谓"警察国家"组成的委员会,"这个机构将有权立即处理对和平的任何威胁,以及需要这种行动的任何突然事变。"㉑斯大林和丘吉尔最初更倾向于建立地区性组织的做法,但是,他们最终还是接受了罗斯福的主张。

德黑兰会议所以能够克服各种歧见和取得上述成果,是因为三巨头都认识到相互之间维持团结与合作的意义。这一会议对于盟国更进一步地协调战略,尽快打败法西斯具有极为重要的作用。与此同时,德黑兰会议也反映了有关大国领导人不顾弱国利益和私下决定他国命运的强权政治的做法。

第三节　第二次世界大战的结束与盟国对战后世界秩序的安排

一、德国的无条件投降

1. 苏军的战略进攻

1943年底,苏军最高统帅部制订了利用有利形势发展胜利的计划。据此计划,1944年初开始,苏联红军将在北起加伦支海南到里海的4500公里长的战线上连续实施数个高速度、大规模的战略性进攻战役,在年底之前将德军全部赶出苏联领土,把战争推到国外进行,并迫使德国的仆从国退出战争。正是在这一战略思想的指导下,1944年,苏军连续对德军及其仆从军发动了"十次突击"。

从1月至5月间,苏军先后在列宁格勒周围、乌克兰和黑海沿岸地区实施了三次突击,进行两翼突破,为以后在中部战场歼灭德军集团创造条件。三次突击,使德军损失了兵员100万人和大批武器装备,并使南北两翼的战线向西推进了300—500公里。

第三次突击结束以后不久,6月上旬,美英军队在西欧开辟了第二战场,希特勒被迫将东线的部分兵力抽调到西线作战,留在苏德战场上的德军兵力减少到了430万人,只及苏军的60%。另一方面,由于苏联军事工业的迅速发展,此时苏军拥有的飞机、坦克、自行火炮等已经大量增加。

正是在这样的有利条件下,从6月中旬到11月初,苏军又连续实施了七次突击。据苏联方面的统计,在这七次突击中,德军共损失160万人,坦克6700辆,火炮和迫击炮2.8万门,飞机1.2万架。更重要的是,第十次突击结束后,苏联不仅基本收复了失去的土地(拉脱维亚一小块领土除外),而且在各地的反法西斯武装力量的支持与配合下,解放了东欧国家的大片领土。苏德战线已从年初的4500公里缩短到2250公里。这为苏军集中力量彻底摧毁法西斯德国的统治奠定了基础。

1945年新年甫过,1月中旬,苏军即以5个方面军的兵力在波罗的海至喀尔巴阡山1200公里宽的战线上同时发起了两个相互联系的战役:维斯瓦河——

奥得河战役和东普鲁士战役。2月和3月,苏军又在现波兰西北部和奥地利发动了东波美拉尼亚战役和维也纳战役。到4月间,这些战役已先后顺利结束。苏军不仅因此又解放了波兰、匈牙利和奥地利的大片领土,而且占领了德国的部分领土,从东面和南面包围了柏林,有的部队甚至推进到离柏林只有60公里的地区。

2. 盟军在意大利的胜利

1944年上半年,当苏军在苏德战场先后成功地实施了三次突击时,盟军在意大利战场也取得了重要的胜利。

1944年初,盟军按照丘吉尔的意图制订了一个代号为"鹅卵石"的作战计划。它规定,一支部队将在敌人防线以北100公里处的安齐奥登陆,从后方攻击防御之敌,配合正面盟军摧毁古斯塔夫防线,并乘胜攻占罗马。

根据这一计划,1月中旬,盟军开始了作战行动。但是,整个战役要比预想的困难得多。直到5月14日,盟军才终于成功地突破了古斯塔夫防线。德军一路后撤。美英部队于6月4日开进了罗马城。8月下旬,盟军突破了哥特防线。但在此以后的几个月中,由于英国从意大利战场抽调大批军队到希腊镇压民族解放运动,盟军便停止了推进。

盟军在意大利战场的胜利,打击了德军的有生力量,有效配合了其他盟国部队在苏德战场和西欧战场的作战。

3. 第二战场的开辟和盟军的推进

就在德黑兰会议结束后不久,1943年12月7日,罗斯福任命艾森豪威尔为盟国远征军最高统帅,统一负责"霸王"战役的准备和指挥工作。参加这一战役的盟军部队共约288万人(其中陆军为153万人),飞机1.37万余架,海军各型舰艇9000余艘(其中登陆艇4000艘)。至于登陆地点,盟军出人意料地选择了法国西北部的诺曼底地区,而希特勒和德军总参谋部一直认为,盟军将在法国加来地区登陆。

按照在德黑兰会议上达成的协议,盟军开辟第二战场的时间应在1944年5月。但是,为了尽可能做好准备工作以及等待合适的天气,直到6月6日清晨,盟军才真正实施"霸王"战役。3个伞兵师首先在登陆地域距海岸10至15公里的纵深处实行空降。随后,远征军的首批5个师陆续登陆。经过激战,到6月12日,盟军已在诺曼底占领了宽约80公里、纵深12—18公里的地带。以后,虽然希特勒又向诺曼底增派了4个师的德军,并使用了所谓的新式秘密武器V-1和V-2型飞弹(火箭),从而使登陆部队招致了巨大伤亡,但并未能够阻止盟军的推进。到6月底,盟军的登陆场已扩大到宽约100公里、纵深 50 公里的地带。"霸王"战役于 7 月 18 日正式结束,当时在法国的盟军总数已达 145 万人。在 43 天的登陆作战中,德军伤亡 11.7 万人,而盟军伤亡高达 12.2 万人。但是,盟军登陆部队终于在法国站稳了脚跟,实现了"霸王"战役所追求的战略目标。这一胜利,为盟军发动以解放处于德国法西斯统治之下的西欧国家为直接任务的大规模进攻创造了条件,同时也为苏军在东线连续发动新的突击创造了条件。

7 月 25 日晨,盟军转入了新的攻势。8 月 1 日,盟军被正式编成了两个集团军群,分别沿着南北两条路线向东推进。在各国国内的抵抗力量的配合下,盟军克服了德军的顽强抵抗,取得了节节胜利。8 月 25 日,盟军攻占了法国首都巴黎;戴高乐作为法国抵抗运动的领袖也立即进城,并在 9 月 9 日成立了法国临时政府。

就在由法国西部登陆的盟军向东推进的时候,8 月 15 日,美法军队按照"龙骑兵"计划在法国南部实施登陆。8 月 28 日美法军队攻克了法国重要海港马赛和土伦;9 月 3 日解放了里昂,并在 9 月 11 日与从巴黎向南推进的美军先头部队会师。

9 月 15 日起,由法国西部和南部登陆的盟军统由艾森豪威尔指挥,其人数多达 220 万人。他们很快解放了几乎整个法国、比利时和荷兰的部分领土,并前出到德国西部边境。10 月和 11 月,盟军在德国边境地区展开了"秋季战斗"。

为了阻止盟军的前进,扭转西欧战场的不利形势,濒临绝境的希特勒不惜孤注一掷,集中 25 万军队于 12 月 16 日在盟军力量薄弱的阿登地区发动了反攻,并迅速地打开了一个缺口,在四天之中将战线向马斯河方向推进了 30—50 公里。这时,盟军才匆忙地着手加强阿登地区的防御力量,从 1945 年 1 月 3 日起再次转入了进攻。到 1 月底,盟军已将德军全部赶回到反扑前所处的位置。在阿登战役中德军死伤和失踪 8.2 万人。此后,它就完全丧失了进攻的能力。

2 月中旬,盟军利用希特勒将西线兵力大量调往东线以阻止苏军向柏林前进的机会,在莱茵河中下游地区和萨尔盆地发起了新的攻击。到 3 月下旬,盟军基本肃清了莱茵河西岸的德军,并成功地渡过了莱茵河。此后盟军以一部分力量对鲁尔工业区的德军实行合围,其主要力量则继续向易北河推进。由于此时西线的德国防务实际已经完全瓦解,因此盟军进展顺利。4 月 18 日,鲁尔地区被围德军投降。一周后,美军第 1 集团军所属部队在易北河上与苏军乌克兰第一方面军胜利会师,德军被分割成南北两部分。与此同时,盟军也顺利攻入了奥地利,并肃清了荷兰、挪威和意大利境内的德国军队。墨索里尼在逃往德国的途中被游击队抓获,于4月28日受到处决。

4. 德国的投降

到了这时,希特勒法西斯已经处于极端困难的境地。这首先表现在军事上。苏军在东战场和盟军在西战场的一系列胜利,已使柏林及其周围60—100公里的地区完全陷入包围之中。其次,在经济上,由于鲁尔、西里西亚、匈牙利、奥地利等拥有重要战略原料地区的失去,德国的军用物资生产能力急剧下降。例如,1945年3月,坦克的生产量仅有333辆,而1944年月平均生产量为705辆。并且,由于石油的奇缺,很大一部分飞机和坦克无法开动,形同废铁。最后,在政治上,一方面是希特勒德国空前孤立,它已失去了在欧洲的所有盟国。另一方面,德国内部的矛盾空前加剧,希特勒可谓众叛亲离。1945年3月的一天,希特勒告诉自己的一位女秘书,"所有的人都欺骗我","我没有可以信赖的人","他们都背叛了我"。[3]

但是,希特勒并不甘心就此失败。他试图在柏林实行固守以达到拖延战争并扭转形势的目的。为此,他在德国首都的周围地区部署了100万兵力,1万多门火炮和迫击炮,1500多辆坦克和强击火炮,3200架飞机。此外,他还在柏林的市区部署了守备部队20万人。

1945年4月中旬,苏军开始了攻占希特勒法西斯的老巢的柏林战役。参加这一战役的苏军达250万人,他们拥有火炮和迫击炮4.2万门,坦克和自行火炮6250辆,作战飞机7500架。在战役的第一阶段(4月16—19日),苏军利用其强大火力迅速突破了德军在奥得—尼斯河一线以西构筑的3道防御体系,在70公里宽的战场上推进了30公里。在第二阶段(4月19—25日),苏军突破了德军在柏林远郊构筑的环形防御围廓,部分军队甚至进入了柏林市郊。同时,乌克兰第一方面军所属近卫第5集团军在易北河与美军第1集团军会师。在第三阶段(4月26日—5月8日),合围柏林的苏军展开了强攻城市的激烈战斗。经过逐区逐街的争夺以后,4月30日上午,苏军两个军士将红旗插上了国会大厦的屋顶。希特勒也在同一天下午自毙于总理府的地下室。希特勒在遗嘱里仍然指定了接班人,宣布由海军元帅邓尼茨继任政府首脑兼武装部队的总司令。5月2日,柏林的德军完全停止了抵抗,城防司令魏德林将军率残部投降。5月8日午夜,邓尼茨授权凯特尔元帅等3人在柏林近郊的卡尔斯霍斯特签署了无条件投降书。盟军代表、英国海军上将泰勒和苏军代表朱可夫元帅接受了德军的投降。

德国最高统帅部的三位代表在军事投降书中宣布:"于此无条件地以现

时仍在德国控制下的一切陆、海、空军,向盟国远征军最高统帅,同时向苏联统帅部投降。""德国最高统帅部将立即命令德国一切陆、海、空军事当局及德国控制下的一切部队,于5月8日23时/分(中欧时间)停止一切军事行动,停留在当时所驻在的阵地,并完全解除武装,将他们的武器和装备移交当地盟国最高统帅部代表所指定的盟国指挥官或军官。"㉞凯特尔在签字以后获准发表了讲话。他说,"这次签字以后,德国人民和德国武装部队的祸福吉凶,已交由胜利者决定了……在这个时刻,我只能表示希望胜利者会宽大地对待他们。"㉟这一文件标志着法西斯德国的最后战败,标志着第二次世界大战在欧洲战场的结束,也标志着存在了12年4个月零8天的第三帝国的灭亡。

二、日本的无条件投降

1. 盟军在太平洋和东南亚的反攻

中途岛之战和瓜岛之战以后,日军被迫转而采取战略防御。1943年夏秋,经过休整和重新部署,美军在太平洋实施了反攻,从不同方向上与日军展开了逐岛的争夺战。

在北太平洋,在加拿大军队的支持下,经过3个月战斗,美军于1943年8月重新占领了阿留申群岛。这不仅消除了日军对阿拉斯加的威胁,并使日本的千岛群岛和北部领土处于美军海空攻击的威胁之下,从而牵制了日军的一部分兵力。在南太平洋,美军于10月占领了所罗门群岛的新乔治亚群岛,11月于所罗门群岛西北部的布根维尔岛登陆,从而为以后的作战取得了前进基地。在中太平洋,11月美军在吉尔伯特群岛登陆成功。这就为下一步在马绍尔群岛登陆扫清了障碍。在西南太平洋,美军在澳大利亚军队的支援下实施了新几内亚反攻,到年底时已经完全打开了通向菲律宾的道路。

在上述胜利的基础上,德黑兰会议之后,1944年至1945年初,盟军在太平洋地区发动了更大规模的反攻。1944年初,美军夺取了马绍尔群岛的主要岛屿,突破了日军在太平洋正面的外围防线。6月至8月,美军占领了马里亚纳群岛,从而突破了日本的绝对防御圈(内防御圈)。这使日本军国主义者遭到沉重打击。东条英机因此被迫辞职,有"高丽之虎"之称的陆军大将小矶国昭乘机上台,组成了新的日本内阁。9月,美军又开始了对菲律宾群岛的争夺。10月,美日两国的舰队在莱特岛附近的海面上进行了第二次世界大战中的最大一次海战,双方参战军舰多达282只。日本损失了航空母舰4艘,战列舰3艘,轻巡洋舰9艘,驱逐舰8艘。由于航空母舰全部被歼,日本的联合舰队从此失去了远洋作战能力。以仅损失轻型航空母舰1艘,巡洋舰两艘,驱逐舰 3 艘的战绩,1945 年 2 月 25 日,美军占领了马尼拉。美军在菲律宾战役中取得的胜利,意义尤为重大。第一,它使日本的军事力量遭到毁灭性打击,死伤和被俘的日军达 45 万人,被击沉舰只 68 艘,损失各类飞机 7000 架(其中神风自杀机 700 余架)。第二,它切断了日本用以掠夺南方资源的海上运输线。第三,美军在菲律宾的胜利为盟军攻击琉球群岛、小笠原群岛乃至日本本土铺设了桥梁。

1945 年 2 月 19 日,美军开始在小笠原群岛南端的硫磺岛实施登陆作战。利用坚固隐蔽的工事进行顽抗的 3 万名日军,在 22 万人的美军面前坚持了 36 天之久。直到 3 月 26 日,美军才宣布结束了攻占硫磺岛的战斗。紧接着,4 月 1 日,美军又开始了在琉球群岛中的最大岛屿——冲绳岛的登陆战役。日军在岛上拥有的兵力为 10 万人,并制定了以航空兵决战为基本内容的所谓"天号作战"计划。但是,这次美军的准备比较充分,日军的飞机和战舰损失惨重。6 月 30 日,美军宣告,在冲绳的最后一次战役胜利结束。据美军公布,在冲绳之战中,日军伤亡 11 万余人,被俘 9000 人,损失飞机 7830 架,舰艇 20 艘。在攻克硫磺岛和冲绳岛之后,日本本土就真正处于盟军火力的威胁之下了。

2. 盟军在南亚的反攻

盟军在南亚战场的反攻开始于缅甸战役。

1943 年 11 月开罗会议期间,美英和中国就从缅北陆上开展反攻的计划达成了初步协议。按照这一协议,1944 年初,包括中国军队、美国军队和英国军队在内的盟军相继从印度和中国的云南省出发,对缅甸境内的日军发动了进攻。7 月,英军最终取得了英帕尔战役的胜利;8 月,中国远征军和美军攻克了缅北重镇密支那。

在此基础上,1944 年 10 月中旬雨季过后,盟军开始了全面解放缅甸的作战。驻印英军越过亲敦江向东推进,中美军队则从密支那南下。当时,日军在太平洋战场屡遭挫折,日本大本营已无力顾及缅甸。因此,在起义的缅甸"国民军"的配合下,英军进展顺利,1945 年 3 月 20 日进入了曼德勒,4 月底逼近了仰光。与此同时,5 月 1 日盟军在仰光河口实施登陆和空降。翌日,仰光被攻克,残余日军分别逃向马来亚和泰国。

盟军在缅甸的胜利,打通了与中国的陆路联系,加速了援华物资的运输;并削弱了日军的力量,有力支援了亚洲各国人民的抗日战争,以及盟军在太平洋战场的反攻。

3. 中国解放区军民的局部反攻

当盟军在太平洋和缅甸开始了英勇的反攻作战的时候,急于摆脱困境的日军力图打通从中国东北到印度支那的"大陆交通线"。为此,它纠集了13个师团的兵力,在1944年4—12月间发动了豫湘桂战役,从国民党军队手中夺得了大片土地。

但是,与此同时,中国解放区军民利用日军从沦陷区抽走了部分兵力的机会,及时地实施了局部反攻。晋察冀根据地的军民在1944年共作战4400余次,歼灭敌伪军4.5万余人,攻克据点1600个。晋冀鲁豫根据地的军民全年共歼敌7.3万余人,攻克县城11座,解放国土6万余平方公里,人口500多万。山东根据地的军民仅在秋、冬季攻势中就歼灭敌伪2万余人,攻克据点200多处,解放人口500多万。华中军民在1944年共作战6500余次,歼灭日伪5万余人,解放人口160余万。据不完全统计,在1944年,解放区军民共击毙、击伤和俘获敌伪军35万人,攻克县城47座,据点5000余处,解放国土8万多平方公里,人口1200万。这一胜利使得日本侵略者在中国的处境变得更加困难。

在1945年的上半年,各根据地军民进一步开展了攻势,发展了胜利成果。此外,按照中共中央的决定,八路军和新四军还挺进河南、湘赣边和苏浙皖等地,开辟了新的解放区。到1945年4月中国共产党召开七大时,在遍及华北、华中、华南的16个省的抗日根据地内,已建立了678个县政权,它们管辖的人口达到9500万。八路军由抗战初期的4.2万人发展到65万人,新四军由1.03万人发展到26万人,几乎是白手起家的华南抗日武装也发展到了2万余人。各抗日根据地的民兵则达到了220万人。中国共产党领导下的抗日根据地的迅速扩大和抗日武装力量的茁壮成长,不仅有力地打击和牵制了日军的相当一部分力量,从而有效地配合了盟军在太平洋和南亚的反攻;而且推动了战略总反攻形势的到来。

4. 对日本的最后攻击

法西斯德国的投降预示着彻底击败日本的时机的到来。

根据参谋长联席会议的指示,1945年5月底,太平洋战区的美军指挥机构开始拟订在日本本土登陆的作战计划。按照这一计划,在真正实施登陆之前,驻马里亚纳群岛、硫磺岛和冲绳岛的美军航空兵与太平洋舰队相配合,通过轰炸和炮击,彻底摧毁日本本土的军事目标和工业设施。这不仅是为了消灭日本的作战能力,也是为了瓦解日本军民的士气。据统计,从1945年6月17日至8月14日,美军飞机向日本58个城市投放燃烧弹8.5万吨,这些城市有一半面积被摧毁,1300万居民流离失所。日本仅有的石油库存被炸掉七分之一,炼油能力下降80%。从5月起,美军还对日本实行大规模的布雷,各主要港口先后被封锁,670艘船只被击沉击伤,北海道对本州的煤炭供应几乎完全断绝。

1945年8月6日上午8时15分,美军又在广岛投掷了世界上第一颗原子弹,其当量为1.3万吨梯恩梯。市区建筑被毁掉81%,7.1万人先后死亡,6.8万余人受伤。三天以后,美军又向长崎投掷了第二颗原子弹,市区68.3%的工厂被摧毁,死亡3.5万人,失踪5000人,受伤6万人。

当着美军对日本的本土实行攻击的时候,苏军也出兵中国东北,直接投入了反对日本法西斯的战争。

自1941年签订两国间的中立条约后,苏日始终保持着正常的外交关系。直到1945年2月举行雅尔塔会议时,苏联才有条件地同意,在德国投降及欧洲战争结束后两、三个月中参加对日作战。此后,苏联就极其秘密地为对日作战进行了准备,包括拟制对日作战计划,并逐步地将军队从欧洲战场调往远东。为了有效地实施统一指挥,专门成立了远东苏军总部。

美国在广岛投掷第一颗原子弹后两天,8月8日,苏联正式对日宣战。这使正谋求通过苏联的斡旋在有利条件下结束战争的日本政府颇感意外。与此同时,苏联的三个方面军越过国境线,从西、东、北三个方向向中国东北纵深实施向心攻击。地面进攻开始后,苏军还出动轰炸机对日寇占领的军事工业中心和交通枢纽进行了轰炸。由于完全掌握了制空权,苏军地面部队推进迅速,在此后的一周间,与盟军沿不同路线推进了50至500公里,完成了对沈阳、长春、吉林、哈尔滨和齐齐哈尔等地日军的分割包围。

已经从思想上、物质上做好了充分准备的中国解放区军民,也不失时机地展开了战略反攻,对日军实行最后一击。中共中央主席毛泽东在8月9日发表的声明中指出:"对日战争已处在最后阶段,最后地战胜日本侵略者及其一切走狗的时间已经到来了。""中国人民的一切抗日力量应举行全国规模的反攻,密切而有效地配合苏联及其他同盟国作战。"⑱按照中共中央的决定,各解放区抽调大量兵力,组成野战兵团,展开强大的攻势,以迫使日伪军投降。在整个反攻作战中,解放区军民取得了辉煌的成果,包括歼敌23万余人,攻克市、县200余座,收复国土31万平方公里。

朝鲜、越南以及其他亚洲各国人民也在有利的国际形势下对日本法西斯发起了大反攻,为解放自己的国土和最后取得抗日战争的胜利作出了不可磨灭的贡献。

5. 日本宣布无条件投降

还在1944年年中,日本统治集团内的某些人士已经认识到形势的严重性,因而主张加强外交活动,以应付新的事态。8月19日有天皇出席的最高指导会议通过了《今后应采取的战争指导大纲》。其中提出,"依靠与作战相呼应的彻底的对外政策,期求世界战局政局的好转"。㊲9月,前首相广田弘毅作为特使前往苏联,其使命主要是拉拢苏联,从而达到破坏盟国团结和扭转日本在军事上的颓势的目的。与此同时,日本政府又向重庆的中国国民党政府提出了一个做了所谓"大幅度的妥协"的议和方案,试图以此引诱蒋介石政权退出战争。然而,由于开罗会议和德黑兰会议后盟国合作的加强以及日本在军事上所处困境的加深,日本统治集团的阴谋未能得逞。

在此背景下,1945年1月18日最高战争指导会议新通过的《今后应采取的战争指导大纲》,决定了实行本土决战的方针。4月7日,海军大将铃木贯太郎出任首相。其内阁更积极地宣扬"完成大东亚战争""一亿玉碎"等口号,鼓动日本军民在本土决一死战。㊳6月23日,日本政府制定了《义勇兵役法》和《国民义勇战斗队统率令》。与此同时,内外交困的日本统治集团又试图通过苏联的调停来实现与盟国的和谈,以便最大限度地维持它从战争中获得的利益。为此,7月10日,日本天皇决定派遣前首相近卫作为特使访问苏联。然而,这一次遭到了苏联的拒绝。7月26日以美中英三国的名义发表的《波茨坦公告》促令日本立即投降。铃木在两天以后发表的一项声明中宣称:"政府不认为(公告)有何重大价值,只能不予理睬。吾等唯有誓将战争进行到底"。㊴

但是,美国的两颗原子弹的投掷、苏联的宣战和出兵、中国解放区军民实施的战略反攻,迫使日本统治集团考虑有条件地接受《波茨坦公告》的问题。分别以东乡外相和阿南陆相为代表的两派发生了尖锐的意见对立。前者主张以维护国体作为接受公告的唯一条件,而后者则提出了四个条件,即维护国体,将盟军占领的范围、兵力和时间缩小到最低限度,解除武装和惩罚战犯之事均由日本自主进行。最后,当天午夜,根据铃木的请求,裕仁天皇作出裁断,决定采纳东乡的方案。翌日清晨,日本政府通过瑞士和瑞典向中美英苏发出了正式通知,声称在不变更"天皇统治国家大权"的前提下接受《波茨坦公告》。

同盟国在当天经由中立国家政府转达的答复中表示,"自投降之时刻起,日本天皇及日本政府统治国家之权力,即须听从于盟国最高司令官,该司令官将采取其认为适当之步骤以实施投降条款。""按照波茨坦宣言,日本政府之最后形式将依日本人民自由表示之意愿确定之。"㊵接到这一答复后,日本军部的极端的军国主义分子再次活跃起来。阿南等人声称,联盟国家的答复表明,日本即使接受《波茨坦公告》,天皇体制也无法得到维护;为此,应当不惜一亿人民"玉碎",进行战争。经过激烈争论,最后又是由天皇本人在8月14日作了裁断,决定接受《波茨坦公告》。他说,"关于国体问题,敌方也是承认的,我毫无不安之处"。裕仁在御前会议上还讲道,"如果现在停战,可以留下将来发展的基础"。㊶次日中午,他在电台亲自作了"玉音广播",宣读了《停战诏书》,正式表示接受《波茨坦公告》。8月17日以东久迩稔彦亲王为首的"投降内阁"组成。8月17日,裕仁又向日本陆海军人发布敕谕,希望他们能"克体朕意,坚持巩固团结,严明出处进上,以期克服千辛万苦,忍所难忍,而遗国家以永远之基础"。㊷

在此之后,盟国军队都加快了推进速度。从8月19—24日,苏军先后进占齐齐哈尔、沈阳、哈尔滨、长春和大连等地。苏军还在8月11—31日间进驻萨哈林岛(即库页岛)南部和千岛群岛。美国也不甘落后。8月28日,美国先遣部队在日本神奈川县的厚木机场降落。两天以后,麦克阿瑟飞到日本。在中国战场上,第18集团军总司令朱德于8月16日再次向解放区的军队发出命令:"配合苏联、美国、英国的军队,坚决向敌人进攻,直至敌人在实际上停止敌对行为,缴出武器,一切祖国的国土完全收复之时为止。"㊸根据这一指示,中共领导下的人民武装继续向中、小城市和广大乡村进军,扩大解放区,缩小敌占区。8月25日,晋察冀解放区部分主力攻克了察哈尔省会张家口。一直消极抗日的国民党军队也乘日军撤退收缩之机,收复了广西与闽浙沿海地区,并在美国的帮助下从空中、海上和陆路加速向大城市和战略要地前进。与此同时,越南、印度尼西亚等亚洲国家的人民纷纷举行起义,向日本侵略者发起最后的冲刺。

9月2日上午9时,在停泊于东京湾的美国战列舰"密苏里号"上举行了接受日本投降的仪式。代表日本天皇及日本政府的外相重光葵、代表日本大本营的参谋总长梅津美治郎分别在投降书上签字,远东盟军最高司令官麦克阿瑟代表中、苏、美、英及所有对日作战的国家接受了投降。投降书规定,"日本帝国主义大营与所有之日本国军队以及日本国支配下任何地带之一切军队,对同盟国无条件投降。""天皇及日本国政府统治国家之权力,置于为实施投降条款而采取其所认为适当步骤之同盟国最高司令官之下。"㊹法西斯轴心国集团中最后一国日本的投降,不仅宣告了日本的侵华战争和太平洋战争的结束,也宣告了第二次世界大战的结束。反法西斯的国家和人民终于取得了彻底的胜利,正义终于战胜了邪恶。

三、盟国对战后世界秩序的安排

1. 布雷顿森林会议

随着战略反攻形势的出现和胜利的临近,从 1944 年秋起,盟国间举行了一系列的国际会议,具体讨论战后世界的秩序问题。布雷顿森林会议就是其中的第一次。

第二次世界大战期间,由于美国可根据《租借法案》向盟国大量提供货物和劳务,其经济力量有了很大发展:1939—1944 年间,工业生产提高了 1.2 倍;1940—1945 年间,国外物资从 123 亿美元增加到 168 亿美元;1938—1945 年间,黄金储备从 145.1 亿美元增加到 200.8 亿美元,约占资本主义世界黄金储备量的 59%。

这种迅速膨胀的经济实力,既为美国在战后世界从金融、投资和贸易三方面进行的经济扩张创造了必要性,又为此创造了可能性,它力图建立一个围绕美国的经济实力和黄金运转的新的世界经济秩序。

美国首先迫使实力下降、战后急需它的援助的英国接受了这一计划。然后,1944 年 7 月 1—22 日,由美国发起和组织,在它的新罕布什尔州的布雷顿森林举行了联合国家及联盟国家国际货币金融会议。来自 40 多个国家的代表出席了这一会议;但是,大部分有争论的问题都是通过美英苏在会外的谈判加以解决。经过三个星期的讨论,会议通过了《最后决议书》以及《国际货币基金组织协定》和《国际复兴开发银行协定》这两个附件。它们统称为《布雷顿森林协定》。

《国际货币基金组织协定》旨在建立以美元为支柱的国际货币制度。⑤它规定:"基金"的资本总额为 88 亿美元,由各成员国按照规定份额认缴,它们可用本国货币向"基金"申请购买所需外币,以应付临时性的国际收支逆差。各会员国货币的官价,要以一定数量的纯金或根据美元表示,非经美国政府同意,不得改变。各国要协助美国政府在世界市场上维持这一官价,美国则承担了以美元为可兑换货币的义务。通过这样一种安排,各成员国就有责任实行固定汇率制度和维持美国的黄金官价。这意味着它们的货币被"钉"在了美元上,美元取得了高出于其他货币的特殊地位,从而为以美元为支柱的资本主义国际货币制度奠定了基础。

国际复兴开发银行(世界银行)的法定资本规定为 100 亿美元,由各成员国认缴。认缴的份额越多,所掌握的表决权力也越大,其主要业务是,帮助各会员国(或地区)从私人银行获得长期贷款,或直接向会员国(或地区)提供贷款。显然,由于美国具有的庞大经济实力,它必然会成为世界银行的实际控制者,借此工具输出本国资本和影响他国的政策。

2. 敦巴顿橡树园会议

第二次世界大战全面爆发以后不久,美英苏都不约而同地想到了建立战后国际安全组织的问题。美国政府表现得尤其主动和积极。鉴于国联的失败所提供的教训以及美国的经济和军事实力的上升,罗斯福和国务卿赫尔等人积极鼓吹建立一个以几个大国组成的国际安全机构为核心的单一的、普遍性的国际组织。他们相信,只有这样一种国际组织,才符合美国的利益。此外,他们不无道理地认为,苏联的合作态度是建立和维持这一组织的必不可少的条件。为此,他们竭力谋求利用战争尚在进行的时机同苏联就此达成协议。

在1943年底的德黑兰会议上,罗斯福就非正式地同斯大林谈到了战后建立一个世界性的国际组织的问题,斯大林表示了首肯。1944年7月18日,美国政府将它制订出的《普遍国际组织暂定草案》交给了苏、英、中三国政府,并邀请它们就此进行非正式讨论。苏联以自己未参加对日作战为理由,反对与中国一起参加会谈。最后达成妥协,先由美英苏进行磋商,再由美英中进行同样的讨论。

1944年8月21日至9月28日,美英苏三国的代表在华盛顿附近的一所古老庄园——敦巴顿橡树园举行会谈,就战后国际组织的章程进行了讨论。三方在下述问题上取得了一致:(1)新的国际组织应包含四个基本"要素":所有成员国代表都出席的全体大会、由大国担任常任理事和大会选出的较小国家担任非常任理事的安全理事会、秘书处和国际法庭。(2)维护和平和安全的主要权力集中于安理会,常任理事国对安理会的决议拥有否决权,所有会议国都要接受安理会决议的约束并予以执行。(3)联合国大会的重要决议只要得到到会的会员国三分之二的多数票就可通过,无须全体一致的同意。

在敦巴顿橡树园会议上,仍有些问题没有得到解决,其中最主要的是:(1)在某理事国为争端一方的情况下,该理事国可否参加安理会就此问题的表决?英美主张,在此情况下,该理事国不应参加投票;苏联则反对任何限制否决权的决定,坚持大国一致的原则是采取任何行动的必需条件。(2)哪些国家应成为创始会员国?美国主张,创始会员国应包括1942年1月在《联合国家宣言》上签字的所有国家,以及另外8个并未同轴心国作战的国家(其中6个是拉美国家);苏联认为,创始会员国应是对轴心国宣战的国家。当美国固执己见时,苏联则提出要把它的 16 个加盟共和国都列为创始会员国。

最后,三国签署了《关于建立普遍性的国际组织的建议案》。该文件提出,根据 1942 年 1 月 26 日华盛顿会议使用的名称"联合国家",未来的国际组织可命名为"联合国"。该文件还规定了联合国的宗旨与原则,会员国的资格,联合国大会、安全理事会等主要机构的组成和职权,以及关于维护国际和平和安全、国际经济与社会合作的各种安排。总之,这一建议案是未来的《联合国宪章》的雏形。

从 9 月 29 日至 10 月 7 日,美英中三方的代表又在敦巴顿橡树园举行了会议。中方代表虽然对上述建议案提出了一些意见,但并未受到重视和采纳。

3. 雅尔塔会议

鉴于法西斯德国的迅速崩溃和反法西斯国家间矛盾的日益暴露,早在 1944 年 7 月,罗斯福就向斯大林提出了再次进行美苏英三国首脑会谈的要求。1945 年 2 月 4—11 日,罗斯福、斯大林和丘吉尔在苏联克里米亚半岛的雅尔塔举行了这一具有历史意义的会议。

在罗斯福的主持下,雅尔塔会议不仅研究了彻底击溃德日法西斯的问题,而且讨论了战后世界的秩序问题,包括全球性的安排和地区性的安排。地区性安排主要涉及欧洲和远东。欧洲的安排又分别以巴尔干、波兰和德国为中心。

正如 1944 年 10 月丘吉尔访问莫斯科时与斯大林就两国在巴尔干的权力比例进行的讨论所表明的,当时英国和苏联政府都热衷于划分它们在这一地区的势力范围。然而,罗斯福对此并不予以承认。

在雅尔塔,三巨头讨论了巴尔干问题,并在美国的提议下,通过了一项重要文件:《被解放的欧洲的宣言》。这一宣言强调,要帮助从纳粹德国统治下获得解放的各国人民以及前轴心附庸国人民,"用民主方式解决他们迫切的政治问题和经济问题","建立他们自己选择的民主制度"。⑩美国显然是想在民主的幌子下排除苏联乃至英国在巴尔干的势力,直接染指东南欧。

同巴尔干问题相比,波兰问题显得更加复杂。尽管德黑兰会议期间三方曾就波兰的疆界达成初步协议,在雅尔塔这一问题仍然再次引起了争论。斯大林提出,波兰东部疆界应以寇松线为界(在若干地区作对波兰有利的 5—8 公里的逸出),西部疆界应经斯德丁(属波兰)向南沿奥得河再向前沿西尼斯河为界。罗斯福要求将波兰东部的利沃夫及其附近油田仍然划在波兰;他和丘吉尔还反对以西尼斯河划分波兰西南部疆界,而主张继续以奥得河为界。会议最后通过的议定书根据斯大林的要求确定了波兰的东部疆界,但决定将波兰的西部疆界问题留待和会解决。

关于波兰政权的组成,事情同样地棘手。当时,苏联政府已经正式承认了波兰临时政府,美英用流亡政府取代这一政权显然已不可能。为此,罗斯福和丘吉尔竭力鼓吹成立一个所谓更有代表性的新的临时政府,以保证及早举行"自由选举"。其真实用意是想借此将他们支持的流亡政府和其他政党的成员塞进波兰政权机构。斯大林只同意扩大现存的波兰临时政府,并且坚持盟国应当承认这一扩大了的政权。最后三巨头达成协议:应对正在执行职权的波兰临时政府实行改组,成立"波兰全国统一临时政府",以容纳波兰国内外民主领袖。该政府应"尽速根据普遍选举与秘密投票方式举行自由的、不受限制的选举"。美苏英都应与新的波兰全国统一临时政府建立外交关系。

德国问题在雅尔塔会议上最为突出。三国首脑再次肯定了分割德国的原则。与此同时,他们同意,作为第一步,"在德国武装抵抗最后被击溃后",三国军队(法国如果愿意也可参加)对德国实行分区占领,同时"成立一个中央管制委员会执行互相协调管理控制的工作"。⑰

与此同时,在德国赔偿问题上,三方出现了明显的分歧。斯大林在会上提出了要求德国赔偿的八点原则。其核心是,应采用拆除德国工厂、设备、利用德国劳动力及收取实物等形式,促使德国在10年中向战胜国赔偿200亿美元的损失,其中一半应给予苏联。罗斯福和丘吉尔表面上不反对赔偿原则,但竭力反对规定赔偿数额。最后,三巨头只得将此问题移交设在莫斯科的赔偿委员会处理。

重建战后远东的秩序问题,也是第二次世界大战中盟国间一个主要关心所在。就罗斯福而言,为了保证战后美国在远东的利益和影响,他采取了"使中国成为大国"的政策,力图在战后远东建立一个包括美苏英中的四国神圣同盟,以防止日本的再起,并增加美国在远东抗衡苏联的力量。与此同时,为了争取苏联能尽快参加对日作战以及取得苏联在战后远东的合作,罗斯福又不惜牺牲中国的主权以满足苏联的某些要求。斯大林在规划战后远东的秩序时不仅想收回俄国在1904—1905年的日俄战争中失去的领土,并且扩大苏联在中国东北的势力和影响。德黑兰会议上,斯大林初步地谈到了他的这些要求。1944年12月14日,斯大林在接见苏联大使哈里曼时进一步指出,苏联希望租借旅顺港和大连港,租借中东铁路和连接大连的南满铁路,外蒙古的现状(保持外蒙古作为一个独立的实体的地位)得到承认,收回库页岛南部及千岛群岛。

雅尔塔会议上,经过讨论,三巨头签署了一份关于苏联参加对日作战政治条件的草案。其中规定,"在德国投降及欧洲战争结束后两个月或三个月内苏联将参加同盟国方面对日作战"。其条件为:"(1)外蒙古(蒙古人民共和国)的现状须予维持。""(2)由日本1904年背信弃义进攻所破坏的俄国以前权益须予恢复。"后一条包括:"库页岛南部及邻近一切岛屿须交还苏联";"大连商港须国际化,苏联在该港的优越权益须予保证;苏联之租用旅顺港为海军基地也须予恢复";"中东铁路和南满铁路应设置一苏中合办的公司以共同经营之";"千岛群岛须交与苏联"。⑱这一文件还规定,根据斯大林的建议,美国总统将设法取得当时的中国政府对上述有关外蒙古及港口铁路的协议的支持。

此外,在雅尔塔会议上,三国首脑还就敦巴顿橡树园会议未能解决的两个有关联合国的分歧取得了妥协。

关于安理会表决程序,美国提出的"雅尔塔公式"获得了通过。按照这一公式,程序事项方面的决议,以七理事国的多数票通过;其他一切事项的决议,应以七理事国的多数票包括全体常任理事国的同意票通过之,但对于利用区域机构和平解决他方争端等事项的决议,争端当事国不得投票。

三巨头还决定,1945年4月25日在美国旧金山召开联合国家会议,讨论将建立的国际组织的宪章;美苏英中法将共同作为旧金山会议的发起邀请国(法国政府后来拒绝接受这一身份,只同意参加旧金山会议),被邀请参加会议的国家应是1945年2月8日前在联合国家宣言上签字的国家以及1945年3月1日前向共同敌人宣战的协同国家,它们都将成为联合国的创始会员国。在斯大林的强烈要求下,丘吉尔和罗斯福还同意乌克兰和白俄罗斯这两个加盟共和国也成为联合国的创始会员国。

雅尔塔会议的最后一天,2月11日,苏美英三国首脑通过了《克里米亚(雅尔塔)会议公报》。该文件在结尾部分写道:"在这次战争中的胜利以及建议中的国际组织的建立,将提供一切历史中最伟大的机会,使能在今后年代中创造这一种和平的重要条件。"

雅尔塔会议对于协调盟国关系、争取反法西斯战争的全面胜利具有重要意义;同时,雅尔塔会议又为战后世界曾一度存在的国际秩序——雅尔塔体系奠定了基础。但是,雅尔塔会议本身又是大国的强权政治和民族利己主义的反应,尤其是对中国的主权和利益造成了严重的损害。

4. 旧金山会议和联合国的正式成立

按照雅尔塔会议的决定,1945年4月25日,联合国家国际组织会议在美国旧金山市开幕,来自50个国家的282名正式代表(包括美、苏、英、中的外长)以及1726名顾问、专家以及其他人员出席了会议。

4月25日到5月2日为大会一般性辩论阶段。各国代表团、特别是美苏代表团,在会议主席人选和邀请波兰、阿根廷参加会议的问题上进行了激烈的争论。关于会议主席,最后艾登提出的一项方案得到了接受。根据这一方案,举行公开会议时,由四大国首席代表轮流担任主席,以示"团结",而指导委员会、执行委员会的主席则由斯退丁纽斯一人担任,"以保证整个会议的顺利进行"。关于波兰的代表权,由比利时代表提出的一项符合美国意图的决议案最终获得了通过。波兰临时政府未能派代表出席会议。关于邀请阿根廷参加会议的问题,尽管莫洛托夫的强烈反对,美国国务卿斯退丁纽斯仍利用美洲国家的多数票的"压路机式的战术"强行将阿根廷拉进联合国。

5月7日会议进入关于联合国宪章的实质性讨论以后,"雅尔塔公式"、国际托管问题和大会权力问题都一再引起了新的激烈争论。一方面,"雅尔塔公式"遭到了许多中小国家的反对,被谴责为"强权政治合法化"。另一方面,苏联代表葛罗米柯又对这一公式作出了自己的解释。他声称,除非所有常任理事国一致同意将一个争端列入议程,否则安理会就无权讨论这一争端。在托管问题上,美国代表支持英国等老殖民主义国家,反对将"独立"列为托管制度的基本目的。关于大会权力,许多中小国家的代表认为应当加以扩大。美国代表支持这一立场,因为那将可以使大会成为美国的一架有效"表决机器"。

由于当时对日战争远未结束,大国还都不愿公开破裂,同时也由于国际舆论的督促,美苏最后分别在上述一些问题上作出了重要的让步。美英同意将委托统治地的独立列为托管制度的基本目的。苏联也原则接受了西方国家在"雅尔塔公式"和联合国大会权力方面的立场。

6月20日,会议进入最后阶段,即由指导委员会和执行委员会对宪章条文进行文字修改和审查。指导委员会由各国首席代表组成,执行委员会由美苏英中法等14国的首席代表组成。6月25日,出席会议的50个国家的代表一致通过了《联合国宪章》以及作为宪章一部分的《国际法院规约》。

《联合国宪章》基本上保留了敦巴顿橡树园建议案的内容,但对某些条款做了修改。它规定,联合国的宗旨是:"维持国际和平及安全""发展国际间的以尊重人民平等权利及自决原则为根据之友好关系""促成国际合作,以解决国际间属于经济、社会、文化及人类福利性质之国际问题""构成一协调各国行动之中心,以达成上述共同目的"。㊾

为实现以上宗旨,《联合国宪章》规定联合国及其会员国应遵守的基本原则是:"各会员国主权平等";"各会员国应以和平方法解决其国际争端";"各会员国在其国际关系上不得使用威胁或武力,或以与联合国宗旨不符之任何其他方法,侵害任何会员国或国家的领土完整或政治独立";联合国不得干涉"在本质上属于任何国家国内管辖之事件"。㊿

宪章规定,联合国设立六个主要机构。除了大会和安全理事会这两个主要机构外,还有经济及社会理事会、托管理事会、国际法院及秘书处。大会由联合国所有会员国组成,每年举行一届常会,秘书长经安理会或半数以上会员国之请求可召集特别会议。大会得讨论"宪章范围内之任何问题或事项",或关于宪章所规定的"任何机关之职权",并一般可就这些问题和事项向联合国会员国或安理会提出建议。每一会员国在大会中有一投票权,重要问题的决议以到会及投票的三分之二的多数票决定;其他问题则以投票的简单多数决定。安理会被授予了"维持国际和平及安全之主要责任";"得调查任何争端或可能引起国际摩擦或惹起争端之任何情势,以断定该项争端或情势之继续存在是否足以危及国际和平与安全之维持";"应断定任何和平之威胁、和平之破坏或侵略行为之是否存在",并推荐调停这些争端的方法。㊾安全理事会由11个理事国组成,包括美苏英中法5个常任理事国。安理会表决程序,则采用"雅尔塔公式"。

6月26日晨,会员国代表举行了签字仪式,153名全权代表在宪章的5种文本上分别签了字。同日,参加会议的代表还签署了一项关于设立联合国军备委员会的协定。当晚,旧金山会议闭幕。

10月24日,在美苏英中法五大国和其他24个签字国完成了批准手续,并向美国交存了批准书后,《联合国宪章》正式生效。自此,联合国成为国际政治生活中的一个十分重要的因素。

5. 波茨坦会议

雅尔塔会议以后不久,因罗马尼亚和波兰的政权结构问题,美英同苏联的关系再次出现危机。在1945年4月中旬继病逝的罗斯福担任总统的杜鲁门,一方面强调美国应坚持自己对雅尔塔协议的理解,另一方面又深切感到,由于战败德国的处置问题迫在眉睫以及对日战争正在激烈进行,同苏联取得妥协至关重要。为此,他派遣霍普金斯在5月底至6月初再次访问苏联,同斯大林就一系列引起两国摩擦的问题达成了协议。斯大林还接受了杜鲁门的举行新的三国首脑会谈的要求。

这一首脑会谈于7月17日在柏林附近的波茨坦开始,到8月2日结束。

其间,因为丘吉尔要回国参加大选,会议曾休会两天。7月28日起英国新当选的工党政府首相艾德礼出席了会议。半个月中,三巨头们主要讨论了下述一些问题。

(1) 对战败德国的政策。虽然雅尔塔会议确定了肢解德国的方针,但会后三国的态度都迅速地发生了变化。随着欧洲战争形势的迅速发展及欧洲国家间力量对比的改变,美英苏都感到,对德国实行占领和控制的做法更加符合自己的利益。6月5日,盟国代表,包括苏联的朱可夫、美国的艾森豪威尔、英国的蒙哥马利、法国的塔西尼,在柏林会晤并签署了《关于击败德国承担最高权力的宣言》《关于德国管制机构的声明》《关于德国占领区的声明》等几个重要文件。7月1日,四国部队各自撤回到自己的占领区。波茨坦会议上,三巨头决定由美苏英中法组成外长会议。该会议除"受命准备对意、罗、保、匈、芬的和约"外,还将"负责准备对德和约",由以后将成立的德国政府予以接受。他们还在上述文件的基础上,比较顺利地规定了处置德国的政治及经济原则。政治原则包括:"德国境内最高权力由美英苏法四国总司令遵本国政府命令,分别在其各占领区执行";他们并以管制委员会委员的身份,共同处置有关全德国的一般事件。"对德国各地居民之待遇,应尽可能一律。"占领德国的目的应是"解除德国全部武装,使完全非军事化,铲除或控制可用以作军事生产之一切德国工业";"摧毁纳粹党及其附属与监督之机构,解散一切纳粹组织";"准备使德国政治生活在民主基础上获得重新建立;并使德国将来在国际生活上参与和平合作";"目前德国中央政府将暂不设立",但"某种必要之德国中央行政部门"应予设置。㉜经济原则主要包括:"为消灭德国之作战潜力,武器、弹药、战争工具以及各式飞机及海船之生产均予禁止","金属、化学品、机器以及作战经济直接需要之其他物品,其生产将受严格管理"。"德国经济应早日分散,以消灭目前经济力量因'卡特尔''辛迪加''托拉斯'及其他垄断办法而造成之过分集中现象"。"在占领期间中,德国应被视为一个经济单位。"为实行经济管制,"必须建立德国行政机构,且需要德国当局于最大可能之限度内,宣布及执行此等管制"。㉝

在波茨坦三巨头进一步讨论了德国赔偿问题,这一问题引起的争论要复杂得多。美国方面认为,由于德国已受到严重摧毁以及它的部分领土已被苏联割取或转让给波兰,因而它已无法执行为雅尔塔会议所要求的赔偿原则。苏联则坚持按照雅尔塔协定向德国索取赔偿。经过辩论,美英首脑大体上接受了斯大林提出的德国赔偿方案。他们达成的协议主要规定:"苏联所提之赔偿要求,将以迁移德境苏联占领区物质及适当的在国外的德国资产满足之"。"苏联负责在其本身所得之赔偿项下,解决波兰之赔偿要求"。美英以及其他国家的赔偿要求,"将自西方区域以及适当的在国外的德国资产予以满足"。"苏联除在本占领区获得赔偿之外,当可自西方区域获得赔偿"。"苏联政府对于盟军在德国虏获之黄金,不做任何要求"。[54]波茨坦会议未能够确定德国应当赔偿的总额及其在各个战胜国间的分配。

此外,三国首脑们还就德国军舰商船的位置、德国东普鲁士哥尼斯堡地区向苏联的转让、战犯的处理、奥地利的处置等一系列直接与德国有关的问题达成了协议。

(2)波兰的政府和边界。波兰问题所涉及的仍然是政府组成和西部疆界的划定。在这两方面的争论几乎贯穿了波茨坦会议的始终。最后三国首脑还是达成了妥协。关于波兰政府组成,一方面,英美方面宣布,承认在临时政府基础上改组而成的波兰全国统一临时政府(前流亡政府在其中获得了四个席位),准备与之建立外交关系,撤销对前流亡政府的承认;另一方面,协议又规定,在波兰应"尽速于普选及秘密投票原则下举行不受任何束缚的自由选举,一切民主及反纳粹党派均有参加及提出候选人之权利",盟国报界有报道波兰普选的"完全自由"。[55]

关于波兰西部疆界,三巨头达成的协议是,它的最后划定,应由和约加以解决;在此之前,奥得—西尼斯河一线以东的领土,以及一部分东普鲁士和前但泽自由区由波兰政府管辖。

(3)意、罗、保、匈、芬的问题。为了利用意大利向东南欧和地中海扩展势力,杜鲁门在波茨坦会议上提出了撤销对意大利的管制(只保留所谓纯军事需要的管制)并接纳意大利加入联合国的要求。但是,与此同时,为了迫使罗、保、匈三国政府实行改组以容纳更多的亲西方分子,杜鲁门又反对这三个国家以及芬兰取得与意大利相同的待遇。苏联方面则要求英美恢复与罗、保、匈、芬的关系,并接纳它们加入联合国。因为此种争执,波茨坦会议曾一度陷入僵局。最后,斯大林作了让步,接受了在美国方面提案的基础上作出的下述协议:意、保、芬、匈、罗等国"目前之畸形现状必须由缔结和约而加以终结"。准备与意大利缔结和约"应为未来外长会议之首要工作",以实现它们"支持意大利加入联合国"的愿望。外长会议亦应负担准备与保、芬、匈、罗等国"缔结和约之工作","借此支持此等国家加入联合国"。三国政府同意"在最近将来根据当时之情况,在可能限度以内"分别考虑同这些国家建立外交关系。[56]

除了上述这些主要问题之外,三国首脑在波茨坦还就其他的一些问题达成了协议。总之,由于当时战争尚未结束,各方互有所求,三国首脑在波茨坦会议上都做了一定的让步,从而在那些最为迫切的问题上取得了某种程度的共识。这一会议对于维持盟国间的战时合作、促进第二次世界大战的最后胜利具有重要的积极意义。但是,它无法真正克服盟国间日益暴露和尖锐的矛盾和分歧,无法扭转美英和苏联的关系从盟友变为敌人的历史过程。

注释:

① 《毛泽东选集》第2卷,人民出版社1991年版,第598—599页。
② 颜声毅等:《现代国际关系史》,知识出版社1984年版,第332页。
③ 戴高乐:《战争回忆录》第1卷,世界知识出版社1959年版,第257—258页。
④ 兰格尔·格里森:《对1937—1940年孤立状态的诘难》,纽约1952年版,第252页。
⑤ 威廉·曼彻斯特:《光荣与梦想》,广州外语学院英美问题研究室译,商务印书馆1978年版,第229—230页。
⑥ 《现代国际关系史》,第363页。
⑦ 陈兼:《走向全球战争之路》,学林出版社1989年版,第388页。
⑧ 《现代国际关系史》,第334页。
⑨ 伊瓦辛、杜宾斯基:《国际关系与苏联对外政策(1939—1945)》,苏苒、王晓铃等译,中国人民大学出版社1955年版,第27页。
⑩ 王绳祖主编:《国际关系史资料选编》上册第二分册,武汉大学出版社1983年版,第716页。
⑪ 黄玉章等:《第二次世界大战》,世界知识出版社1984年版,第107页。
⑫ 威廉·夏伊勒:《第三帝国的兴亡——纳粹德国史》,董乐山等译,生活·读书·新知三联书店1974年版,第1100页。
⑬ 同上。
⑭ 《现代国际关系史》,第376页。
⑮ 同上书,第377页。
⑯ 丘吉尔:《第二次世界大战回忆录》第3卷,韦凡译,商务印书馆1975年版,第330页。
⑰ 《国际关系史资料选编》上册第二分册,第720页。
⑱ 同上书,第721—722页。
⑲ 信夫清三郎编:《日本外交史》下册,天津社会科学院日本研究所译,商务印书馆1980年版,第632页。
⑳ 《毛泽东选集》第2卷,第572页。
㉑ 洛欧:《英国与太平洋战争的起因》,牛津1973年版,第27页。

㉒《国际关系史资料选编》上册第二分册,第723—724页。

㉓ 同上书,第719页。

㉔ 复旦大学历史系:《日本帝国主义对外侵略史料选编》,上海人民出版社1983年版,第350—351页。

㉕《国际关系史资料选编》上册第二分册,第736页。

㉖ 同上书,第738页。

㉗ 同上书,第739—740页,第745—747页。

㉘《毛泽东选集》第3卷,第888页。

㉙《斯大林文选(1934—1952)》,人民出版社1962年版,第326页。

㉚《国际关系史资料选编》上册第二分册,第758页。

㉛ 让-巴蒂斯特·迪罗塞尔:《外交史》上册,李仓人等译,上海译文出版社1982年版,第389页。

㉜《德黑兰、雅尔塔、波茨坦会议记录摘编》,上海人民出版社1974年版,第38页。

㉝《第三帝国的兴亡——纳粹德国史》,第1513页。

㉞《国际条约集(1945—1947)》,世界知识出版社1959年版,第26—27页。

㉟《第三帝国的兴亡——纳粹德国史》,第1555页。

㊱《毛泽东选集》第3卷,第1119页。

㊲《日本外交史》下册,第696页。

㊳ 同上书,第700页。

㊴ 同上书,第702页。

㊵《国际关系史资料选编》上册第二分册,第794—795页。

㊶《日本帝国主义对外侵略史料选编》,第550—551页。

㊷ 同上书,第553页。

㊸《毛泽东选集》第4卷,第1146页。

㊹《国际关系史资料选编》上册第二分册,第799—800页。

㊺《战后世界历史长编》编委会:《战后世界历史长编》第一编第一分册,上海人民出版社1975年版,第542页。

㊻《国际关系史资料选编》上册第二分册,第763—764页。

㊼ 同上书,第761页。

㊽ 同上书,第766—767页。

㊾《国际条约集(1945—1947)》,第36页。

㊿ 同上书,第36—37页。

㈤ 同上书,第38—39页、43、46—47页。

㈥《国际关系史资料选编》上册第二分册,第777—778页。

㈦ 同上书,第779—780页。

㈧ 同上书,第780—781页。

㊺ 同上书,第 785 页。
㊻ 《国际关系史资料选编》上册第二分册,第 786 页。

思考题:

一、名词解释:

《租借法案》 《大西洋宪章》 珍珠港 《开罗宣言》
布雷顿森林会议 《联合国宪章》

二、问答题:

1. 试述苏德战争和太平洋战争的爆发对第二次世界大战的进程和结局所产生的影响。
2. 试述反法西斯国际统一战线形成的经过及作用。
3. 在雅尔塔会议以及其他一些国际会议上盟国对战后世界秩序做出了怎样的安排?

第八章
两大阵营的形成与激烈对抗

第二次世界大战结束以后,由于在战略目标以及其他方面的对立,美苏的战时同盟基础迅速发生了动摇,杜鲁门政府的对苏遏制战略逐步形成。1947年3月杜鲁门主义的提出,标志着美苏冷战的正式爆发,象征着罗斯福所希望的那种在美国领导下的大国合作体制的夭折。在此后的几年中,世界上出现了分别以美苏为首的两大阵营。它们在欧亚大陆进行着激烈的对抗与较量。

同一时期中,广大殖民地、半殖民地的民族解放运动获得了迅速的发展。它们在反对帝国主义和殖民主义、争取和维护民族独立方面取得了可喜的成就。在共同的斗争中,亚非国家加强了团结和合作,成功地召开了万隆会议。它预示着不结盟运动的出现和第三世界的兴起。

第一节 战后初期盟国的合作与美苏冷战的爆发

一、五国和约的签订

1. 巴黎四国外长会议

战后初期,盟国继续维持着它们之间的合作关系,这主要表现在对意、罗、匈、保、芬五国缔结和约的问题上。尽管苏联和西方国家之间存在着严重的分歧,但它们最终还是实行了妥协,达成了协议。

按照盟国间的战时协定和盟国与上述法西斯国家或其附庸签署的停战协定,美英占领了意大利本土,英国独占了意大利的北非殖民地,苏军进驻了罗马尼亚、匈牙利和保加利亚等国,并占据了芬兰的部分领土。波茨坦会议决定,设立盟国外长会议,准备对五国的和约。但是,对于和约的要求,盟国间的立场有着重要的分歧。在苏联看来,罗、匈、保、芬的问题"已经由停战书作了实际'解决'","在和约中需要做的就是对相应的停战条款予以确认"①。而且,苏联还想取得原意大利在北非的殖民地,在地中海获得商船基地。美国则企图凭借在战争中膨胀起来的实力和对原子弹的垄断,"在和约谈判中获得停战时期所没有的东西,即在政治上和经济上于东欧大门口取得一个立足点","运用它的优势力量来阻止苏联在重要的东欧和中欧地区建立一个势力范围",并且"不愿意看到苏联在地中海确立地位"。②英法也是各有企图。

主要是由于美国采取的僵硬立场,1945年9、10月间的苏美英法中伦敦外长会议未能就和约问题达成任何重要协议。但是,美国政府又担心,推迟缔结和约,将会使苏联获得在东欧和中欧大量驻军的借口。为此,五国外长会议之后,杜鲁门在挥舞原子武器对苏联施加压力的同时,又作出了某种准备妥协的姿态,谋求打开僵局。在美国国务卿贝尔纳斯的倡议下,1945年12月,苏美英三国外长会议在莫斯科举行。会议期间,贝尔纳斯和斯大林进行了三次秘密谈话,就分阶段制定五国和约的问题达成了实质性的协议。于是,1946年1月,苏美英法四国副外长在伦敦集会,准备和约。然而起草工作很快地就陷入了困境。引起分歧的主要是对意和约的问题,为了找出某种妥协方式,4月下旬,四国外长又在巴黎举行会议。以多德卡尼斯群岛的归属问题为突破口,他们终于就对意和约的若干分歧取得了一致:

(1)多德卡尼斯(南斯波拉堤)群岛问题,莫洛托夫作出了一次"慷慨的让步",以不设防为条件,同意将这些具有战略意义的地中海岛屿划归希腊,而不再坚持该岛的归属问题必须连同意大利和约的其他问题一起解决。

(2)原意大利殖民地问题:由于四大国在这一问题上存在着短期内无法解决的矛盾,外长会议通过了延缓处理的决议,并规定在最后达成协议之前,暂由现行政当局(实际是英国)管辖。

(3)关于建立的里雅斯特自由区的问题:外长会议正式采纳了法国的折中建议,决定从杜伊诺到契塔瓦一线以东所有土地归南斯拉夫,以西构成的里雅斯特自由区。自由区宣布中立并解除武装,由联合国安理会保证其完整和独立,安理会经与意、南两国政府会商后得任命一位总督。

(4)关于意大利的赔偿问题:外长会议最后达成的协议是,苏联在七年内取得一亿美元的赔偿;赔偿来源为不能改为民用工厂的军事设施,意大利在罗、匈、保等国的资产,以及当年的工业品;四国驻罗马大使应决定意大利将移交给苏联资产的价值。至于意大利对其他国家的赔偿,则留待和会决定。

巴黎外长会议就对意和约达成的一系列重要协议,为解决有关对五国和约的其他分歧创造了条件。

2. 巴黎和会

1946年7月29日,起草对五国和约文本草案的巴黎和会在卢森堡宫开幕。除美苏英法中外,出席会议的还有澳大利亚、比利时、白俄罗斯、巴西、加拿大、捷克斯洛伐克、埃塞俄比亚、希腊、印度、新西兰、挪威、波兰、荷兰、南非联邦、南斯拉夫、乌克兰等21国的代表。此外,曾以各种方式参加对德作战的其他国家,包括阿尔巴尼亚、墨西哥、古巴、埃及、伊朗、伊拉克、奥地利等,也派出代表以协商资格参加了会议。战败国意、罗、保、匈、芬的代表则在会场最后一排就座。

会议一开始,美苏之间就因为席位安排而发生争论。接着,和会又为程序问题进行了长达两周的辩论。在讨论实质性问题时,争论更为激烈。被提交大会审议的各项建议案多达300多项。经过斗争,在四国巴黎外长会议取得的成就的基础上,和会又就下述实质性问题取得了一致:

(1) 关于罗、匈、保领土的变动:会议通过的对罗和约草案确认了1944年停战书有关领土的规定,宣布恢复1940年6月的苏罗协定和废止1940年8月维也纳的仲裁。这意味着,罗马尼亚将比萨拉比亚和北布科维纳割让给苏联,而从匈牙利收回特兰西瓦尼亚,恢复战前罗匈的边界。同时,该和约草案还规定,罗马尼亚应根据1940年保罗克拉奥瓦条约,把南多布加转让给保加利亚,使后者保有"1941年1月1日原有的疆界"。③对匈和约草案规定,匈牙利承认1945年6月签署的苏联协定。据此协定,捷克斯洛伐克将从匈牙利收回的外喀尔巴阡转让给苏联。

(2) 关于芬兰割让给苏联的土地:对芬和约草案确认了1940年和1944年苏芬停战书的有关条款,规定芬兰把下列地区割让给苏联:a. 芬兰北部贝辰加地区,约1万平方公里;b. 位于北极海岸和波罗的海之间的芬兰中部地区,面积略小于贝辰摩地区;c. 芬兰湾上的卡累利阿省,包括拉多加湖及其西北的广大地区。此外,该和约草案还规定,苏联从芬兰取得为期50年的"在波卡拉—乌德地区建立苏维埃海军基地的领土和领水的使用权和管理权"。④作为取得此种特权的条件,苏联宣布放弃对于汉科半岛的租借权。

(3) 关于意大利的原非洲殖民地:由于和会参加国在这一问题上意见依

然不能统一,对意和约草案仅仅规定,意大利放弃在上述各领地的一切权利。至于它们的处置,四强如果在和约生效后的一年内仍未取得一致意见,即应提交联合国大会解决。

(4) 关于赔偿问题:经过争论,和约草案最后规定如下:芬兰和罗马尼亚各向苏联赔偿 3 亿美元;匈牙利向苏联赔偿 2 亿美元,向南斯拉夫赔偿 0.7 亿美元,向捷克斯洛伐克赔偿 0.3 亿美元;意大利向苏联赔偿 1 亿美元,向南斯拉夫赔偿 1.25 亿美元,向希腊赔偿 1.05 亿美元,向埃塞俄比亚赔偿 0.25 亿美元,向阿尔巴尼亚赔偿 0.05 亿美元;保加利亚赔偿希腊 0.45 亿美元,赔偿南斯拉夫 0.25 亿美元。

10 月 5 日,在和会讨论的基础上,苏美英法四国副外长整理出和约草案的修正案。该修正案经由大会讨论和表决后,被正式提交将再次举行的四大国外长会议,作为确定和约最后文本的参考。这样,一场颇不平静的巴黎和会,终于在取得了重要的成果后于 10 月 15 日结束。

3. 纽约四国外长会议

1946 年 11 月 4 日,确定和约最后文本的四大国外长会议在纽约举行。会议第二天,美苏又在程序问题上出现了冲突,进行了马拉松式的辩论。在当时的形势下,尽快签订和约,无疑对苏联更为有利。首先,这将使美英有责任在 1947 年底从意大利撤出军队,而苏联却可以维持驻奥苏军的供应为由继续在罗马尼亚和匈牙利驻军。其次,和约的签订还将导致使苏联感到厌烦的盟国管制委员会的撤销。为此,苏联方面最后作出了重要让步。在经过文字修改后,巴黎和会上通过的各项建议绝大多数都陆续为苏联所接受。12 月 6 日,四国外长会议最终完成了五国和约的审定工作,提出了和约的正式文本。

根据在纽约外长会议上达成的协议,和约正式文本先由美苏英三国外长分别在本国首都进行签字。随后,1947 年 2 月 10 日,在巴黎正式举行五国和约签字仪式,由各有关国家进行签署。至此,制订和签署五国和约的一切工作终于完成。其间,虽然举行了有 21 国参加的巴黎和会,但和约的实质性内容都是在苏美英法四国或者苏美英三国外长会议上决定的。为此,贝尔纳斯声称,"它们是人类智慧可以使四个主要盟国达成一致的最完美的和约"。莫洛托夫也赞扬这些和约是"对于在欧洲实行和平解决一举的一个重大贡献"。[⑤]但是,除芬兰外,战败国对和约表示了强烈的不满。它们的代表在签署和约的同时均向四大国提出了抗议照会。

二、美苏矛盾的迅速发展

1. 美苏战略目标的冲突

在进行反法西斯战争的极其艰难困苦的年代里,美苏两国为了战胜威胁人类生存的共同敌人——德意日法西斯携起手来,建立了卓有成效的合作。随着共同威胁的逐渐削弱,美苏政治同盟的基础动摇,原来退居次要地位的意识形态和社会制度的斗争必然会重新突出起来。更为重要的是,在第二次世界大战形成的新的国际环境中,美苏两国所追求的战略目标发生了严重冲突。

如前所述,第二次世界大战中,美国垄断资本获得了空前的发展,它在整个资本主义世界取得了至高无上的地位,并成为真正的全球性的超级大国。这一状况,首先为美国推行建立世界霸权的政策提供了动力。随着战争的结束,军事订货的减少,美国国内市场更加无法满足在战时膨胀起来的生产力的需要。实现对世界的控制,建立世界霸权,就成了美国垄断资本赖以生存和发展的必要条件。早在1943年4月,罗斯福就授意自己的亲信雷斯特·戴维斯写了《罗斯福的世界蓝图》一文,规定了美国在战后应当推行的国际战略:既不能退回到孤立主义,也不能满足于为自己划定某些势力范围的传统均势政策,而是推行使美国充当世界主宰的世界主义。

其次,美国实力的膨胀也为美国在战后建立世界霸权的政策提供了客观基础。由于资本主义世界在第二次世界大战期间遭到了普遍削弱,这一基础就显得更加雄厚。罗斯福在一次演说中公开宣称,这次战争是"第二次天赐良机",第一次机会业已丧失,而今后"无人能担保再有第二次机会"。

但是,美国的世界主义的战略与苏联所设想的对外战略发生了尖锐冲突。

第二次世界大战对苏联产生了复杂的影响。一方面,作为欧洲反法西斯战争的主力军,苏联为第二次世界大战的胜利作出了重大牺牲。据苏联政府估计,在战争中,苏联国民经济的损失将近5000亿美元,生命损失为2000万人。另一方面,第二次世界大战又为苏联成为世界强国奠定了基础,苏联作为一个军事和政治巨人在欧亚大陆崛起。

此种状况,加上苏联(俄国)在历史上屡次遭受异国入侵的教训,使得斯大林在为苏联确定战后的战略目标时将巩固战争期间取得的胜利果实、确保社会主义国家的安全置于优先的位置,同时又导致斯大林积极谋求推进和扩大苏联的势力及影响。随着胜利的来临,这种狭隘的民族主义和大国沙文主义得到了日益强烈的反映。

为了实现上述目标,斯大林力图在苏联周围建立起独占和排外的势力范围,这种势力范围将不仅是"军事上的缓冲地带",对付来自资本主义世界的"各种思想和心理挑战的外部防线";⑥而且是苏联实行经济和政治控制的场所。

总之,美国试图在整个战后世界建立起不可动摇的领导地位,而苏联则企求在本国周围建立起不容他人染指的势力范围。这两种战略目标发生了直接的冲突,每一方都成了另一方实现自身目标的巨大障碍。此种状态,加上它们在意识形态和社会制度方面固有的冲突,使得美苏矛盾和分歧的尖锐化变得不可避免。它们在雅尔塔等地达成的各种协议并不能改变这种状况。

2. 战后美苏矛盾的迅速发展

从时间上看,反法西斯战争结束以后,美苏间的矛盾和斗争就以异乎寻常的速度发展起来。从空间上看,这种矛盾和斗争主要集中在苏联周围地区,这显然是由当时苏联所拥有的有限实力和目标所决定的。

(1)东欧问题。东欧问题主要是波兰问题。斯大林在雅尔塔会议上曾经说过,"对于俄国人民而言,波兰问题不仅是一个荣誉问题,而且也是一个安全问题。"⑦西方则将波兰视作阻止苏联的力量和影响向西推进的前哨阵地。因此,尽管由于第二次世界大战的实际进程以及为了换取苏联对美国的世界主义的支持,美国统治集团愿意承认苏联在波兰乃至东欧其他地区具有的特殊利益,但绝不愿完全退出或放弃这一地区。他们指望通过所谓的自由选举来实现这一目的。正如贝尔纳斯所说,"我们的目标是要(在波兰)建立一个既对苏联友好又能代表这个国家的所有民主因素的政府。"正因为如此,美苏在波兰的政权组成和疆界问题上的斗争在战后一直延续不断。

按照美苏达成的协议,1945年6月28日,在华沙成立了"波兰全国统一临时政府"。该政府的21个阁员中,16个为原华沙临时政府成员,其余的5个则属于美英所支持的亲西方政党或团体。工人党领导人贝鲁特和哥穆尔卡分别担任了临时总统和第一副总理,社会党人奥索布卡—英拉夫斯基担任总理,而前流亡政府"总理"、农民党领袖米科拉伊奇克担任第二副总理。7月5日,英美承认了这一政府。10月15日,波兰补签了联合国宪章,成为联合国创始会员国之一。

然而,分别得到苏联和西方支持的波兰两种势力之间争夺权力的斗争并未因此终止。以波兰工人党为核心的进步力量通过推动民主化改革积极扩大自己的队伍和影响。进步势力还利用1946年6月30日的全国公民投票,批准了他们所坚持的实行国有化和土地改革、建立一院制议会等主张。与此同时，以米科拉伊奇克为首的右翼势力也力图扩大自己的队伍和影响。左右两种势力争夺权力的斗争在1947年初举行的议会选举中达到了高潮。在这次选举中，以工人党为首的各民主党派联盟共得384席，而农民党仅得28席。2月初，贝鲁特当选共和国总统，社会党人西伦凯维茨则组织了新的联合政府。美英政府指责此次议会选举违反了雅尔塔协议，破坏了自由和诚实的原则。而内外交困的米科拉伊奇克则于10月间逃往国外。

在罗马尼亚、保加利亚等其他东欧国家的问题上，美苏也发生了类似的冲突。西方国家拒绝承认罗马尼亚的格罗查政府和保加利亚的祖国阵线政府。在1945年12月的苏美英三国莫斯科外长会议上，贝尔加斯攻击罗、保两国政府是违背雅尔塔协议的"极权"政府，声称与罗、保缔结和约的先决条件是对它们的现有政权进行改组。在此情况下，苏联作了让步，1946年初，"劝说"罗保两国政府各接受了两名受西方支持的政党的代表。此后，在这两个国家中，围绕着应于10月举行的议会选举，进步势力和亲西方势力展开了激烈的斗争。美国试图通过盟国管制委员会进行干涉，而苏联则对此表示了坚决的反对。选举结果，进步势力在两国都取得了压倒性的胜利。西方国家对此极为不满。

(2) 中欧问题。中欧问题主要是德国问题。随着美苏同盟关系的逐渐破裂，德国问题日益成为美苏对抗中的一个热点。

按照1945年6月4日四国驻德占领军总司令在柏林签署的有关文件，四国总司令将组成盟国对德管制委员会，以保证各国总司令于占领区内采取适当的一致行动。然而，由于四国代表在盟国管制委员会中都拥有否决权，该委员会就缺乏对各占领区和柏林实行联合管理的基础，形同虚设。在它存在的两年多时间中(从1945年7月30日正式召开第一次会议起，到1948年3月20日苏方代表声明退出时止)，召开会议数十次，讨论了对德管制的各方面问题(如非军国主义化、非纳粹化、非卡特尔化和政治民主化、赔偿、鲁尔区管辖等等)，对方针原则和具体措施都进行了研究。但由于各国都想将德国问题的处理纳入本国的战略轨道，求得有利于本国的解决，因此经常是议而不决。即使已经通过的一百多项法令和布告，对四大国也不能产生真正的约束力，它们往往从自身的需要出发进行实用主义的解释，各行其是。每个占领区实际上都成了独立的政治实体。

在苏占区内，苏联推行了严厉打击纳粹和法西斯势力、解散各种垄断组织、实行国有化和合作化的政策。在它逐步建立的各级地方议会及政府中，德国共产党的成员占据了重要地位。此外，苏联还努力在自己的占领区内索取赔偿。据苏联官方公布,截至1950年底,苏联获取的赔偿总额为76.58亿美元,而西方则估计此项数字为120亿美元。

西方三国在各自的占领区采取的政策并不完全相同。总起来看,它们虽然声称以"肃清"纳粹势力和法西斯主义为对德占领的基本目的,许多纳粹战犯却被有意无意地包庇下来;它们虽然强调削弱德国垄断组织的竞争能力,却又在某种程度上保护了这种能力。此外,亲西方的资产阶级政党得到重建并展开活动,其成员担负了城镇行政管理工作。

苏联和西方国家在各自占领区推行的不同政策,反映了它们在德国问题上的不同利益和立场。另一方面,这种互异的政策,又加剧了它们、特别是美苏在德国问题上的对抗。在1946年的巴黎外长会议上,苏联打出了实行德国政治统一的旗帜,主张在缔结对德和约前首先建立统一的全德政府,以此与美国鼓吹的首先实行经济统一的方针相对抗。1947年春,在四国莫斯科外长会议期间,苏联同西方国家在德国问题上的全面对立得到了进一步的暴露。分歧的核心是德国的统一方式。苏联坚持德国应首先实行政治统一,即在普选基础上成立临时中央政府,而美英则主张建立一个联邦制的政府。此外,苏联反对邀请英联邦自治领国家、南美国家和土耳其参加制订对德和约。

奥地利的地位与希特勒德国的其他盟国不同。按照苏美英三国在战时达成的协议,它既被当作纳粹侵略的受害者,可在战后重新获得独立,又被当作纳粹德国的小伙伴,要为战争承担责任。1945年5月14日,奥地利民主共和国建立。7月9日,苏美英三国签署了《占领区及维也纳市行政的协定》,决定将奥地利划分为四个区,由苏美英法的军队分别占领;将维也纳市划分为五个部分,其中四部分也由四大国分别占领,另一部分——莫勒尔斯塔德区——则由四国军队共同占领。盟国对奥地利的最高权力机制是由四国驻奥军队的总司令组成的盟国对奥委员会,维也纳市的行政则由四国各派一名代表组成的盟国管理局进行管理。同时,三大国还确定奥地利的领土应以1937年12月31日的边界为准。在随后的波茨坦会议上,三国达成协议:不向奥地利索取赔偿;奥地利苏占区的德国资产作为德国对苏联的赔偿,由苏联处理。

但是,在缔结对奥和约问题上,美苏的立场出现了明显分歧。在1946年春的四国外长巴黎会议上,贝尔纳斯提出缔结对奥和约问题,主张将它与缔结对德和约的问题分开考虑。莫洛托夫则认为外长会议应集中力量解决对五国和约问题,拒绝将对奥和约问题列入议程。在1947年春的莫斯科四国外长会议上,奥地利问题才和德国问题一起得到了比较认真的讨论。但在对奥和约的具体内容方面,美苏的立场仍然存在尖锐冲突。苏联要求将奥地利的克恩腾割让给南斯拉夫,遭到西方国家的拒绝。苏联还要求将 1938 年 3 月以后德国人在奥地利夺得的财产和德国人掌握了大部分股票的公司都算作德国资本。这也遭到了西方国家的反对。

(3)远东问题。远东问题的核心是日本问题。依照 1945 年 7 月中美英三国发布的《波茨坦公告》,对日本将实行盟国占领。然而,这一文件墨迹未干,美国政府就决定了独占日本的方针。杜鲁门声称:"对日本的占领不能重蹈德国的覆辙。我不打算分别管制或划分占领区。"⑧收到日本 8 月 10 日发出的乞和照会后,美国拒绝了苏联提出的由两国分别委任驻日盟军统帅的建议,坚持只能由美国人担任统帅,并通过对日本发布的《总命令第一号》,垄断了受降和占领的支配大权。8 月底至 9 月初,美军即以盟军名义单独进驻日本。8 月 29 日,杜鲁门批准了《美国战后初期对日政策》这一纲领性文件。它公然声称,占领日本的最后目标是建立"一个以支持美国为目的"的政府;如果盟国之间发生意见分歧,"美国政策应居主导地位"。

美国单独占领日本的政策,自然遭到了苏联的反对。正如雅尔塔协议所表明的,苏联对日本也早有图谋。8 月 11 日,在得悉美国给日本复电的内容后,莫洛托夫立即向美国大使哈里曼指出,占领日本的盟军最高统帅应"由美苏将领各一人担任",但遭到美国政府的拒绝。在接到美国准备发给日本政府的《总命令第一号》后,斯大林迅速向杜鲁门发出一封密信,对此项文件提出了两点修正,一是要求它指明整个千岛群岛包括在苏军受降地区之内;二是要求它将北海道北半部包括在苏军受降地区之内。斯大林特别指出,"最后一点对俄国的舆论特别重要……如果俄国在日本本土的任何部分都没有占领区,苏联舆论就会大哗。"⑨经过交涉,杜鲁门有保留地接受了第一项要求(强调"这些岛屿的处理必须在和约中规定")⑩,但否定了第二项要求。在此情况下,8 月 18 日,苏军以军事行动方式登陆千岛群岛,包括南千岛的国后岛和择捉岛,同时占领了库页岛和本来属于北海道的色丹岛和齿舞岛。9 月 2 日,苏联提出了成立苏美英中四国管制委员会的建议,并抵制了美国在 10 月底召开所谓远东咨询委员会第一次会议的企图。

在 1945 年底举行的莫斯科三国外长会议上,美苏英在日本问题上达成了如下协议:在华盛顿设立远东委员会,由美国、苏联、英国、中国、法国、荷兰、加拿大、澳大利亚、印度、菲律宾和新西兰等 11 国的代表组成,其职责是制定日本在履行投降条件所规定的义务对应遵守的政策原则及标准;在东京设立盟国管制日本委员会,由盟军最高统帅或其代表任主席,苏中各派委员一人,英国、澳大利亚、新西兰、印度合派委员一人,其职责是和最高统帅进行协商并提出建议,但"最高统帅的决定高于一切"。因此,这两个委员会都是清议式的机构,丝毫没有改变美国单独占领日本的事实,苏联的愤懑有增无减。

(4)近东问题。这一问题主要涉及的是伊朗、土耳其和希腊。

第二次世界大战期间,英苏美曾根据"战时需要",分别驻军伊朗。日本投降后,根据它们达成的最迟必须在1946年3月2日以前撤军的协议,英美军队陆续撤离。苏军却仍然维持着它在伊朗的力量。并且,苏联还支持伊朗北部阿塞拜疆的民族主义分子进行反政府的活动。1945年12月中旬,在苏占区内先后成立了"阿塞拜疆自治共和国"和"库尔德人民共和国"。美国一方面利用这一事件在国际上大造"苏联扩张"的舆论,一方面在莫斯科苏美英三国外长会议上向苏联提出了从伊朗撤军的要求。在遭到拒绝后,美国便支持伊朗于1946年初两次正式向联合国安理会提出了对苏联的指控,谴责它"干涉伊朗内政""违反联合国宪章",要求安理会采取措施。在此情况下,苏联设法与伊朗在4月就下述问题达成了协议:苏联在5月9日以前从伊朗撤出军队,承认阿塞拜疆问题属于伊朗的内政;成立为期50年的苏伊石油公司,前25年中苏联拥有公司股份的51%,伊朗拥有49%,后25年则相反。美国插手苏伊争端的根本目的就是要与苏联、甚至英国争夺石油资源,因而对成立苏伊石油公司一事严重不满。苏军撤退后,美国与英国一起支持伊朗政府打击、镇压国内的亲苏势力。1947年10月,伊朗议会以绝对优势否决了苏伊石油协定。同时,美国利用所谓经援和军援大举渗入伊朗,竭力在伊朗扩充美国的势力。

在土耳其,美苏的斗争也非常激烈。大战后期,1945年3月,苏联废除了它和土耳其在1925年签订的《土苏互不侵犯条约》,并且要求土耳其"归还"卡尔斯和阿尔的汗两个边境地区,修改1936年缔结的有关达达尼尔海峡的国际蒙特娄公约。在美国的支持下,土耳其拒绝了苏联的要求。其后,同年11月2日,针对苏联控制土耳其海峡的企图,美国在一份给土耳其政府的照会中提出了修改蒙特娄公约的四项原则,其中包括:土耳其海峡始终对所有国家的商船开放,并且对黑海沿岸国家的军舰开放。

1946年初,苏土两国因领土纠纷,关系日趋恶化,美苏在土耳其问题上的对立也进一步加剧。2月底,美国决定派出一支特遣舰队,开往东地中海,以显示对土耳其的支持。1946年8月和9月,苏联在先后发出的两份照会中指出,应该由土耳其和苏联共同管理海峡。美国副国务卿迪安·艾奇逊声称,这一要求表明了苏联控制土耳其、威胁希腊和近东其他地区的企图。美国政府在鼓励土耳其拒不屈服的同时,命令当时最先进的航空母舰"罗斯福号"通过海峡以显示武力。此外,美国还加强了与土耳其的经济联系,包括增加贷款和发展贸易关系。美国政府明确表示,在控制土耳其海峡方面,美国将扮演强有力的角色。

美苏在希腊问题上同样存在着激烈的斗争。事实上,这一斗争成了杜鲁门主义出笼的直接导火线。

以上叙述表明,美苏战时的同盟关系在战后初期迅速为一种对抗性的关系所取代。在这一过程中,美国的对苏遏制政策也逐渐趋向成熟。

三、遏制战略的酝酿与杜鲁门主义的提出

1. 杜鲁门政府的对苏强硬外交

1945年4月,杜鲁门继病逝的罗斯福担任了美国总统以后,美国政府对待苏联的态度逐渐但却明显地发生了变化。一方面,由于美苏在一系列问题上矛盾的发展和斗争的激化,杜鲁门及其主要的谋士们感到,罗斯福的想法并不现实,美国无法用一些政治上的让步或经济上的援助将苏联纳入它的战略轨道,而应该改弦更张,另谋对策。另一方面,美国掌握了制造原子弹的秘密,并在向广岛、长崎进行的轰炸中看到了这种武器的威力。对杜鲁门等人来说,原子弹似乎是天赐之物,美国只要挥舞或使用这一武器,一切桀骜不驯的对手都会屈服。实际上,还在第一颗原子弹爆炸之前,1945年6月,贝尔纳斯就说,原子弹"将使俄国在欧洲变得更加温顺一些"。1945年秋,在会见来访的戴高乐时,杜鲁门说,苏联红军并没有什么可怕。任何国家敢于侵略的话,美国将使用原子弹加以阻止。用陆军部长斯蒂文森的话说,美国在同苏联打交道时总是故意地"将原子弹这一武器挂在屁股后面"[⑪]。总之,当时原子弹成了制定美国对苏政策的一个决定性因素。

正是在此背景下,1945年9月伦敦五国外长会议前夕,美国政府决定发动所谓的对苏强硬外交。以此为起点,经过18个月,到1947年3月美国的冷战政策——杜鲁门主义酝酿成熟并正式出笼,而遏制战略是杜鲁门主义的核心所在。

2. 凯南关于遏制苏联的八千字电报

1946年2月9日,斯大林在莫斯科选区的选民大会上发表了一篇演说,其中谈到,战争的发生是现代垄断资本主义基础上世界各种经济力量和政治力量斗争的必然结果。资本主义世界经济体系的第一次危机引起了第一次世界大战,第二次危机引起了第二次世界大战。斯大林因此暗示说,和平的

国际秩序是不可能长期维持的,苏联必须作好准备,包括增加重工业生产,以防万一。在当时美苏关系的气氛下,这篇演说在美国引起了异乎寻常的反应。美国最高法官威廉·道格拉斯声称,斯大林的演说是"第三次世界大战的宣言"。

1946年2月22日,即斯大林的演说发表后两周,当时正在美国驻苏联大使馆担任代办的乔治·凯南向国务院发回了一份长达八千字的电报。在这份颇有名气的电报中,凯南综合了美国政府前一时期在实施对苏强硬外交中的一些实际做法和主要决策人的一些设想,并从理论的高度进行了证明,初步提出了所谓的遏制战略。

凯南在解释苏联行为根源时声称,"布尔什维克有一种天生对外部世界的恐惧心理";并且,"任何人都不应低估(马列主义)教条的重要性"。在分析苏联的政策时,凯南认为,苏联将"在一切认为合乎时机和会有好结果的地方,做出努力来推进苏联政权的正式疆界。在目前,这种努力暂限于这里某些邻近的、被认为战略上直接需要的地点"。最后,凯南的结论是,苏联同希特勒德国不一样,不冒不必要的风险。"苏联对理智的逻辑无动于衷,但对武力的逻辑却十分敏感","因此,如果对方拥有足够的武力,并清楚地表明它准备使用武力,这就几乎用不着其的动武。如果正确地处理形势,就不需要有影响威望的摊牌。"[12]

美国政府的决策者们见到这份电报如获至宝。海军部长福莱斯特尔下令加以复印,作为几百名高级军官的必读文件;国务院也表扬了凯南,并将他立即调回华盛顿。

3. 丘吉尔的富尔敦演说

惯于实行均势政策的英国,在第二次世界大战中遭到严重削弱,因而对苏联力量的扩大和发展十分敏感。还在欧洲的战事结束以前,丘吉尔就扬言,"苏俄已成为自由世界的致命威胁","必须立即组成一条新的战线来对付它的迅猛推进","这条战线的欧洲部分应尽可能东移"。[13]如果说当时美国还不想公开地按照丘吉尔的意见行事的话,那么,到了1946年初,美国就竭力利用丘吉尔在国际上制造冷战舆论了。

1946年3月5日,当时已经下野的丘吉尔应邀访问了杜鲁门肄业的母校——密苏里州富尔敦的威斯敏斯特学院。他在该校发表了题为《和平砥柱》的演讲,说出了杜鲁门想说而又不便说的话。丘吉尔耸人听闻地强调了当时形势的严峻性:"从波罗的海的斯德丁(什切青)到亚得里亚海边的的里雅斯特,一幅横贯欧洲大陆的铁幕已经降落下来",处于这一铁幕之后的东欧和中欧古国"无一不处在苏联的势力范围之内";"在远离俄国边界、遍布世界各地的许多国家里,共产党第五纵队已经建立";苏俄不希望战争,"他们所希望的是得到战争的果实,以及他们的权力和主义的无限扩张"。丘吉尔提出的对策和凯南的建议如出一辙。他说,苏俄"所钦佩的莫过于实力",而"最瞧不起的是军事上的虚弱","假使西方民主国家团结一致",那么,"没有人会来冒犯它们"。⑭丘吉尔特别鼓吹英美联合起来对付苏联。丘吉尔演说时,杜鲁门多次带头鼓掌喝彩。

4. 克利福德的报告

丘吉尔发表富尔敦演说之后,美国政府并未立即同苏联"摊牌"。这一方面是因为国际形势使得杜鲁门感到时机尚未成熟;另一方面是由于美国统治集团内部在对苏方针上仍然存在分歧。以前副总统、现任商业部长华莱士为代表的一派,反对联英反苏,反对与苏联公开破裂,甚至主张政治上承认苏联在东欧的势力范围,换取苏联在经济上对美国的门户开放政策的支持。另一派是以共和党参议员塔夫脱为代表的"孤立主义分子"。这一派虽赞同对苏实行强硬外交,却要求在军事上和经济上回到第二次世界大战以前的孤立主义立场。为了进一步排除干扰,统一思想,1946年9月24日,杜鲁门指示传阅根据他的指示由白宫主要助理克拉克·克利福德起草的一份长达50页的报告:《美国与苏联的关系》。

同凯南的电报和丘吉尔的演说相比,克利福德的这份报告更加全面地分析了美苏关系,更加系统地阐述了对苏方针。在起草报告的过程中,作者曾与杜鲁门、马歇尔、艾奇逊、李海、福莱斯特尔等头面人物几经商讨,因此可以说是正式反映了美国政府的战略意图。关于苏联的目标,该报告声称,"苏联把控制斯德丁到的里雅斯特这一条线以东的欧洲,看作是对他们现今的安全必不可少的,在这个地区内,它们决不容忍出现对立的势力";同时,苏联"企图沿着它的中、东部边界建立一个政治上臣服于苏联、无力对苏联采取敌对行动的保护地区"。"由于苏联没有远程战略空军以及几乎没有海上力量,苏联迄今不可能对美国发动战争"。⑮关于美国的对策,克利福德在报告中提出:

(1)美国政府"必须首先采取步骤,制止苏联进一步的扩张",以保证"至少在近几年中,西欧、中东、中国和日本将不落入苏联范围之内"。

(2)"美国必须拥有强大的军事力量,强大到足以抑制苏联,使苏联的势力范围限于目前它(所控制)的地区"。"军事力量的语言,乃是强权政治信徒们唯一能理解的语言。"为了使美国力量保持在"有效抑制"的水平上,"美国必须作好进行原子和细菌战的准备"。

（3）"一切在目前尚不处于苏联势力范围之内的国家,在他们反抗苏联的斗争中都应得到(美国)慷慨的经济上的援助和政治上的支持"。

（4）美国政府应"使公众充分了解情况","从而支持这些因苏联的行动而迫切需要美国政府采取的严峻的政策"。⑯

克利福德的报告全面勾画了美国在以后一个时期将推行的以军事抑制为主的遏制战略。杜鲁门将这一报告在统治集团内部传阅,表明他已决心"摊牌"了,剩下的就是选择合适时机的问题。

5. 杜鲁门主义的提出

1946年秋,一度遭受挫折的希腊共产党再次领导人民掀起了武装斗争,不断取得胜利,希腊政府的处境日益恶化,摇摇欲坠。1946年底,希腊政府连续向英国提出加紧提供援助的要求。这使英国十分为难。因为当时英国正濒临经济崩溃的边缘。为了维持对希腊的统治,它已耗费4亿英镑;再要进一步提供更多的援助,确实是力不从心。于是英国把目光转向美国。1947年2月下旬,美国国务院收到了英国的两份照会。它们分别涉及土耳其和希腊,一方面强调两国的经济和军事形势的恶化;另一方面声称,由于国内的经济困难,3月31日之后,英国将从希腊撤军,并无法再向希、土两国提供经济及军事援助,希望美国承担起这一责任。杜鲁门政府从中看到了一个千载难逢的好机会,它不仅为美国提供了取代英国、夺取东地中海控制权的可能,而且为美国抛出冷战政策提供了契机。

于是,美国政府的这架机器便全速运转起来,其主要一项工作就是由国务院为杜鲁门准备一篇致国会的咨文。按照杜鲁门的要求,这一咨文所述内容应当超出希腊和土耳其的范围,把对它们的援助同在世界范围里对抗苏联的计划联系起来。杜鲁门强调,"在这一讲话中我不要躲躲闪闪。这是美国对共产主义暴政扩张浪潮的回答。它必须干脆明确,没有犹犹豫豫和含含糊糊。"⑰

经过一阵忙碌以后,1947年3月12日下午,杜鲁门在国会两院特别联席会议上抛出了这一咨文,其核心思想后来被称为杜鲁门主义。

杜鲁门首先从希腊和土耳其谈起。他说,希腊受到了共产党领导的"几千名武装人员恐怖主义活动的威胁"。希腊一旦"陷落",对土耳其将产生直接的严重影响,混乱和无政府状态就很可能扩及整个中东地区,并对全世界造成灾难性的后果。为此,杜鲁门请求国会同意在1948年6月30日以前向希、土两国提供4亿美元的援助,并选派美国文武人员前往那里"参与重建任务",监督援助的使用情况。杜鲁门指望通过这些经济和军事手段实现对希、土的控制。

更重要的是,杜鲁门在这篇咨文中进而阐述了美国政府对当时国际形势的估计和准备采取的对策。他大肆宣扬"极权主义"对所谓"各国自由人民"的威胁,对国际和平的威胁,对美国的"安全"的威胁,声称美国必须支持"各国自由人民""抵制武装的少数集团或外来压力所试行的征服活动","以自己的方式解决有关他们各自命运的问题"。至于具体的援助方式,杜鲁门说,美国的帮助"应该首先通过经济和财政援助的途径"。[18]这实际就是说:如果必要,美国也应运用军事手段。

这样,杜鲁门便以总统身份将美国统治集团内部酝酿已久的反苏反共政策作为基本国策之一第一次正式地公之于世。这一政策后来就被称为杜鲁门主义,而其核心仍是遏制战略。杜鲁门主义的提出具有重要影响。第一,这是美国在谋求建立世界霸权过程中迈出的重要一步。杜鲁门自己说,"我相信,这是美国外交政策的转折点,它现在宣布,不论什么地方,不论直接或间接侵略威胁了和平,都与美国的安全有关。"[19]这实际上就表明美国自此承担了反共的国际宪兵的角色。第二,杜鲁门主义的提出标志着美国的对苏政策发生了重要转变:美国政府真正放弃了罗斯福的拉拢和整合苏联的政策,转而采取遏制战略。它为后来马歇尔计划的制订、北约以及许多其他地区性军事政治组织的建立铺平了道路。第三,杜鲁门主义的提出是美苏关系的一个分水岭。美苏在第二次世界大战过程中建立和发展的同盟关系正式破裂,美苏冷战全面展开。这是它们的意识形态、社会制度,特别是战略目标相互冲突的结果,主要是由美国妄图建立世界霸权的政策造成的。最后,杜鲁门主义的提出,深刻地影响了战后的整个国际关系。正是在美苏对立的基础上,世界上出现了东西方两个对立的阵营,而这种两极型的国际关系格局将在很长一个时期中构成战后世界的基本特征。

第二节 两大阵营的形成与民族解放运动的高涨

一、大西洋联盟的形成

1. 战后初期的西欧

按照杜鲁门主义,为了实现对苏联的遏制,美国竭力从经济、政治到军事方面将西欧置于自己的全面控制之下。而战后初期的西欧国家出于克服经济、政治危机的需要和对苏联的畏惧,也指望得到美国的支持和帮助。这种相互需求奠定了以美国为首的大西洋联盟的基础。

战后初期,西欧各国的社会经济状况十分险恶。第一,战争造成了巨大的破坏,国土满目疮痍,工业凋敝,农业歉收,人民生活极其困难。就整个西欧而言,1946年的工业产量仅达到1937年的70%,1947年达到80%,1945—1946年度的农业产量仅达到战前的63%,下一年度也只达到75%。其中德法两国的情况尤其严重。第二,战争留下了巨大的后遗症。战争期间,西欧仅存的一些工业都被纳入了战争轨道。要使这种战时经济体制重新恢复为平时经济体制,需要大量资金和技术力量。然而,由于战争,西欧国家当时黄金和外汇储备枯竭,资金拮据,并且科技人员和熟练工人奇缺。第三,战争还使欧洲殖民主义国家丧失了部分或全部殖民地,它们无法像第一次世界大战以后那样,以立即加紧掠夺殖民地的方式来填补战争亏空,恢复和发展经济。第四,1946年底,西欧又遇上了百年罕见的严寒。燃料和粮食严重匮乏,人民饥寒交迫。1947年初,英国宣布削减煤的配给,并公开承认,"不列颠处于极其危险的境地"。20世纪30年代大危机的情景,再次在人们记忆中被唤起。

严重的经济困难使人民群众对政府的不满和反抗情绪有增无减,社会动荡不安。法国、英国、意大利、比利时等国的工人运动此起彼伏,接连不断。共产党力量迅速发展。共产党党员从1939年的50万人增加到1947年的400万人。1945—1947年,意、法、比等九个西欧国家的共产党人参加了联合政府,其中有的领导了重要的部门。这种状况增加了资产阶级统治集团的内部矛盾。法国最为典型。第四共和国的第一届政府上台不到10个月就被迫下台,从而开始了走马灯式的交替。

面临着这种状况,西欧国家不得不依赖美国的援助和保护。就连早在战争期间便谋求建立以自我为中心的"第三种力量"的英法也不例外。连戴高乐都说:"恐怕没有比美国的帮助是更需要和有益的了。"[20]野心勃勃的美国不失时机地利用了这种形势。

2. 马歇尔计划的提出与实施

第二次世界大战结束后,美国立即终止了租借法案和"善后救济"这两种形式的援助,同英法等国签订了双边的贷款协定,以便美国的资本和商品能大量输往英国和西欧大陆。但由于西欧国家面临的经济困难极为严重,仅靠这些贷款仍无法达到美国的目的。因而,自1946年初起,美国便考虑进一步运用美援调整欧洲经济结构,改善欧洲经济状况,从而最终为过剩的美国生产能力获得可靠市场,保持美国的经济繁荣。到了该年秋天,由于担心经济危机来临,美国政府进一步加强了这方面的努力。

美苏关系的恶化和杜鲁门主义的提出,更是为美国确定复兴西欧的方针提供了新的动力。1947年3月5日,国务院在为杜鲁门起草致国会的咨文的同时,对援助欧洲其他国家的问题进行了研究。同月召开的苏美英法四国莫斯科外长会议失败后,新任国务卿马歇尔认为苏联正在采取拖延战术,等待欧洲经济的崩溃,为此美国必须加速复兴欧洲的步伐。他组织力量加紧对援欧问题实行综合全面的考虑。

以凯南为首的国务院政策设计委员会在5月23日提出的建议,表明了复兴欧洲方针的最终确定。这一文件的主要内容是:(1)从美国的全球战略的角度,分析了欧洲的复兴与杜鲁门主义的关系。它声称,如果美国不能改善西欧的经济状况,便只好听任苏联将这一地区"也纳入覆盖着东欧的阴影之中"。美国唯有采取主动,给西欧"输血",才能达到遏制苏联的目的。(2)提出了援欧的方法。该文件认为,应当要求欧洲首先实行"自助"和"互助";美国提供援助时,应当把欧洲作为一个整体加以对待;美国援助的重点应当是德国和英国;苏联和东欧国家如果希望得到援助就须接受美国的条件,否则便要被排除在外。这一所谓的援欧方针,在1947年5月28日国务院召开的会议上获得了正式通过。

1947年6月5日,美国国务卿马歇尔利用在哈佛大学接受名誉学位之机,以笼统的语言公开提出了美国的援欧建设。为此,它习惯地被称作马歇尔计划。

马歇尔在演说中强调,欧洲已是一片废墟,"经济、社会和政治秩序严重恶化",并对美国造成了严重威胁。在此情况下,唯一的补救办法是美国给予援助。但是,这种援助不能建筑在零星付给的基础上,它不应该是暂时的镇痛剂而应当是根治疾病的药方。为此,马歇尔要求欧洲国家联合起来首先制订一份复兴欧洲经济的计划,美国则据此计划决定可能提供的援助。

英法当时迫切需要美国的援助,而且它们还想在欧洲国家组成受援集团的过程中充当带头人,因此,对马歇尔计划作出了积极的响应。在美国指使下,6月19日,英法联合邀请苏联参加响应马歇尔计划的预备会议。6月27日,英法苏三国外长在巴黎开始了讨论。莫洛托夫提出,首先应当查明美国对欧洲实行经济援助的可能性、性质及条件;并且德国应当被排除在受援国之外。英外长法则坚持首先应制定一份统一的欧洲经济计划。双方争执不下。最后,莫洛托夫于7月3日宣布退出会议。

此后,为了加速贯彻马歇尔计划,英法向除西班牙、德国以外的一切欧洲国家发出参加在巴黎举行的经济专家会议的邀请,讨论向美国提交申请援助报告的问题。7月12日,这一会议开幕,英法等16国参加;苏联和东欧国家以及芬兰则拒绝出席。德国虽未正式与会,但其西方占领区的需要以及能力在会上也得到了考虑。会议通过了建立由16国代表组成的常设联合机构欧洲经济合作委员会的决定。9月22日,该委员会的一份总报告得到了各国代表的赞同,它提出了欧洲复兴的四项原则:各国努力发展生产;维持国内的财政稳定;在参加国之间发展经济合作;采取措施解决参加国与美洲大陆之间来往的赤字。在此基础上,总报告向美国提出了在今后四年中提供224亿美元的援助要求。

1947年12月,杜鲁门向国会提交了《美国支持欧洲复兴计划》的咨文,要求国会在1948—1952年拨款170亿美元援助欧洲,并提出成立直接向总统负责的经济合作署。对于杜鲁门的要求,国会进行了漫长激烈的争论。按照它在1948年4月2日通过的《1948年对外援助法》,美国将在随后15个月中拨款40亿美元用于支持欧洲复兴计划,以后的援助将坚持逐年审批的制度,而不确定为期四年的总额。援助的方法是,美国政府通过财政预算将这笔款项划拨给经济合作署,由该署向美国企业采购西欧所需物资,然后输往受援国。受援国可将出售这些物资所得的款项的95%用于稳定经济或刺激生产,其余的5%由美国支配。

1948年4月16日,参加巴黎经济会议的16国代表和美英法的德占区军事长官在巴黎签署了《欧洲经济合作公约》,并在欧洲经济合作委员会的基础上建立了经济合作组织,负责制订和推动各成员国执行共同复兴的计划,逐步加强各国间的经济合作。

1952年6月底,马歇尔计划正式实施完毕。在执行马歇尔计划的四年中,美国国会为它拨款131.5亿美元,其中90%是赠予,10%为贷款。

马歇尔计划是美国在特定条件下为加强西欧、遏制苏联而采取的做法。从根本上讲,它符合并且成功地促进了美国的战略利益。第一,马歇尔计划的输血打气,推动了西欧的经济恢复。从1948年秋起,西欧各国先后渡过了战后最困难的时期,分别进入了经济恢复阶段。西欧国家,特别是西德的经济状况的改善,无疑增强了美国在欧洲遏制苏联的能力。第二,马歇尔计划推动了西欧国家之间的合作,为美国进一步在西欧建立政治军事集团创造了条件。第三,通过马歇尔计划,美国以适量美元进一步打开了西欧市场的大门,迫使西欧国家及其殖民地以对待本国居民的同等条件向美国商品和资本开放。总之,马歇尔计划的实行,使美国有了一个更加稳定的势力范围。但是,也应看到,这一势力范围逐渐凝聚了一股反对美国控制的力量。

3. 北大西洋公约组织的建立

美国在推行马歇尔计划的同时,通过支持西欧的联合运动积极策划建立以美国为主导的军事组织。

在战后初期的西欧联合运动中,英国具有关键的作用。面对本身实力和影响严重下跌的险峻形势,英国统治集团试图通过实行所谓的三环外交来改善英国的地位,即在加强对英联邦的控制和巩固战争期间与美国结下的"特殊关系"的同时,修改在欧洲大陆实行的传统均势政策,密切与欧洲大陆的联系,建立英国操纵下的某种联盟。英国在调整自己的欧洲政策的过程中,积极谋求法国的支持。当时法国十分惧怕德国的再起,也希望得到英国的帮助。1947年3月4日,英国同法国签订了表面上针对德国的敦刻尔克同盟条约,结成了两国间的军事同盟。

以后不久,杜鲁门主义和马歇尔计划相继出笼,美苏冷战全面展开。在美国的支持下,英国便以"苏联威胁增大"为口实,利用西欧各国统治集团的"不安全感",加紧推动西欧的联合。1948年初,英国外交大臣贝文在下院就此提出了具体建议。他说,首先应以英法条约作为核心,同近邻比利时、荷兰、卢森堡签订盟约;尔后,再越出近邻的圈子,同欧洲文明的其他成员实行联合。

在英法的联名邀请下,1948年3月5日比、荷、卢与英法的代表于布鲁塞尔正式开始了谈判。3月17日,五国外长签署了为期50年的《布鲁塞尔条约》。条约规定,缔约国将在"维持国际和平和安全以及抵抗任何侵略时,彼此提供援助";在德国侵略政策复活时采取一切必需的措施;当任一缔约国在欧洲成为武装攻击的目标时提供"能力所及的一切军事或者其他的援助"。[20]条约还规定缔约国应协调它们的经济活动,以及对国内和对殖民地的政策。因此,布鲁塞尔条约在法英和低地国家之间建立了以军事合作为核心并涉及经济、社会及文化各个方面的同盟。表面上,它是为了对付德国的名,实际上矛头却主要指向苏联。

布鲁塞尔条约在同年8月25日生效。根据这一条约建立的组织机构包括:外长协商委员会,至少每三个月开会一次;防务委员会,由国防部长组成;参谋部和司令官委员会。

布鲁塞尔条约签字的当天,杜鲁门就在国会表示了支持。他说:"虽然欧洲经济上的复兴是重要的,但只有经济恢复的措施就不够了。"西欧国家已经认识到,"倘要使经济复兴获得成功,必须采取某种对付内部和外部侵略的保护性措施"。杜鲁门还明确表示,美国将向布约签字国提供援助,以"帮助它们保护自己"。㉒而布约五国也都认为美国的军事援助是不可缺少的。当时，欧洲九国共产党和工人党情报局已经成立，东西方在捷克斯洛伐克和德国的斗争日益尖锐，西欧各国的统治集团都惶惶不可终日。这就为美国建立同西欧国家间的军事联系提供了机会。

但是，在这一联系究竟应当采取何种形式的问题上，美国政府内部有着分歧。凯南等人不赞成同西欧国家缔结军事协定，认为只要在美国、加拿大和布约国家之间建立起一种哑铃式的联系即可。具体地说，他们主张，由美国总统发表一项类似门罗宣言的声明，宣布对西欧国家的进攻就是对美国的侵略，以此保护西欧的安全。

在杜鲁门、马歇尔等人看来，这一建议固然可以使美国进退自如，但不会使已患上了十分严重的"恐苏症"的西欧国家感到满足；而且，美国单方面的许诺，只会助长西欧国家在防务上的依赖性，使美国背上更沉的包袱。为此，他们主张，在"自助和互援"的原则下，由美国同西欧国家缔结共同防务协定。不过，他们认为，布约不符合美国需要，因为其范围太窄、义务太宽。所谓范围太窄，是指布约不包括对"大西洋安全"不可缺少的一些国家和地区。在远程轰炸机缺乏洲际飞行能力、空中加油技术又不过关的情况下，有了格陵兰、冰岛、挪威这样一些"垫脚石"，美国才能对西欧提供有效的军事援助。同时，德意等国的最终加入对加强西欧的军事能力具有重要意义。所谓义务太宽，一是指布约除了规定共同防务外，还涉及经济、社会和文化等方面，从而有可能冲淡它的军事意义；二是指布约规定必须向受攻击的盟国提供一切力所能及的援助，这会使美国"自动卷入"欧洲战争，而不能依据实际形势决定应当采取的行动。

经过反复考虑，杜鲁门政府确定了一项可称为大西洋联盟的政策，即由北大西洋西岸的美国、加拿大和东岸的西欧国家缔结一项避免了布约的固有弱点的区域性集体防务协定。为此，它推动参院于1948年6月通过了所谓关于美国外交新方向的《范登堡决议》。这一文件规定，在持续与有效的自助和互援的基础上，以及在涉及美国国家安全的情况下，美国可以通过宪法程序，参加区域性的或其他的集体防务协定。这一决议为实行大西洋联盟政策清除了法律障碍。1948年7月6日，美、加和布约国家在华盛顿就建立大西洋联盟一事开始了正式的会谈。在第一阶段会谈中，与会代表通过了一份通称《华盛顿文件》的备忘录，它对即将成立的组织的性质、范围、成员国的义务等作了详尽的规定。第二阶段会议集中讨论将签署的条约文本。尽管有了《华盛顿文件》，在美国应对西欧承担的军事义务的问题上，在意、土、希等国是否可以签约的问题上,美国和其他与会国间仍然颇多争论。但是,到1949年3月18日,会议终于正式公布了它制订的《北大西洋公约》全文。当时,在美国的拉拢下,丹麦、挪威、冰岛、葡萄牙和意大利等五国都已先后决定加入北约,并得到了加拿大和布约国家的认可。

1949年4月4日,以上12国的外长在华盛顿举行了《北大西洋公约》签字仪式。该约于同年8月24日起生效,实际是无限期的。它包括简短序言和14条条款,其中以规定集体武装防卫、协商共同行动和协助受攻击缔约国的几条最为重要。缔约国应以不断而有效的自助及互助方法,"维持并发展其单独及集体抵抗武装攻击之能力"。按照第四条,缔约国中任何一国的领土完整、政治独立或安全遭受威胁时,"各缔约国应共同协商"。按照第五条,缔约国"应单独并会同其他缔约国采取视为必要之行动,包括武力之使用,协助被攻击之一国或数国以恢复并维持北大西洋区域之安全。"㉓

9月17日,签署北约的各国外长在华盛顿举行会议,决定设立以下机构:(1)理事会:北约最高权力机构,由各成员国外交部长组成;(2)防务委员会:由各成员国国防部长组成,负责制定统一的防务计划;(3)军事委员会:隶属防务委员会,由各国参谋长组成,向防务委员会或其他机构提供建议;(4)小组委员会:隶属军事委员会,由美英法三国在军事委员会的代表组成,负责协调各地区计划小组及其他机构的工作,就军事性质问题进行指导;(5)地区性军事计划小组:一共5个,分别涉及北大西洋、加—美、西欧、北欧和南欧—西地中海地区,负责协调本地区内的各种防务计划,美国参加所有5个地区计划小组的工作。

北大西洋公约的缔结和北大西洋公约组织的建立,在战后国际关系史上具有重要影响。首先,它标志着战后长期对峙的两大集团之一——西方集团的核心的形成,加深了东西方之间的对立,加剧了美苏之间的冷战。第二,北约组织为美国提供了遏制苏联的重要工具。杜鲁门声称,北约组织是"美国制定宪法以来在和平时期缔结的第一个军事同盟"。它使美国得以在欧洲大陆组成一条对付苏联的弧形阵线,加强了美国在欧洲的战略地位。第三,北大西洋公约和北约组织奠定了战后美欧关系的基础。一方面,美国和西欧国家相互依赖,长期合作;另一方面,北约组织内部又始终贯穿着它们间的控制和反控制的斗争,以及有关权利和义务的争执。

二、社会主义阵营的形成

1. 东欧各人民民主国家的巩固

第二次世界大战的胜利,为东欧国家建立人民民主政权普遍创造了有利条件。这表现在:(1) 在反对法西斯国家及其附庸势力的斗争中,东欧各国共产党及其领导的武装力量有了很大的发展;(2) 由于战争最后以法西斯的失败而告终,东欧各种曾经依附于法西斯统治的反动腐朽势力遭到严重打击;(3) 在追歼德国法西斯的过程中,苏联红军越出了国界,进入了东欧;(4) 西欧资本主义大国遭到严重削弱,社会主义的苏联则屹立在东方。但是因为具体国情的不同,东欧国家建立这种政权的方式并不尽相同,大致可以分成三种类型。南斯拉夫、阿尔巴尼亚属于第一种类型。战争期间,它们为法西斯国家及其附庸所占领。两国的共产党领导本国人民建立了革命武装,开展了游击战争。在苏联红军的配合下,1944年底,两国分别获得了解放,建立了共产党领导下的人民民主政权。波兰、捷克斯洛伐克是第二种类型。战争时期它们为德国法西斯所占领。战争后期,随着苏联红军越出国界追歼敌人,它们从法西斯的铁蹄下获得了解放,并进而建立了人民民主政权。罗马尼亚、保加利亚、匈牙利则为第三种类型。大战期间,它们的反动统治者追随希特勒法西斯,派兵直接参加了对苏联和其他东欧国家的侵略。在盟军,特别是苏联红军迅速推进的形势下,1944年底和1945年初,它们分别与盟国签订了停战协定,并随后走上了建立人民民主政权的道路。显然,在后两种类型的国家中,人民民主政权的建立很大程度上依靠了苏联红军的铁犁。

东欧各国建立的人民民主政权,一般是以无产阶级政党作为核心,同时吸收了某些资产阶级或其他政党的成员参加组成的。新政权诞生后,在政治上和经济上采取了一系列民主改革的措施,包括清除军队和政府中的法西斯分子及卖国贼,实行土地改革等。这些进步措施引起了国内反动势力及其在民主政权中的代理人的不满和反对。它们力图取得西方国家的支持,促使刚刚开始的人民民主建设的进程发生逆转。另一方面,随着美苏矛盾的发展和激化,以美国为首的西方国家也千方百计地向东欧进行渗透和扩张。在从政治上、经济上对东欧国家施加压力和实行引诱的同时,它们竭力支持和扶植这些国家内部的亲西方分子。内外敌对势力的结合,使东欧各国面临着严峻的考验。

1947年美苏冷战全面发生后,在苏联的督促与支持下,匈牙利、保加利亚、罗马尼亚和波兰等国先后对国内反人民民主政权的力量实施了反击。而最激烈的斗争则是发生在捷克斯洛伐克。在取得了西方国家的赞同后,1948年2月,该国的一些资产阶级政党蓄意进行政治攻击,以求颠覆民主联合政府。以共产党为核心的革命力量则不失时机地进行了反击,不仅粉碎了资产阶级的夺权企图,而且清除了站在敌对势力一边的12名部长。

通过清除政权内部的资产阶级代理人,东欧各国共产党、工人党的领导地位得到了加强。在此基础上,东欧各国普遍进行了新的议会选举,制定了新的宪法,确立了无产阶级专政。与此同时,东欧各国还实行了经济改造,包括对大型工商及金融企业实行国有化,对农业实行集体化。到1949年时,社会主义经济成分在东欧各国中已占绝对优势。政治领域中无产阶级专政的确立和经济领域中社会主义道路的确定,使东欧各国从根本上得到了巩固。而这又为社会主义阵营的形成奠定了基础。

2. 社会主义阵营的形成

在美苏冷战全面展开的背景下及大西洋联盟迅速形成的过程中,苏联从政治、经济、军事等各个方面加强了与东欧国家的联系,建立了社会主义阵营。欧洲九国共产党和工人党情报局的建立则是在此方向中迈出的重要的第一步。

杜鲁门主义和马歇尔计划相继出笼后,为了将东欧各国进一步团结在自己周围,1947年夏,苏共中央要求波兰工人党出面邀请欧洲一些国家的共产党和工人党举行会议,讨论加强彼此之间联系的问题。波党中央接受了这一要求。经过一番准备,1947年9月22—27日,苏、波、匈、罗、保、南、捷、法、意等九国共产党和工人党的代表在波兰西南部的一个温泉浴场举行了会议。

会上,苏共中央书记处书记日丹诺夫就国际形势做了报告。会议根据这一报告通过了关于国际形势的宣言。其中提出:世界已分裂为两大对立的阵营,一个是帝国主义反民主阵营,一个是反帝国主义民主阵营;杜鲁门主义和马歇尔计划是帝国主义推行全球扩张政策总计划的一个组成部分。

会议还听取了波党中央第一书记哥穆尔卡关于各国共产党必须加强合作的报告,但在应当建立的有关机构的性质和作用的问题上发生了分歧。哥穆尔卡以及南共和捷共的代表都反对建立任何形式的共产国际中心。最后,日丹诺夫作了让步。会议在此问题上通过的决议规定,设立情报局,由与会各个党的代表组成;情报局的任务是组织经验交流,并在必要时于相互协议的基础上组织各个党的活动。显然,情报局与第三国际的性质有着明显的不同。第三国际是一个对世界各国共产党实行集中领导的国际组织;而情报局则是有关党互通情报、交流经验和配合行动的机构,不存在领导与被领导的关系。

从情报局成立之初起,其内部团结就暴露出来一系列问题。但是,尽管如此,情报局的建立对于联合当时欧洲国家——特别是东欧国家的无产阶级政党的力量仍然具有重要的作用,并且推动了经互会的组成,促进了苏东国家的军事合作。

在东欧国家拒绝参加马歇尔计划以后,美国便伙同西欧国家对它们实行经济惩罚,包括禁止出售某些基本设施和商品。苏联也针锋相对,通过一系列措施加强了与东欧国家的经济联系。在1947年7—8月间,苏联先后与保、捷、匈、波、罗等东欧国家签订了贸易协定。西方把这些协定统称为"莫洛托夫计划"。通过这些协定,以前流向西欧或其他地区的大宗贸易都转向了苏联和东欧国家。这不仅有助于它们克服经济困难和发展经济,并且加速了以苏联为首的社会主义阵营市场的形成。

随着马歇尔计划的迅速推行和西方国家的经济封锁的逐步加强,苏联积极筹备建立它和东欧国家间的多边经济合作机构。1949年1月上旬,苏、保、匈、波、罗、捷等六国的代表在莫斯科举行会议,决定在与会国间建立经济互助委员会,以进一步发展东欧国家间的经济合作。按照1月25日发布的会议公报,该委员会的任务是:交流经济工作方面的经验;制订有关科技合作方面的措施;相互给以技术援助;在原料、食品、机器、设备等方面互相协助。它还规定,只有经各成员国同意,经互会才能通过决议。

在其建立之初,经互会确实增进了苏联和东欧国家间的经济合作,有助于各成员国的经济建设事业的发展。

美苏冷战全面展开以后,为了对抗美国的遏制战略和核讹诈政策,苏联采取了一系列的军事措施。首先,它将大量人力物力投入原子武器的研制工作。1947年11月,苏联宣布,它已"掌握了原子武器的秘密"。1949年8月,苏联成功地爆炸了第一颗试验性原子装置。美国对原子武器的垄断正在逐渐地被打破。其次,苏联在大力裁减常规军备的同时,将大量传统的战区联合兵种部队部署在东欧,作为与美国抗衡的主要军事手段。当时,驻扎在东欧国家的苏军一共30个师(其中有22个师在东德),共约50万人。在苏联西部边境地区部署着50—60个师作为后盾。此外,苏联还与东欧国家签订了一系列的双边军事协定。

早在第二次世界大战的后期,苏联就已和捷克斯洛伐克、南斯拉夫和波兰签订了内容大致相同的友好互助和战后合作条约。它们规定,在对德战争结束后,缔约国仍要共同采取可能的措施,消除任何来自德国或其盟国"重新侵略的威胁"；一旦缔约一方因此而卷入与德国或其盟国的军事行动时，另一方应立即采取一切可能的手段提供"军事及其他方面的援助和支持"。

1948年初，在美国支持西欧国家加紧建立布鲁塞尔条约组织的活动时，苏联又通过缔结双边条约确立了它与罗马尼亚、匈牙利和保加利亚的军事合作关系。

与此同时，在苏联的鼓励和支持下，东欧各国间也先后缔结了一系列的双边合作条约。1947年3月波兰和捷克斯洛伐克签订的友好互助条约即是一例。其措辞同上面提到的苏捷、苏波等友好互助条约基本相仿。

据统计，到20世纪40年代末，苏东国家间的这类条约已经达到35个。这些条约在东欧形成了一个复杂的军事同盟体系，是社会主义阵营诞生的重要标志，当时在维护欧洲社会主义国家的安全方面发挥了积极的影响。

社会主义阵营的建立，符合苏联的战略目标，也符合苏联对抗美国的遏制战略的需要。同时，在当时的历史条件下，这也有助于东欧各国巩固第二次世界大战的胜利成果、维护人民民主政权。但是，无论是在情报局和经互会中，还是在与东欧国家的双边军事关系方面，苏联却没有认真遵守有关文件确定的平等合作的原则。其典型表现之一是它在1949年6月将南斯拉夫共产党逐出了情报局，并随后支持东欧其他国家对在社会主义革命和建设的模式方面持有不同意见的领导人的清洗。其典型表现之二是1949年11月苏联的罗科索夫斯基元帅竟然被任命为波兰的国防部长。这种状况突出反映了当时苏联领导人的大国沙文主义和民族利己主义。它伤害了东欧各国人民对社会主义苏联怀有的真挚感情，从根本上说来也违背了苏联人民的利益。

三、柏林危机和两个德国的出现

1. 德国分裂状态的加深

美苏冷战全面展开以后，德国的问题日益突出和尖锐化。因为，它不仅是东西方进行对抗的一个主要场所，也是美苏在建立和发展各自的同盟体系时竭力争夺的重要力量。这种对抗和争夺的结果之一，是德国分裂状态的不断加深。

1947年，解决德国问题的专门机构苏美英法外长会议曾分别在莫斯科和伦敦举行，但未能取得任何实质性结果。在此情况下，从1948年2月起，不顾苏联政府的坚决反对，美国联合布约五国在伦敦召开六国会议，商议成立单独的西德政府的问题。它们在对鲁尔区实行国际管制、德国参加欧洲复兴计划、西方三国占领区密切结合等问题上达成了一系列协议。并于6月初签署了《伦敦协定书》。根据这一文件,6月18日,美英法宣布在它们的德国占领区实行货币改革,从而在分裂德国的道路上迈出了极为重要的一步。

针对西方的行动,苏联也采取了相应的措施,包括在1948年3月退出了盟国对德管制委员会。最为严重的是,6月19日,苏联政府宣布,对西柏林的交通实行"交通管制",而以西方国家在德国货币问题上的让步作为取消封锁的先决条件。东西方之间因而出现了第一个冷战高潮,国际形势也骤然紧张起来。

2. 第一次柏林危机

按照苏联政府的声明,对西方国家进入柏林的道路实施的"交通管制"包括:停止火车客运交通,火车货运须经检查始能通行;禁止西占区汽车和马匹进入苏占区;水路运输须经许可并检查后能放行;个人通行证无效。这意味着全面切断了西柏林的水陆交通,它只能依靠通向西占区的三条空中走廊保持对外联系。6月24日,这一交通管制正式付诸实施。

对美国来说,这一危机的结局不仅涉及它在柏林的存在,而且涉及它在德国的地位和在西欧诸盟国中的形象,为此它竭力表现出一种坚定的立场。美国在德国的军事长官克莱宣称,"苏联只有通过战争才能迫使美国放弃柏林"。[24]但是,为了避免同苏联发生正面的武装冲突,美国政府并未采取强行打通从西德到西柏林的水陆通道之类的极端措施,而是联合英法加强了对西柏林的空运,以此维持对西柏林的粮食、燃料以及其他物资的供应。在西柏林被封锁的324天中,西方共出动了277728架次的飞机参加空运,被运物资达到了211万吨。与此同时,西方还逐步加强了反封锁措施,包括中断向苏占区运送焦煤、钢材等物资,给东德地区的经济造成了很大损害。此外,美国政府还利用柏林危机推动国会增加军事预算,促使西欧国家同意战略轰炸机B-29的进驻,并加速建立北约组织和成立单独的西德国家。

由于对柏林的封锁不能达到预期效果,苏联遂逐渐改变策略。1949年1月31日斯大林在一书面讲话中暗示,只要西方将建立单独的西德国家的计划推迟到研究整个德国问题的外长会议之后,并停止对东德的反封锁,苏联就取消对西柏林的"运输限制"。这意味着苏联不再坚持以货币问题的解决作为取消对西柏林的封锁的先决条件。在此基础上,经过秘密谈判,1949年5月5日苏美英法四国同时发表了关于解除德国各占领区和柏林之间的限制的公报,宣布自5月12日起结束相互加与的一切"交通、运输及贸易的限制";并在5月23日召开巴黎四国外长会议,"讨论有关德国的问题以及由于柏林形势而发生的诸问题,包括柏林货币问题在内"。[25]

3. 两个德国的出现

柏林危机期间,美国拉拢英法加快了分裂德国的步伐。8月中,美英法成立了一个三方委员会,其任务是根据六国伦敦会议通过的有关三国驻德军事长官和德国临时政府权限的规定起草占领法律。9月1日,在美国操纵下的西德议会委员会(即制宪会议)开幕。该委员会包括了分属6个政党的65名代表,基督教民主联盟的阿登纳当选为委员会主席。

经过反复的磋商与争论,到1949年4月上旬,美英法三国驻德军事长官就占领法达成了协议,其中包括:(1)西德国家成立后,军政府将予结束,文职的高级专员将代替军事长官成为盟国驻西德的最高官员。三盟国的高级专员组成高级专员委员会,主管德国对外事务和安全事务,并对西德议会的一切行动拥有否决权。占领军依然存在。(2)德国人将拥有"民主的自主政府",在盟国允许的范围内,就国内问题或任何其他问题制订立法。5月8日,德国议会委员会通过了基本法(波恩宪法)。它规定,西德为11个州组成的联邦制共和国,首都设在波恩;西德"承诺对自己主权的某些限制","把部分主权让与国际机构"。基本法还规定,要"在自由和自决中实现德国的统一和自由","德国的其他领土合并后,本法亦将生效"。①5月12日,也即在解除柏林封锁的同日,美英法三国驻德军事长官在法兰克福批准了基本法并公布了占领法。5月23日,当四国外长会议在巴黎开幕时,西方国家却在西德精心安排了庆祝基本法的签署与正式生效的活动。美国显然是要使西德国家的建立问题不受巴黎外长会议的干扰。

在巴黎外长会议上,苏联方面建议,恢复对德管制委员会和柏林的四国司令部,建立全德国务会议作为德国经济和行政机构的中心,由四大国联合提出对德和约草案。西方三国则采取了相反的立场。他们主张,建立由盟国代表组成的"最高委员会"代替对德管制委员会;苏占区承认基本法和占领法规,在此基础上建立全德联邦政府。双方都不肯作出让步,以至当会议在6月20日结束时,四国外长未能在德国问题上达成任何实质性的协议。之后,美国加紧完成筹建西德国家的最后程序。9月20日,德意志联邦共和国正式成立,由阿登纳担任总理;次日,盟国高级委员会也宣布成立。

苏联在反对西方策划建立单独的西德国家的同时,也在自己的占领区采取了相应的措施,准备建立单独的东德国家。5月底,东德人民代表大会批准了经东德人民委员会通过的宪法草案,宣布德国为不可分割的民主共和国。10月7日,东德人民委员会在柏林举行会议,宣布自身为临时人民议院,并以此名义作出了成立德意志民主共和国的决议。民主德国由此正式诞生,而以德国统一社会党的格罗提渥为政府总理。10月10日,苏联政府通知东德临时人民议院主席团,它"准备将以前属于苏联军政府的行政权移交给德意志民主共和国临时政府",并成立德境管制委员会代替苏联军政府。

联邦德国和民主德国的相继成立,标志着德国的正式分裂。但是,这并不意味着美苏在德国问题上对抗的结束。相反,东西方的斗争将变得更加复杂化。

四、民族解放运动的发展和初步胜利

1. 民族解放运动的发展

正如毛泽东同志所说,反法西斯的第二次世界大战的胜利,"给全世界工人阶级和被压迫民族的解放事业开辟了更加广大的可能性和更加现实的道路"。[27]这主要表现在以下几个方面:(1)殖民地和半殖民地人民的思想觉悟和组织程度空前提高。第二次世界大战从不同角度造成了殖民地和半殖民地的社会结构和阶级结构的变化,壮大了民族资产阶级和无产阶级的队伍,教育和锻炼了广大群众。(2)殖民主义势力严重削弱,西方国家在殖民地问题上产生了新的矛盾。在第二次世界大战中,不仅德意日法西斯国家彻底战败,就是对作为战胜国的英法荷等老牌殖民主义国家来说,其实力也远非昔日可比,并且它们还面临着已经登上资本主义世界顶峰的美国的排挤和争夺。(3)苏联的崛起和东欧各人民民主国家的诞生。第二次世界大战的重要结果之一,就是苏联作为世界大国屹立在欧亚大陆,东欧出现了一系列的人民民主政权。它们采取的反殖反帝的立场,不仅牵制了西方国家的相当一部分力量,而且鼓舞了亚非拉美人民。

在上述有利条件下,大战结束以后,殖民地和半殖民地的民族解放运动迅速发展起来。它有着一些明显的特征:(1)斗争遍及亚非拉美大陆,而以东亚和南亚为中心。在战后的最初两年中,在东亚、南亚、西亚、北非、撒哈拉以南的非洲以及拉丁美洲,普遍掀起了争取和维护民族独立的反帝反殖风暴。在这一斗争中,东亚和南亚共同走在队伍的最前列。它们的胜利将形成战后民族解放运动的第一个高潮。(2)由于环境的不同,各个地区的民族解放运动在具体的斗争目标和方法以及领导力量的问题上呈现出多样性。就斗争目标而言,拉丁美洲以反对美国的控制和干涉为中心内容;北非和西亚以废除与英法签订的不平等条约为中心内容;撒哈拉以南的非洲和南亚、东南亚以消除殖民主义统治、实现民族自治为中心内容;中国和朝鲜人民则是以反对美国所支持的国内反动势力的民主革命为中心内容。就斗争的领导而言,

在拉丁美洲、非洲、西亚和南亚,斗争主要是在民族资产阶级领导之下;在东亚和印度支那,斗争是在无产阶级领导之下。就斗争的方式而言,在东亚和东南亚,斗争主要是以武装的暴力的形式出现,在其余地区,斗争则主要是以其他的群众运动的形式出现。(3)由于主观和客观的原因,包括错误思潮的影响,殖民主义国家的破坏和大国的干涉,亚非拉美民族解放运动的道路并非一帆风顺,经历了各种困难和挫折。

2. 西方国家的对策

第二次世界大战结束后,对于那些在战争中遭到严重削弱的英法等老殖民主义国家来说,殖民地和半殖民地有着格外重要的意义。它们不仅指望通过加紧对殖民地的剥削挽救濒于崩溃的国内经济,而且企图通过重建殖民帝国巩固摇摇欲坠的大国地位。为此,它们无视自己在战争期间许下的旦旦誓言,将恢复旧的殖民统治作为自己所追求的目标。

在重建殖民主义统治的努力中,老殖民主义国家狡猾地采取了两手策略。首先,它们试图以点滴改良和虚幻前景来欺骗殖民地和半殖民地人民。然而,鉴于在第一次世界大战以后获得的教训,殖民地和半殖民地的广大人民坚持立即真正地实现民族解放的崇高理想,老殖民主义国家的欺骗和拖延伎俩无法奏效。于是,它们毫不迟疑地转而采取暴力手段,血腥镇压民族解放运动。然而此次老殖民主义者遇到了有力的抵抗,各地的民族解放运动依然迅猛发展。在此背景下,英国率先采取了所谓的非殖民化政策。

非殖民化政策的实质并不真正意味着放弃和取消殖民制度,而是在承认殖民地形式上的独立的同时,通过各种手段使它们在政治、军事,特别是经济上紧紧依赖前宗主国,处于事实上的从属地位。因此,所谓非殖民化,乃是老殖民主义国家以一种形式上和以前不同的制度取代过时的殖民主义统治形式的过程。它们所遵循的格言是:"改革为了保存"。但是,应当看到,这只是就老殖民主义者的本意而言。而这种企图是否真正能够实现,则取决于许多客观条件。事实上,在多数的情况下,殖民地和半殖民地的人民成功地利用了这种非殖民化政策,将它变成了走向真正的民族解放的第一步。

战后初期,美国在亚非拉美地区所追求的目标是由它的全球战略决定的。为了建立对世界的支配,它在积极地谋求对欧洲的控制的同时,不遗余力地向亚非拉美推进,力图将这些地区置于美国的影响之下。为此,它既要排挤老殖民主义国家的势力,又要阻止苏联影响的扩大,还要压制当地的民族解放运动,这三项任务有时是一致的,有时则相互会发生冲突。

为了实现自己所追求的目标,美国根据亚非拉美地区的现状以及自身的经验,采取了颇具特色的、不同于旧殖民主义的政策:(1)在反对"共产主义威胁"和反对殖民主义的旗号下进行渗透扩张。为了欺骗亚非拉美人民,美国经常标榜自己的反殖民主义传统,制造所谓"共产主义威胁"的谰言,将自己装扮成亚非拉美人民的民族解放事业的同情者和支持者。(2)以美援作为实现扩张的重要杠杆。1949年1月20日,杜鲁门在就任第二任总统时发表的演说中,提出了今后外交方面的"四点主要行动原则"。其中第四点宣称,美国将向不发达国家提供"技术援助"和投资,帮助它们解决经济发展中的困难。实际上,美国指望通过提供所谓的援助,控制受援国家的经济命脉,为美国的资本输出、商品倾销和原料掠夺开辟道路。(3)通过签订各种条约和协定,将部分亚非拉美国家纳入美国组织的同盟体系。1947年美洲国家在里约热内卢会议上缔结的《美洲国家间互助条约》,1948年3—4月间美洲国家在波哥大会议上签署的《美洲国家组织宪章》及有关文件,就是美国这种做法的典型体现。通过这些条约,美国强化了泛美体系,巩固了它在拉丁美洲的地位。(4)扶植和支持亲美政权。为了实现对亚非拉美的控制,美国往往利用这些地区内的亲美势力,建立唯美国之命是从的亲美政权。此种手段在远东和拉丁美洲都曾被频繁地使用。

3. 殖民体系在亚洲的最初崩溃

第二次世界大战中,由于亚洲的各个地区或者为日本侵略军所占领,或者位于反对法西斯斗争的前线,因此英法荷等老牌殖民主义国家的殖民统治在这里受到了最为沉重的打击,而当地人民的组织能力和思想觉悟也得到了最大限度的提高。在此基础上,1947—1949年间,帝国主义的殖民体系首先从亚洲被打开了缺口,出现了崩溃。

1947年6月初英国新任印度总督蒙巴顿提出了《印度独立方案》。按照这一方案,印度将依据宗教信仰分成印度、巴基斯坦两个自治领,巴基斯坦又由东、西两部分构成。8月13日和14日,巴、印两个自治领分别宣告独立。1948年1月,缅甸也脱离了英国的殖民统治成为主权国家。一个月后,锡兰又成为英联邦的自治领。

1949年11月2日,日本投降后建立的印度尼西亚共和国同荷兰缔结了《圆桌会议协定》。据此协定,在印尼共和国做出重大让步的情况下,12月27日荷兰向印尼共和国"移交主权"。

1948年9月9日,继李承晚在美国扶植下成立大韩民国并担任总统之后,朝鲜民主主义人民共和国宣告成立。1949年10月1日中华人民共和国的诞生,标志着中国由一个半殖民地国家真正变成了一个主权国家。这极大地改变了世界范围内的力量对比,壮大了社会主义体系的力量,推动了亚非拉美人民的民族解放斗争。

但是,亚洲这些新独立的国家面临着许多困难和矛盾。1948年10月至1949年1月,印度和巴基斯坦为克什米尔的归属问题爆发了第一次战争。1948年5月至1949年7月,阿拉伯联盟国家与犹太复国主义者建立的以色列进行第一次中东战争。日本投降后宣布了独立的越南人民则与试图卷土重来的法国殖民军进行着激烈的斗争。而朝鲜和中国人民不久都将投入与美国侵略军的浴血奋战。

第三节 两大阵营的激烈对抗与中立主义运动

一、东西方在亚洲的对抗

1. 朝鲜战争

第一次柏林危机平息以后不久,人们的注意力就又转到了远东。50年代初期,在这里发生了两场战争,其中一场是在朝鲜半岛上进行的,另一场则是在印度支那进行的。美国从其遏制苏联和反对社会主义国家的立场出发,以不同方式介入了这两场战争。而朝鲜人民和印度支那人民则得到了苏联,特别是中国的支持。因此,朝鲜战争和印支战争也就成了继柏林危机之后东西方在亚洲进行的新的较量。不同的是,东西方在欧洲的较量是以美苏直接进行封锁和反封锁的形式出现的;它们在亚洲的较量则采取了热战形式,虽然美军直接参加了朝鲜战争,但苏军并未进入战争的第一线。

由于外来势力对朝鲜人民正当权益的漠视与干涉,特别是由于美国推行的扩张主义政策,1948年8月和9月间朝鲜正式发生了分裂,南北先后出现了两个政权。

为了实现对整个东北亚的控制,以便更加有效地遏制苏联,美国力图通过李承晚政权完成对北朝鲜的兼并。大韩民国政府成立的当天,作为美国政府特使的麦克阿瑟便在他的"贺词"中叫喊,要依靠"大韩民国"拆除"人为的障碍"。1950年1月,美国政府和李承晚政权签订了《美韩联防互助协定》,进一步加强了军事勾结。在美国的支持下,李承晚气焰嚣张,一再叫嚷"北进统一",并不断沿三八线进行武装挑衅。

1950年6月25日凌晨,李承晚集团的军队和朝鲜民主主义人民共和国警备队在三八线附近发生冲突。经过几小时激战,李承晚军队迅速溃败。北朝鲜的人民军乘胜大举反击,当天就向南挺进了10—15公里。这使美国统治集团紧张异常。他们估计,人民军仅用一周时间就可攻下汉城。为此,6月26日,美国国防部命令火速从日本空运军火装备支援李承晚。6月27日,杜鲁门正式发布了侵朝占台的声明,命令美国海空军参加朝鲜战争,给南朝鲜军队以"掩护和支持",命令美国第七舰队侵入我国台湾海峡地区。他还下令加强驻菲律宾的美军,对印度支那的法国军队加速提供军事援助。这暴露了杜鲁门政府妄图对中国实行包围的险恶用心。6月29日,即朝鲜人民军解放汉城的次日,杜鲁门批准了参谋长联席会议关于出动美国地面部队侵朝的决定。

与此同时,美国政府还力图利用苏联抵制安理会之机为自己的侵略行动包上一层联合国外衣。在它的操纵下,6月25日,安理会通过了一项决议,指责北朝鲜破坏了和平,要求它将其武装部队撤回三八线。两天以后,安理会通过了另一项决议:要求联合国各成员国向南朝鲜提供援助,对朝鲜进行制裁。在这一决议的掩盖下,7月1日,美国直接参加侵朝战争的第一批地面部队抵达南朝鲜。7月7日,安理会又通过一项决议,要求联合国会员国提供侵朝军队组成"联合国军",并授权美国为这支军队任命总司令。在美国的压力下,有15个国家先后向美国提供了"战斗部队"。但是,除了土耳其和英国以外,其他盟国的姿态都是象征性的。

美国及其盟国的军事干涉,最初并不能阻止朝鲜人民军的胜利推进。到了8月初,朝鲜南部90%以上的地区获得解放。为了挽救军事败局,9月15日美国调集了500多架飞机,300多艘舰艇和5万多兵力,执行酝酿已久的仁川登陆计划。同时,被压缩在南部釜山一带的美李军队也转入反攻。在敌强我弱的形势下,朝鲜人民军边战边退,9月28日,美军占领汉城。10月1日起,经杜鲁门批准,麦克阿瑟指挥美李军队越过三八线,侵入朝鲜北部。

早在朝鲜战争爆发以后的第三天,6月28日,毛泽东主席就号召中国人民做好充分的准备,"打败美帝国主义的任何挑衅"。此后,针对美国政府蓄意扩大朝鲜战争的阴谋,中国政府又多次发表声明,提出严重警告。9月30日,即在美李承晚军队越过三八线的前夕,周恩来总理再次严正宣布:"中国人民热爱和平,但为了保卫和平,从不也永不害怕反抗侵略战争。中国人民决不能容忍外国的侵略,也不能听任帝国主义者对自己的邻人肆行侵略而置之不理。"[28]10月3日,周总理更加具体地宣布,若"联合国军"越过三八线,中国将出兵援助北朝鲜;若只是南朝鲜部队越过三八线,中国将不采取这一行动。但是,美国统治集团低估了中国政府的决心,仍一意孤行,继续扩大战争。10月7日,麦克阿瑟命令以美军为首的"联合国军"大规模越过三八线。

在此情况下,10月8日,毛泽东发布命令:"着中国人民志愿军迅即向朝鲜境内出动,协同朝鲜同志向侵略者作战并争取光荣的胜利。"㉓10月18日,以彭德怀为司令员的中国人民志愿军跨过鸭绿江,进入了朝鲜。10月25日,中国政府正式宣布了这一消息。

中国人民志愿军入朝后与朝鲜人民军并肩战斗,迅速扭转了战局。到年底,敌军就被赶到了三八线以南地区。与此同时,我国代表伍修权在联合国有力地控诉了美国武装侵略中国领土台湾和武装干涉朝鲜的帝国主义政策。11月30日,杜鲁门在一次记者招待会上公然鼓吹扩大侵朝战争,并且挥舞原子弹对中国人民进行讹诈。

美国在朝鲜战场上的失利以及杜鲁门对中国的原子讹诈,不仅在美国统治集团内部引起了激烈的争论,而且在其西欧盟国中造成严重的不安。不少人担心,美国坚持与中国为敌的做法会削弱整个西方阵营在欧洲对抗苏联的力量。12月上旬,英国工党政府首相艾德礼为此专程赶往华盛顿与杜鲁门进行会谈。艾德礼一再强调,西方的主要对手是苏联而非中国,不能因为深深陷入亚洲而在欧洲任人摆布。艾德礼还尖锐批评了麦克阿瑟的独断专横,建议成立一个委员会负责指挥战争。杜鲁门在坚持继续侵朝战争的同时,也做了一些让步,包括许诺不因朝鲜战争而忽视西欧防务。在三八线附近实行地面停火,以及不经与英国协商就不会考虑使用原子弹等,从而确立了在朝鲜实行所谓"有限战争"的政策。

然而,1951年初,当朝中人民军队在取得第四次重大战役的胜利并为了赢得新的战略主动而将主力转移到三八线附近以后,麦克阿瑟却在3月24日的一篇声明中叫嚣要把战火烧到中国领土。这使杜鲁门向西欧国家许诺的"有限战争"的政策受到了公开挑战。在与美国统治集团中的核心人物进行商议后,4月9日,杜鲁门签署命令,解除了麦克阿瑟的一切职务,而由侵朝美军第八军司令官李奇微接替。

另一方面,由于朝中军队的英勇善战,1951年5月下旬,第五次战役终以美李军队的失败而告结束。在此以后,战线在三八线附近逐渐稳定下来,战争陷入僵持状态。美国原来预期的侵略目标显然难以实现,美国统治集团内部意见纷纷,盟国更是怨声载道。此外,中苏等国为和平解决朝鲜问题主动地作出了种种外交努力。在此形势下,杜鲁门政府被迫调整政策。6月30日,李奇微在给朝中方面的一封信中正式提出了举行停火谈判的建议。7月10日,以朝鲜人民军和中国人民志愿军为一方,以所谓"联合国军"和李承晚军队为另一方的朝鲜停火与休战谈判在开城拉开了帷幕。

然而，最初美国在谈判中完全缺乏必要的诚意，试图在谈判桌上获得在战场上不能获得的东西。为此，美国代表要求将军事分界线划在三八线以北18—50公里的朝中阵地之内。这意味着朝鲜北方将丧失1.2万平方公里的土地。美国代表还在战俘问题上提出了"自愿遣返""一对一交换"主张，以求达到强制扣留朝中被俘人员的目的。与此同时，美国政府又妄想通过施加军事压力迫使中朝方面在谈判中屈服。1951年它先后发动了大规模的夏季攻势和秋季攻势。在地面部队无法打赢时，1952年，它又利用自己的"空中优势"，对中朝人民军队的阵地以及后方的交通设施实行狂轰滥炸。与1951年相比，1952年敌机轰炸次数增加约70倍。朝中方面针锋相对，在谈判桌上展开了有理有利有节的斗争，在战场上一再粉碎了美李军队的军事冒险。在此形势下，加上国际舆论的压力，美国国内以及西方阵营内部矛盾的发展，1953年初上台的美国艾森豪威尔政府最终同意实行停战。7月27日上午，朝中方面首席代表和美方首席代表在板门店签署了《朝鲜停战协定》，以及关于停战协定的《临时补充协议》和《中立国遣返委员会的职权范围》两个附件。数度中断的朝鲜停战谈判终于获得了重要成果。

停战协定的主要内容为：（1）以双方实际接触线为军事分界线，双方各由此线后退2公里，以建立一非军事区；（2）自协定签字后12小时起，双方停止一切敌对行动，自非军事区撤出其一切军事力量、武器与装备，停止自朝鲜境外进入增援的军事人员及武器弹药；（3）停战协定生效后60天内，各方应将一切坚持遣返的战俘分批直接遣返，未予直接遣返的其余战俘交中立国遣返委员会处理；（4）双方军事司令官向有关各国政府建议，在停战协定生效后3个月内，召开双方高一级的政治会议，协商从朝鲜撤退一切外国军队及和平解决朝鲜问题。[30]

《朝鲜停战协定》的签署，标志着美国政府的侵朝政策的失败。为了进行侵朝战争，美国投入了巨大的军事力量，包括陆军兵力的三分之一，空军兵力的五分之一，太平洋舰队的大部分舰艇，以及除原子弹以外的所有新式武器。它因此付出的直接军费高达200亿美元，消耗的物资达7300万吨。美国还利用联合国名义取得了53个国家提供的"道义"或物质的援助，纠集了15个国家的兵力。在整个战争中美李军队遭受了惨重损失：被消灭军队109万人（其中美军为39万人），被击落击伤飞机1.2万多架，被击沉击伤舰艇257艘，船舶295只，被击毁和缴获的坦克及装甲车3000多辆。然而，尽管如此，直到签署停战协定时，侵略者仍然停留在三年前发动武装进攻时所处的三八线附近。有鉴于此，连接替李奇微出任"联合国军"司令官的美国将军克拉克也承认,他是"美国第一个在没有取得停战胜利的停战协定上签字的将军"。[31]

《朝鲜停战协定》的签署是中朝人民的伟大胜利。由于美李兼并朝鲜北方的计划的破产,北朝鲜的安全得到了巩固;新生的中华人民共和国也经受住了严峻的考验,其国际地位和威望得到了大幅度的提高。朝鲜战争结束以后,中国的对外关系进入了一个新的发展阶段。

《朝鲜停战协定》的签署,符合亚洲和世界人民的根本利益。它有助于世界形势,特别是远东形势的稳定,推动了国际范围内的和平力量的发展,鼓舞了亚非拉美人民的民族解放运动。

然而,美国统治集团并不甘心于这一失败。它重新调整了自己在亚太地区的军事战略,企图通过进一步扶植日本、支持法国在印度支那的殖民战争,以及组织区域性军事集团等方法,维护和扩大美国在远东的势力,控制亚洲广大地带,包围和抑制社会主义国家。

2. 印度支那抗法战争和美国的干涉

中国革命的胜利和中朝人民反对美国侵略朝鲜的斗争,对印度支那人民的抗法战争产生了重要的影响。

自1946年12月抗法战争开始以后,印度支那人民英勇作战,沉重地打击了法国及其傀儡政权的军队。但是,直到新中国成立之时,他们的处境依然十分困难。1950年1月18日中国对越南民主共和国的率先承认以及两国外交关系的建立,使越南人民和整个印支人民进行抗法斗争的国际环境大为改观。1月底,根据秘密访华的胡志明主席的请求,中国政府作出了全面援越的重大决定。双方商定,首先发动边界战役,扫清边界敌人,以便中国能将援越物资运往越南,7月,陈赓将军受命入越协助组织这一战役。10月9日,经过近一个月的激战,陈赓负责指挥的边界战役取得了彻底胜利,越南北部的中央根据地通过1000多公里的中越边界与中国连成了一片。印度支那人民的抗法战争进入了新阶段。

与此同时,由于中华人民共和国的诞生,印度支那对美国有了新的战略意义。在此以前,中国构成了美国在远东建筑的用以遏制苏联的城墙的一部分。而在中国革命取得胜利以后,苏联的影响一下子南移了几千公里,并且似乎很有可能经由中国向东南亚继续获得发展。美国对于这一前景感到严重担忧。显然,在美国的对外战略中,印度支那开始获得了一种特殊意义。美国不仅把印度支那看作是遏制苏联影响的一个前哨阵地,而且还把它当作反华包围圈的重要一环。为此,美国政策朝着积极支持法国战争努力的方向移动。1950年2月初,美国政府正式宣布承认法国在印支的三个所谓联系国家("越南国"、老挝王国和柬埔寨王国)。5月初,它又宣布,鉴于印度支那出现的紧迫形势,美国将向法国提供经济及军事援助,以便补救和稳定印支形势。

朝鲜战争的爆发,使得印支冲突在美国的全球战略中有了更加突出的位置。它成了美国据以牵制社会主义国家,从而改善自己在朝鲜处境的重要阵地。相应地,此时的法国被看成了美国政府"在反对共产主义的战斗中的第一线同盟者"。为此,美国加紧在印支推行援助法国的殖民主义战争的政策。在朝鲜战争爆发后的第三天(6月27日)发表的总统声明中,杜鲁门除了宣布美国军队直接侵朝占台以外,还指示增加对法国和越南保大政权的军事援助。随着法国在印支战场上处境的不断恶化,美国政府向法国提供的各类物资和装备源源不断地流入印支。到杜鲁门离任前夕,美国几乎已经承担了法国在印支作战费用的三分之一。1953年1月艾森豪威尔入主白宫。他和国务卿杜勒斯一起继续执行前任的印支政策,不仅继续增加对法国的军事援助,而且参与了法国军事计划的制订。

至1953年结束时,美国已经承担了法国在印支的一半以上的作战费用。然而,尽管如此,法国在印度支那的军事地位仍然日益恶化。此外,沉重的军事负担对法国的经济造成了巨大的破坏;美国的不断介入又使它面临着在印度支那遭到被排挤和取代的危险。为此,法国统治阶级中相当一部分人主张实现所谓"体面的和平",即在一定条件下停止印度支那战争,以便保存法国在这一地区的部分势力,并进而稳定法国国内政局,加强法国在北非和欧洲的地位。这一立场得到了当时的英国政府的支持。它担心战争的扩大会危及英国在东南亚的利益。

3. 日内瓦会议

早从1953年9月起,苏联政府就一再建议召开苏中美英法五大国会议,审查和解决导致国际紧张局势的问题,包括朝鲜问题和印支问题。艾森豪威尔政府最初断然拒绝通过谈判和平解决印支问题。但是,在1954年2月的苏美英法四国外长柏林会议上,由于法英外交部长的劝说加上法国保证不会接受任何"直接或间接地把印度支那交给共产党"的安排,美国国务卿杜勒斯最后作出了一点让步,同意在日内瓦召开包括五大国在内的国际会议,讨论和解决朝鲜问题以及恢复印度支那和平问题。

然而,柏林会议之后,美国政府继续实行通过援助推动法国在印度支那的军事冒险的政策。随着越南军民在3月中旬开始了攻打奠边府的战役,美国政府积极策划在印度支那实行直接的军事干涉,甚至阴谋将战争扩大到中国境内。与此同时,它积极拉拢英法以及东南亚的一些国家,筹划建立所谓东南亚的集体防务。但是,在实行这两个设想时美国政府都遇到了困难。美国许多国会议员对美国直接卷入印度支那冲突是否明智表示怀疑。而当时的英国政府则认为,西方国家在印支采取军事行动将不仅是无效的,而且可能将世界带入一次新的大战的边缘。英国政府设想的主要是谈判和越南的分治。为此,它表示,只有在日内瓦会议之后,英国才能与盟国一起考虑应共同采取的立场。另外,法国也有所顾虑。在奠边府战役打响之后,法国政府固然渴望美国能够实行代号为"鹰"的计划,以挽救法军在越南的败局,但它反对美国将这一军事干涉扩大到整个印度支那,从而损害法国在印支的殖民利益,更反对美国采取直接针对中国的行动,把法国拖入与中国的军事冲突中去。在这样的情况下,美国政府的立即直接参加印支战争并阻挠日内瓦会议召开的企图未能得逞。

日内瓦会议于 4 月 26 日开始,它分两部分交叉举行。第一部分从 4 月 27 日到 6 月 15 日,讨论朝鲜问题的和平解决。出席会议的除五大国外长外,还有朝鲜、韩国及参与侵朝战争的国家的代表。第二部分从 5 月 8 日到 7 月 21 日,讨论恢复印支和平的问题。五大国外长和越南民主共和国、柬埔寨、老挝及南越傀儡政权的代表参加了会议。

在讨论朝鲜问题的第一次会议上,朝鲜民主主义人民共和国的代表就提出了关于恢复朝鲜的国家统一的方案。其主要内容是:举行全朝鲜的选举"以组成朝鲜的统一政府";一切外国武装力量"在 6 个月内撤出朝鲜","把朝鲜统一成为一个统一的、独立的、民主的国家"。同时,他提出了战俘的遣返问题,要求采取措施保证被美韩当局扣留的 4.8 万余名朝中被俘人员遣返祖国[②]。然而,美国方面一开始就缺乏诚意。它一方面坚持 1950 年 10 月 7 日联合国的非法决议,按照这一决议,美军应长期留驻朝鲜,以保证朝鲜半岛的所谓"稳定"。另一方面,美国代表又联合韩国代表提出了实质上是将李承晚的统治扩大到朝鲜北方的"统一"计划,即中国人民志愿军从朝鲜撤出,美国军队却继续留驻韩国,并在朝鲜单独举行由联合国"监督"的选举。美国政府的这个计划,理所当然地遭到了朝中苏三国的反对。与此同时,为了最终促成朝鲜问题的和平解决,在不损害朝鲜人民的根本利益的前提下,它们又相继提出了一连串的和解性建议。但是,美国代表团根本不愿考虑这些建议,纠集韩国和其他参加侵朝战争的国家发表了《十六国共同宣言》,宣称将"致力于完成联合国在朝鲜的目标",并表示不惜在未达成任何协议的情况下结束会议。这样,尽管中朝苏代表作出了不懈努力,日内瓦会议关于朝鲜问题的讨论终于在未能取得任何成果的情况下就于6月15日拉上了帷幕。

日内瓦会议从5月8日起讨论恢复印度支那和平的问题。就在前一天,5月7日,越南人民军在中国人民的直接支援下解放了奠边府。这一胜利打碎了法国企图在战场上为谈判赢得有利地位的梦幻,对日内瓦的讨论产生了决定性的积极影响。

会议的进程逐渐表明,在以越中苏为一方和以美国及其支持者为一方的两种力量间存在着一些重要的分歧。最重要的是,越中苏三国认为,应在印度支那全境实行停火;军事与政治不可分,会议虽可先行讨论军事停战问题,也应讨论政治问题;应在承认印度支那三国的民族权利的基础上恢复和平。美国及其支持者则认为,军事应与政治分开,会议只讨论军事停火问题,不讨论政治问题;军事停火的讨论也只限于越南。它们还拒绝承认印度支那三国的民族权利。

为了推动会议的讨论,中国代表团作出了巨大的努力。一方面,它在维护印度支那人民根本利益的前提下提出了一系列合情合理的建议。另一方面,周恩来在会场内外同有关国家的领导人进行了广泛的接触和交谈,促进了相互观点的接近。

当时的国际形势和法国国内形势,也为协议的最终达成创造了有利条件。许多国家——尤其是亚洲国家的政府都热切期待印度支那问题的和平解决。英国政府也表现出强烈的"和平精神",希望会议能取得满意结果。6月12日,在日内瓦会议上采取拖延策略的法国拉尼埃政府垮台,国民议会通过了停止肮脏战争的决议。6月17日,孟戴斯-弗朗斯受命组织新的内阁。他在上台时宣布,要在四个星期内实现印度支那问题的和平解决。

正是在此背景下,日内瓦会议关于印支问题的计划终于克服了主要来自美国及南越当局的阻力,在7月21日的最后一次全体会议上通过了《日内瓦会议最后宣言》。该宣言以及会议通过的关于在越、老、柬停止敌对行动的三个协定以及其他的有关文件通常被统称为"日内瓦协议"。

日内瓦协议的主要内容是:(1)结束在印度支那的敌对行动,在北纬17度线以南、九号公路稍北划定越南的临时分界线,以北为越南人民军集结地区,以南为法兰西联邦军队集结地区。(2)成立两个平行机构——联合委员会和国际委员会——监察或监督停战协定的实施,前者由双方司令部的代表组成,后者由波兰、加拿大和印度的代表组成,由印度代表担任主席。(3)印度支那三国承担义务不容许在本国领土上建立任何外国军事基地,并保证不参加任何军事同盟或军事协定。(4)越南将在1956年7月内举行全国自由选举,老挝和柬埔寨将在 1955 年内举行全国自由选举,以实现民主基础上的和平统一。(5) 与会国保证"尊重越南、老挝和柬埔寨三国的民族独立、主权、统一和领土完整,并对其内政不予任何干涉";法国军队将从印支三国撤出,但经双方协议留驻在少数规定地点者不在此限。㉝

这一协议不仅符合印支人民的利益,也符合法国人民的利益。若能真正得到遵守,它必能为印度支那半岛带来和平,并促使亚洲和世界的稳定。但美国对此协议却心怀不满,拒绝正式参加。它的代表只是虚伪地声明,"美国将不使用威胁或武力去妨碍这些协定和条款"。㉞另一方面,就在同一天,艾森豪威尔在华盛顿的记者招待会上宣称,刚刚缔结的日内瓦协议"包含着我们所不喜欢的东西",美国不是协议的一方,不受它的约束。㉟

二、西方同盟体系的进一步扩大

1. 美国在太平洋的同盟体系的建立

在远东和中东,美国或亲自出马,或通过自己的主要盟国,拉拢当地的一些国家缔结了一系列双边或多边的盟约,建立了若干的地区性同盟。这些组织形成了美国在亚洲的同盟体系。它和北大西洋公约组织连接在一起,构成了遏制社会主义阵营的半月形包围圈。

还在朝鲜战争爆发之后,为了所谓"积极遏制共产主义在亚洲的扩张"和加速缔结片面的对日和约的需要,美国利用澳大利亚和新西兰早先提出的订立包括太平洋地区所有愿意参加的国家的太平洋公约的要求,加紧筹建"太平洋集体防务"。1951 年初,美国国务院拟订了一份《太平洋公约草案》。据此文件,澳、新、美、菲、日(或者加上印尼)将签署《太平洋公约》,并建立太平洋理事会;缔约国的一方如果在太平洋地区遭到武装进攻,其他各方就应按照自己的宪法程序采取行动,以对付共同的威胁。

但是,这一设想遭到了澳大利亚和新西兰政府的反对。它们直言不讳地指出,太平洋地区的集体防务安排,应先从澳新美三国做起;澳大利亚和新西兰人民难以同意与日本一起缔结一项安全条约。在此情况下,1951 年 4 月,美国政府决定改变做法,在太平洋地区用"一系列安排"代替"单一的安排",即美国一方面与澳新签订三方安全条约,另一方面又分别与日本和菲律宾签订双边安全条约,这三个条约合在一起就相当于太平洋公约。五国之中若有一国受到攻击,其他几国实质上都有义务采取行动。

此后,美国加快了与澳新菲三国的谈判。为了在澳、新及菲律宾之间保持平衡,讨论过程中,美国政府坚持两个条约应当没有任何本质的差别。1951

年8月30日,菲美在旧金山签署了《美菲共同防御条约》。两天后,9月1日,美澳新在旧金山签署了《澳新美安全条约》。这两个条约的内容基本一致,在措辞方面都参考了《北大西洋公约》,有几处甚至完全相同,但有关义务的提法比北约更笼统、更软弱。例如,作为条约核心的第四条规定,"每一缔约国都认为太平洋地区对任何一缔约国的武装攻击都将危及它自己的和平与安全,并宣布它将按照它的宪法程序采取行动,应付共同的危险。"㊱显然,这一条款的措辞使美国在履行义务的问题上有了更大的选择余地。

《美菲共同防御条约》以及《澳新美安全条约》使美国在西南太平洋获得了牢靠的战略后方。它们缔结后不到一周,美国又与日本签署了两国间的《安全保障条约》。

在确立了对日本的控制以后,美国政府就试图通过媾和使这一控制合法化。1947年7月11日,美国政府即向中苏英法等远东委员会的成员国发出召开对日媾和预备会议的建议。还具体提出,这一媾和预备会议将取消四大国一致原则,而由出席会议的三分之二多数票做出决定。这实际上是试图利用表决机器强行贯彻美国的意图。苏联对此主张表示了反对,当时的中国政府和英国政府也采取了一种消极的态度。因此,美国的这一计划未能实现。以后,由于美苏冷战的逐步激化,美国统治集团感到,继续对日本实行直接控制的做法更加符合美国的利益,媾和问题就暂时被搁到了一边。

然而,中国革命的迅速发展,使得美国的这一推迟媾和的政策受到了冲击。为了进一步扶植日本并将日本正式纳入美国在太平洋的战略体系,以便在远东"遏制"共产主义,1949年夏,美国政府又重新提出了对日媾和问题。1949年9月,美国与英国就单独与日本媾和一事取得一致意见。日本吉田政府也为此进行相应的准备。1950年6月朝鲜战争爆发后,为了充分发挥日本这个前哨阵地和"远东兵工厂"的作用,美国更是加紧了单独对日媾和的活动。9月8日,杜鲁门正式任命杜勒斯担任对日媾和总统特别代表。10月,美国政府陆续向远东委员会递送了所谓对日媾和七原则,表明了将不顾苏联反对而依靠所谓多数进行媾和的立场,以及在"合作"的名义下使美军留驻日本的意图。同时,它公然违反了《开罗宣言》《波茨坦公告》等国际协定,置中国对台湾及澎湖列岛的神圣主权于不顾。以后,美国政府又在邀请中华人民共和国参加对日媾和的问题上迫使英国做了让步,决定既不邀请中华人民共和国也不邀请台湾当局参加和会,而由日本以后决定与哪一方缔结和约。1951年7月12日,美英联合炮制的对日和约草案公布。这一草案不仅遭到苏联和中国的强烈反对,也引起了印度等国的严重不满。

1951年9月4日,有51国参加的对日和会在旧金山开幕,其中绝大多数都是并未真正参加对日作战的南美国家和西欧国家,而为战胜日本法西斯作出特殊贡献的中国却被排除在外,印度、缅甸则拒绝参加。在会议的讨论中,苏联代表葛罗米柯对美英联合草案进行了强烈批判,并提出了修正意见,其中包括:日本承认中华人民共和国对满洲、台湾、澎湖列岛及其他一些岛屿的主权,承认苏联对南库页岛、千岛群岛的主权;占领军应在和约生效后自日本撤退,外国军队不得在日本继续留驻;日本须向因其侵略而受害的国家赔偿损失。菲律宾、印尼等国的代表也提出了强烈的赔偿要求。美国代表杜勒斯为本国政府的立场进行了辩护,并对一些有着不同观点的代表团施加了压力。9月8日,除苏联、波兰、捷克斯洛伐克以外的48个国家签署了所谓的《对日和约》,日本也签了字。

按照这一片面的《对日和约》,"日本与每一盟国间之战争状态",自该条约生效时起即告终止;日本放弃对朝鲜、台湾及澎湖列岛、千岛群岛及南库页岛的"一切权利、权利根据及要求"(但没有明确我国对台湾和澎湖列岛的主权)。这一条约还规定:日本同意将琉球群岛、小笠原群岛等"置于联合国托管制度之下,而以美国为唯一管理当局";各盟国所有占领军,应于该条约生效后尽早撤离日本,但这并不妨碍它们依照本国与日本缔结的协定"而在日本领土上驻扎或留驻";日本不得使用威胁或武力或其他与联合国宗旨不符的任何方法,"侵害任何国家之领土完整或政治独立";各盟国承认日本作为一个主权国家具有"单独或集体自卫之权利,并得自愿加入集体安全协定"。这些条款为美国继续在日本驻军以及将日本纳入它所拼凑的太平洋军事体系提供了法律上的依据。关于许多亚洲太平洋国家关心的赔款问题,该条约虽承认日本应"对其在战争中所引起的损害及痛苦"向盟国支付赔偿,但又以日本资源不足为由宣布:"除本约另有规定者外,各盟国放弃其一切赔偿要求。"[57]

旧金山片面对日和约遭到了世界许多国家的批评和抨击。我国政府在1951年9月18日发表的声明中严正指出,这个和约"不仅不是全面和约,而且完全不是真正和约,这只是一个复活日本军国主义、敌视中苏、威胁亚洲、准备新的侵略战争的条约"。[58]

在策划片面对日媾和的同时,美国政府还同日本就签署两国间的双边军事条约一事展开了谈判,以达到美军继续留驻日本和将日本拉进西方阵营的目的。这也符合试图通过"坚决投靠自由国家群"重新"率领亚洲"的日本吉田内阁的愿望。因此,双方的谈判颇为顺利。就在旧金山片面对日和约签字后五小时,两国政府签署了《美日安全条约》。其中第一条规定:"在和约和本条约生效之日",由日本授予,并由美国接受"在日本国内及周围驻扎美国陆、空、海军之权利"。此种军队可用以"维持远东的国际和平与安全和日本免受外来武装进攻之安全",以及镇压由于外国的煽动和干涉而在日本引起的"大规模暴动和骚乱"。第二条规定,未经美国事先同意,日本不得将任何基地以及有关的权利"给予任何第三国"。㊴这些规定不仅将日本捆在了美国的战车上,而且赋予了美国军队直接镇压日本人民的权利。

用杜勒斯的话来说,《澳新美安全条约》《美菲共同防御条约》和《美日安全条约》结合在一起,"就像一个车轮上的许多轮轴那样",使美国在太平洋地区初步建立起"遏制共产主义"的纵深体系。

2. 美国在太平洋的同盟体系的发展

朝鲜战争结束后,美国通过与李承晚集团、蒋介石集团缔结的所谓"共同防御条约"以及《东南亚集体防务条约》,发展了美国已在太平洋构筑的同盟体系。

在朝鲜停战谈判的过程中,李承晚集团依然沉迷于依靠美国的支持兼并北朝鲜的美梦,因此竭尽阻挠、破坏之能事。然而,艾森豪威尔政府却认识到这一目标"在现时的情况下并无现实的可能性"。在它看来,比较实际的做法是按照停火线保持朝鲜的分治。为了说服李承晚集团接受停战,美国除了答应在停战以后向其提供大规模的经济援助以外,还明确地提出了与其缔结"共同防御条约"的设想。美国的用意很明显,既想以此为李承晚集团壮胆,又想借此将其纳入美国所构筑的太平洋同盟体系之中。在美国的威胁和拉拢下,李承晚有保留地接受了朝鲜停战的主张。他并提出,缔结美韩"防御"条约的"谈判要立即开始,而不应等到停战协定签署以后"。㊵

然而,在关于这一条约的具体内容的问题上,美国政府和李承晚集团间存在着明显的分歧。后者指望,美韩协定实质上应当保证,今后李承晚集团针对北朝鲜策划的任何军事进攻,都将立即得到美国的支持。面对正在经受着朝鲜战争的惨痛经历的美国政府来讲,它不愿使本身的政策为李承晚集团所支配,而竭力想保持自己的行动自由。它希望美国同韩国谈判的是"一个美澳新安全条约或美菲共同防御条约式的条约"。为了能够说服李承晚集团,1953年8月初,美国国务卿杜勒斯亲自率领了一个庞大的代表团赶到汉城进行活动。由于杜勒斯的强硬立场,固执的李承晚被迫最后做了让步,放弃了要求美国在双边条约中明确支持他在朝鲜半岛发动的军事冒险的立场。李承晚的这一妥协为谈判的进展扫除了障碍。8月8日,杜勒斯和韩国外交部长在汉城草签了《美韩共同防御条约》。10月1日,他们又在华盛顿正式签署了这一条约。

《美韩共同防御条约》规定:每一方都承认,"在太平洋地区对缔约的任何一方的进攻",均"危及了它自己的和平与安全",它将按照本身的宪法程序"采取行动以对付共同的危险"。韩国给予、美国接受"在双方共同商定的大韩民国领土以内及其周围部署美国陆海空军部队的权利"。条约还在"共同防御"的名义下,规定美国帮助韩国"保持并发展军事力量"。[41]显然,这一条约扩大了美国在亚洲的同盟体系,使美国获得了可在韩国长期驻军的特权,并使它在与社会主义国家发生军事冲突时可以指望韩国的帮助。与此同时,美国又不因该条约受到了它不想受到的束缚,可以保持更大的行动自由。

为了进一步达到将台湾变成美国在太平洋的前哨阵地的目的,《朝鲜停战协定》签字后不久,1953年9月,美国政府同蒋介石签订了所谓的美蒋《军事协调谅解协定》。它规定,蒋介石集团的军队的整编、训练、监督和装备完全由美方负责,如果发生战争,蒋军的调动指挥,必须获得美国方面的完全同意。这样,蒋介石集团的军队的行动,就受到了美国的严格控制。但是,美国政府并不以此为满足,从1953年底开始到1954年中,美国军政要员相继访台。其重要目的之一便是与蒋介石就签署美蒋共同防御条约一事展开谈判,以便正式地将台湾变成美国在亚洲的同盟体系中的重要一环。

美国的企图遭到了中国政府的谴责和反对。7月16日的《人民日报》社论指出,美国试图利用美蒋条约使美国对台湾的霸占成为一个"不可改变的"事实,从而"正式"将台湾变成"美帝国主义的殖民地"。7月26日,中国政府正式宣布,解放台湾、挫败美国侵略和颠覆中国的活动是中国人民当前"最重要的任务"。然而,美国统治集团仍然一意孤行,于1954年12月2日同蒋介石集团签署了所谓的《共同防御条约》。

该条约规定,缔约国将"以自助及互助之方式维持并发展"以抵抗"武装攻击"及"共产颠覆活动"的能力;对在西太平洋区域内任一缔约国领土的武装攻击都将被视作危及另一缔约国的"和平与安全",后者"将依其宪法程序采取行动,以对付共同危险"(就台湾当局而言,上述"领土"等词系指台湾与澎湖);台湾当局给予美国接受"在台湾、澎湖及其附近""部署美国陆海空军之权利"。[42]

周恩来外长在12月8日发表的声明中一针见血地指出,"美国政府企图利用这个条约来使它武装侵占中国领土台湾的作为合法化,并以台湾为基地扩大对中国的侵略和准备新的战争"。它是"非法的、无效的","中国人民坚决反对"。⑬

美国还通过马尼拉条约将它的太平洋同盟体系扩大到了东南亚地区。

在日内瓦会议开始讨论印支问题以后,美国政府加紧策划建立所谓东南亚集体防务。就此事同其他有关国家进行了讨论。日内瓦会议结束后不久,它们便在一些基本问题上取得了一致或达成了妥协。其中最重要的是,有关国家承担的义务,应以澳新美条约而不以北大西洋公约为楷模;美国将避免在亚洲大陆上驻军;印支三国将包括在即将订立的条约的"保护地区"之内。

1954年9月8日,英国、法国、澳大利亚、新西兰、菲律宾、泰国、巴基斯坦和美国政府的代表在菲律宾首都马尼拉签署了《东南亚集体防务条约》及其他有关文件。该条约规定,各缔结国将"以持续的和有效的自助和互助的方法"维持并发展它们的能力,以"抵抗武装进攻",防止和反对"颠覆活动";任何缔约国在本条约区域内遭到侵略,各缔约国将按照本身的宪法程序"采取行动来对付这个共同危险"。美国代表团在签字时宣布,条约中所述的"武装进攻"专指"共产党侵略"。同时签署的《东南亚集体防务条约议定书》更公然违反日内瓦协议,把柬埔寨、老挝以及越南南方的领土也引入了所谓保护范围。

杜勒斯直言不讳地承认,通过这一条约,美国事实上宣布,它将不惜一战以阻止对东南亚的"入侵"。这表明美国走上了直接武装介入印支冲突的危险道路。另一方面,《东南亚集体防务条约》的签署国和适用地理范围表明,美国已经将它在太平洋的同盟体系扩展到了东南亚和南亚。

这样,到了1954年底,美国在亚洲的军事同盟体系已经获得了重要的发展,新增加了韩国、台湾、泰国和巴基斯坦等地区和国家。英国和法国也通过《东南亚集体防务条约》直接加入了美国在亚洲构筑的同盟体系。以后不久,美国又利用巴格达条约事实上将它的亚洲同盟体系扩展到了中东。伊拉克和土耳其于1955年2月24日缔结的这一条约规定,"缔约国为了它们的安全和防御应进行合作"。⑭英国于同年4月5日加入,巴基斯坦和伊朗于同年9月和10月也先后加入了该条约。英国和巴基斯坦同时又是东南亚条约的签署国,英国和土耳其还是北约组织的成员。这样,美国在欧洲和亚洲分别建立的两大同盟体系事实上已经衔接起来。

3. 巴黎协定的签订和北约的扩大

北约到1952年2月初时吸收了希腊和土耳其两个新的成员国。但是,德国加入北约的问题却迟迟未能获得解决。

由于德国具有的战略和经济意义,早在筹备建立北约组织时,美国就试图将西德拉入北约。但是,因为世界人民的反对和法国等西欧国家的不满,美国的这一企图未能实现。德国正式分裂以后,随着美苏对立的加剧,美国加紧了把西德拉入北约的活动。作为在此方向上的第一步,美国首先是致力于促进西德与西欧国家,特别是法国的和解。

法国当时处于一种困境。它固然担心苏联的扩张,也担心德国威胁的复活。然而,在冷战不断激化的形势下,简单地排斥和削弱联邦德国的方法已经不再实用,唯一可行的途径是建立一种新体制。它既能使德国成为一个平等的伙伴,为西欧的复兴和防务做出贡献;又不会使德国成为法国的新威胁;而且还有助于促进西欧的一体化。法国的这一设想得到了美国的支持。正是在此背景下,法国提出了舒曼计划和普利文计划。

法国外交部长舒曼于1950年5月9日公布了一份备忘录即舒曼计划,倡议"把法德的全部煤钢生产置于一个其他欧洲国家都可参加的高级联营机构的管制之下"。该备忘录声称,这一计划的实现,"将保证欧洲联邦共同经济基础的建立和发展",改变这个地区长期从事武器制造从而使它自己"不断成为牺牲品"的命运,"意味着将来在法德之间发生战争是不可想象的,而且在物质上也不再可能"。⑮

舒曼计划发布后的第二天,美国国务卿艾奇逊发表声明说,这正是美国政府长期以来所追求的目标,美国对此表示"同情和赞赏"。联邦德国总理阿登纳也对此计划表示"由衷的赞同"。因为这一计划在经济上将有助于联邦德国工业的发展,政治上将使联邦德国以平等身份进入西欧国家集团。意、荷、比、卢等国同样对舒曼计划表示了欢迎。它们指望通过煤钢联营获得廉价的煤铁矿藏来满足本国冶金工业的需要。但英国的反应冷淡,一方面它担心参加舒曼计划会削弱英国在煤钢生产方面的优势,另一方面它对这种由法国发起的欧洲联合计划本能地怀有一种警惕和排斥心理。

6月20日,法国、联邦德国、意大利和三个低地国家在巴黎就舒曼计划的实现展开了谈判,英国仅派观察员参加。美国则在幕后大力促成。经过10个月的交涉和讨论,1951年4月18日,六国签署了《欧洲煤钢联营条约》。根据它的规定,联营的基本任务是建立煤钢单一共同市场,取消有关关税限制,对生产、流通和分配过程实行干预。为此,联营将设立超国家的机构——高级机构,并设立共同议会、部长特别理事会和法院。

朝鲜战争爆发以后,西欧似乎明显地成了"军事真空地带",因而西德的地位和作用问题变得更加突出。在1950年9月中旬的北约理事会纽约会议上,美国正式提出了重新武装西德的要求。在此情况下,为了争取主动,法国政府试图将舒曼计划应用于军事方面。1950年10月24日,法国总理普利文在国民议会中提出了一项重要建议,其主要内容是:设立欧洲防务委员会,由该委员会成员国国防军提供部队组成欧洲军,它将在最低建制上混合编成;欧洲军建立后,西德也可参加,但它不加入北约统一军队,不建立西德国防军,不设立西德国防部和参谋部。普利文计划对西德的严格限制引起了华盛顿和波恩的不满。在美国的压力下,法国政府于1950年12月宣布修改这一计划,包括同意西德的武装可与欧洲军的建立同时进行,西德可向北约组织提供一定数量的军队。

1951年2月15日,法国、西德、意大利和低地三国在巴黎开始谈判。英国仍未正式参加,只和美国一样派出了观察员。由于矛盾重重,六国谈判陷入了长期的争执,直到1952年5月27日才在美国的压力下达成了协议,签订了《建立欧洲防务集团条约》。这一条约一方面取消了普利文计划所包含的那些对德国的限制,另一方面又规定建立具有超国家性质的欧洲防务集团和欧洲防务军,它们在很大程度上将处于美国的控制之下。这种条约虽然符合美国的心意,但在法国却缺乏广泛的基础。许多人担心法国将难以控制重新武装的西德,也不愿法国交出自己的部分主权。因此,在经过了长期的犹豫后,1954年8月,新上台的法国总理孟戴斯-弗朗斯正式提出了对欧洲防务集团条约的修正意见,以维护法国的行动自由和主权,并对德国加以某种限制。但这一修正意见遭到了其他有关国家的反对。于是,8月30日,法国国民议会通过投票实际上否决了欧洲防务集团条约。

法国的态度引起了美国和其他西欧国家的不满。在此情况下,1954年9月中旬,英国外交大臣艾登访问了西欧大陆,并提出了一个得到美国政府支持的新建议,以取代欧洲防务集团条约。英国指望,这一建议既能适应美国重新武装西德的要求,又能消除法国对西德的重新武装所怀的疑虑,还能加强英国在欧洲的影响和发言权。

以艾登计划作为基础,1954年9月28日至10月3日,九国(布约五国、美国、加拿大、意大利和西德)外长在伦敦进行了讨论。10月19—23日,他们又在巴黎进行了讨论。伦敦—巴黎会议的成果体现在被称为巴黎协定的一系列文件之中。其主要内容包括:(1)规定终止对联邦德国的占领制度,使其重新"在国内外事务中享有一个主权国家的全部权力",但美英法的军队继续留驻西德;(2)规定改组布约,邀请西德和意大利参加,组成西欧联盟,其理事会主要负责管辖武装部队的标准,指导军备管理处的工作;(3)确定了各成员国在和平时期派驻欧洲大陆的陆空军(由北约欧洲盟军最高司令部统辖)的最高标准,确定了它们的海军力量应由北约组织决定的原则,西德将提供12个师和一支拥有1350架飞机的战术空军,此外可拥有少量备用的自卫艇和护卫舰;(4) 规定西欧联盟将作为北约组织防务体系的一个组成部分,包括西德在内的所有北约成员国不得拥有未经北约组织批准的武装部队;(5) 西德政府保证,"绝不以武力来谋求重新统一德国或改变德意志联邦共和国目前的疆界",将通过和平手段解决德国和其他国家之间的一切争端,不在其领土上制造任何原子武器、生物武器或化学武器(ABC武器),不生产远程火箭或导弹,不生产威力大的地雷、大型舰艇或轰炸机。[46]巴黎协定与欧洲防务集团条约有着显著的差别。首先,它大大缩小了这一条约的超国家权力,建立了一个比较灵活的西欧国家体制;其次,它虽然允许德国重新建立自己的武装,但又对德国军队的规模以及可以拥有的武器规定了明确的限制。法国和其他国家先后完成了批准手续,1955年5月5日,巴黎协定生效。在这一天,对西德的占领状态宣告结束,布约组织正式改组为西欧联盟。

巴黎协定的签署,具有重要的影响。第一,它使西德不仅获得了独立国家的地位,而且加入了西欧联盟和北约组织,从而在西方世界重新取得了自己的平等资格。第二,它使美国武装西德的计划得以完成,并将西德和西欧联盟纳入了北约的战略轨道,从而进一步发展了美国在大西洋的同盟体系,加强了美国与苏联抗衡的力量。第三,巴黎协定使英国在历史上第一次同时与西欧三个主要国家——法德意结盟,从而表明:英国虽然念念不忘其殖民帝国,在西欧承担确定的军事义务并与西欧国家联合已是大势所趋。最后,巴黎协定使法德这两个世仇国家首次处于同一军事联盟之中,这不仅有助于它们的矛盾的进一步缓和,推动了它们的进一步接近,而且促进了西欧的一体化运动。

三、社会主义同盟体系的扩大和发展

1. 中苏友好同盟互助条约的订立

新中国建立之初,面临着国内外敌人的严峻挑战。在国内,蒋介石集团及其他反动势力妄图推翻人民民主政权,重新恢复失去的天堂。在国际上,以美国统治集团为首的敌对势力竭力对它进行颠覆和侵略。实际上还在新中国成立之前,中国共产党就预见到了这种极为复杂的形势,因而决定了"一边倒"的外交政策,即"站在以苏联为首的和平民主阵营之内"(周恩来语)。[47] 1949年9月30日毛泽东在为中国人民政治协商会议第一届会议起草的会议宣言中宣布,新中国将首先"联合苏联和各新民主国家,以为自己的盟友"。[48]

中国的这一基本外交战略的确定,自然符合当时业已形成的以苏联为首的社会主义阵营的利益,受到了社会主义国家的欢迎。新中国建立的第二天,1949年10月2日,苏联就宣布决定同新中国建立外交关系,断绝同国民党"广州政府"的关系。随后,东欧各国(南斯拉夫除外)以及朝鲜民主主义人民共和国、蒙古、越南民主共和国也相继承认了新中国,并表示决定与之建立外交关系。10月25日中国与民主德国建立了外交关系。

为了进一步加强中苏两国的团结和合作,1949年12月16日,新中国派出了以毛泽东为首的代表团到苏联进行访问。1950年1月20日,周恩来也抵达莫斯科。他们同以斯大林为首的苏联领导人讨论了有关的各项重大问题。虽然会议暴露了双方的一些矛盾和分歧,但在双方的共同努力下仍然取得了比较圆满的结果。2月14日,两国领导人签订了《中苏友好同盟互助条约》,同时签字的还有关于中国长春铁路、旅顺口及大连的协定,苏联政府贷款给中华人民共和国的协定。两国外长还就有关问题进行了换文。

《中苏友好同盟互助条约》有效期为三十年,并可延长。其中第一条规定:"一旦缔约国任何一方受到日本或与日本同盟的国家之侵袭,因而处于战争状态时,缔约国另一方即尽其全力给予军事及其他援助。"第二条规定:"缔约国双方均不缔结反对对方的任何同盟,并不参加反对对方的任何集团及任何行动或措施。"第四条规定:"缔约国双方根据巩固和平与普遍安全的利益,对有关中苏两国共同利益的一切重大国际问题,均将进行彼此协商。"[49]《关于中国长春铁路、旅顺口及大连的协定》规定,一俟对日和约缔结,但最迟不得超过1952年,苏联政府便将中苏共同管理的中长路的一切权利及属于该路的全部财产无偿地移交中华人民共和国政府;苏联军队从共同使用的旅顺口海军基地撤退,并将该地区的设备移交给中华人民共和国政府,而由中国方面偿付苏联自1945年起恢复与建设上述设备的费用;大连的行政完全直属中华人民共和国政府的管辖。《关于苏联贷款给中华人民共和国的协定》规定,在1950年到1954年的五年内,苏联向中国贷款3亿美元,作为中国偿付苏联所交予的机器装备和器材之用。中苏两国外长的换文重申了蒙古人民共和国的独立地位。

《中苏友好同盟互助条约》和有关协定的缔结,妥善地处理了两国间存在的一些历史遗留问题,促进了两国间的平等合作,建立了两国间的同盟关系。在当时的历史条件下,这显然符合两国人民的根本利益。同时,《中苏友好同盟互助条约》的缔结,壮大了社会主义阵营的力量,使东西方的力量对比发生了有利于社会主义阵营的变化。因此,它也有力地推动了社会主义国家和世界人民反对帝国主义、殖民主义的斗争。

2.《华沙条约》的缔结

苏联对于美国重新武装西德的计划始终保持了高度的警惕。还在西方国家举行伦敦—巴黎会议期间，苏联就一再对美国的企图进行公开的抨击。巴黎协定签署后，苏联又为阻止有关国家批准巴黎协定进行了斗争。1954年11月13日，苏联照会欧洲23国、美国和中国，对巴黎协定表示了坚决的反对。该照会指出："巴黎协定一旦批准之后，西德就要走上复活军国主义的道路，并且就会实际上为德国复仇主义分子所控制。"它还建议，于1954年11月29日在莫斯科或巴黎召开包括美国和欧洲国家的全欧安全会议，讨论建立欧洲集体安全体系的问题。美英法等西方国家拒绝了这一邀请。在此情况下，1954年11月29日到12月2日，苏联、波兰、捷克、匈牙利、罗马尼亚、保加利亚、阿尔巴尼亚、民主德国等八国，在莫斯科召开了没有西方国家参加的"欧洲和平与安全会议"。会议通过的宣言强调指出，如果西方国家坚持批准巴黎协定，东欧国家"不得不采取迫切的措施，同爱好和平的国家联合起来的力量来对抗上述由西方国家组成的军事集团的侵略势力，以保障自身的安全。"[50]此后，在继续做出努力以阻止西方国家批准巴黎协定的同时，苏联还为建立东欧国家防务组织进行了种种准备，包括在1955年1月25日宣布结束同德国之间的战争状态。

尽管如此，西方各国还是先后完成了批准巴黎协定的手续，1955年5月该协定正式生效。在此情况下，5月7日，苏联最高苏维埃主席团宣布废除1942年的苏英友好条约和1944年的苏法友好条约。5月11—14日，苏联等上述八国在华沙举行了"欧洲和平与安全"第二次会议，并签署了《友好合作互助条约》，即《华沙条约》。该条约规定，在"产生了对一个或几个缔约国发动武装进攻的威胁"时，缔约各方应"毫不拖延地在它们之间进行磋商"；"如果在欧洲发生了任何国家或国家集团对一个或几个缔约国的武装进攻"，每一缔约国应"个别地或通过同其他缔约国的协议"，以一切必要的方式"包括使用武装部队"，立即对遭受这种进攻的国家"给予援助"；"缔约国各方保证不参加其目的和本条约的目的相违反的任何联盟或同盟"以及任何条约。[51]

根据《华沙条约》建立的主要机构有政治协商委员会和联合武装力量司令部。前者是最高领导机构，由政府成员或特派代表参加。后者统率根据缔约国各方协议拨归其指挥的各国武装部队，总司令为苏联军事领导人员，其他缔约国的国防部长或军事领导人则担任副司令员，两个机构均设在莫斯科。

《华沙条约》的订立和华沙条约组织的成立是苏联和东欧国家对西德加

入北约组织做出的公开反应。它巩固和加强了苏东国家间的军事同盟关系,标志着欧洲正式出现了两个对立的军事集团。在此以前,欧洲的社会主义国家虽然相互订立了若干的双边军事协定,但缺少一个包括整个地区的多边军事条约。它们之间的合作受到了一定限制。《华沙条约》的订立和华约组织的成立为苏东国家的军事合作,特别是苏联在东欧国家的长期驻军提供了新的法律依据。与此同时,应当看到,华约组织的建立又为苏联领导人在东欧推行沙文主义和大国主义的利己政策提供了新的工具。

四、亚非国家团结合作的加强

1. 中立主义外交政策的发展

在社会主义阵营和西方阵营进一步得到巩固和扩大的同时,亚非拉美国家,特别是亚非国家加强了它们相互之间的团结与合作。1955 年的万隆会议就是这种团结和合作的象征,它预示着国际舞台上一股新兴力量的出现。

由于具体国情的不同,20 世纪 50 年代初的亚非国家在对外政策的取向上并不一致,有的加入了美国组织的西方同盟体系,有的参加了社会主义阵营,以印度、缅甸、印尼、埃及为代表的一些国家则采取了中立主义的外交政策,它们对亚非国家的团结和合作起到了一种特殊的作用。

所谓的中立主义外交政策,不是意味着消极地游离于激烈的国际斗争之外,而是指不参加东西方两大阵营中的任何一个阵营,不卷入美苏冷战的漩涡,比较自主地确定自己对各个国际问题的具体立场和态度。这些国家的领导人相信,执行这样一种政策更加符合他们国家的国情和利益。

亚非的中立主义国家在反对帝国主义和殖民主义、争取和平和发展的过程中加强了彼此之间的合作。20 世纪 50 年代开始不久,部分亚非国家就在联合国内形成了一个特殊的集团。它们起初是不定期地,后来则是定期地举行会晤,以便确定共同的立场。这些国家也利用其他的场合和机会协调观点,甚至采取共同的行动。这一点在朝鲜问题和印支问题上表现得相当明显。例如,1951 年初,它们与苏联等社会主义国家一起,在联合国中对美国提出的诽谤中国为侵略者的提案投了反对票。在 1954 年 4 月下旬开幕的南亚五国(印度、巴基斯坦、缅甸、印尼和锡兰)总理科伦坡会议上,它们要求立即在印支实行停火,由有关各方进行谈判,法国应宣布绝对保证印支的独立。

由于反对殖民主义和帝国主义是这些中立主义国家的对外政策的基本取向,所以它们在国际斗争中经常与社会主义国家处于相互理解、相互支持的关系之中。特别是这些国家与走上社会主义道路的亚洲国家的合作,在促进亚非世界的团结方面发挥了极为重要的影响。中印、中缅共同提出的和平共处五项原则正是这种合作的光辉典范。

2. 和平共处五项原则的提出

独立后的印度继承了英国在我国西藏地区享有的各项特权,包括在拉萨等地驻有代表、商业代表、贸易站和驿站,在亚东、江孜等交通要塞驻扎军队,并经营着西藏的邮政电讯业务。解放西藏后,中国政府对印度的这些特权采取了谨慎的政策,原则上主张坚决废除,而在具体做法上则注意运用适当的措施。1953年12月31日起,本着维护和发展中印两国关系的精神,我国政府同印度代表团在北京就两国在中国西藏地方的关系问题进行了谈判。1954年4月29日,中印双方签订了《关于中国西藏地方和印度之间的通商和交通协定》。该协定在序言部分确认,两国同意以中国方面首先提出并得到印度方面赞成的和平共处五项原则指导它们的双边关系。这五项原则是:互相尊重领土主权、互不侵犯、互不干涉内政、平等互利和和平共处。

日内瓦会议期间,为了进一步协调彼此的观点和立场,中国总理周恩来在1954年6月下旬先后访问了印度和缅甸。中印两国总理在6月28日发表的联合声明中,重申了和平共处五项原则,并强调这些原则不仅适用于它们与亚洲以及世界其他各国的关系,也适用于一般的国际关系。中缅两国总理在6月29日发表的联合声明中宣布,中印提出的和平共处五项原则"也应该是指导中国和缅甸之间关系的原则"。[②]

关于和平共处五项原则的基本思想,周恩来在这次访问印度时曾做过精辟阐述。他说:"世界各国不分大小强弱,不论其社会制度如何,是可以和平共处的。各国人民的民族独立和自主权利是必须得到尊重的。各国人民都应该有选择其国家制度和生活方式的权利,不应受到其他国家的干涉。革命是不能输出的;同时,一个国家的人民表现的共同意志也不应容许外来干涉。如果世界各国都根据这些原则处理它们相互间的关系,那么,这一国家对那一国家进行威胁和侵略的情况就不会发生,世界各国和平共处的可能,就会变成现实。"[③]

和平共处五项原则提出以后,为越来越多的国家所接受,成了指导各国关系的普遍准则,显示了强大的生命力。它尤其促进了具有不同社会制度和政治制度的亚非国家的团结和合作。万隆会议的成功召开正是和平共处五项原则的生动体现。

3. 万隆会议

还在1953年8月,印尼总理沙斯特罗阿米佐约就提出了召开亚非会议的设想。在 1954 年 4 月的南亚五国总理科伦坡会议上,他又正式提出了这一建议。其他四国政府的首脑对这一建议最初抱着怀疑态度,但同意由印尼负责探索这样一次会议的可能性。科伦坡会议结束后,印尼政府便就召开亚非会议的问题向部分亚非国家进行了试探,并普遍得到了积极的反应。在此基础上,同年 12 月底,南亚五国总理在印尼茂物再次举行会晤,决定联合发起在 1955 年 4 月召开亚非万隆会议,邀请包括中国在内的 25 个国家参加。

茂物会议的决定,不仅在亚非各国受到了普遍欢迎,也得到了世界舆论的广泛支持。但是,以美国为首的西方国家及各种国际反动势力,却采取种种手段,竭力阻挠和破坏这次会议的顺利召开。它们不仅通过利诱威逼对一些将要与会的国家施加影响,而且使用了谋杀等恐怖主义手段。但是,这些伎俩并不能阻止亚非国家团结合作的潮流。1955 年 4 月 18 日,第一届亚非会议在印尼万隆胜利开幕。29 个国家和地区的代表出席了这一亚非人民的盛会,其中包括 13 位政府首脑。此外,当时尚未取得独立的塞浦路斯马卡里奥大主教,以及马来半岛、巴勒斯坦、北非、南非和中非的自由战士也作为观察员出席了会议。会议一致通过的议题是:经济合作,文化合作,人权和自决,促进世界和平与合作。

会议的前两天为全体会议,印尼总统苏加诺以及其他 22 个国家的代表团团长在会上相继作了发言。大多数代表在发言中都谴责了殖民主义、帝国主义、犹太复国主义和种族主义,要求在和平共处五项原则的基础上加强亚非国家的合作和团结,呼吁维护世界和平和发展民族经济。许多发言还强调指出,亚非国家对大国强权政治应采取中立的立场和态度,对处于冷战中的大国对峙状态更应如此。但是,由于与会国因历史原因而形成的隔阂,特别是由于美国等西方国家的挑拨,在会上也出现了一些很不正常的情况,其中包括某些亲西方国家的代表对社会主义制度、中立主义外交政策进行了攻击,甚至当着中国代表的面对新中国进行了造谣和诬蔑。这些做法对亚非会议的最后成功形成了潜在的威胁。

在此情况下,为了阐明自己的立场,促进亚非国家的团结及谅解,粉碎帝国主义阻挠亚非会议成功的阴谋,4 月 19 日下午,中国代表团团长周恩来临时决定在会议上做了一次发言。他一方面表明了中国代表团的愿望,提出了著名的"求同存异"的原则。他说,"中国代表团是来求团结而不是来吵架的","是来求同而不是来立异的"。另一方面,周总理就不同的思想意识和社会制度的问题、宗教信仰的问题以及所谓的中国颠覆活动的问题阐明了中国的立场和政策。周总理这一体现了原则性和灵活性高度结合的发言给与会者留下了深刻的印象,不仅使许多原来对新中国的内外政策抱有疑虑的人加深了了解,而且为保证亚非会议的成功确定了基本的原则,即求同存异。因此,大会主席沙斯特罗阿米佐约等人指出,周总理的发言是会议走向成功的转折点。

4月21—24日,各国代表分成经济委员会、文化委员会和政治委员会三个小组进行专题讨论。在每一小组中都发生了不同程度的争论,有时甚至是很激烈的。但是,在求同存异的原则指引下,各国代表最后还是以共同的根本利益作为基础,就所讨论的问题达成了协议。4月23日上午,周总理在政治委员会中再次就和平共处的问题作了发言。他说,作为一个社会主义国家,中华人民共和国反对缔结军事集团,因为军事集团将激化世界危机,引起战争。周总理在这一次发言中还谈及了中美关系,表示中国政府愿意坐下来同美国政府进行谈判,这引起了与会者的注意。

4月24日晚,万隆会议举行了闭幕式,与会各国代表一致通过了亚非会议的最后公报。它一共分为7个部分,即经济合作、文化合作、人权和自决、附属地问题、其他问题、促进世界和平和合作、关于促进世界和平和合作的宣言。最后一部分后来通常被称为万隆宣言,或万隆十项原则。最后公报谴责了帝国主义的侵略和殖民主义制度,号召亚非国家发展全面的经济和文化合作。公报还提出了各国和平共处并发展友好合作的十项原则。这十项原则实际是和平共处五项原则的引申和发挥,体现了它的全部内容。

亚非会议的成功具有重要的历史意义。首先,29个亚非国家在没有西方国家出席的情况下欢聚一堂,讨论了一系列与亚非两洲及整个世界有关的重大问题,这本身就反映了历史所发生的深刻变化。其次,亚非会议极大地提高了亚非人民的民族觉悟,鼓舞了亚非人民开展争取和维护民族独立斗争的意志,进一步推动了亚非民族解放运动的发展。再次,亚非会议增加了亚非各国的了解,有力地推动了亚非国家和人民之间的团结合作,促进了不结盟运动的形成和第三世界的出现。最后,应当看到的是,亚非会议针对当时的状况提出的许多原则,将亚非人民的斗争水平提到了一个崭新的高度,对于今天世界人民为建立新的国际经济和政治秩序的斗争也仍然具有重要的指导意义。

注释:

① 《战后世界历史长编》编委会:《战后世界历史长编》第一编第二分册,上海人民出版社1976年版,第87页。

② 同上书,第 87、88 页。
③ 同上书,第 132 页。
④ 同上书,第 133 页。
⑤ 同上书,第 144 页。
⑥ 罗宾·莱尔德编:《苏联外交政策》,纽约 1987 年版,第 18 页。
⑦ 斯蒂芬·安布罗斯:《向全球主义的前进》,纽约 1985 年版,第 58 页。
⑧ 《战后世界历史长编》编委会:《战后世界历史长编》第一编第一分册,上海人民出版社 1975 年版,第 255 页。
⑨ 同上书,第 239 页。
⑩ 同上书,第 239 页。
⑪ 《向全球主义的前进》,第 71 页。
⑫ 《战后世界历史长编》第一编第二分册,第 34 页。
⑬ 同上,第 36—37 页。
⑭ 同上,第 47、49—52 页。
⑮ 《战后世界历史长编》编委会:《战后世界历史长编》第一编第三分册,上海人民出版社 1977 年版,第 22、23 页。
⑯ 同上书,第 24—25 页。
⑰ 《向全球主义的前进》,第 85 页。
⑱ 《战后世界历史长编》第一编第三分册,第 44—49 页。
⑲ 同上书,第 50 页。
⑳ 《战后世界历史长编》编委会:《战后世界历史长编》第一编第四分册,上海人民出版社 1978 年版,第 71 页。
㉑ 《国际关系史资料选编》编选组:《国际关系史资料选编》下册,武汉大学出版社 1983 年版,第 101—102 页。
㉒ 《向全球主义的前进》,第 96 页。
㉓ 《国际关系史资料选编》下册,第 106—107 页。
㉔ 《战后世界历史长编》第一编第四分册,第 332 页。
㉕ 同上书,第 365 页。
㉖ 同上书,第 401 页。
㉗ 《毛泽东选集》第 4 卷,人民出版社 1991 年版,第 1357—1358 页。
㉘ 谢益显主编:《中国外交史(中华人民共和国时期)》,河南人民出版社 1988 年版,第 72 页。
㉙ 《战后世界历史长编》编委会:《战后世界历史长编》第一编第六分册,上海人民出版社 1985 年版,第 85 页。
㉚ 朱庭光主编:《外国历史大事集(现代部分)》第三分册,重庆出版社 1988 年版,第 236 页。

㉛《中国外交史(中华人民共和国时期)》,第106页。

㉜《外国历史大事集(现代部分)》第三分册,第87页。

㉝《中国外交史(中华人民共和国时期)》,第129页。

㉞ 同上。

㉟ 美国国务院编:《美国外交政策(1950—1955):基本文件》第2卷,华盛顿1957年版,第2398页。

㊱《国际关系史资料选编》下册,第292—293页。

㊲ 同上书,第405—412页。

㊳《外国历史大事集(现代部分)》第三分册,第11页。

㊴《国际关系史资料选编》下册,第270页。

㊵ 美国国务院编:《美国对外关系:朝鲜》第1卷,第1283页。

㊶ 柴成文等:《板门店谈判》,解放军出版社1989年版,第289页。

㊷《国际关系史资料选编》下册,第277—278页。

㊸ 同上书,第273页。

㊹ 同上书,第296页。

㊺《战后世界历史长编》第一编第六分册,第201—202页。

㊻ 科拉尔·贝尔:《国际事务概览,1954年》,云汀等译,上海译文出版社1984年版,第198—199页。

㊼《中国外交史(中华人民共和国时期)》,第12页。

㊽《毛泽东选集》第5卷,人民出版社1977年版,第9页。

㊾《国际关系史资料选编》下册,第223页。

㊿ 阿尼金等:《外交史》第5卷下册,大连外国语学院俄语系翻译组译,生活·读书·新知三联书店1983年版,第512—513页。

51《国际关系史资料选编》下册,第317—318页。

52《中国外交史(中华人民共和国时期)》,第153页。

53 同上书,第152页。

思考题:

一、名词解释:

乔治·凯南　　马歇尔计划　　北大西洋公约组织　　柏林危机

板门店　　　　日内瓦协议　　舒曼计划　　　　　　万隆会议

二、问答题:

1. 试述杜鲁门主义出笼的背景及影响。

2. 试述西方同盟体系和社会主义同盟体系的形成与发展。

3. 试述和平共处五项原则的提出经过和深远意义。

第九章
两个阵营的分化与第三世界的崛起

从 20 世纪 50 年代中期到 60 年代后期,美苏关系经历了一个曲折的发展过程。赫鲁晓夫上台以后,东西方关系曾经出现过极不稳定的缓和。然而,在随之而来的柏林危机及古巴导弹危机中,美苏几乎到了兵戎相见的地步。60 年代后半期,美苏关系陷入了僵持,它们的军备竞争呈现出空前激烈的局面。

与此同时,在东西方两个阵营内部发生了激烈动荡。中苏关系的破裂以及苏军对捷克斯洛伐克的入侵,宣告了社会主义阵营的解体。而法国从北约军事一体化机构的退出以及它对英国加入欧共体申请的两次否决,则说明了西方阵营裂痕的加深。

万隆会议的成功召开,迎来了民族解放运动的新阶段。不结盟运动的形成和发展,导致了第三世界的最终兴起。中东阿拉伯人民和越南人民的反对帝国主义的扩张主义的斗争,在当代国际关系史上写下了可歌可泣的一页。

第一节 美苏关系的第一次缓和与两个阵营内部的动荡

一、美苏关系的第一次缓和

1. 苏联对西方政策的变化

1953 年 3 月 5 日,领导苏联长达 30 年之久的斯大林去世。以马林科夫为首的苏联新领导所推行的内外政策在体现了重要的继承性的同时,也发生了一些重要的变化。在对西方国家的政策方面,新领导一方面坚决反对美国重新武装西德的计划,一方面采取了一系列实际步骤来调整苏联同西方国家的关系。5月30日,莫洛托夫向土耳其大使宣布,苏联"可以放弃对土耳其的领土要求"。1954年元旦,马林科夫在回答美国记者提出的问题时声称,"在1954年内国际紧张局势的缓和,是存在着有利的条件的"。①在年初于日内瓦举行的苏美英法四国外长会议上,苏联提出了召开包括中国在内的五大国外长会议以及世界普遍裁军会议等一系列建议。

赫鲁晓夫执掌了苏联的党政大权后,这种情况又有了新的发展。他代表苏共中央在1956年苏共二十大上所作的报告全面而且系统地阐述了他在对外政策方面的观点。

在分析时代的特点时,一方面,赫鲁晓夫强调,不应对列宁有关帝国主义腐朽性的论断采取简单的看法。他说,资本主义的总危机仍在继续加深,但是这并不意味着生产和技术进步的停止。另一方面,赫鲁晓夫高度估价了当代国际舞台上和平和进步力量的增长。他声称,欧亚大陆爱好和平的国家构成了广阔的"和平地区";在资本主义国家,共产党和其他的社会集团采取了反战立场,甚至统治集团中的一些成员也开始承认"实力地位"的破产,认识到在使用原子武器的战争中"将没有胜利者"可言。

在分析苏联应当采取的对外政策时,赫鲁晓夫提出了"和平共处""和平竞赛""和平过渡"等三个口号。关于和平共处,赫鲁晓夫声称,那"不是策略措施,而是苏联外交政策的基本原则"。社会制度不同的国家不仅可以共处,而且能够改善关系,加强彼此的信任和合作。关于和平竞赛,赫鲁晓夫说,"在资本主义和社会主义两种体系的竞赛中,社会主义体系必将取得胜利",但这并不意味着"社会主义国家对资本主义国家的内政进行武装干涉"。关于和平过渡,赫鲁晓夫强调,有着不同的社会革命的形式,暴力和内战不是改造社会的唯一途径,在新的历史条件下有些国家有可能"通过议会的道路向社会主义过渡"。②

赫鲁晓夫的这些论述表明,苏联对西方的政策保持了马林科夫时期变化的势头,并有新的发展。具体地说,虽然苏联在根本问题上仍旧不对西方妥协,继续从实力地位出发进行抗衡,但在此前提之下,苏联的态度表现出一种灵活性,向西方发起了一场所谓的和平攻势。这种状况的出现并非偶然,有着多重的原因。首先,苏联指望通过缓和同以美国为首的西方阵营的关系,取得西方对东欧现状的承认。其次,苏联希望东西方缓和一旦实现,它便可将较多的物力和财力用于发展本国经济和提高人民生活水准。再次,苏联指望,东西方的缓和将鼓励西欧的和平主义、中立主义和民族主义,有助于分化美国和西欧的关系。最后,苏联指望在越来越多的亚非国家走上反对集团政治的中立主义道路时,对西方的和平姿态将可以扩大它在亚非拉美国家中的影响。

2. 艾森豪威尔的对苏新方针

1953年1月入主白宫的艾森豪威尔及其国务卿杜勒斯,上台以后正式提出了所谓的外交新方针。这一方针实质上是围绕着苏联及社会主义阵营的,其核心则由解放战略和大规模报复战略组成。

早在竞选总统时,杜勒斯等人就猛烈地抨击了遏制战略,指责它是无用的、消极的、不道德的。他们说,遏制政策充其量只能使美国原地踏步,直至筋疲力尽;美国耗费了大量的金钱,却不能取得完全的胜利;遏制政策将"无数的人民丢弃于专制主义和邪恶的恐怖主义之下"。作为一种替代物,他们提出了"解放战略"。1953年1月,杜勒斯在出任国务卿前夕于国会作证时说,只有不断保持解放的希望并利用一切机会的做法,才是"更为有力、更为主动的政策"。③

在政治上提出解放战略的同时,军事上艾森豪威尔政府提出了大规模报复战略。1954年1月12日,杜勒斯在发表演说时正式阐明了这一战略。他说"目前的基本决定主要依靠一支庞大的报复力量,它能够用我们选择的武器,在我们选择的地方马上进行报复。"④这一战略的出现有着深刻的原因。一方面,当时美国在核弹以及用于投掷核弹的重型轰炸机方面都占有绝对优势。另一方面,当时美国的财政状况不容许美国维持一支庞大的常规部队。艾森豪威尔认为,财政赤字是危险的,所谓美国每年可以将国民生产总值的20%用于军费开支的说法是错误的。

但是,无论是这种政治上的解放战略还是军事上的大规模报复战略都有着明显的先天不足。甚至西方也有不少人提出,当着美国缺少足够的人力和物力推行遏制战略时,解放战略只可能是一种幻想。至于大规模报复战略则使美国失去行动上的灵活性,置美国于要么听之任之,要么孤注一掷的境地。当时先后有三任陆军参谋长因对此战略不满而辞职。

在此情况下,艾森豪威尔政府实际上仍然继续着杜鲁门的主要以军事手段遏制社会主义国家的政策。但是,与此同时,它又竭力利用和平手段促成社会主义国家,特别是东欧的演变,实现它的所谓"和平解放"的目标。1955年的圣诞节,艾森豪威尔在一封所谓致东欧各国人民的信中声称,他了解他们"正在遭受的磨难",相信他们将"最终回到世界自由民族之林"。在此后不久的一份声明中艾森豪威尔还说,"被奴役的民族的和平解放现在是,并且将继续是美国外交政策的主要目标,直到最后取得胜利时为止"。⑤

3. 东西方关系的解冻

美苏政策的调整促成了它们关系的解冻。这种解冻的重要标志是四大国首脑的日内瓦会晤以及东西方在战争遗留问题上一系列协议的达成。

第二次世界大战结束以后,由于美苏对立的发展和冷战的出现,它们的首脑就未再能够像大战期间那样举行会晤。然而,到了1953年5月,作为对马林科夫的和平攻势的一种响应,英国首相丘吉尔提出了以英美苏为中心的大国首脑进行会谈的建议。美国政府担心,这会在客观上造成承认东欧现状、削弱东欧各国内部主张自由化和"抵制共产主义"的力量的后果,因而委婉地加以拒绝。但是,当着苏联开始积极改善它的核武器以及台湾海峡危机进一步激化时,杜勒斯和艾森豪威尔对大国首脑的会晤就采取了比较积极的态度。1955年5月对奥和约签订之后,苏美英法四国首脑迅速就政府首脑会晤一事达成了协议。同年7月18日,波茨坦会议以来的首次四国首脑会晤在日内瓦举行。苏联方面出席的除了部长会议主席布尔加宁外,还有赫鲁晓夫。

四国首脑在会晤中讨论了德国统一、欧洲安全、裁军以及加强东西方接触等问题,但最后未能达成任何政治协议。四国首脑只是同意,在同年十月举行外长会议继续就上述议题进行磋商。尽管如此,日内瓦会议对于推动大国间的进一步对话和缓和国际局势仍然有着一定积极意义。

随着东西方间紧张对峙的气氛的改善,迟迟不能解决的奥地利问题也出现了转机。1955年2月底和3月初,莫洛托夫和奥地利驻苏大使进行了会谈。莫洛托夫放弃了苏联一向坚持的奥地利问题不能和德国问题分开考虑的立场,提议"不再等待缔结对德和约,四大国即从奥地利撤出他们的军队"。其前提是,"奥地利不得加入联盟或军事同盟"以及"奥地利的领土不得用来建立外国的军事基地"。⑥以此为契机,4月中旬,两国政府在莫斯科进行了会谈。双方就一系列重大的问题达成了协议。苏联方面表示愿意尽快签署对奥地利的国家条约,并从奥地利撤出自己的军队。奥方则声称愿意作出奥地利国家中立化的保证。关于奥地利苏占区前德国财产的问题双方也取得了妥协。在此基础之上,四个占领国的外长在维也纳与奥地利政府进行了会谈,并于5月15日签署了《重建独立和民主奥地利的国家条约》。该条约规定,奥地利为主权、独立和民主国家;奥地利不得与德国合并或建立任何形式的政治和经济同盟;奥地利不得拥有、制造和试验原子武器以及条约中指定的其他武器;盟国对奥管制自条约生效之日起废止,盟国在奥地利的驻军最迟于1955年底撤出。同年10月下旬,奥地利议会通过了一份关于奥地利自愿宣布永久中立的法案。10月25日,奥地利举国欢庆重新获得完全的政治和经济独立。

关于奥地利的条约的签订,不仅使奥地利重新获得了完全的政治和经济独立,也促进了苏联与联邦德国的建交。

联邦德国加入北约后,德国统一的前景变得更加渺茫,苏联转而采取两个德国的政策。1955年6月7日,即奥地利条约签订后不久,苏联政府向波恩发出了一份照会,呼吁"实现关系正常化",并邀请阿登纳访问莫斯科"以便考虑建立外交和贸易关系的问题"。[⑦]苏联政府显然相信,一旦苏德建交,西方各国也就无法回避民主德国独立存在的这一事实。在国内舆论的强大压力下,经与美国政府商议,阿登纳最后接受了苏联的邀请。他指望利用这一访问推进西方的统一德国的计划,并促使仍被扣押在苏联的德国战俘的获释。

1955年9月8日,阿登纳抵达莫斯科,与苏联领导人开始了会谈。阿登纳表示,只有在德国统一问题和苏联遣返德国战俘问题获得解决的情况下,两国方能建交。赫鲁晓夫、布尔加宁等则以巴黎协定的签署为由拒绝讨论德国统一问题,并坚持在苏联已无德国战俘,只有正在服刑的德国战犯。他们主张在不附带任何先决条件的基础上首先建立外交关系。双方的分歧如此尖锐,会谈几近破裂。最后双方都作出了一些让步,从而"达成了某种形式的谅解":苏联同意释放德国全部战犯,而以此为条件联邦德国也同意双方立即建立外交关系。9月13日的联合公报宣布,两国互派特命全权大使级代表。阿登纳在回国后不久发表了一份声明,重申德国东部的边界不是最终的边界,联邦德国有权代表所有德国人民发言。苏联则针锋相对地指出,德国边界已由波茨坦协定加以解决,联邦德国只是德国的一个部分,另一部分是民主德国。9月20日,在苏联驻民主德国高级专员公署撤销后,两国签订了相互关系条约。后者据此获得了包括自主地同联邦德国以及其他国家发展关系的主权。但该条约同时规定,民主德国同意苏军的继续留驻。翌年1月,民主德国加入了华沙条约组织。

苏联和联邦德国建交后不久,日苏也恢复了邦交。还在1954年12月,苏联外长莫洛托夫就公开声明,"准备实现日苏关系正常化"。[⑧]另一方面,在所谓自主的国民外交方针的指导下,同月担任了日本首相的鸠山一郎对恢复日苏邦交也显示了很大的热情,企图以此提高日本的国际地位。但是,在1955年到1956年年中双方就此举行的多次谈判皆因两国间存在的领土问题而搁浅。

在此情况下,鸠山一郎认为,为了使日本能够早日加入联合国,恢复日苏邦交乃是当务之急,而不必拘泥于领土问题的解决。为此他于1956年10月带病亲自飞往莫斯科进行谈判,并于10月19日签署了《日苏共同宣言》。这一宣言并非媾和条约,仅仅是宣布结束两国间战争状态,恢复邦交。由于日苏邦交的恢复,日本得以在1956年12月实现了加入联合国的愿望。

4. 美苏关系的迅速冷却

然而,东西方关系刚刚解冻,就遇上了新的严寒。这首先同匈牙利事件和苏伊士运河战争有关。1956年10月的匈牙利事件显然与美国之音及欧洲自由之声广播电台的反共宣传有着联系,这对赫鲁晓夫的"三和"路线无疑是一个沉重打击,削弱了赫鲁晓夫的地位,鼓励了苏联内部主张坚持对西方采取强硬政策的力量。正是在此背景下,苏联不仅在11月初再次出兵布达佩斯,而且对发动第二次中东战争的英法和以色列采取了极为强硬的态度,声称苏联"完全决心使用武力粉碎侵略者和恢复东方的和平"。⑨匈牙利事件和苏伊士运河战争对刚刚解冻的美苏关系来说不啻一场寒霜。

当时美苏之间的军备竞赛也促使赫鲁晓夫对西方采取一种更加强硬的态度。1957年8月29日,苏联SS-6洲际弹道导弹首次全程发射试验成功。同年10月4日,苏联第一颗人造卫星发射成功。而此后不久美国首次进行的空间发射却遭到了失败。这一切都似乎表明,苏联在导弹技术方面已经远远领先于美国。赫鲁晓夫本人也有意无意地帮助造成这种印象。当时在整个西方世界普遍出现了一种失落感和挫折感。美国试图通过在联邦德国部署战术核武器以及在土耳其和意大利部署中程弹道导弹的做法来增加盟国的军事力量。苏联则竭力阻止美国在其欧洲盟国的领土上部署核武器。为了达到这一目的,苏联政府一方面提出了在中欧建立无核区、暂时中止核试验等建议,另一方面则利用手中的战略核武器对西方进行不加掩饰的威胁。这也推动了东西方关系的又一次冷却,第二次柏林危机因而出现。

第一次柏林危机以后,西柏林的问题变得越来越突出。西方力图将西柏林变为显示资本主义"繁荣"的"橱窗"和插在东欧的一把尖刀。1949年起,东德每年有30万人经此逃向西方,其中多数都是年轻能干、受过良好教育的专业人员。与此同时,西柏林有着许多的西方间谍机构,以及不断对东欧进行反共宣传的电台。因此,对苏联来说,西柏林就像是它的心脏中的一颗毒瘤,其地位必须尽快加以改变。而导致赫鲁晓夫提出柏林问题的直接原因则是西德和北约在1958年春通过了一项用战术核弹头装备西德军队的计划。

根据这一计划,尽管核弹头武库的钥匙仍由美国掌握,一旦发生紧急情况,它就会同意与联邦德国共同使用核武器。此后,美国便将能够发射核炮弹的大炮和携带核航弹的飞机运入联邦德国。在此情况下,苏联急于对联邦德国和其他西方国家施加压力。

1958 年 11 月 27 日,赫鲁晓夫在一份给西方三国政府的照会中提出,柏林的不正常状态应当加以纠正,西方国家应从西柏林撤出它们的驻军,西柏林应成为民主德国这一主权国家中的"自由城市",国外通向西柏林的通道应由民主德国加以控制。这一份照会还说,如果西方国家在六个月之中不能就这些问题与民主德国达成协议,苏联将单独与民主德国签署一项协定。

艾森豪威尔拒绝了苏联的这一建议。他说,如果苏联照会中所讲的情况果然变为现实,西方将使用武力进入西柏林。形势骤然变得紧张起来。但在随后的几个月中,双方都进行了频繁的外交活动,包括 1959 年西方国家向苏联提出了举行四大国外长会议讨论德国问题的建议。苏联接受了西方的建议。5 月 11 日,这一会议在日内瓦开幕。它虽然不能导致柏林危机的真正解决,却中止了这一危机的又一回合的对抗。到了苏联"最后通牒"所规定的 5 月 27 日这一期限,人们所担心的事情并未发生。事实上,这时四国外长正在华盛顿出席杜勒斯的葬礼。

5. 戴维营会谈及第一次缓和的结束

赫鲁晓夫早就提出举行美苏两国首脑会谈的要求,企图以此来推进苏联对西方国家的政策。但是,直到 1959 年初,艾森豪威尔对这一建议始终采取冷淡态度。到了 1959 年年中,情况发生了变化,艾森豪威尔开始考虑赫鲁晓夫的访美要求,并很快发出了邀请。显然,他想通过美苏首脑会谈说服赫鲁晓夫在德国问题上做出让步,以及进一步分化中苏关系。

1959 年 9 月 15—28 日,赫鲁晓夫访问了美国。在最初的一个多星期中,他在纽约、洛杉矶、旧金山等大城市进行了参观,并多次发表演说,强调核战争的危险,呼吁实行和平共处和裁军。最后三天,赫鲁晓夫与艾森豪威尔在戴维营进行了会谈。这一会谈广泛涉及有关东西方关系的各个方面,但没有取得任何实质性的重要进展。9 月 27 日会谈结束时发表的联合公报只是提到美苏英法四大国首脑将就柏林问题举行会晤,艾森豪威尔将在 1960 年春季访苏。苏联政府为柏林问题的解决规定的期限实际已被正式放弃。

为了强调自己的访美成就,赫鲁晓夫从美国回来后大肆宣扬"破除了坚冰"的"戴维营精神",称赞艾森豪威尔是一个"真心要消除冷战和改善美苏两个伟大国家的关系"的人。在 1960 年 1 月的最高苏维埃会议上,赫鲁晓夫宣布苏联将把它的军队继续减少三分之一(120万人,其中包括军官25万人)。

可是,即使真的有过这么一种戴维营精神的话,不出一年,它也就荡然无存了。苏美英法四国首脑原定在1960年5月16日于法国举行会晤,而在此以后艾森豪威尔将到苏联进行访问。但是,5月1日美国一架U-2高空喷气侦察机在苏联领空进行间谍活动时被苏联导弹击落。5月14日,赫鲁晓夫到达巴黎后向戴高乐和麦克米伦提出,在他能够同意参加首脑谈判之前,美国政府必须"谴责美国空军这种绝不容许的挑衅行为,……制止类似行为的继续发生,并严厉处分那些负责的人"。⑩5月16日首脑会议正式开幕前,他又当着美国总统的面重复了这一立场。赫鲁晓夫甚至提出,如果他的要求不能得到满足,首脑会谈应当推迟半年到八个月,美国总统对苏联的访问暂时应当取消。这些建议暗示他已不愿意同行将卸任的艾森豪威尔打交道。艾森豪威尔拒绝了赫鲁晓夫的"最后通牒"。5月17日晚上,西方三国首脑发表了一个简短的公报,承认了首脑会晤尚未正式开始就告夭折。赫鲁晓夫访美后美苏关系出现的短暂蜜月也就此结束。

二、社会主义阵营内部的动荡

1. 赫鲁晓夫的秘密报告

在美苏间出现了命运多舛的缓和的同时,从20世纪50年代中期起,东西方两个阵营内部分别发生了程度不同的动荡。特别是在社会主义阵营之中,苏共二十大以后,出现了严重的混乱和斗争。

1956年的苏共二十大,对社会主义国家乃至它们的相互关系产生了极为复杂的影响。一方面,赫鲁晓夫在他代表党中央所作的总结报告中公开宣布,存在着"通向社会主义的许多道路",人民民主和苏联模式都是可以采用的社会形式。这样,他就承认了社会主义国家可以在风格、行为和政策上有所差别。在这一方针的指引下,二十大闭幕以后,苏联继续推行从马林科夫时期就已开始的政策,采取了一系列措施来调整苏联和其他社会主义国家的关系。其中包括:1956年4月,欧洲共产党的情报局被解散;6月,南斯拉夫总统铁托应邀到苏联进行访问,双方发表了两国政府的联合公报与重建两党关系的《莫斯科宣言》。

另一方面,二十大期间,赫鲁晓夫根据苏共中央主席团的决定,在一次未列入议程的内部会议上做了题为《关于个人崇拜及其后果》的报告。这一报告长达4个多小时,对斯大林进行了彻底的批判。斯大林不仅是苏联的党和国家的领袖,而且长期以来是国际共产主义运动的领袖,对各个社会主义国家、各国共产党有着重要影响。赫鲁晓夫既不在作秘密报告前同各兄弟党商量，又不在作报告时让兄弟党的代表（波兰统一工人党中央第一书记贝鲁特和匈牙利劳动人民党中央第一书记拉科西除外）参加，这就置各国共产党和各社会主义国家于极为被动的地位。更为严重的是，二十大以后赫鲁晓夫还通过施加政治、经济压力在各社会主义国家、各共产党强行推行非斯大林化运动，清洗所谓斯大林主义分子。这一切不仅在国际共产主义运动中造成了思想上和组织上的混乱，也严重削弱了社会主义阵营的团结。

2. 波兰事件

1956年3月12日，出席苏共二十大的波兰总统、统一工人党第一书记贝鲁特在莫斯科突然逝世。奥哈布就任波党第一书记后，便着手为在清洗所谓铁托分子运动中受到牵连的哥穆尔卡及其支持者恢复名誉，并采取了新的经济政策，包括普遍提高工人的工资。但是，尽管如此，波兰国内形势仍然动荡不安。6月28日，波兹南斯大林机车车辆制造厂的一万多名工人因增加工资的要求未能得到及时妥当的处理走上了街头，举行游行示威。有些人乘机兴风作浪，从而将和平请愿变成了骚乱。到第二天傍晚秩序得到恢复时已有53人死亡，300多人受伤，323人被捕，其中包括骚乱期间从监狱逃出的33人。

波兹南事件中一些人喊出的反苏口号，引起了苏联的不安。因此，苏共中央在6月30日发表声明，断言这一事件是美国垄断资本策划的反人民暴动，是为了颠覆社会主义国家。波党中央和政府最初也将事件的责任归咎于"帝国主义代理人"及"煽动分子"，但随后不久，他们又承认了工人的不满的合理性。奥哈布在7月19日的工人党七中全会上指出，波兹南事件在很大程度上起因于中央和地方领导者的官僚主义及愚昧无知。7月28日，七中全会通过了符合奥哈布的讲话的精神的决议。在以后的两个月中，波党和政府采取了一系列独立于苏联的行动。8月4日，哥穆尔卡在党内的地位正式得到恢复；8月24日，哥穆尔卡的支持者科玛尔将军被任命保安部队总司令；担任波兰国防部长的苏联罗科索夫斯基元帅则被要求返回苏联。此外，工人工资被提高，消费品价格被降低。在9月底、10月初的审讯中，波兹南事件的被捕者80%被无罪释放，只有很少的人被判了几年徒刑。波党还准备在即将举行的八中全会上推选哥穆尔卡重任中央第一书记。

这一切使苏联领导人感到了严重的担忧，赫鲁晓夫决定直接进行干预。当罗科索夫斯基及其支持者策划的军事政变流产后，10月17日，驻波苏军开始向华沙移动。10月19日，波党八中全会刚刚开始，赫鲁晓夫未经邀请就率领"一队强有力的人物"闯进波兰。在随后与波党领导人举行的会谈中,赫鲁晓夫软硬兼施,力图阻止哥穆尔卡及其支持者进入政治局,并坚持罗科索夫斯基不能被排除在政治局之外。波党领导人据理力争。他们的行动得到了广大党员、群众以及军队的支持,全国秩序井然。在此情况下,10月19日深夜,赫鲁晓夫决定退却,声称不干涉波党政治局人选问题,只要求发表一份重申波苏友谊的公报。在苏方保证将军队撤回基地后,波兰方面同意了苏联的要求。次日,苏联代表团回国,波党八中全会继续进行,选举了新的政治局和第一书记。八中全会后,波党和政府迅速稳定了国内局势。

11月15—18日,以哥穆尔卡为首的波兰党政代表团在莫斯科与苏联领导人进行了会谈,并达成了一系列协议。苏方同意,波兰不必归还在11月1日以前已借用的贷款,以补偿它因在1946—1953年期间低价向苏联出售原煤而遭受的损失;并再向波兰提供7亿卢布的长期贷款;苏军继续留驻波兰,但不得干涉波兰的内政和主权,其驻地、人数与调动要取得波兰政府的认可。双方还表示,将在各国人民平等的列宁主义原则的基础上,发展两国的友好关系。

3. 匈牙利事件

苏共二十大召开前,匈牙利劳动人民党党内的分歧和斗争已经十分激烈。1953年7月出任总理的纳吉·伊姆雷虽然因"右倾错误"被撤销了职务并被开除出党,但其支持者始终没有停止反对以匈党第一书记拉科西为首的领导集团的斗争。赫鲁晓夫在二十大所做的报告为这一斗争注入了新的动力。纳吉重申自己的观点,要求恢复党籍。一批青年知识分子组成了裴多菲俱乐部,竭力宣扬他们心目中的民主和自由,要求为在反铁托分子运动中被处死的前匈党政治局委员拉伊克平反,支持纳吉重新上台。6月底,波兰发生波兹南事件后,拉科西一方面代表党中央宣布放慢农业集体化速度,加强工人的民主权利和增加消费品供应,一方面却又通过公安部门逮捕了裴多菲俱乐部的成员,查封了一些刊物,这就加剧了矛盾。当时担任苏联驻匈大使的安德罗波夫电告莫斯科说,"布达佩斯将使波兹南事件看来好像是一次友好的集会。"为了稳定匈牙利的局势,苏联立即派其副总理米高扬访问布达佩斯,迫使拉科西于7月中旬辞职,而由格罗接替。

格罗上台后虽然采取了一些政策来缓和国内的不满情绪;但他却将主要精力用于批判纳吉的错误。此外,由于气候恶劣和波兰不能保证煤的供应,当时经济也遇到了严重困难。这样,在8—9月间,匈牙利的形势进一步恶化,形形色色的俱乐部大量涌现,一些别有用心者乘机大肆鼓吹否定工人阶级领导及社会主义的言论。随后,矛盾变得更加尖锐。10月6日,匈党和政府为拉伊克等四名被处死的原党政领袖的遗骸举行国葬,首都约有30万人参加。在波党八中全会的决议和哥穆尔卡重新当选为第一书记的消息传到布达佩斯后,10月22日,裴多菲俱乐部、布达佩斯各大专院校学生团体联席会议等向党中央提出了将拉科西开除出党、恢复纳吉的职务及苏军立即撤出匈牙利等要求。10月23日,布达佩斯学生10多万人和其他群众举行了游行。当晚,刚从南斯拉夫访问归来的格罗发表了措辞严厉的广播讲话,更加激怒了仍在进行游行的群众,而混迹其间的坏人则乘机进行煽动,蓄意制造事端。他们向保安人员开枪,袭击电台、报社和国家机关,并将事先准备好的武器分发给群众。面临着不断恶化的事态,10月23日深夜至24日凌晨,匈党中央和政府召开了紧急会议。经过激烈争论,会议一方面决定改组政治局,让纳吉进入中央委员会并出任政府总理;另一方面,又通过电台宣布正在发生的事件属于反革命性质,请求驻扎在匈牙利的苏军协助平叛。一小时后,苏军开进布达佩斯。但流血事件仍然有增无已。当晚米高扬和苏联又一领导人苏斯洛夫来到匈牙利,对格罗进行了指责,格罗被迫下台,由卡达尔出任党中央第一书记。

此后几天中,一方面纳吉采取了一系列让步措施,包括将正在发生的事件称作"民族民主革命",许诺全面实行改革和就从匈牙利撤出苏军的问题同苏联进行谈判,决定改组政府、吸收小农党和民族农民党的成员参加,下令解散保安部队,并宣布结束一党制、在秩序恢复后进行自由选举。另一方面,苏联也作出了重要的妥协。在应匈方要求从布达佩斯撤回苏军后,10月30日苏联政府发布了《关于发展和进一步加强苏联同其他社会主义国家的友谊和合作的基础的宣言》,承认苏联过去犯下了有损社会主义国家地位平等的原则的错误,答应将与其他社会主义国家共同讨论保证这一原则的贯彻的措施。10月31日,再次前来布达佩斯的米高扬和苏斯洛夫接受了纳吉等人提出的四项要求:(1)立即从匈牙利撤回苏军;(2)匈牙利退出华约组织;(3)匈牙利重新建立多党制政府;(4)进行自由选举。

但是,这一切并不能使事态平息,反对派攻击、焚烧党政机关,捣毁报社,杀害党员干部、公安战士和无辜群众。国外的敌对势力此时也表现得空前活跃。坐落在慕尼黑的自由欧洲电台由以前每日播音6—7小时改为播音24小时,除了进行一般的反共宣传外,还向匈牙利内部的反对势力提供具体建议。

在此情况下,匈牙利领导集团发生分化。11月1日,纳吉致电联合国秘书长,宣布退出华约,请求四大国保证匈牙利的"中立"。与此同时,卡达尔离开布达佩斯前往苏联,就"击败反革命"的问题同苏联领导人展开会谈。次日,赫鲁晓夫在南斯拉夫告诉铁托,苏、波、罗、捷和中国领导人在商谈中一致认为,如不进行干涉,匈牙利势必发生内战;如联合国军开进匈牙利,世界将发生大战。4日凌晨,以卡达尔为首的匈牙利工农革命政府宣告成立。卡达尔代表这一政府向匈牙利人民发出号召:"新政府请求苏军司令部帮助我国人民粉碎反动黑暗势力,使我们能在国内恢复秩序和安定。"⑪中午,苏军坦克的炮声震撼了整个布达佩斯,纳吉及其支持者到南斯拉夫大使馆避难。至11月15日,匈牙利的事态基本平息。纳吉则在同月23日离开南斯拉夫大使馆后被苏军逮捕,1958年6月由匈牙利最高人民法院判处死刑。

匈牙利事件不仅给匈牙利人民的生命财产带来了重大损失,而且使苏联的东欧政策又在某种程度上回到了斯大林时代。1957年元旦,也就是在赫鲁晓夫发表秘密报告10个月以后,赫鲁晓夫在一次讲话中说:"我本人就是在斯大林时代长大的","我也为我们是斯大林派感到自豪"。匈牙利事件还冲击了美苏关系的第一次缓和。

4. 中苏关系的恶化

苏共二十大使中苏两党产生了一系列原则分歧,这特别表现在全盘否定斯大林及和平过渡两个问题上。中共领导人曾多次在内部会议上向苏共领导人说明了自己的立场。1956年4月和6月,中共先后发表了《关于无产阶级专政的历史经验》和《再论无产阶级专政的历史经验》等两篇文章,委婉然而十分明确地批评了苏共二十大的观点。

在波匈事件当中和刚刚结束时,赫鲁晓夫处在困难时期,迫切需要中国方面的支持,因而显示了改善和加强两党、两国关系的愿望。为了巩固和发展社会主义阵营的力量,中国领导人也对苏联方面的态度作出了积极的响应。1956年11月1日,中国政府发表声明,充分肯定了两天前苏联政府发表的《关于发展和进一步加强苏联同其他社会主义国家的友谊和合作的基础的宣言》,称赞它是"正确的","对于增强社会主义国家之间的团结,具有重大的意义",⑫有助于消除社会主义各国间的隔阂和误解。1957年上半年,中苏两国领导人频繁地进行了互访,双方都一再强调了两党、两国的团结的重要性。11月中旬,毛泽东亲自率领中共代表团到莫斯科参加社会主义国家共产党和工人党代表会议以及64个共产党和工人党会议。在这两个会议上,中国共产党代表团和其他许多代表团一起对苏共二十大提出的作为共产主义行动准则的一部分观点进行了批评,同时也作了必要的妥协,从而保证了会议的健康和顺利地进行。

然而，在此以后，赫鲁晓夫以为苏联已经度过了世界上一度出现的反苏危机，并且以为自己的地位已经巩固，因而旧病复发，在其思想上曾一度被压抑的大国沙文主义和民族利己主义情绪再次膨胀起来。他力图控制对一系列重大理论和政策问题有着不同观点的中国共产党和中国政府。1958年4月，苏联方面建议两国在中国共同建设一长波电台。中国政府原则表示同意，但坚持一切费用"应当由中国方面全部承担"，以确保中国的所有权和主权。苏联的计划因而未能实现。同年7月，苏联方面又提出中苏"建立一支共同潜艇部队"，这一要求遭到了中国政府的明确拒绝。

到了1959年，苏联对华政策中的大国沙文主义有了进一步发展。当时，由于中国针锋相对地反对美国侵略政策的立场与赫鲁晓夫追求美苏妥协的立场发生了冲突，苏联着手直接对中国施加压力。1959年6月，苏联政府片面撕毁了中苏两国1957年10月签订的关于国防新技术的协定，拒绝向中国提供原子弹的样品及其生产技术资料。在印度挑起了第一次中印边境武装冲突后，赫鲁晓夫不顾中国的规劝，于9月9日以塔斯社的名义发表了一项偏袒印度的声明，同月底，赫鲁晓夫在访美回国途中访问北京时，含沙射影地攻击了中国的对外政策，教训中国不要"用武力去试试资本主义的稳定性"。在遭到中国方面的驳斥后，他竟诬蔑中国"像公鸡好斗一样热衷于战争"。⑬在此情况下，1960年4月，中国方面发表了三篇文章，阐述了自己对于帝国主义、战争与和平、无产阶级革命和无产阶级专政等问题的看法。这些文章没有公开批评苏联，并且注意将这种分歧限制在理论探索的范围之中。

赫鲁晓夫力图将自己的政策强加于中国的做法，在1960年6月下旬达到了登峰造极的地步。它利用包括社会主义国家在内的51国共产党和工人党参加罗马尼亚工人党第三次代表大会之机，策划了"布加勒斯特会议"，并在会上对中国的立场进行了无理指责。中国共产党代表团据理力争。一些兄弟党也不同意赫鲁晓夫的这一做法，阿尔巴尼亚劳动党的态度尤为明朗。

苏共领导对于未能制服中共并不甘心，紧接着又采取了一系列步骤，从经济上和政治上对中国施加更大的压力。其中最重要的是，1960年7月，苏联政府突然宣布在一个月内撤走在中国的所有11390名苏联专家，从而撕毁了343个专家合同和合同议定书，废除了257个科学技术合作项目。苏联政府还大量减少了成套设备和各种设备中关键部分的供应。此外，它甚至挑起了中苏边境纠纷。11月，当第二次各国共产党和工人党代表会议在莫斯科举行时，苏共领导无视中共和许多兄弟党代表团消除分歧、加强团结的愿望，竟然散发了一封长信攻击中国共产党，使会议濒于破裂边缘。只是由于中共和其他一些代表团的有理、有利、有节的斗争,会议才最终达成了具有重要积极意义的宣言和声明。

三、西方阵营内部矛盾的发展

1. 西方国家力量对比的变化

由于资本主义不平衡发展规律的作用,到了20世纪50年代后半期,西方国家的力量对比发生了重要变化。这首先表现在经济领域,一方面是美国经济的相对衰弱,另一方面是西欧、日本的经济得到迅速发展。1948年,美国工业生产、出口贸易和黄金储备分别占资本主义世界的53.4%、32.5%和74.5%,英、法、联邦德国和日本的工业生产合计仅占资本主义世界的20%,出口贸易仅占14.7%,黄金储备仅占6.7%。然而,到了50年代中期,西欧和日本的经济已先后度过恢复期,开始了迅速增长。1960年,美国工业生产、出口贸易和黄金储备在资本主义世界的比重分别降为39.5%、24.4%和38.5%,而欧洲经济共同体和日本的工业生产在资本主义世界的比重上升为48.1%,出口贸易额的比重上升为56.2%,黄金储备的比重上升为46.4%,全都明显地超过了美国。并且,这一变化趋势还在进一步发展之中。

其次,西方国家间的军事力量对比也发生了一定的改变。战后初期,美国垄断着核武器,西欧国家和日本几乎完全地将自己的"安全"寄托于美国的保护。到了20世纪50年代中期,它们纷纷加快了发展自己军事力量的步伐。英国在1952年成功地进行了第一次核爆炸,成了世界上第三个核国家;1954年制成了原子武器并用来装备自己的军队。法国在1955年也决定发展自己的核力量。苏伊士运河战争中遭受的失败更加刺激了它们发展核武器的欲望。英国在1957年成功地进行了第一次氢弹试验。法国也在1960年2月于撒哈拉成功地进行了第一次核爆炸。同年12月6日,法国国民议会通过了政府提出的核军备计划。与此同时,西欧国家和日本的常规军事力量也得到了重要的增长。1958年英国对军事机构进行了改组,加强了同军事现代化相关的科学、技术和工业的建设。法国和德国在这一时期分别建立了拥有50万人的武装力量。日本在1957年6月制订了以"整备骨干防卫力量"为中心的第一个防卫力量发展计划(1957—1960)。同年,防卫厅还将导弹研究列入了工作重点,并在年底决定购入"响尾蛇"空对空导弹。

西方国家间经济力量和军事力量对比关系的变化,决定了它们之间政治关系的变化。20世纪50年代后半期,特别是在苏伊士运河战争以后,美国与其他西方大国间的矛盾和斗争有了不同程度的发展,与此同时,西欧联合运动进一步得到了加强。

2. 欧洲经济共同体的建立

欧洲经济共同体的建立是形势发展的客观需要。首先,它是西欧各国垄断资本主义迅速发展的产物。战后,科学技术的迅速发展,促进了社会生产力的巨大增长,不仅生产规模大为扩展,生产结构也有重大变革,生产和资本进一步国际化,经济生活相互依赖性急剧增强。这就迫切要求扩大市场,加强资本和技术的协作,以及协调彼此间的经济政策,换言之,即要求打破国界限制和相互调整生产关系,以适应生产力的迅猛发展。其次,欧洲经济共同体也是西欧承受的巨大外界压力的产物。到20世纪50年代中期,西欧各国在经济和军事力量方面已显著加强。但是,同美苏两国相比,西欧任何一国都还相差甚多。面对美国的垄断资本和跨国公司,它难以竞争;面对苏联的军事优势,它更是无法匹敌。因此,西欧国家只有联合起来,才能凭借集体的力量,加强在国际经济和贸易竞争中的地位,抵抗苏联的军事压力。

战后西欧形势的发展,也为欧洲经济共同体的建立提供了可能性。第二次世界大战和战后的经济恢复,使西欧各国的国家垄断资本主义大大发展,垄断资本和国家政权日益融合。通过国有化、国家投资以及政府对生产、流通、分配、消费各个领域的调节和干预,国家已普遍和直接地介入经济生活,国家的经济职能全面强化。这就为国家出面组成经济和贸易集团创造了条件。另一方面,西欧国家在建立和发展煤钢联营过程中获得的经验也推动了经济共同体的诞生。

正是在此背景下,1957年3月25日,参加欧洲煤钢联营的六个国家——法国、联邦德国、意大利、比利时、荷兰和卢森堡在罗马举行会议,签署了《欧洲经济共同体条约》。它规定共同体的主要活动包括:"在各成员国之间取消商品进、出口的关税和定量限制"以及类似的其他措施;"建立对待第三方国家的共同关税率和共同贸易政策";"在各成员国之间,废除阻止人员、劳务和资本自由流动的各种障碍"[14];建立共同的农业政策和运输政策;等等。该条约还规定,共同市场应设置议会、理事会、委员会、法院等机构以保证上述任务的执行。

与此同时,六国还签署了《欧洲原子能共同体条约》。原子能共同体的任务是,"通过建立使核子工业迅速形成和增长的必要条件,对成员国中生活水平的提高和与其他国家的交换做出贡献。"[15]它也要求设置议会、理事会、委员会和法院等机构。

这两个条约都在1958年1月1日生效。这样,加上原有的欧洲煤钢联营,西欧就有了三个共同体。

欧洲经济共同体的建立,推动了成员国的对外贸易,特别是成员国相互之间的贸易的扩大;贸易的扩大,又刺激了成员国投资的增长和生产的发展。与此同时,欧洲经济共同体的建立,也促进了成员国之间的政治合作。

美国从遏制苏联这一根本利益出发,对欧洲经济共同体的建立表示了支持。但是,从一开始它就为共同体的"排外性"和发展成为"第三种力量"的趋向感到担忧,并对美国工农业产品在六国市场将受到的限制感到不满。因此,美国一直力图将欧洲经济共同体纳入自己的轨道,发展它的有利方面,克服它的不利方面。欧洲经济共同体的建立也加剧了它的成员国(特别是法国)与英国之间的矛盾。英国既不愿牺牲与英联邦国家的特别经济联系而加入欧洲经济共同体,又不愿忍受本国产品在六国共同市场上受到的歧视。作为一种对抗,它在1959年11月联合瑞典、丹麦、挪威、瑞士、奥地利和葡萄牙组成一个七国"小自由贸易区"(欧洲自由贸易联盟)。这样,西欧就出现了两个经济集团。另外,还应看到,欧洲经济共同体成立未久,特别是当戴高乐1958年再次成为法国的领袖以后,围绕着共同体究竟应是一个"超国家"性质的组织还是一个国家间的组织的问题,在法国与其他五国,特别是比、荷之间也出现了旷日持久的斗争。

3. 新日美安全条约的签订

1951年的《日美安全保障条约》从问世之日起就遭到了日本人民的强烈反对。1957年开始的美军远东基地的核武器化,更加激化了日本人民要求废除这一条约的斗争。同年2月组成的岸信介内阁自然不会支持广大人民的这种立场。但是,在日本经济力量和军事力量已经得到了不同程度的加强的背景下,岸信介试图以维护日美安保体制为前提,对日美安全条约做出一些修改,以提高日本的国际地位,同时平息日本人民的愤懑情绪。1957年6月,岸信介在美国访问时向艾森豪威尔政府提出了修改条约的愿望。然而,美国政府不仅对此置之不理,而且要求日本政府增加军备。

一年以后,情况发生了变化。1958年9月,当访美的藤山外相再次提出了修改条约的问题时,杜勒斯表示了首肯。显然,美国政府指望通过在某种程度上满足日本修改条约的要求,稳定日本的亲美政权,确保日本对美国的长期依附,促进日本军备的继续扩展。换言之,美国政府试图利用日美安全条约的修改,加强美国在远东的战略地位,维护美国长远的战略利益。

经过一些准备以后,1958年10月,日美开始了修改条约的谈判。1960年1月19日,双方在东京签署了《日美共同合作和安全保障条约》(新日美安全条约)。它以日本方面的提案为基础,一方面保持了旧安全条约的基本内容,包括美军可常驻日本,美国可为了日本的和远东的"安全"使用日本国内的"设施和地区";另一方面,它又包含了若干旧安全条约所没有的内容:日美在"日本管理下的领土"这一范围内具有相互保护的义务;日本应在宪法许可的范围内逐步发展"抵抗武装进攻的能力";日美应在政治上和经济上实行"合作"。⑯此外,新日美安全保障条约删去了旧条约中有关镇压日本"内乱"的条款,并使日本得到使用条约的自由权。这些变化在某种程度上反映了日本人民反对美国控制的要求,但是从总体上看,这一条约与日本人民的愿望相去甚远。

四、亚非拉美民族解放运动的新阶段

1. 非洲新独立国家的大量涌现

万隆会议以后,亚非拉美的民族解放运动进入了新阶段。这首先表现为民族解放斗争在广度和深度上都获得了新的发展。在万隆会议后的五年多时间中,在非洲涌现了一大批新独立的国家。与此同时,亚非拉美国家加强了反对殖民主义和帝国主义、维护国家主权和独立的斗争。在这一斗争中,它们的团结和合作得到了进一步的加强。

在1956—1960年间新独立的国家中,除了马来亚和塞浦路斯以外,其余全部属于非洲。短短几年间,从北非掀起的民族独立浪潮几乎席卷了整个非洲大陆,以至1960年在历史上被称作"非洲年"。

1956年,地中海和红海之畔的苏丹和摩洛哥在经过长期斗争后获得了独立。1957年,西非的加纳在以恩克鲁玛为首的人民大会党的领导下摆脱了英国的殖民统治,成了撒哈拉以南非洲的第一个新独立的国家。紧接着,1958年,原法属殖民地几内亚也成功地挣脱了殖民主义统治的枷锁。这象征着非洲民族解放运动高潮的到来。

1960年,撒哈拉以南的17个非洲国家取得了独立,其中12个国家是原来的法国殖民地。这种状况的出现同法国由于内外交困而被迫推行非殖民化政策有关。英国保守党政府首相麦克米伦在访问南非时发表了有名的"改革之风"的演说。他无可奈何地讲道:"改革之风正在吹遍非洲大陆。无论我们是否喜欢,这种民族觉悟的提高都是活生生的现实。我们必须面对现实,我们制订国家政策时必须考虑到这一事实。"⑰

同一时期,东非肯尼亚人民展开的"茅茅"运动和北非阿尔及利亚人民展开的武装斗争如火如荼,有力地冲击了英法的殖民主义统治,加速了各自的民族独立运动的进程。

2. 苏伊士运河危机和第二次中东战争

1869年正式通航的苏伊士运河由埃及人民以牺牲12万民工的代价费时10年开凿而成。此外,埃及当时还承担了运河投资总额的70%。但是,这条具有重大经济利益和战略利益的运河长期地为英法殖民主义者所控制,他们几乎攫取了运河的全部收益,并且是运河的主要用户。1956年6月,英军最后撤离埃及,从而结束了对埃及的长达74年的占领,但英法殖民者仍然控制着国际苏伊士运河公司。

为了维护民族独立和国家主权,同时也是为了筹集资金建设阿斯旺水坝,1956年7月26日,埃及总统纳赛尔宣布了将苏伊士运河公司收归国有的法令。在纳赛尔发表演说的同时,埃及政府派出的人员顺利完成了对运河公司的接管。英法政府不甘心于这一重大挫折。为了重新夺回对运河的控制权,它们一面积极策划和准备军事冒险,一面拉拢美国从经济和政治方面对埃及施加压力。此外,为了掩盖战争准备,并取得政治上的主动,英法又在9月23日将苏伊士运河问题提交联合国安理会。在联合国秘书长哈马舍尔德的安排下,英法和埃及在10月9日举行了三方秘密会谈,达成了下述六项原则协议:保持运河的自由通航;尊重埃及的主权;任何一国不得因国内的政治问题影响运河的经营管理;由"苏伊士运河使用国协会"和埃及共同商定运河通行费用;运河通行费的相当部分应做发展之用;原苏伊士运河公司和埃及政府之间的争执应通过仲裁解决。然而,英法随后又向安理会提出了对苏伊士运河实行"国际管理"及"使用国协会"享有特权的要求。这些要求因苏联的反对而被否决。英法遂表面上同意于10月29日与埃及重开谈判。但是,就在这一天,它们支持下的以色列向埃及发动了进攻。

第一次中东战争以后,以色列一直在策划针对阿拉伯国家,特别是埃及实行新的军事侵略。埃及政府将苏伊士运河收归国有以后,意识到有机可乘的以色列更是跃跃欲试,并为此首先同法国进行了勾结。10月15日,法国政府即向英国提出了建立英法以三方联盟的战略计划。10月22日起,它们的军政头目在巴黎举行了会谈,并最终确定了对埃及进行联合作战的行动计划。

按照这一计划,10月29日,以色列出动军队4.5万人分四路攻入了西奈半岛。翌日,纳赛尔下令全国总动员,反击以色列入侵者。当天下午,英法向埃及,同时也虚伪地向以色列发出最后通牒,要求双方立即停火并各从运河两岸后撤10英里,而由英法军队进驻运河区重要港口。英法声称,任何一方若在12小时内不接受上述要求,它们将用军事手段进行干预。以色列立即表示接受,埃及则在当晚宣布拒绝。英法便以此为借口,于10月31日傍晚出动飞机对开罗等大城市和一些机场实施轰炸。然而,英法大量的海军陆战队仍然远在马耳他,要在一个星期以后才能赶到。而在这段时间中,形势变得对他们越来越不利。

首先,英法以的侵略,不仅遭到埃及人民的沉重打击,也遭到其他阿拉伯国家、亚非国家以及世界人民的坚决反对。其次,英法还受到了美国和苏联施加的巨大压力。积极争取连任总统的艾森豪威尔对英法的做法极为不满,认为这不仅破坏了大西洋联盟的团结,而且置他的政府于尴尬窘迫的境地。同时,美国也想乘机排挤英法在中东的势力。为此,11月1日,它在联合国提出了一项议案,要求在埃及交战的各方立即停火,将军队撤回到停战线后面。大会以64票对5票通过了这一提案。英法对此十分恼火,拒绝停火和撤军。美国遂决定中断对它们的石油供应,并不准他们使用某些美援武器。11月6日清晨,艾森豪威尔更在电话中警告英国首相艾登,如果英国政府还想维持"美英团结与和平"的话,应"立即下令停火",美国"不能再等下去了"。艾森豪威尔甚至命令美国部队进入戒备状态。另一方面,为了扩大在阿拉伯世界的影响以及改善因波匈事件而受损的国际形象,11月5日,苏联也向英法以发出了措辞极为强硬的照会,声称苏伊士运河战争可能会"发展成第三次世界大战",暗示了使用现代化武器,特别是火箭核武器对他们实施打击的可能,并提出了以色列国家的生存问题。苏联还向美国提出了两国实行"紧密合作"以制止英法以的侵略的建议。它虽然未被美国政府所接受,但显然是推动艾森豪威尔对英法采取强硬立场的一个重要原因。美国急于阻止苏联的军事力量进入中东。在四面楚歌的形势下,11月6日下午5时,英法被迫宣布于当天午夜停火。至此,英法动员了16万兵力、耗费了3亿美元(以色列的军队和开支尚不包括在内)进行的战争终以侵略者的失败而告结束。

第二次中东战争以后,英法陷入了严重的困境:外交上空前孤立,财政经济状况急剧恶化,人民不满迅速加剧,统治集团内部发生激烈争吵。艾登不久就被迫辞去了首相的职务。埃及人民则不仅粉碎了敌人的侵略,并可利用运河的清除问题迫使西方国家继续作出让步。到1957年5月,包括英法在内的有关各国最终都接受了埃及的运河国有化计划。

3. 中东人民反对艾森豪威尔主义的斗争

苏伊士运河战争结束后,美国和苏联的势力迅速渗入了中东地区。苏联利用埃及、叙利亚等阿拉伯国家急需经济援助和政治援助的机会,极力扩大它在中东的政治影响。而美国则抛出了"艾森豪威尔主义"与之抗衡。1957年1月5日,艾森豪威尔向国会提出了有关中东政策的特别咨文,要求国会同意授予美国总统下述权力：假如总统认为有必要帮助那些请求支援以反对"来自任何由国际共产主义控制"的"武装侵略"的中东国家，总统可以使用美国军队。[18]这一咨文同时还要求国会批准向愿意接受艾森豪威尔主义的阿拉伯国家提供2亿美元的经济援助。美国指望以此手段来扶植中东的亲美势力，特别是沙特阿拉伯、伊朗、黎巴嫩、伊拉克和约旦的亲美势力，镇压当地人民的革命运动。杜勒斯甚至还策划在中东建立一个包括土耳其、约旦和伊拉克在内的军事集团。

然而，艾森豪威尔主义出笼以后，立即遭到了中东人民的反对。1958年2月，埃及和叙利亚宣布实行合并，建立"阿拉伯联合共和国"。7月14日，以阿卜杜勒·卡里姆·卡塞姆为首的"自由军官组织"在人民群众的支持下发动了推翻亲美的费萨尔王朝的政变，成立了伊拉克共和国。1959年3月，伊拉克正式退出了巴格达条约组织。此后几个月中，伊拉克还采取了一系列不仅直接削弱英国而且也间接削弱了美国在中东的势力的政策。

艾森豪威尔主义在黎巴嫩遭到了更加严重的挫折。从1958年5月起，该国就掀起了反对以首先宣布接受艾森豪威尔主义的夏蒙总统为代表的亲美势力的武装起义。7月15日，即伊拉克爆发了反帝民族起义的次日，在夏蒙的所谓邀请下，美国海军陆战队一万人在贝鲁特登陆。这一行径在世界各地引起了强烈的反对。不仅许多亚非国家以及社会主义国家纷纷谴责美国政府的干涉政策，甚至法国也对美国向它的这一前殖民地派兵之事表示了抗议。8月，阿拉伯联盟的所有成员国在联合国大会提出了关于中东国家不卷入大国争端的议案，该议案顺利地获得了通过。10月，艾森豪威尔被迫从黎巴嫩撤出了美国的军队。

4. 亚非拉美国家团结合作的加强

万隆会议以后，在亚非以及其他地区执行中立主义政策的国家间，团结合作获得了进一步的加强。

1956年7月中旬，南斯拉夫总统铁托、埃及总统纳赛尔、印度总理尼赫鲁在南斯拉夫的布里俄尼岛举行了政治会晤。7月20日，他们发表了一项联合声明，进一步阐述了反对集团政治的中立主义外交政策。三国领导人在这一文件中声称，世界不应被"分成强有力的国家集团"，而应"建立世界规模的集体安全"，"继续并且鼓励奉行不同政策的各国领袖之间的接触和意见交换"。[19]在以后的几年中，他们和亚非拉美其他一些国家的领导人就共同推行这一政策的问题保持了经常的接触和讨论。特别是1960年第15届联合国大会期间，这三位领导人和加纳总统恩克鲁玛、印尼总统苏加诺在纽约具体讨论了召开不结盟国家首脑会议的问题,因而被称作"不结盟运动的创始人"。

亚非拉美国家的团结合作导致了"欧佩克"(石油输出国组织)的建立。作为一种极为重要的战略物资,石油的主要产地是在亚非拉美,特别是在中东和北非。然而,长期以来,这些地区石油的开采、提炼和销售却始终为西方垄断资本所控制,巨额利润源源不断地流入了西方国家。第二次世界大战结束以后,亚非拉美的产油国家为维护国家主权和保护石油资源与西方的石油公司进行了不懈的斗争,包括将石油的开采和提炼工业收归国有。但西方垄断资本仍然通过操纵国际市场上的石油价格来掠夺亚非拉美国家的石油财富。实践使这些产油国家逐步认识到,要想真正摆脱外国石油公司的剥削,它们必须组织起来和联合起来、控制石油价格。1959年2月和1960年8月国际石油公司先后两次单方面强行压低石油价格的做法,加速了产油国家建立有效联合的过程。1960年9月中旬,伊朗、伊拉克、科威特、沙特阿拉伯和委内瑞拉的石油部长在巴格达举行会议,就在它们间建立一个永久性的国际机构一事取得了一致意见,宣布正式成立石油输出国组织。巴格达会议通过的决议指出,石油输出国组织成员国对西方石油公司无视产油国家利益而随意更改油价的做法再也不能熟视无睹;它们将尽一切努力提高目前的石油价格并使之保持稳定;它们将研究和制定通过调节生产保障油价稳定的制度。该决议还具体规定:如果一个或几个成员国由于执行这次会议通过的某项方针而受到有关的西方石油公司的制裁,其他成员国不得接受这些公司可能提供的增加石油出口或提高石油价格之类的优惠待遇。巴格达会议还通过了石油输出国组织章程。按照这一章程,"欧佩克"的主要宗旨是协商和统一各成员国的石油政策,确定能最有效地维护成员国利益的各种手段。其主要机构包括大会、理事会和秘书处。石油输出国组织的成立,不仅标志着亚非拉美产油国的斗争已从分散自发的阶段进入了有组织的阶段,而且推动了不结盟运动和第三世界的形成。

第二节 美苏关系的再度紧张与两大阵营内部冲突的尖锐化

一、美苏关系的再度紧张

1. 肯尼迪的和平战略与军事遏制

巴黎四国首脑会晤的破裂预示着美苏关系中一个新的寒冷时期的到来。

肯尼迪入主白宫不久,美苏在柏林问题上再一次发生了尖锐对立。1962年的古巴导弹危机更是将美苏推到了热战的边缘。

肯尼迪在1961年1月上台后继承和发展了艾森豪威尔政府关于苏联和其他社会主义国家的政策。肯尼迪认为,为了扭转美国的影响和威信急剧下降的趋势,美国应实行一种更加积极的政策,以应付苏联在欧洲和亚非拉美地区的挑战。这种政策意味着要更加充分、更加灵活地运用两手策略:和平演变和军事遏制。他在1961年1月30日发布的第一个国情咨文中说:"在总统的徽章上,美国之鹰的右手抓着一根橄榄枝,左手抓着一支箭。我们打算给两者同样的注意。"⑳

在这种思想的指导下,肯尼迪一方面积极鼓吹"和平共处"与"和平演变",即试图通过经济援助、贸易和人员交流等各种手段,从改变思想意识形态入手,以美国式的"民主、自由、和平和民族主义"来改变社会主义国家的性质。肯尼迪声称,"脱离共产主义和走向民族独立与自由的过程"将是长期和缓慢的。㉑

与此同时,肯尼迪仍然坚持利用军事力量遏制社会主义国家的做法。像他的前任杜鲁门和艾森豪威尔等人一样,肯尼迪相信,同苏联及其他社会主义国家打交道的最好方法是从实力地位出发。而根据他的国防部长麦克纳马拉的观点,足够的实力意味着巨大的优势。正是为了维持这种优势,美国加速了全面建设军事力量的步伐,从而掀起了新的军备竞赛高潮。

肯尼迪政府的军备扩张是按照所谓灵活反应的要求进行的。随着美国在核武器方面长期具有的绝对优势的动摇,到了50年代后期,艾森豪威尔的大规模报复政策已经陷入了困境。在苏联已经掌握了洲际导弹的情况下,美国如果轻率使用核武器,必然会置自身于极为危险的境地。为此,60年代初,美国确定了全面发展军事力量以更加有效地适应不同需要的目标。具体地说,在核力量方面,美国应该具有进行使用战略核武器的核大战和使用战术核武器的有限核战争的能力;在常规力量方面,美国应该具有同时进行分别以苏、中和发展中国家为对象的"两个半战争"的能力。在这种思想的指导下,1962年美国的军费支出达到了512亿美元(按1960年不变美元值计算),明显超出了艾森豪威尔时期的水平。美国的核力量、常规力量以及所谓进行游击战的特殊力量,都得到了很大程度的发展。

军事遏制的另一方面是加强和苏联以及其他社会主义国家的地区性对抗。在印度支那、拉丁美洲和东欧,肯尼迪政府都显示了咄咄逼人的姿态。它的政策表明,当着美国竭力鼓励社会主义国家发生和平演变时,将不惜使用武力维持美国在欧洲的地位和阻止亚非拉美革命运动的发展。而这一切同赫鲁晓夫的政策发生了矛盾,从而导致了新的柏林危机和古巴导弹危机的发生。

2. 1961 年的柏林危机

1960 年 5 月四国首脑巴黎会晤的失败,以及预期的艾森豪威尔对苏访问的取消,标志着赫鲁晓夫所追求的苏美合作的政策遭受了重大挫折。赫鲁晓夫因此在国际共产主义内部受到了激烈批评。他力图通过一些行动来向西方显示自己的能力,向国内外批评者显示自己的坚定性。1961 年 6 月初美苏政府首脑会晤后他更是如此。

从 1961 年初起,经西柏林逃往联邦德国的人数急剧增加。这是赫鲁晓夫在 6 月 15 日再次向西方发出"最后通牒"式要求的直接导火线。他说,西方国家必须就柏林问题的解决与民主德国"在年内达成"协议。几天后,他补充说,如果西方到时未能和民主德国达成协议,苏联将单独与它签署和约。7 月 2 日,赫鲁晓夫告诉英国大使,只要 6 枚氢弹就可炸平英国,9 枚氢弹就可摧毁法国。随后,他又在另一讲话中宣布,苏联将停止执行裁军计划,使国防支出增加三分之一。民主德国总理乌布利希也声明说,在民主德国与苏联签署和约以后,它将关闭西柏林与联邦德国之间的通道。这样,曾经一度沉寂的柏林危机再度尖锐化。

肯尼迪对此做出了强烈反应。他在 7 月 25 日宣布增加美国的防务支出和扩大军队规模。肯尼迪声称,"如果我们不履行在柏林的义务,那就意味着柏林的毁灭,以及整个世界的危险。全部欧洲的命运都维系于西柏林。"[22]他还一再暗示,美国不惜在柏林问题上一战。不久,追加 32 亿美元军事预算的法案在国会获得通过;同时,军队征召人数增加了两倍,15.8 万名后备役人员和国民警卫队被动员,从而使美国武装部队的人数一共增加了 30 万人,其中 4 万人被送往欧洲,6 个师则处于随时准备迅速行动的待命状态。

赫鲁晓夫不久又采取了一个突然行动。8 月 13 日起,民主德国沿着东西柏林分界线先是架铁丝网、设路障,后又修建起水泥墙和砖墙,以此切断东西柏林的人员来往。这实际上表明,苏联已经放弃了要求西方国家同意改变西柏林的地位和承认民主德国的努力,尽管赫鲁晓夫口头上仍然坚持这一立场。肯尼迪当时除了就柏林墙提出措辞强硬的抗议外,还派遣副总统约翰逊访问了西柏林,并命令一支 1500 人的战斗部队乘装甲车沿高速公路从联邦德国开往西柏林,以示美国不肯让步的决心。但从总体上看,美国政府也接受了"柏林墙"的存在这一既成事实。

9月初的气氛表面上依然是紧张的。从8月30日起,苏联恢复了在大气层中进行的大规模核试验,包括引爆了一颗5800万吨梯恩梯的核弹,其威力几乎相当于美国在广岛投下的那颗原子弹的4500倍。肯尼迪也随后下令进行地下核试验。但是,事实上,这时形势已经逐渐有所缓解。9月初,赫鲁晓夫通过《纽约时报》的一名记者秘密地向肯尼迪发出了访苏的邀请。9月中,苏联政府表示,它愿意对自己在德国问题上的立场作出合理修正。柏林风暴正在慢慢过去。而在10月召开的苏共二十二大上,赫鲁晓夫宣称,苏联将不坚持一定要在1961年12月31日前缔结对德和约的要求。这意味着他正式收回了规定美英法限期撤出西柏林的最后通牒。1962年1月,肯尼迪在接见赫鲁晓夫的女婿、《消息报》主编阿朱别伊时说,德国问题的解决可以再拖上15年。赫鲁晓夫不仅对此表示了赞同,还进一步声称,西柏林问题的解决也没有最后期限,什么时候成熟就什么时候解决。这样,赫鲁晓夫一再鼓吹的割去西柏林这一"毒瘤"的问题也就不了了之。

　　3. 古巴导弹危机

　　一波乍平,一波又起。苏美之间不久爆发了一场更为尖锐的危机,它几乎演变成为由两个核大国进行的热战。

　　1959年1月,古巴人民在卡斯特罗领导下推翻了巴蒂斯塔独裁政权,建立了人民革命政权。美国对此极为恼火。1961年1月,美国政府宣布同古巴断绝外交关系。4月中旬,美国中央情报局策划和组织了由大约1600名古巴流亡者发动的武装叛乱。他们在美国接受军事训练后乘着美军舰艇在古巴南部猪湾附近的滩头阵地登陆,试图颠覆和推翻人民革命政权。但是,这批亡命之徒在遭到重大损失后很快被逐出古巴。此后,不甘受挫的肯尼迪政府一面加紧对古巴施加经济和军事压力,一面策划新的军事干涉。

　　另一方面,自1960年初与古巴建立外交关系后,苏联逐步扩大了它在古巴的影响。特别是发生猪湾事件以后,苏联竭力以援助作为手段实现对古巴的全面控制。它不仅增加了对古巴的经济援助,而且开始向古巴提供军事援助。赫鲁晓夫甚至积极考虑在古巴部署中程陆基弹道导弹,以此来弥补美国在发展洲际陆基弹道导弹方面已经取得的对苏优势。1962年7月,古苏两国就苏联向古巴提供短程地空导弹以及中程导弹一事达成了协议。8月29日,美国的U-2飞机在古巴上空进行侦察飞行时发现了短程地空导弹的发射场。10月14日,美国的U-2飞机进一步拍到了正在建设中的、可被用来发射陆基中程弹道导弹的6个导弹发射台的照片。两天以后,军方又报告说,它已在古巴发现了至少是16枚,也可能是32枚这样的导弹。肯尼迪对赫鲁晓夫违背诺言而在古巴部署进攻性核武器一事感到十分恼怒。他在当日任命了一个由十多人组成的国家安全委员会执行委员会密谋对策,其中核心人物是总统的弟弟、司法部长罗伯特·肯尼迪。经过反复的磋商,执行委员会集中到对古巴实行核打击、常规打击和封锁这样几种行动方案。10月20日,肯尼迪总统作出了首先采用封锁的方法的决定,并向盟国做了通报。

10月22日晚,肯尼迪发表了《关于国家处于最紧急状态》的电视演说。他在解释了当时的形势后宣布:美国将对运往古巴的"所有进攻性军事装备"实行"严格的隔离";美国的军事力量已处于最高戒备状态;美国将把从古巴向西半球任何国家发射核导弹一事视作苏联对美国的进攻,美国将因此对苏联作出充分的报复性反应。最后,他还向赫鲁晓夫呼吁,在联合国的监督下从古巴撤出进攻性武器。根据肯尼迪的命令,国防部派出了40艘军舰和2万名海军士兵在离古巴海岸500海里的地方执行封锁古巴的行动计划。

赫鲁晓夫最初的反应十分强烈。10月23日,他在一封给美国政府的信中宣布,苏联将不会服从这种非法的封锁。他还指责肯尼迪将人类推向了世界性的导弹——核战争的边缘。此外,尽管那些装载着导弹的苏联船只停止了向古巴的航行,古巴导弹发射场的建设仍在进行。因此,形势显得极为严峻。但是,10月26日下午6点,肯尼迪收到了赫鲁晓夫的一封亲笔信。他在这封长信中"提醒"肯尼迪,"一旦战争真的爆发,我们就无力对它加以阻止。"[23]赫鲁晓夫再次强调古巴的导弹仅仅用于防御目的,但又表示,如果肯尼迪撤销封锁并保证不再入侵古巴,苏联将不再向古巴运送新的导弹武器,并将从古巴撤出或销毁已在古巴的导弹武器。但是,第二天上午,在肯尼迪能够就此信做出答复以前,赫鲁晓夫的另一封信又已到达。赫鲁晓夫这次提高了要价,声称只有当肯尼迪从土耳其撤出美国的导弹时,他才会从古巴撤出苏联的导弹。尽管美国本来就准备从土耳其撤出那些已经过时的导弹,但它不愿在苏联的压力下作出让步。而就在此时,一枚苏制萨姆防空导弹击下了在古巴上空进行侦察飞行的一架美国U-2飞机。因此,执行委员会的大多数成员都主张在次日上午对古巴实行空袭。但是,肯尼迪坚持至少再等一天才能这么做。在罗伯特·肯尼迪的建议下,他决定对赫鲁晓夫的第二封信不加理睬,而同意进行赫鲁晓夫在第一封信中提出的交易。肯尼迪除了向赫鲁晓夫发出一封私函外,又指示罗伯特·肯尼迪在当晚会见了苏联大使多勃雷宁。罗伯特·肯尼迪首先警告说,如果苏联在第二天仍不能做出从古巴拆除中程导弹的许诺,"我们就将拆除它们"。然后,他重申了在苏联撤出导弹的情况下美国将保证不再入侵古巴的立场。并且,这位司法部长还暗示,古巴导弹危机之后,美国将迅速撤出那些部署在土耳其和意大利的丘比特导弹。次日,即 10 月 28 日,赫鲁晓夫在给肯尼迪的回信中表示将下令从古巴撤出苏制中程导弹。肯尼迪一方面发表声明称赞赫鲁晓夫作出的"具有政治家风度的决定",但同时又要求苏联同时撤走部署在古巴的苏制伊尔-28 型轰炸机。赫鲁晓夫也答应照办。11 月 8 日至 11 日,苏联船只从古巴运走了导弹,并在公海上接受了美国海军的检查。11 月 20 日,肯尼迪最后宣布结束封锁,古巴导弹危机至此基本平息。

古巴导弹危机对美苏关系以及两个阵营的内部关系产生了重要的影响。第一,古巴导弹危机推动了美苏的军备竞赛。对苏联来说,它在整个危机中始终处于被动的地位,而这被认为在很大程度上是由于导弹——核力量处于劣势的缘故。为此,危机结束以后,它下决心全力弥补与美国间存在的这种差距。对美国来说,它在古巴导弹危机中占了上风,从而尝到了在导弹——核力量方面保有优势的甜头。美国自然想进一步拉开同苏联的距离。第二,古巴导弹危机又在一定程度上推动了美苏之间的军备控制谈判。它们在事后回想起危机期间经历的危险来,都感到"心有余悸",都意识到某种妥协的必要。加上一些其他原因,特别是维持它们的核大国地位的必要,美苏在以后几年中就禁止核试验、防止核扩散等问题达成了一系列协议。第三,美苏在古巴导弹危机中的表现,尤其是它们为了自己的利益直接进行交易而无视盟国的做法,引起了盟国的不信任和猜疑,从而加剧了两个阵营内部本已存在的矛盾和冲突。

二、社会主义阵营内部冲突的尖锐化

1. 中苏关系的进一步恶化

1960 年 11—12 月召开的莫斯科 81 国共产党和工人党代表会议虽然通过了显示团结的宣言和声明,但会后赫鲁晓夫依然故我,继续恶化中苏关系。1961 年 10 月,苏共举行第 22 次代表大会,中共应邀派代表团参加。赫鲁晓夫在向大会做报告时,对阿尔巴尼亚劳动党率先发动了攻击。他说,如果阿党领导想和苏共恢复良好关系,"他们就应当放弃自己的错误观点"[20]。紧随其后,另外一些苏联以及其他国家的代表也对阿尔巴尼亚劳动党进行了攻击,其猛烈程度有过之而无不及。实际上,这些指责和攻击的矛头同时也是针对着中国共产党的。中共代表团团长周恩来在发言中对苏共领导的这一做法提出了批评。他指出,"把兄弟党、兄弟国家之间的争执公开暴露在敌人面前,不能认为是马克思列宁主义郑重的态度。这种态度,只能使亲者痛、仇者快。"㉕当中共的正确立场遭到拒绝以后,周恩来提前离开莫斯科回国。

与此同时,苏联进一步恶化和中国的国家关系。1961年,苏联乘中国国内出现经济困难之机,进行逼债,要求中国连本带息偿还它在朝鲜战争期间为向苏联购买军事物资而欠下的债款。1962年春,苏联在中国塔城和伊犁地区进行大规模颠覆活动,制造伊宁暴乱事件,并引诱和胁迫5万中国公民跑到苏联境内。同年10月,当中印边境发生武装冲突时,和中国订有同盟条约的苏联却反而增加了对印度的经济援助和军事援助,从而鼓励和帮助了印度扩张主义势力。

1963年春起,中苏进入了理论上的全面论争。3月30日,苏共中央在给中共中央的一封公开信中阐述了它对国际共运的总的看法。同年6月14日,中共中央在报上发表了《关于国际共产主义运动总路线》一文,作为对苏共的公开信的答复。此后,中苏关于国际共运的大辩论更加激烈。7月14日,苏共中央又发表了致苏联各级党组织和全体共产党员的公开信,说明了它对国际共运若干重要问题的立场。于是,从9月6日起,在不到一年的时间里,中国方面以党报党刊编辑部的名义连续发表了9篇文章,系统地驳斥了苏方的观点。在这一激烈的理论争论中,双方还批评了对方的对外政策乃至国内政策。

尽管如此,中国领导人仍然希望两国间的同盟关系继续维持下去。1964年4月16日,毛泽东等几位中国党和国家最高领导人联名向赫鲁晓夫发出了一封生日贺电,其中说道:"尽管目前我们同你们之间存在着关系到马克思列宁主义一系列原则问题的分歧,存在着不团结的状况,但是,我们坚决相信,这只是暂时的,一旦世界发生重大分歧,中苏两党、两国和我们的人民就会站在一起,共同对敌。"㉖可是,苏联领导人却并不这么认为。六七月间,苏联方面一再暗示,在发生战争的情况下,中苏友好互助条约并不能保证苏联对中国的支持。9月10日苏共发出的一份宣传提纲更公然地将中国称为"世界革命运动的主要敌人"。

2. 苏阿关系的断绝与罗马尼亚的自主政策

在中苏关系逐渐恶化的过程中,阿尔巴尼亚站在了中国一边。特别是在1960年的布加勒斯特会议上,阿尔巴尼亚劳动党代表团明确批评了赫鲁晓夫对中国共产党进行突然袭击的做法。苏联领导人对此极为不满,力图通过政治、经济和军事手段迫使阿尔巴尼亚领导人就范。1961年春,苏联不顾两国间的协议从阿尔巴尼亚撤出了它的专家,拆除了在阿尔巴尼亚发罗拉港的海军基地,并驱逐了在苏联学习的阿尔巴尼亚留学生。同年4月26日,苏联又停止向阿尔巴尼亚提供 1959—1965 年的贷款。在 10 月的苏共二十二大上,赫鲁晓夫对阿尔巴尼亚劳动党公开地进行了指责和攻击。此事引起阿尔巴尼亚方面的强烈反应,两国关系迅速恶化。12 月,双方断绝了外交关系。

以乔治乌·德洛为首的罗马尼亚共产党也对中苏论争采取了独立自主的立场。而且,它拒绝屈服于苏联要求东欧国家实行经济分工的压力。在 1962 年 6 月,在东欧各国共产党与工人党的第一书记参加的会议上,赫鲁晓夫提出,应对经互会国家的经济实行统一计划,在苏、捷和民主德国进一步发展工业,罗、保、波和匈则应成为原料的主要生产国。这种分工显然将使罗马尼亚无法成为一个工业化的国家。因此,罗马尼亚领导人对此一体化计划表示了强烈的反对,并实行了坚决的抵制。与此同时,罗马尼亚积极发展同西方国家以及同中国的贸易。罗共在一份宣言中明确指出,各国共产党和各个社会主义国家享有充分的平等和独立,罗马尼亚的工业化计划不容他国干涉。由于经互会的决定需经成员国的一致同意才能通过,罗马尼亚的这一立场实际上宣判了赫鲁晓夫的经互会国家经济一体化计划的死刑。

三、西方国家裂痕的加深

1. 肯尼迪的多边核力量计划及其破产

20 世纪 60 年代初期法英反对肯尼迪的多边核力量计划的斗争,构成了当时西欧和美国之间控制与反控制的主要内容。由于处境的不同,英国和法国的反抗方式有着明显的差别。

第二次世界大战开始不久,英美就在原子能的研究方面开始了合作。然而,当着因为英国正处在反法西斯战争最前线研究工作被集中到美国以后,它便以保密为借口,对英国封锁有关原子武装的信息。直到英国完全凭着自己的努力在 1952 年成功地爆炸了第一颗原子"装置"时,美国这一政策才开始有所改变。1957 年苏联成功地进行了第一枚洲际导弹的全程试验和发射了第一颗人造卫星以后,美国的政策加快了变化。同年 10 月下旬,艾森豪威尔和英国首相麦克米伦在华盛顿举行了会谈,决定加强两国在发展核武器方面的合作。1958 年 7 月,艾森豪威尔签署了新的原子能法案。它规定,美国可以向已经在核武器方面有了实质性进展的盟国提供核技术资料。在当时英国是唯一符合这个标准的国家。此外,艾森豪威尔政府还答应在核运载手段方面向英国提供帮助。按照英国政府 1955 年制订的计划,它将重点发展空射蓝光导弹。但是,到了 1959 年,主要是由于财政上的困难,英国中止了对蓝光导弹的研究。在此情况下,1960 年 3 月,艾森豪威尔与麦克米伦达成了由美国向英国出售空射闪电式导弹的协议。然而,出于在成本和效率方面的考虑,肯尼迪政府于1962年11月做出了停止生产这种空射导弹的决定。这就使英国政府陷入十分为难的境地。因为从1960年以来,英国已经大大放慢了独立研究导弹的步伐。为此,两国的关系一度出现了紧张。

1962年12月肯尼迪和麦克米伦在巴哈马群岛的拿骚举行的会谈,似乎解决了这一矛盾。按照他们达成的协定,美国将向英国提供当时最先进的北极星导弹,而所需潜艇和热核弹头则由英国利用美国的技术帮助进行制造。但是,作为条件,麦克米伦同意,这一未来的核威慑力量将与美国提供的核威慑力量(其规模至少与英国的相等)一起,被包括在北约的"多边核力量"之中,接受北约的统一指挥和控制。"除非英国政府认定英国的最高国家利益处于危急之中,英国的这些力量将完全被用于西方联盟的国际保护。"[27]

《拿骚协议》在英国引起了巨大反响。按照这一协议英国虽然获得了北极星导弹,但这支核力量的使用却受到了北约,也即美国的约束。1963年5月3日,已经退休的丘吉尔在一封致保守党年会的信中声称,英国决不能放弃自己的独立的核威慑力量;无论如何,将核武器放在自己手里要比放在一个"友好的,但终究是外国的"手里可靠得多。[28]为此,英国一直以种种借口阻挠多边核力量计划的实施。同年10月1日,英国最终宣布,它无意对多边核力量的具体方案承担义务。

同英国相比,在发展独立核力量及反对肯尼迪的多边核力量计划的斗争中,法国的态度则要坚决得多。

艾森豪威尔政府对法国发展核力量的努力一直采取了排斥的态度。尽管如此,1957年11月,法国政府宣告,它将单独生产核武器,以维护法国的"世界大国"的地位。1958年5月,在退隐12年又重新执政以后,戴高乐努力推行自主的外交政策,包括积极发展法国的独立核力量。为此,他不仅拒绝了美国在法国领土上部署中程导弹的计划,而且否定了美国以转让核机密为条件控制法国核力量的企图。1960年2月13日,法国第一颗原子弹试爆成功,从而成为核俱乐部的第四个成员。

肯尼迪上台后,表面上一再声称要在美国和西欧盟国间建立"伙伴关系";实际上仍然竭力实现对西欧国家的控制。为此他积极兜售扳机实际控制在美国手中的多边核力量计划。1962年12月,当在拿骚会谈中取得了麦克米伦的支持后,肯尼迪又立即致函戴高乐,提出了相同的建议。但是,在1963年1月14日的记者招待会上,戴高乐公开否决了这一计划。他说,"我们将坚持我们已经作出的决定:独立地建设和运用——如果必要的话——我们的原子力量。"㉙ 同年 4 月,他再次强调:"任何打算把我们的主权移交给某种国际阿鲁巴库斯(古希腊雅典刑事法庭)的体制,都是与法兰西共和国的权益和责任不相容的。"㉚ 主要由于法国的抵制,1964 年美国总统约翰逊被迫撤回了建立多边核力量的计划。

2. 欧洲共同体内部的冲突

欧洲经济共同体建立后,成员国在经济合作方面迅速取得了重要的进展。单是在 1960 年六国间的相互贸易就增长了 30%。但是,与此同时,围绕着政治合作问题以及英国参加经济共同体的问题,欧洲共同体内部也很快发生了激烈的争执和冲突。

罗马条约虽然只提及了经济联合,这种经济联合必然会推动和促进成员国在政治上的联合。1961 年 2 月,六国首脑会议便就建立政治联盟问题原则上取得了一致。然而,在具体规划这种政治联合的形式时,法国和比利时、荷兰等国之间出现了尖锐的分歧。比利时、荷兰、意大利、卢森堡所主张的是一个具有"超国家"性质的、有英国参加的一体化联合。法国所主张的则是主权国家的联合,而且英国不包括在内。当时,戴高乐一直将英国视作美国的特洛伊木马。联邦德国采取了一种比较特殊的立场。它既不能得罪法国,又不能像法国一样采取排斥盎格鲁—撒克逊人的态度。事实上,无论是与法国的关系,还是与英美的关系,对德国来说都至关重要。1963 年 1 月 22 日,阿登纳和戴高乐签署了《德法合作条约》。它规定两国政府应就外交政策进行磋商协调,在防务政策以及教育和青年方面加强合作。戴高乐显然将这一条约看作是与美英抗衡的重要武器。但是,5 月 16 日联邦议院在审批这一条约时却建议在它前面增加一个序言,阐明条约并不废除联邦德国对北约承担的义务,也不损害联邦德国与美国的关系,同时保证欧共体将会向英国和其他非共同体国家敞开大门。

法国和其他欧共体成员国的斗争在是否接受英国的加入申请的问题上得到了集中的体现。

尽管英国联合奥地利、丹麦、挪威、葡萄牙、瑞典和瑞士在 1960 年 1 月签订了建立欧洲自由贸易区的《斯德哥尔摩协定》。但是因此组成的七国集团的实力远不能与欧共体的六国集团相比,而且各成员国同床异梦,先后与六国集团发展了贸易关系,英国在政治上和经济上都遭到严重挫折。为了寻求出路,1961 年 8 月 9 日,麦克米伦政府正式提出了加入欧洲共同体的申请。这一做法得到了美国的支持。

但是,1961 年 11 月西欧六国在布鲁塞尔开会时,英国又就本国农业、英联邦和七国集团其他成员国的地位等问题提出了一系列加入共同体的附加条件。这使戴高乐政府极为反感。下一年,随着阿尔及利亚战争的结束,法国在对外政策方面表现出更加强烈的自主倾向,而英国却总是和美国站在一起,这愈发增加了戴高乐的不满,就在英美政府首脑举行拿骚会谈以后不久,1963年1月14日,戴高乐接见记者时不仅否定了肯尼迪的多边核力量计划,而且否决了英国加入欧共体的要求。他说,英国的加入将会改变这一组织的性质,使它最终变成"美国支配和领导下的巨大的大西洋共同体"。

四、第三世界的兴起

1. 不结盟运动的正式形成

20世纪60年代初期,在东西方两个阵营内部分歧和冲突进一步激化的同时,第三世界脱颖而出,其重要标志就是不结盟运动的正式形成。不结盟运动的主要成员是亚非拉美国家,但南斯拉夫的铁托总统为其形成和发展做出了特殊贡献。不结盟运动代表着广大发展中国家打破旧的国际政治秩序和经济秩序的要求。战后民族解放运动的发展中大量亚非拉美国家的诞生,为不结盟运动的形成提供了组织基础;50年代在亚非国家中逐步发展起来的反对集团政治的中立主义为不结盟运动的形成提供了思想基础;团结起来,在反对殖民主义、帝国主义和扩张主义的斗争中相互支持的要求为不结盟运动的形成提供了最后动力,而殖民主义国家的衰弱以及美苏的相互对立则为不结盟运动的形成提供了客观条件。

如前所述,利用出席1960年的第15届联合国大会之机,铁托、纳赛尔、尼赫鲁、恩克鲁玛和苏加诺在纽约讨论了召开不结盟国家首脑会议事宜。随后,他们为此进行了积极的准备。1961年6月,由南斯拉夫、埃及、印度、印度尼西亚和阿富汗五国发起的不结盟国家和政府首脑会议(简称不结盟国家会议)的筹备会议终于得以在开罗举行。来自20个国家的代表出席了这一会议。会议决定了有资格受邀参加不结盟国家会议的五条标准:(1)必须执行以和平共处和不结盟为基础的独立政策,或者表现出与这一政策相一致的倾向;(2)必须一贯支持民族独立运动;(3)不得是参加与两大阵营有关的集体军事条约(军事同盟)的成员;(4)不得是有大国参加的、与两大阵营有关的区域性或双边条约的成员;(5)不得赞成在其领土上为两大阵营之一的利益建立军事基地。㉚在不结盟运动刚刚形成的时候,这五项标准显然有助于保持不结盟运动的纯洁性,使它不致为美苏所控制。

按照筹备会议的决定,同年9月上旬,首届不结盟国家和政府首脑会议在贝尔格莱德召开。25个国家作为正式成员参加了会议,除了南斯拉夫和古巴外,它们都来自亚洲和非洲。另外,还有3个拉美国家作为观察员列席了会议。会议通过了《不结盟国家的国家和政府首脑宣言》。它突出表明了与会国家强烈的反殖、反帝和反对大国政治的立场。宣言强调指出,各种形式的殖民主义和帝国主义阻碍了持久和平的实现,现有的军事集团不时引起了国际关系的恶化。为此,它在呼吁各大国为缓和国际紧张局势签订全面彻底的裁军条约的同时,宣布不结盟国家将积极做出努力,制止各种形式的殖民主义和帝国主义统治,参与有关世界和平与安全的问题的解决。该宣言也表明了对亚非拉美民族解放运动的热情支持。它郑重宣布,与会各国将全力援助阿尔及利亚、安哥拉、突尼斯、古巴以及正在为争取和维护民族独立而斗争的各国人民,主张恢复中华人民共和国在联合国的合法权利。宣言还明确提出了改造旧的不合理的国际经济秩序的必要性。它要求消除殖民主义遗留下来的经济不平衡状态,废除国际贸易中的不等价交换,稳定原料和初级产品价格,建立联合国基本发展基金。

首届不结盟国家会议确立了不结盟运动的独立自主的活动原则和反帝反殖的立场,促进了独立于美苏之外的第三种国际政治力量的正式形成,标志着第三世界的兴起。它吸引和团结了越来越多的发展中国家。到1964年10月第二届不结盟国家会议在开罗举行时,正式代表国已经扩大到47个,另有10个国家和两个国际组织作为观察员列席了会议。

2. 77国集团的形成

广大的亚非拉美国家在获得政治上的独立以后都面临着发展民族经济的艰巨任务。斗争的实践使它们认识到,这一目标的实现不仅依赖于对本国经济结构的调整以及本国生产力的发展,还取决于对国际经济旧秩序的改造和国际经济新秩序的建立。正是现存的不公正、不平等的国际经济秩序使它们处于被动的受支配地位,严重阻碍了它们的经济发展。斗争的实践还使广大发展中国家认识到,为了改变国际经济旧秩序及建立国际经济新秩序,它们必须团结起来,统一斗争的策略和行动。不结盟运动的形成,为这一目标的实现提供了有利的条件,促进了77国集团的诞生。

在发展中国家的倡议和推动下,1964年3月,联合国经社理事会在日内瓦召开了第一届贸易和发展会议。在这一会议上,77个发展中国家为了能以"同一个声音"讲话,组成了"77国集团",并发表了《77国联合宣言》。它谴责了发达国家在国际贸易中掠夺和剥削发展中国家的行为,表示了改变旧的国际经济秩序和建立一种"完全符合于加速发展的需要的新的国际贸易体制"的愿望,强调它们为此要尽力增加彼此之间的接触和磋商,包括在每届联合国贸发会议之前召开部长级会议,以协调立场,确定共同的目标和制定联合行动的计划。

尽管77国集团没有章程、预算和常设机构,但其形成仍然具有重要意义。一方面,这表明了发展中国家的团结的加强。它们已经不满足于在维护民族独立和争取世界和平的斗争中的合作,进一步发展了在促进民族经济和建立国际经济新秩序斗争中的相互支持。因此,77国集团的形成也是第三世界兴起的一个重要标志。另一方面,77国集团的成立表明南北关系进入了一个新阶段。它和60年代建立的其他发展中国家的经济组织一起,为70年代的南北对话作了组织上和舆论上的准备。

第三节 美苏关系的僵持与两大阵营的分化

一、僵持中的美苏关系

1. 美苏关系的新僵持

1964年10月14日,苏共中央全会宣布,鉴于赫鲁晓夫的年迈和健康状况的恶化,中央决定满足他的请求,解除他的苏共中央第一书记、苏共中央主席团委员和部长会议主席的职务;选举勃列日涅夫为苏共中央第一书记。次日,最高苏维埃举行会议,任命柯西金为部长会议主席。

从赫鲁晓夫下台到20世纪60年代末期,美苏关系进一步陷入了自古巴导弹危机结束后即已开始的僵持状态。这种僵持状态的特征是,既没有在柏林和加勒比海出现过的那种剑拔弩张的局面,又没有在赫鲁晓夫访美时曾出现的短暂"蜜月"。在这一时期,美苏两国一方面大力扩张各自的军备,特别是战略核力量,从而使相互间的军备竞争达到了空前激烈的程度;另一方面,它们又进行了一些谈判,并在军备控制方面达成了若干协议。

这种僵持状态的出现非属偶然。首先,当时社会主义国家间的矛盾和冲突进一步发展,以至苏联在1968年出兵捷克斯洛伐克,1969年在中苏边境地区挑起了珍宝岛流血事件。社会主义阵营事实上已不复存在。其次,当时西方阵营内部的团结也受到了更加沉重的打击。法国退出了北约军事一体化机构,欧洲经济共同体出现了"空椅子"危机。最后,当时美国深深陷入了印度支那的泥潭,苏联则站在了它的对手一边。所有这些因素显然都分散了美苏的精力,使得它们在处理相互关系时更加谨慎,不致滑向战争边缘;与此同时,这些因素又从不同的角度阻碍了美苏在更大范围中的合作与协调。

2. 新的一轮军备竞争

赫鲁晓夫时期,苏联军事战略的一个基本特征是,片面强调火箭核武器的作用。赫鲁晓夫认为,未来苏美之间的战争将是两种社会制度间的第三次和决定性的冲突,将是涉及所有"基本国家"的洲际的联盟战争,在这一战争中所使用的核武器将是火箭核武器。基于这样的观点,赫鲁晓夫大规模地削减了苏联的常规力量,甚至撤销了陆军司令部。

另一方面,尽管赫鲁晓夫强调火箭核武器的作用,在他当政时期,苏联核力量的发展也明显落后于美国;而这种状况在一定程度上又是由赫鲁晓夫本人造成的。1957年苏联在导弹和火箭技术方面取得的进展,在美国朝野受到很大震动。而赫鲁晓夫在各种场合对苏联的"优势"的宣扬和夸大,进一步加剧了美国出现的"导弹荒"。美国政府乘机制定了大规模的发展导弹核武器的计划。由于在经济和技术方面具有的巨大潜力,它在导弹核武器的质量和数量上迅速拉开了同苏联的差距。以1962年为例,苏联仅有陆基洲际导弹44枚,而美国为229枚,相当于苏联的5倍。苏联的潜射弹道导弹为97枚,美国则有144枚,比苏联多出50%。美国的战略轰炸机数量更是远远领先于苏联。由于新的侦察卫星的使用,当时苏美两国领导人都了解这种差距的存在。古巴导弹危机的最后解决方式,很大程度上同美国当时在战略核力量方面拥有的优势有关。虽然此后赫鲁晓夫加快了发展速度,但是到他下台时苏联战略核力量仍然明显地弱于美国。1964年苏联拥有陆基洲际导弹200枚,是美国的24%;潜射导弹120枚,为美国的29%;战略轰炸机190架,为美国的27%。

勃列日涅夫上台以后,批评和摒弃了赫鲁晓夫那种片面强调火箭核武器的做法,主张以核武器为基干力量,各军种联合发展。这也是对肯尼迪的灵活反应战略作出的回答。在这一思想的指导下,苏联的常规力量和核力量得到了均衡的发展。一方面,常规力量再次受到了重视,被撤销的陆军司令部重新建立,陆军人数逐渐上升,并部署了新型主战坦克、步兵战斗车、火炮等武器,从而加强了火力、机动性和装甲突击能力。空军装备了新型作战飞机和运输飞机,增强了执行各种空战任务和战略空运任务的能力。海军发展了包括航空母舰、导弹巡洋舰在内的大型水面作战舰只,装备了大型登陆舰和后勤供应舰,重建了海军陆战队,从而大大加强了远洋作战能力。另一方面,勃列日涅夫决心不惜一切代价消除苏联在核力量方面所处的劣势。20世纪60年代后半期,苏联军费以每年增加3%—4%的速度持续上升,其中相当一部分被用于核力量的发展。到 1968 年时，苏联的陆基洲际弹道导弹为 800 枚，是 1964 年时的 4 倍，潜射弹道导弹约为 250 枚，是 1964 年时的两倍多，从而缩小了与美国的差距。

同一时期，继被刺的肯尼迪入主白宫的约翰逊在军备、特别是核军备方面积极展开与苏联的竞争。就常规力量而言，原来一直严重落后于苏联的陆军受到了格外的重视。约翰逊政府认为，"两个半战争"主要依靠陆军进行。在这一思想的指导下，到 1968 年，美陆军现役兵力较艾森豪威尔时期增加了 98 万人；并且，按照任务的不同，陆军部队还被装备了更加现代化的轻型或重型武器。为了支持陆军作战以发挥常规力量的整体威力，空军和海军也得到了重要的发展。20 世纪 60 年代美军用飞机增加了一倍。另一方面，以战略核武器为主体的美国核力量也迅速扩大。当时的国防部长麦克纳马拉强调，美国的三位一体的战略核力量应该具有进行第二次打击的核报复能力。按照这一要求，至 1967 年时，美国已拥有了 1054 枚陆基洲际弹道导弹（1962 年的 4.5 倍），潜射弹道导弹 656 枚（1962 年的 4 倍）。与此同时，由于战略核力量的结构和数量已逐步符合需要，约翰逊政府还着手提高它的质量，其方向是弹头的小型化与可靠性，导弹的多弹头化、远射程和高精度。1965 年，它开始部署"民兵Ⅱ"型陆基洲际弹道导弹，以取代隐蔽性差、发射速度慢的"宇宙神型""大力神Ⅰ"型导弹。1964 年，它开始部署北极星 A-3 型潜射弹道导弹。约翰逊政府还全部淘汰了陈旧的轰炸机，而保留并继续改进性能较好的 700 多架 B-58 和 B-52 轰炸机，同时开始生产 FB-111 变翼战略轰炸机。此外，它着手研制和试验"民兵Ⅲ"型陆基洲际弹道导弹及"海神"式潜射弹道导弹。这两种导弹都运用了多弹头独立分导的技术。

美苏还在战略防御能力方面展开了竞争。为了保证自己的陆基洲际弹道导弹发射场、战略空军基地以及指挥中心的安全，美苏都在 20 世纪 60 年代后期加快了反弹道导弹防御体系的发展。苏联在 60 年代初决定研制第二代反弹道导弹防御体系"橡皮套鞋"，1964 年开始在莫斯科周围部署这一体系，到 1969 年时已部署了 4 个防御体。美国从 1963 年底起开始研制第二代的反弹道导弹防御体系"奈基-X"。1967 年年底起美国开始部署"薄形"的"哨兵"反弹道导弹防御体系。表面上，这一体系是为了对付中国的导弹攻击和应付偶发性事故，实际上它也是针对苏联的一种示威。

3. 美苏关于防止核武器扩散的谈判

古巴导弹危机以后，特别是在 20 世纪 60 年代后半期，美苏曾就军备控制问题达成了一系列的协议。这些协议或者是为了防止核武器的纵向扩散，或者是为了防止核武器的横向扩散。

苏美英三国早在1958年10月就开始了关于全面禁止核试验的谈判。美苏还先后宣布暂时中止核试验。这首先是当时国际舆论压力的结果。从50年代中期起,美苏加快了核试验的步伐,而且爆炸当量迅速增加。这使世界不断处于核战争的威胁和恐怖之中。同时,人们普遍认为,在进行大气层核爆炸时所产生的放射性尘埃是对人类健康和安全的直接破坏。其次,美苏都想利用这一谈判来束缚对方的手脚,并阻止其他国家发展核武器。然而,日内瓦谈判很快陷入僵局。因为美苏都不愿签署一个将限制自己核能力的发展的全面禁止核试验条约。而且,当时的技术也远不符合这种条约所涉及的核实要求。随着1961年的柏林危机的尖锐化,苏美两国先后恢复了核试验。从1962年初起,三国禁止核试验的谈判被无限期推迟。

古巴导弹危机之后,情况发生了变化。一方面,当时美苏都比较深切地感到了稳定相互关系和对核军备竞赛适当地加以管理的必要。另一方面,中法两国在发展核武器方面取得的进展加强了美苏进行合作的决心。它们最初就全面禁止核试验的问题展开了非正式的讨论。但是,由于上述的原因,这种讨论无法取得实质性进展。在此情况下,1963年7月15日美苏就部分禁止核试验的问题于莫斯科开始了高层谈判。

部分禁止核试验是美国、特别是美国军方早就支持的一种方法,但一直遭到苏联的反对。此次由于苏联改变了态度,谈判因而进行得颇为顺利,很快便达成了协议。8月5日,苏美英三国外长在莫斯科签署了《禁止在大气层、外层空间和水下进行核武器试验的条约》,即部分禁止核试验条约。它规定,缔约国保证"禁止、防止并且不进行"在上述范围内的核试验,并保证"不引起、鼓励、或以任何方式参加这些试验。"①

从总体上看,这一条约带有很大虚伪性。它禁止的主要是大气层试验。而这种试验方式对美苏来说已经过时。美国早已进入地下核试验阶段,苏联也已开始在地下进行核试验。因此,它们自身核力量的发展速度并未因此受到真正影响。事实上,美苏制订这一条约主要是为了阻止其他国家发展核武器。为此,中法两国都没有在这一条约上签字。当然,尽管如此,这项条约仍然具有某些积极意义,包括有助于减少我们的环境遭受的放射性污染。

现代科学技术的发展向人们展示了两个新的活动领域,即外层空间和海床。但是,当世界人民憧憬着和平利用这些新的领域以造福人类时,美苏两个超级大国却指望能在这些领域,特别是外层空间发展核武器,从而在高技术上取得对对方的优势。这实际上意味着核武器向着太空和海床的纵向扩散。然而，由于技术、资金等种种原因，无论是对美国还是对苏联来说，此种目标一时却难以实现。于是，为了阻止对方或者第三国首先掌握可以运用于这些新的活动领域的核武器，美苏推动联合国就限制核武器的纵向扩散问题达成了一些协定。

1966年12月19日，联合国大会通过了包括美苏在内的43个成员国提出的《关于各国探索和利用包括月球和其他天体在内的外层空间活动的原则条约》（简称《外层空间条约》）。它规定，有关各国不得在环绕地球的轨道、天体和外层空间放置核武器或任何其他大规模毁灭性武器，不在天体建立军事基地、设施和工事以及进行军事演习。

《外层空间条约》在一定程度上符合世界人民要求和平利用外层空间的愿望，并且限制了超级大国将核军备竞争引入这一领域的努力。因此，中国也加入了这一条约。但是，它既未明确禁止核武器在外层空间的短期使用，也未对发展反卫星武器的问题作出充分规定，因此有着明显漏洞。

1970年12月7日，联合国大会通过了日内瓦的联合国多边裁军机构——18国裁军委员会提出的以美苏草案为基础的《禁止在海床洋底及底土安置核武器和其他大规模毁灭性武器条约》（简称《海床条约》）。它宣布，所有缔约国承诺不在12海里宽的区域以外的海床埋设或安置核武器和其他大规模毁灭性武器，而且也不得装置专为储存、试验和使用这类武器而设计的任何设备。它还规定，所有缔约国"将有权通过观察核查其他缔约国的活动"。③

《海床公约》对于防止有关国家在海床洋底部署核武器或其他大规模毁灭性武器具有积极作用。但是，由于大多数缔约国都不拥有进行独立核查的适当手段，因此，这方面的规定是不完善的，应当加以改进。

同防止核武器的纵向扩散问题相比，防止核武器的横向扩散问题要复杂得多。首先，应当承认，当着美苏已经拥有大量核武器并经常以此对其他国家进行恐吓时，发展和生产核武器、打破超级大国对核武器的垄断乃是每一个国家的主权。其次，应该看到，当着美苏展开的无休止的核军备竞争无疑是世界面临的一个主要危险时，核武器向越来越多的国家的扩散也成了威胁世界和平与安全的一个重要因素。这或者是由于有些国家试图利用手中的核武器推行地区霸权主义政策，或者是由于设备发生故障及指挥、控制、通讯和情报系统出现失误的可能性的增加，或者是由于恐怖组织或恐怖主义分子窃得核武器的机会增多。最后，制造核武器的技术与和平利用原子能的技术具有重叠性。对一个真正掌握了建设核电站的能力的国家来说，它完全可以在短时期中造出自己的核弹。为此,美苏曾经实行的阻止其他国家掌握制造核武器的能力的政策一再遭到挫折。

20世纪60年代中期起,美苏两国便改弦更张,试图从限制其他国家的获得核武器的意图出发来阻止核武器的横向扩散。经过长期的谈判;1968年春,美苏一起先后向日内瓦18国裁军委员会及联大第一委员会提出了《防止核武器扩散条约》(《核不扩散条约》),该条约在1968年6月12日的联合国大会上获得了通过,1970年3月5日生效。它的第一条规定,拥有核武器的缔约国担允不将核武器、其他核爆炸器械或其控制权"直接或间接让与任何领受者",亦"绝不协助、鼓励或诱导"任何非核武器国家制造或取得核武器、其他核爆炸器械或其控制权。第二条规定,不拥有核武器的缔约国担允不自任何让与者"直接或间接接受"核武器、其他核爆炸器械或其控制权,不制造或取得核武器或其他核爆炸器械,亦不索取或接受任何这方面的帮助。第三条规定,不拥有核武器的缔约国担允接受国际原子能总署的保防制度及其核查,以"防止核能自和平用途移作核武器或其他核爆炸器械之用"。这三条无疑是核不扩散条约的最基本内容。但同样不可忽视的是另外两项条款。第五条规定,各缔约国保证在核爆炸和平使用方面的任何"潜在惠益"将提供给本条约非核武器缔约国"一体享用",并且收费将"尽量低廉"。第六条规定,各缔约国保证,将通过"诚意谈判"订立关于"早日停止核武器竞赛"与实行"普遍彻底裁军"的条约。㉝这两条实际上意味着,当非核国家决意不发展自己的核武器时,有核国家也应积极裁减它们的核军备,并向非核国家提供和平使用原子能的协助。到1989年时已有14个国家加入了这一条约。

核不扩散条约在一定程度上有助于阻止核武器的扩散,但其作用颇为有限,这从某些缔约国已经悄悄地发展了自己的核武器一事可以看出。此外,美苏这两个核大国在一个很长的时期中也未按照该条约的要求停止核竞赛,认真地裁减它们的核军备。

中国政府曾在不同场合对核不扩散条约具有的歧视性提出批评。但它同时表示,中国将不支持、不鼓励核扩散,也不协助其他国家发展核武器。

4. 美苏在中东的僵持

20世纪60年代中期开始的美苏僵持还表现在它们对中东的争夺上。

当时,苏联竭力利用埃及等阿拉伯国家急需军事和经济援助的机会,将自己装扮成阿拉伯人民的保护者,不断地向中东扩展自己的势力。为了阻止苏联的步步紧逼,正逐步卷入印支战争的美国,一面努力扩大它在沙特阿拉伯、约旦等阿拉伯国家中的影响,一面对以色列进行全力支持,先后向它出售了技术先进的地空导弹、坦克和飞机等。美国还一再公开保证要维护以色列的领土完整和独立。

在此情况下,1966年起,中东地区形势又紧张起来。而在这一过程中,面临着深刻的内部危机而试图从对外战争中寻求出路的以色列表现得格外具有侵略性。当年10月,沿以色列和叙利亚边境的冲突开始升级。1967年4月7日,数十架以色列飞机闯入叙利亚领空,击毁了叙利亚的6架"米格"战斗机。5月15日,根据苏联转告的以色列即将进攻叙利亚的假情报,埃及宣布部队进入最高戒备状态。随后,埃及下令封锁蒂朗海峡,禁止任何以色列船只及向以色列运送战略物资的其他国家的船只通过,并开始在西奈集结坦克部队。19日,以色列也开始全国总动员。苏美这时都表明了它们的立场。苏联塔斯社发表声明,声称以色列侵略者将不仅遭到阿拉伯国家联合部队的抵抗,而且会遇到苏联和所有爱好和平国家的反对。美国政府则指责说,埃及在西奈集结部队的行动和对蒂朗海峡的封锁威胁了和平,美国将支持中东地区"所有国家的领土完整和独立"。与此同时,出于本身利益考虑,苏美又各自劝告埃、以谨慎从事,不要首先开火。埃及接受了苏联的建议,以色列却加紧完成了战争的最后准备工作,并在6月5日清晨发起了进攻。它的空军先轰炸了埃及机场,然后又对约旦、叙利亚和伊拉克的机场实施了打击。以色列的坦克则一边向西奈推进,一边向戈兰高地和约旦河西岸土地开去。

战争爆发后,美国国务卿腊斯克迅速给苏联外长葛罗米柯发出了一份电报,强调美国坚决维护该地区所有国家的领土完整和独立的原则,希望在联合国范围内对参战国进行调解,并要求苏联也采取同样态度。柯西金很快对此作出了响应。因此约翰逊如释重负地说:"世界大战不会发生"。⑮但是,几个小时以后,显然已经知道了阿拉伯国家遭受的实际损失的柯西金又向约翰逊发出了一份措辞强硬的电传,其中说道,如果以色列军队不撤出所占土地,苏联的武装力量就要运用适当的手段制止侵略行径。作为对这一份电报的回答,约翰逊命令第六舰队的几十艘军舰(包括2艘航空母舰)向西奈海岸全速前进。一时间,美苏间的关系似乎又走到了危险的边缘。但是它们很快地又就中东停火问题达成了妥协。在美苏的推动下,6月6日安理会一致通过了一个最简短的决议,"要求所有有关的政府立即采取一切必要措施以达到停火目的,结束所有在中东的军事行动"。⑯由于军事上的受挫和苏联的压力,约旦和埃及分别在6月7日深夜和6月8日宣布实行停火,而以色列一面虚假地表示愿意接受停火,一面调集重兵向叙利亚发动全面攻击,占领了具有重要战略意义的戈兰高地和通往大马士革的几条主要公路。直到6月10日,它才真正实行全面停火。叙利亚在6月12日宣布停火。

在第三次中东战争("六天战争")中,以色列动用了27.5万兵力,埃、叙、约三国动用了30万兵力。阿拉伯国家伤亡、被俘6.2万余人,损失飞机450架,丢失领土6.57万平方公里。以色列从埃及夺取了西奈半岛和加沙地带,从约旦夺取了约旦河西岸土地,从叙利亚夺取了戈兰高地,而它的军队仅伤亡3700多人(死亡约700人),损失飞机30余架。

但从长远来看,以色列背上了沉重的包袱。为了维持对被占领土的控制,镇压被占领土上阿拉伯人民的反抗,它必须付出巨大的人力和物力。同时,由于近100万阿拉伯人新沦为难民,巴勒斯坦解放组织迅速壮大。"六天战争"也使阿拉伯人民进一步认清了美苏的真实企图。埃及、阿尔及利亚、伊拉克、苏丹、叙利亚和也门在战争爆发后都迅速作出了与美国断交的决定。阿拉伯产油国还宣布对包括美国在内的那些支持以色列的国家实行石油禁运。与此同时,阿拉伯国家也为苏联在战争期间没有向他们提供直接援助一事感到愤慨。

为了恢复自己在阿拉伯国家中的威信,中东停火未及一个月,柯西金就赶往纽约联合国总部参加中东问题的紧急会议,要求以色列撤出被占领的阿拉伯领土。会后,柯西金又到新泽西州的葛拉斯堡州立学院与约翰逊进行了会谈。但是这一次会谈在解决中东冲突方面未能取得任何实质性进展。与此同时,苏联最高苏维埃主席波德戈尔内及其他高级官员对阿拉伯交战国进行了一系列访问,许诺在1967年和1968年间,向它们提供25亿美元的武器(相当于在此以前12年提供的武器的总和)。

"六天战争"以后,美国一面继续向以色列提供支持和援助,一面尽力在中东问题上以一种公正的面目出现,以改善它在阿拉伯世界的形象。在美国支持下,1967年11月22日,联合国安理会通过了以英国建议为基础的第242号决议。该决议提出了所谓在中东建立"公正及持久和平"的两项原则:一是承认该地区所有国家的主权、领土完整及政治独立,保证中东地区国际水道的自由通航;二是规定以色列军队撤出所有被占领领土,为巴勒斯坦人建立民族家园。阿拉伯国家和以色列虽然都接受了这一决议,但又提出了自己的保留。以色列宣称,只有在签署了得到保证的和约以后,它才能撤军;阿拉伯国家则坚持说,按照第242号决议,只有在以色列完全撤军以后,才能采取其他外交行动。

二、社会主义阵营的解体

1. 中苏关系的破裂

赫鲁晓夫下台后,本着改善中苏两党和两国关系的愿望,中国派出了周恩来和贺龙赴苏参加十月革命节的庆祝活动。但是,苏联新领导公然表示:在对待中国的问题上,他们同赫鲁晓夫没有一丝一毫的差别。事实也是如此。1965年3月,尽管中国等国共产党的反对,苏共在莫斯科召开了赫鲁晓夫没有来得及召开的所谓各国共产党代表会议,从而在实际上导致了国际共产主义运动的分裂,导致了中苏两党关系的破裂。

与此同时,苏联领导人同美国政府勾结,为印度的扩张主义势力撑腰打气,并加紧向中苏、中蒙边境派驻军队,不断在中苏边境制造边界纠纷。特别是在1967年以后,苏军对中国边境的武装挑衅明显增加。面对着严峻的形势,中国也做好了抵御苏美联合入侵的思想准备。1969年3月15日,苏军出动大批装甲车、坦克和武装部队,侵入中国黑龙江省虎林县乌苏里江上的珍宝岛,向岛上的中国边防巡逻人员开枪射击。中国边防部队被迫进行自卫还击,经过英勇奋战赶走了全部入侵者。"珍宝岛事件"表明,苏联领导集团已经彻底背叛了《中苏友好同盟互助条约》,中苏两国的同盟关系名存实亡。

2. 苏军入侵捷克斯洛伐克

勃列日涅夫上台以后,为了取得东欧国家对苏联种种恶化中苏关系的做法的支持,不得不对它们要求做出某些让步。与此同时,勃列日涅夫等人不仅继续鼓吹经济一体化政策赖以建立的"国际分工论",还提出了所谓"有限主权论"和"国际专政论"。勃列日涅夫对此解释说,当东欧某一国发生的问题使"社会主义大家庭"的"安全"和"共同利益"受到"威胁"时,"这就已经不仅仅是这一个国家和人民的问题了","大家庭"的其他成员也有权采取行动,包括军事措施。苏联报刊上一些文章则做了进一步阐述。它们说,"大家庭"的利益是"最高主权","社会主义大家庭"有权决定其成员的"命运","其中包括它的主权的命运"。㉑苏联领导人还提出,"历史的发展"提出了要把"一国专政"变成"国际专政"的任务,为此应当"进一步完善"可用来"保卫""大家庭"的工具——华约组织和经互会。这种"有限主权论"和"国际专政论"正是苏联据以出兵侵略捷克斯洛伐克的理论基础。

由于政治和经济方面的一系列问题,从1967年起,捷克斯洛伐克人民的不满情绪迅速滋长,党内斗争也日趋尖锐。尽管苏联进行了干预,诺沃提尼还是在1968年初被免去了捷共中央第一书记职务,而由原斯洛伐克的第一书记杜布切克接替。3月,诺沃提尼又被迫辞去了总统职务。此后,杜布切克的支持者们表现得越来越活跃,在对内政策上他们主张改变现有的政治和经济制度,在对外政策上表现出一种反对苏联控制、要求独立自主的倾向。4月初,捷共中央全会对主席团进行了改组,进一步打击了诺沃提尼的支持者,并通过了反映上述要求的《行动纲领》。这一纲领的提出,使捷克斯洛伐克的形势发生了进一步的变化,出现了西方所说的"布拉格之春"。5月举行的中央全会还通过了在9月举行第十四次代表大会的决定。此后,选举十四大代表的问题就成了国内斗争的一个焦点。6月下旬,报纸上登出了一封由一些著名知识分子署名的2000字的呼吁信,号召公众支持党内的"进步力量"。在接着进行的代表选举中,杜布切克的支持者取得了绝对的胜利。

尽管杜布切克等人一再表示,捷克斯洛伐克将坚持党的领导,维护华约团结,苏联领导人仍然为捷克斯洛伐克国内形势的发展感到不安。他们不仅担心捷克斯洛伐克会脱离苏联的战略轨道,更担心捷克斯洛伐克的离心倾向会在东欧国家引起连锁反应。为了阻止这一发展,苏联加紧对捷施加压力。5月,苏联以防御联邦德国为名,要求在捷西部驻军;6月,苏联乘华约举行"演习"的机会,将大量苏军派入捷境的要冲,并且迟迟不肯撤出。7月15日苏联联合波兰、匈牙利、保加利亚、民主德国从华约向捷共发出了一封信件,声称捷克斯洛伐克事态的发展危害了社会主义国家的共同利益,它们不能坐视敌对势力的破坏。该信还呼吁捷共的"健康力量"起来消除内部的反对力量。与此同时,苏联要求杜布切克到莫斯科参加两国领导人的会谈。捷共中央拒绝了"华沙信件"的指责,否认国内存在"反革命势力"和社会主义制度"遭到直接的危险",要求其他国家不要干涉捷克斯洛伐克的内政。杜布切克也反对在苏联境内举行两国领导人会晤。经过协商,7月29日,这一会谈在捷境的切尔纳举行,但未有结果。8月3日,捷克斯洛伐克又和上述五国领导人在斯洛伐克的首府布拉迪斯拉发进行了会晤,并发布了一项共同声明,宣称与会国要在平等、相互尊重主权和民族独立、领土完整以及相互援助和团结的基础上加强全面合作。苏联还表示愿从捷克斯洛伐克撤出为参加军事演习而进入捷境的苏军。捷克斯洛伐克领导人以为形势已经缓和,产生了一种安全感。

然而,8月20日深夜,正当捷共中央主席团正在讨论十四大的安排时,苏联联合民主德国、保加利亚、波兰、匈牙利,出动50万军队向捷克斯洛伐克发动了入侵,并迅速对捷实行了军事占领。8月21日,捷国民议会决定不对占领军采取任何暴力行动。次日,捷共14大提前召开,选出了以杜布切克为首的中央委员会。23 日,布拉格举行了全市大罢工。在当时的情况下,勃列日涅夫根本无法在捷直接组成一个亲苏政权,于是改变手法,迫使已被带至莫斯科的杜布切克等人在 8 月 26 日签署了《苏捷会谈公报》。这一文件最后宣布,双方决心"绝对履行它们在社会主义国家缔结的多边和双边条约方面承担的一切义务,加强社会主义大家庭的防御实力,提高防御性的《华沙条约》的效力。"⑧ 10 月 16 日,苏联又强迫捷政府签署了《苏联军队暂时留驻捷克斯洛伐克的协定》,为苏联在捷的长期驻军提供了法律基础。第二年的 4 月,在苏联的压力下,捷共中央免去了杜布切克的第一书记职务,而由胡萨克接替。

以勃列日涅夫为首的苏联领导集团无视国际准则,公然出兵干涉一个主权国家内政的行径,暴露了他们推行霸权主义政策的真正面目。这一政策遭到了世界各国人民的普遍反对,苏联在国际上因此陷入了空前的孤立。此外,苏联竟然拉拢几个社会主义国家出兵侵略和占领另一社会主义国家的事实,以及中国、南斯拉夫、罗马尼亚、阿尔巴尼亚等社会主义国家对此行为的强烈谴责,都表明了社会主义阵营的最终解体。社会主义阵营已不复存在。

三、西方阵营裂痕的加深

1. 法国退出北约军事一体化机构

1964 年,法国的首批"幻影Ⅳ"式轰炸机在空军服役,这意味着它的第一代核打击力量的建成。以此为基础,戴高乐提出了法国式的"大规模报复"理论。他说:"到 1966 年,我们将拥有足够的'幻影'Ⅳ型轰炸机和加油机,可以对数千公里之外的目标实施快速打击,拥有的武器的爆炸总当量超过一百五十颗在广岛投掷的原子弹……因此,我们走上了威慑之路,因为任何对法国发起攻击的侵略者都会遭到同样可怕的毁灭。"⑨ 与这种大规模报复理论相联系的是所谓"堡垒法国"和"全向庇护"的思想。"全向庇护"是指法国应当准备抵御来自任何方面的威胁和危险,"堡垒法国"是指只有在法国本土受到攻击时它才会利用自己手中的力量实行报复。

与此同时,戴高乐对美国的灵活反应战略抱有一种本能的怀疑。他认为,这一战略不仅降低了侵略者必须付出的代价,从而鼓励了潜在侵略者的欲望,而且表明了美国缺少甘冒本国遭受核攻击的危险保卫西欧的决心。换言之,美国做出的向其西欧盟国提供核保护伞的许诺将不会兑现。相反,戴高乐相信,欧洲国家与美国的同盟关系将有可能把它们拖入与自己无关、而仅仅是为了保护华盛顿的利益的冲突之中。

正是出于上述种种原因,以及谋求大国地位的需要,从 1965 年起,法国采取措施逐步退出北约军事一体化机构。戴高乐在记者招待会上宣称,最迟到1969年,那种在"一体化"名义下的"从属关系"就将结束,这种"从属关系"使法国将自己的"命运"交给了"外国当局";法国要"重建某种享有主权的正常局面",使法国所属的"地上、天空、海洋和武装力量"都仅仅接受法国的管辖。戴高乐声称,这并不意味着法国同北约的决裂,而是法国对变化了形势的"一种必要的适应"。⑩1965年5月,法国拒绝参加北约的军事演习;次年3月上旬,戴高乐在同时给美国总统、英国首相,联邦德国和意大利总统发出的信中正式宣布,法国在保留北约成员国身份的同时,将不再参加北约司令部,也不再向北约提供军队。3月11日,法国又向北约所有成员国政府发出了全面阐述其立场的照会,其中再次指出,法国决定退出北约组织中的两个一体化司令部(欧洲盟军最高司令部和中欧盟军司令部),这两个司令部的总部也必须相应地撤离法国领土。另外,法国政府在这些照会中还分别提出了美国和加拿大在法国的军事设施的问题,以及联邦德国使用法国的训练设施的问题。3月底,法国发出了新的照会,规定了完成各项有关措施的最后期限,其中包括:1966年7月1日起,法国驻联邦德国的陆、空部队不再受北约司令部管辖(但仍将继续在德国驻扎),法国人员从北约军事一体化司令部撤出;1967年4月1日前,北约各司令部的总部迁出法国领土。

戴高乐的决定使美国政府极为恼火。起初,它力图联合北约其他成员国一起向法国施加压力,迫使其改变立场,但却无济于事。于是,美国又要求将从法国迁走美军基地以及北约各司令部的最后时限推迟一年,并由法国承担迁移和重新安顿的全部费用。这同样遭到戴高乐政府的拒绝。百般无奈之下,美军只好于1967年3月14日降下星条旗而撤出法国。

法国从北约军事一体化机构的撤出,是法美矛盾尖锐化的集中表现,也是西方国家内部矛盾迅速深化的典型反应。

2. 欧共体内部的"空椅子"危机

由联邦德国的哈尔斯坦担任主席的欧共体委员会,在1964年10月2日向部长理事会提交了一份《1964年创议》。其核心内容是主张加快共同体的一体化进程,包括提前废除成员国之间的所有工农业关税和建立统一的对外税率。这一文件在欧共体内部激起了一场新的风暴,要害仍然是关于它的性质之争。

1964年12月31日,戴高乐在一次电视讲话中指出,法国必须"在政治、经济、金融和防务等领域内成为自己的主人",任何"在超国家、或一体化、或大西洋主义的名义之下"的经济或货币体制,都会将法国置于它所"熟知的霸权之下"。㊶以后,以法国为一方,以共同体其他国家(主要为联邦德国、意大利、荷兰)为一方,欧共体内部围绕着对农业品征税的问题展开了斗争。为了向对手施加压力,1965年7月1日,戴高乐政府宣布它决定暂不参加共同体会议,从而造成了所谓的"空椅子"危机,直到1966年1月中旬的卢森堡会议,法国才结束了它的抵制。

按照会前协商,由欧共体六国外交部长参加的卢森堡会议集中讨论了这一组织的性质问题。法国外长顾夫·德姆维尔在会上提出了10点建议。以此为基础,六国外长达成了"卢森堡协议"。根据这一协议,在欧共体依据多数表决原则作出决定的前提下,如一国或数国认为某一决定涉及其重大利益而有不同意见时,部长理事会应在"适当时间内"努力谋求一项能为全体成员都接受的"一致协议"。这一协议削弱了罗马条约的"超国家因素",实质上承认了各成员国在重大问题上的否决权。它一方面使欧共体成立伊始即已产生的有关性质的争论告一段落,另一方面又明显地延缓了西欧国家一体化的过程。

"空椅子"危机结束后,欧共体又在是否接纳英国加入的问题上陷入了一场新的斗争。1966年3月,英国工党在议会选举中再一次以明显优势获胜。这使威尔逊政府增加了解决英国与欧共体关系问题的信心。另外,卢森堡协议表明,欧共体的那种曾使许多英国人不满的超国家性质进一步遭到削弱。为此,5月11日,威尔逊政府向欧共体递交了一份申请加入的新报告。丹麦和爱尔兰也在同日递交了内容相同的报告。在整个夏季,威尔逊以及其他英国高级官员多次到欧共体成员国进行游说。然而,结果还是与五年前一样,当着"友好的五国"支持英国参加共同体时,法国却依然采取了坚定的否定立场。戴高乐重复着他一贯的论调:英国不是真正的欧洲国家,它一旦加入欧共体,该组织的性质就会深刻和无可挽回地发生改变。1967年11月27日,法国政府第二次正式否决了英国加入欧共体的申请。共同体的其他成员国,特别是荷兰,对法国的做法作出了强烈的反应。在随后的一年中,它们除了一再提出英国申请加入的问题以外,还多次试图在共同体的其他政策方面挫败巴黎方面的企图。

3. 联邦德国关于东方政策的设想

自1949年诞生以后,联邦德国便在东西方尖锐对立的形势下确立了一种非常强硬的"东方政策"(指对苏联和其他东欧国家的政策)。这一政策在1955年由当时的外交部副部长哈尔斯坦做出了极为简练的概括:从拒不承认两个德国和决心"以西统东"这一前提出发,联邦德国不与同民主德国建交的任何国家(苏联是唯一例外)建立外交关系。它后来就被称为哈尔斯坦主义。

进入20世纪60年代以后,这种僵硬的东方政策变得越来越难以适应国际形势发展的要求,它不仅不能实现联邦德国以西统东的目标,而且严重束缚了联邦德国的外交活动能力,实际上造成了联邦德国的孤立。甚至阿登纳都已意识到了这一问题的严重性,进行调整已经势在必行。而在这种政策转换中,曾经两度出任西柏林市市长、1964年开始担任联邦德国社会民主党领袖的勃兰特起了重要作用。他的关于东方政策的设想包括了两个方面的基本内容:一是通过接近实现转变,即通过与东欧国家以及民主德国的接触缓和联邦德国与它们的关系,并最终实现以西统东的目标;二是在这种接近的过程中采用"小步子",即从具体的事情做起,一步一步地推动缓和。在1966年6月联邦德国社民党的代表大会上,勃兰特提出:北约和华约组织的成员国举行会晤;德国东西两部分实行"适当的、有监督的和临时的共处"。⑫年底,联邦德国的基督教民主联盟、基督教社会联盟和社会民主党组成了大联合政府,基民盟的领袖基辛格出任联邦政府总理、勃兰特出任副总理兼外交部长。这时,他的关于东方政策的设想有了更进一步的发展。在1968年3月社民党的代表大会上勃兰特提出,在最后缔结和约以前,波恩应当尊重和承认民主德国和波兰之间的奥得—尼斯。然而,由于在这一阶段社民党还不是主要的执政党,勃兰特无法将他的设想真正变为政策。1968年8月苏军入侵捷克斯洛伐克一事更是推迟了新东方政策的形成。

从总体上看,勃兰特关于新东方政策的设想和当时的美国对苏政策是一致的。但是,这种设想同时又具有着一定的独立性,预示了联邦德国在对外事务中长期亦步亦趋地追随美国的做法将要发生的变化。当时美国不少人都为此感到忧虑,担心这一政策有助于勃列日涅夫的争取西欧国家及孤立美国的策略的实现。

四、越南人民的抗美救国斗争

1. 美国地面部队侵入越南南方

20世纪60年代中期以后,民族独立解放运动在广度和深度上都得到了进一步的发展。1965年初,巴勒斯坦人民开始了反对以色列扩张主义的武装斗争。同年5月美国对多米尼加的侵略,掀起了拉丁美洲国家反对美国干涉和控制斗争的新高潮,而印度支那人民实行的抗美救国战争更是在民族解放运动史上写下了可歌可泣的一页。

1954年9月东南亚条约组织成立以后,美国加紧进行活动,以图将南越直接纳入美国的控制之下。当年 11 月,艾森豪威尔政府开始向吴庭艳集团提供武器装备。1955 年 10 月,它支持吴庭艳集团废黜了亲法的皇帝保大,建立了亲美的傀儡政权。在美国的怂恿和鼓励下,吴庭艳集团公然违背 1954 年日内瓦协议,一再拒绝越南民主共和国关于举行南北协商以便通过选举实现统一的建议,并残酷镇压南越人民要求民主自由和统一祖国的爱国运动。在此情势下,从 1959 年起,南越人民被迫拿起武器重新进行斗争。

在签署了《东南亚集体防务条约》以后,杜勒斯曾向参院保证:美国决不会参与镇压东南亚的民族起义或卷入当地的内战。但是,到艾森豪威尔离开白宫时,美国已向越南派出了几百名军事顾问。肯尼迪入主白宫以后,从所谓多米诺骨牌理论及遏制中国的立场出发,急剧增加了派往南越的顾问、教官和其他军事人员,帮助训练和指挥南越军队。1961 年 10 月,美国在越南的军事人员达到 1364 名,1962 年初美国在西贡设立了美军司令部。年底美国军事人员暴涨至 1 万人,1963 年 11 月更达到了 1.5 万人。与此同时,美国政府还下令加速向南越运送军事装备,特别是直升机,从而实际上在南越开始了一场不宣而战的"特种战争"。然而,尽管如此,美国及其支持下的吴庭艳集团并不能成功地镇压越南人民的斗争。相反,1963 年 11 月,吴庭艳在一次政变中被杀死,而肯尼迪本人也在三周以后遇刺身亡。

约翰逊上台后,不仅继承了肯尼迪的印支政策,而且大搞战争升级。1964 年 8 月,他以美国驱逐舰"马克多斯号"在北部湾遭到越南人民军打击这一谎言为借口,一方面派遣空军对越南北方进行所谓的报复性打击;另一方面又成功地从国会得到授权,同意他使用"任何必要的手段"击退针对美国军事力量的一切"武装攻击"。[43]这一"空白支票"的给予为约翰逊政府扩大侵越战争打开了方便之门。1964 年底,约翰逊决定对北越实行轰炸战役。翌年 3 月 2 日,美军轰炸机首次在没有任何具体口实的情况下攻击了北越境内的一个弹药库和一个港口。3 月上旬,美国的大约 3500 名海军陆战队队员在越南南方的岘港登陆。这是美国政府第一次派出地面部队进入越南。它表明,美国在印度支那的干涉和侵略进入了一个新阶段。

2. 越南人民的英勇斗争

从 1965 年春天起,美国在越南的侵略规模迅速扩大。首先,美国加紧向越南南方增兵。到 1968 年时,在南越的美军已达到 54 万人。此外,来自东南亚条约组织的其他成员国家以及美国的仆从集团(澳大利亚、新西兰、马来西亚、菲律宾、泰国、韩国和蒋介石集团)的军队也达到 6 万人,他们在 1965—1968 年间向越南南方爱国军民发动了三次大规模的战略进攻。其中,美国空军对越南北方的轰炸和扫射不断北移,连河内和海防市郊也成了美国空军的打击目标。更为严重的是,美国空军还把它的侵略扩大到了中越边境地区,甚至公然袭击了中国领土,对中国的军队和人民进行挑衅。另外,美国还加剧了对老挝和柬埔寨的军事骚扰和攻击。

但是,美国的侵略并不能使得胡志明主席领导下的越南人民退却和屈服。在他的"决战决胜"精神的鼓励下,越南南方军民连续粉碎了1965—1966年冬春及1966—1967年冬春的两个旱季攻势,并在1968年1月底发动了空前强大的"新春攻势",向大中城市和敌人机场、空军基地展开了猛烈进攻,甚至突入了西贡市中心,袭击了伪总统府。北方军民则在不顾自身困难、积极支持南方同胞的战斗的同时,对敌人空中破坏力量进行了有力打击。

越南人民的抗美救国斗争,始终得到了中国政府和人民的全力支援。毛泽东同志在1967年12月19日庄严宣布:"七亿中国人民是越南人民的坚强后盾,辽阔的中国领土是越南人民的可靠后方。"[44]中国人民为了支持越南人民的抗美救国斗争,不惜承担最大的民族牺牲。特别是从1965年起,中国不仅向越南民主共和国提供了大量的物资,而且派出了它急需的各类武装人员。根据1965年4月初越南方面提出的要求以及两国达成的协议,从该年10月到1968年3月,中国向越南派出的防空、后勤保障及各类工程等支援部队共达32万余人。其中不少人为了越南的民族解放事业贡献出了自己年轻和宝贵的生命。

注释:

① 朱庭光主编:《外国历史大事集(现代部分)》第三分册,重庆出版社1988年版,第567页。

② 同上书,第579页。

③ 斯蒂芬·安布罗斯:《向全球主义的前进》,纽约1985年版,第133页。

④ 同上书,第137页。

⑤ 同上书,第156—157页。

⑥ 杰弗里·巴勒克拉夫、雷切尔·F.沃尔:《国际事务概览,1955—1956年》,陆英等译,上海译文出版社1985年版,第160页。

⑦ 同上书,第176—177页。

⑧ 信夫清三郎编:《日本外交史》下册,天津社会科学院日本研究所译,商务印书馆1980年版,第811页。

⑨ 约瑟夫·诺吉等:《第二次世界大战以来的苏联外交政策》,纽约珀格莱出版社1988年版,第123—124页。

⑩ G.巴勒克拉夫:《国际事务概览,1959—1960 年》,曾稣黎译,上海译文出版社 1986 年版,第 87 页。

⑪ 《外国历史大事集》现代部分第三分册,第 606 页。

⑫ 谢益显主编:《中国外交史(中华人民共和国时期)》,河南人民出版社 1988 年版,第 288 页。

⑬ 同上书,第 292 页。

⑭ 《国际关系史资料选编》编选组:《国际关系史资料选编》下册,武汉大学出版社 1983 年版,第 489 页。

⑮ 陈乐民:《战后西欧国际关系》,中国社会科学出版社 1987 年版,第 277 页。

⑯ 《国际关系史资料选编》下册,第 502 页。

⑰ 托尼·史密斯:《欧洲帝国的结束:第二次世界大战以后的非殖民化》,列克星敦 1978 年版,第 97 页。

⑱ 《向全球主义的前进》,第 267 页。

⑲ 《外国历史大事集(现代部分)》第三分册,第 110 页。

⑳ 何春超等编:《国际关系史》下册,武汉大学出版社 1983 年版,第 232 页。

㉑ 《向全球主义的前进》,第 182 页。

㉒ 同上书,第 189 页。

㉓ 同上书,第 195 页。

㉔ D.C.瓦特编著:《国际事务概览,1961 年》,张德中等译,上海译文出版社 1988 年版,第 266 页。

㉕ 同上书,第 267 页。

㉖ 《中国外交史(中华人民共和国时期)》,第 295 页。

㉗ 杰弗里·波罗等编:《核时代文选》,纽约艾尔弗雷德·A.诺夫公司 1989 年版,第 142 页。

㉘ 《战后西欧国际关系》,第 212 页。

㉙ 《核时代文选》,第 144 页。

㉚ 《战后西欧国际关系》第 221 页。

㉛ 《外国历史大事集(现代部分)》第三分册,第 110—111 页。

㉜ 《国际关系史资料选编》下册,第 438—439 页。

㉝ 联合国裁军署:《联合国和裁军(1945—1985 年)》,联合国 1985 年,第 94 页。

㉞ 《国际关系史资料选编》下册,第 442—444 页。

㉟ 米歇尔·巴尔-佐阿尔:《六天战争秘史》,符锦男等译,上海译文出版社 1987 年版,第 240 页。

㊱ 同上书,第 265 页。

㊲ 《中国外交史(中华人民共和国时期)》,第 363 页。

㊳ 《国际关系史资料选编》下册,第 478 页。

㉟ 刘善继等：《当代外国军事思想》，解放军出版社1988年版，第242页。
㊵ 《战后西欧国际关系》，第226—227页。
㊶ 同上书，第283页。
㊷ 同上书，第250页。
㊸ 《向全球主义的前进》，第212页。
㊹ 《中国外交史（中华人民共和国时期）》，第337页。

思考题：

一、名词解释：

  欧洲经济共同体　　新日美安全条约　苏伊士运河危机
  "艾森豪威尔主义"　"欧佩克"　　　77国集团

二、问答题：

1. 试述古巴导弹危机发生的原因及影响。
2. 不结盟运动形成的基础及意义是什么？
3. 试述20世纪60年代两大阵营内部关系的变化。

第十章
两极体系的瓦解和走向多极化的世界

20世纪70—90年代,国际格局发生了重要变化,世界的两极结构逐渐发生瓦解,一步一步地走向多极化。

在这一时期中,美苏关系经历了两次缓和。发生于20世纪70年代的第二次缓和主要是美国的战略收缩所引起的,80年代后期开始的第三次缓和则主要产生于戈尔巴乔夫上台后苏联对外政策的变化。在两次缓和之间,美苏关系又出现了一次冷战高潮。

20世纪70年代的中美关系正常化和80年代的中苏关系正常化,改善了中国的国际环境。

同一时期中,西欧国家的经济一体化运动以及政治、防务合作有了重要的发展。它们在国际事务中表现出更大的自主性。逐步成为经济巨人的日本一方面积极扩大自己在世界上,特别是在东南亚的政治、经济影响,另一方面在军事上继续甚至加强与美国的联系。

从20世纪70年代后期开始,中国的改革开放政策与实践引起了全世界的注目。作为联合国安理会的常任理事国,中国的经济发展与社会变化使中国在世界事务中发挥着越来越重要的作用。一个稳定与发展的中国对世界的和平与发展有着不可低估的影响。

20世纪70年代第三世界国家为建立国际经济新秩序及反对霸权主义掀起了波澜壮阔的斗争,并取得了重要成果。20世纪80年代它们遇到了新的困难,南北对话陷入僵局。但是,可以预言,在未来的岁月中,它们必将发挥更大的作用。

自20世纪80年代末90年代初开始,冷战格局的巨大而深刻的变化开始了。首先是东欧剧变,紧接着是德国的再度统一。1991年底,苏联解体,一个超级大国悄然隐入了历史。与此同时,仅剩的另一个超级大国美国则不失时机地进行其国际战略的重新部署。美国提出了"建立世界新秩序"的口号。随着德国的统一,欧洲一体化的进程亦加快了。更为引人注目的是,在冷战结束后的世界上,出现了一浪高过一浪的经济全球化的大潮。

第一节 美苏关系的第二次缓和与第三世界的反霸斗争

一、美苏对外政策的新调整

1. 国际环境的新变化

到了20世纪60年代末,国际环境出现了明显的新变化。这首先表现为大国的力量和相互关系的改变。一方面,尽管从综合国力,特别是从军事力量考虑,美苏无疑仍是世界上的两个超级大国,但西欧、日本的经济力量及军事力量都又有了新的重要发展。另一方面,在1969年发生了苏军入侵中国领土珍宝岛的事件以后,中苏同盟关系实际已经彻底破裂。与此同时,西欧、日本在对外政策中的独立自主倾向进一步加强。正是在此基础上,美国总统尼克松在1971年7月发表的演讲中公开提出了"五大力量中心"的概念。后来,尼克松的国家安全事务助理基辛格在进一步解释这一概念时说,美苏是军事上的两极,美苏和中国是政治上的三极,美、日、西欧是经济上的三极。

其次,到了20世纪70年代初,美苏在战略核力量方面真正形成了大体的均势,美国已经丧失了多年来一直拥有的优势。具体地说,当时美国拥有1054枚陆基洲际弹道导弹、656枚潜水弹道导弹和540架远程轰炸机,足可将苏联毁灭数十次。但是,与此同时,通过60年代后期的大发展,苏联也建造了1200枚陆基洲际弹道导弹,200枚潜射弹道导弹和200架远程轰炸机,这一力量同样可以将美国毁灭数十次。

事实上,正是这种战略核力量的结构和水平决定了美苏之间相互确保毁灭关系的最终形成。对这两个超级核大国来说,无论哪一方首先向对方实施第一次核打击,都会从对方招致报复性的第二次核打击,其结果是双方同归于尽,至少在很长一个时期中双方都不再能够作为一个有活力的社会而存在。

最后,到了20世纪70年代初,美苏都面临着严重的困难。就美国而言,它的目标和能力,欲望和力量之间的矛盾已经变得极为尖锐。从杜鲁门主义出笼之日起,美国就正式充当起了"国际宪兵"的角色,承担起了在世界范围内遏制"共产主义"的责任。它不惜代价与苏联开展军备竞争;织造了世界性的军备同盟网络,实行了全球性的军事部署;到处伸拳插足,直接或间接地介入地区性争端,干涉他国的内政。这种做法,早就超出了美国实际拥有的能力。特别是60年代的侵越战争,更是给美国造成了有形及无形的巨大伤害。美国在耗费了大量的人力和物力的同时,外交上陷入了空前的孤立,国内出现了普遍的反战运动。新上台的尼克松政府不仅必须尽快结束越南战争,而且肩负着医治战争创伤的艰巨任务。

苏联则主要为经济困难所缠绕。勃列日涅夫上台后,为加速经济的增长速度及促使经济现代化,曾经采取了一系列措施,包括分散经济管理的权力,有限度地运用市场机制等。这一努力取得了一些成效,但却远远没有实现预期效果。1950—1958年间,苏联的国民生产总值增长了6.4%,1958—1967年间增长了5.3%,1967—1973年间只增长了3.7%。苏联人民尤其对消费品质差量少的状况感到不满。为了扭转这种状况,勃列日涅夫竭力发展苏联的对外贸易和引进国外技术。按照第八个五年计划(1971—1975)规定,在此期间,对外贸易应增长35%(实际增长是18.6%)。1971年初的苏共二十四大显然认可了这一计划。而无论是发展外贸还是引进技术,都需要适度地改善与西方国家的关系。

国际环境的变化为美苏战略的调整奠定了基础。

2. **美国的战略调整**

早在20世纪50年代后半期,随着美国在核运载手段方面绝对优势的动摇,美国国内就爆发了一场以对苏战略为中心的关于外交政策的激烈辩论。在这一辩论中,哈佛大学的年轻学者亨利·基辛格博士崭露头角。他既批评了当时普遍存在的悲观情绪和无所作为的思想,又批评了战后一度颇为流行的美国万能的观念。基辛格认为,美国的对苏政策的目标不是要以一种制度取代另外一种制度,而是应当实现核时代的共处。基辛格的这一思想对当时的参议员约翰·肯尼迪颇有影响。但是,肯尼迪进入白宫后不久即遇刺丧命,基辛格的思想也就失去了一个付诸实践的机会。

越南战争期间,美国政府的对外政策受到了进一步的批判,基辛格的思想在新形势下也有了进一步的发展。他认为,(1)国际政治不是善恶之争,所有国家都有生存的权利,拥有合法的权益;(2)美国并非万能,在对待社会主义国家的问题上,美国充其量只能影响它们的国际行为,而无法改变它们的内部结构;(3)在热核时代,保持和平本身就是最崇高的道德目标;(4)和平只能通过谈判、通过维持均势取得。基辛格的这些看法表明,他承认了长期以来在美国的实力和它所追求的全球遏制的目标之间存在的巨大差距,并试图在此基础上调整美国的对外政策,实行战略收缩,以挽救美国的江河日下的国际地位。

基辛格的思想也获得了曾以反共闻名的美国共和党人尼克松的赏识和推崇。当尼克松在1969年初担任总统后,就任命基辛格为他的国家安全事务助理,将基辛格和他本人有关战略调整的思想真正运用于对外政策之中。1970年2月8日,尼克松向美国国会递交了一份题为《七十年代美国的对外政策:争取和平的新战略》的咨文,最全面地阐述了这种调整。在这一咨文中,尼克松将他于1969年7月25日提出的,主要针对亚洲的关岛主义(尼克松主义)正式发展成为美国的新的全球战略。它以"伙伴关系""实力""谈判"等三项原则作为自己的支柱。具体地说,尼克松的对外政策的调整涉及四个方面:(1)改善与西欧、日本的关系。尼克松承认,在与盟国的关系中,美国必须改变过去那种由美国支配一切和负责一切的状况,适应新的环境和形势。(2)从越南脱身。尼克松认识到,从越南"体面地"撤军和结束印度支那战争,是美国的当务之急。为此,他迅速地决定并着手实行"两项不同的,然而相辅相成的行动方针:谈判和越南化"。①(3)打开通向北京之路。尼克松批判了美国政府长期来对中华人民共和国采取的鸵鸟政策,决心改善美中关系,以促进世界均势结构的形成和越南战争的早日结束。(4)从实力地位出发,与苏联进行谈判。尼克松一方面强调发展美国力量,特别是军事力量的必要性,同时又表示愿意在"任何合适的讲台上"与苏联讨论德国、军备控制等问题。

3. 苏联的战略调整

国际环境的变化也必然影响到勃列日涅夫的对外战略。从20世纪60年代末开始,苏联对西方国家的政策出现了一种新的趋势,谋求与西方国家在欧洲、军备控制、贸易等问题上建立一种更加协调的关系。这一新的政策在1971年苏共二十四大上得到了明确的阐述。勃列日涅夫在向大会所做的报告中宣称,苏联的政策是在坚决击退侵略的同时,和平地解决紧迫的国际问题,同属于另一社会制度的国家维持正常甚至良好的关系。勃列日涅夫的此种政策有着不可分割的两个侧面。它既不意味着苏联在与西方国家的关系中追求的根本目标发生了变化，又不意味着苏联只是在一般策略上做了改变。它是苏联在特定条件下采取的一种特殊战略，具有一定的稳定性。勃列日涅夫指望借此可以获得这样一些利益：创造条件解决战后遗留问题，巩固战后苏联在东欧取得的成果；延缓美国扩充军备的过程，维持两个大国在战略核军备方面出现的均势；改善苏联与西欧国家的关系，扩大西欧与美国的矛盾；阻止中美关系的改善，增加压迫中国的力量；发展同西方的经济合作关系，加速苏联经济建设的步伐。

与此同时，应当看到，在整个20世纪70年代，苏联利用美国实行收缩和积蓄力量的机会，加紧向第三世界的推进和扩张。在此领域，苏联的政策不仅没有积极的变化可言，而且比以往更具侵略性，更具扩张性。

二、美国从越南的脱身和中美关系的解冻

1. 美国从越南的脱身

到了约翰逊当政的后期，美国已因侵略印度支那的战争，遭受了全面的打击。首先，尽管当时它已动用了全国近二分之一的地面部队，近五分之一的空军和四分之一的海军，使用了核武器以外的一切武器，仍然不能逃脱在越南战场上一再受挫的厄运。其次，为了进行印支战争，从1964年到1969年美国耗用军费1000多亿美元。这一巨额开支是造成美国同时期出现的361亿美元的庞大财政赤字的一个主要原因。再次，侵略印度支那战争使美国在外交上陷于空前的孤立。主要的西欧国家对美国进行这一战争普遍感到不满，因而全部拒绝追随美国参战，法国甚至在1967年宣布退出东南亚集体防务组织。这一情况同朝鲜战争时期形成了鲜明的反差。最后，美国国内因印度支那战争产生了严重的政治危机。统治集团内部意见分歧，鹰派主战，鸽派主和，互相攻击，互相牵制；美国人民更是掀起了规模空前的反战运动。正是在此背景下，当越南人民取得1968年的新春大捷后，约翰逊被迫于3月宣布"部分停炸"（即停止对越南北方北纬20度以北地区的空袭和海上炮击），要求和谈。5月，美国同越南民主共和国在巴黎开始了预备性的谈判。10月，约翰逊又宣布对越南北方实行"全面停炸"。

尼克松上台以后即着手实行越南战争问题上的"双轨政策"。一方面，他积极推行"战争越南化"方针，用美国能够提供的最好军事装备加紧扩充和武装西贡傀儡集团的军队，以取代正在越南作战的美军。另一方面，他又加快了与北越进行和谈的步伐，企图以此实现所谓"体面"的和平。1969年1月

25日,越南民主共和国、越南南方民族解放阵线、美国以及西贡傀儡集团的代表在巴黎开始了正式的会谈。在会谈过程中,为了对北越施加压力,尼克松又不时地在印度支那采取军事行动,包括轰炸越南南方人民武装力量的根据地、柬埔寨境内的所谓"胡志明小道"。1970年3月18日,美国政府竟然乘柬埔寨国家元首西哈努克亲王出国访问之机支持亲美的朗诺集团发动政变,妄图推翻以西哈努克亲王为首的合法政府,迫使柬埔寨改变它的支持越南、老挝人民的抗美救国斗争的政策。4月,7万多美军和西贡伪军侵入了这个国家,以求一举消灭它的民族人民解放武装力量。

针对尼克松的这种做法,越南人民有效地采取了边谈边打的方针,使得美国无论是在谈判桌上还是在战场上都一再受挫。与此同时,美国国内的政治危机愈益严重,整个国家似乎像南北战争时期那样走到了分裂的边缘。1972年2月中美《上海公报》的发表,更使形势进一步发生了有利于越、老、柬三国人民的变化,推动了尼克松最终从印支地区撤出美国军队的进程。1973年1月23日,越南民主共和国,越南南方民族解放阵线,美国及西贡政权在巴黎签署了《关于在越南结束战争、恢复和平的协定》。据此协议,美国保证尊重1954年日内瓦协议所承认的"越南的独立、主权、统一和领土完整";各方将自当月格林尼治时间24时起"在越南南方全境实现停火",美国将停止其军队对越南民主共和国的一切军事活动,并结束对它的"海域、港口及水道的布雷";美国承诺在60天内从越南南方撤出美国及其盟国的全部军队,"将不继续其对越南南方的军事卷入或干涉越南南方的内政";北越和美国保证"尊重有关越南南方人民行使自决权"的原则,承认南越人民有权通过真正自由和民主的普选"自己决定越南南方的政治前途";各方同意"越南的统一将在越南北方和南方之间进行讨论和达成协议的基础上""通过和平的方法逐步实现"。在这一协定中,各方还保证彻底尊重"柬埔寨和老挝人民的基本民族权利,即这些国家的独立、主权、统一和领土完整",从它们的领土上全部撤出各种军事人员、武器弹药和作战物资。②正是根据这一精神,老挝各方于同年2月21日签署了《关于在老挝恢复和平和实现民族和睦的协定》。

越南和老挝人民在抗美救国斗争中取得的这一决定性胜利,是他们长期英勇奋斗的结果,是印支三国人民相互帮助、相互支援的结果。同时,美国人民和其他西方国家人民开展的波澜壮阔的反战运动,起到了有力地牵制美国的侵略政策和战争政策的作用。此外,尼克松政府的收缩政策,客观上加快了结束印支战争的进程。

2. 尼克松访华和《上海公报》的发表

自中国革命在 1949 年取得胜利以后，美国就始终推行了一种仇视和反对中国的政策。经济上，它力图封锁中国。1951 年 10 月 26 日，美国国会通过的《巴特尔法案》规定，美国将取消对任何将战略物资运往中国的国家的军事、经济和财政的援助。1952 年，在美国的压力下，由西方国家组成的巴黎统筹委员会专门设立了中国委员会，主管对中国的禁运。20 世纪 50 年代后期，美国仍然力图拉拢那些严重依赖于它的西方国家继续推行这一方针。与此同时，美国政府竭力在政治上孤立中国。新中国诞生以后，它顽固地坚持拒不承认的立场，并不择手段地排斥中华人民共和国在各种国际组织，特别是在联合国中的合法权利。此外，美国政府尽力在军事上压迫中国。50 年代前半期，它先后与日本、李承晚集团及蒋介石集团签订了双边的军事盟约，并拼凑了多边的《东南亚集体防务条约》，在中国周围建造了一个半月形的军事包围圈。它还先后发动了侵朝战争和侵略印度支那的战争，将战火烧到中国的紧邻。蒋介石集团在台湾海峡地区对大陆进行的军事挑衅也一直得到了美国政府的全力支持。

由于美国对新中国采取了这种极端敌视的政策，从 1955 年 8 月到 1970 年 2 月断断续续地进行的 136 次中美大使级会谈，除了在 1955 年 9 月就双方平民回国问题达成一项协议外，未能取得任何实质性的进展。

然而，美国政府这一旨在扼杀新中国的阴谋遭到了彻底失败。在中国共产党的领导下，中华人民共和国顽强并且茁壮地成长起来。尤其使美国政府感到震惊的是，1964 年 10 月，新中国爆炸了它的第一个核装置；1967 年，新中国又成功地试制出它的第一枚氢弹。与此同时，美国却因坚持与新中国为敌的政策付出了沉重的代价，削弱了自身同苏联抗衡的力量。正因为如此，从 60 年代中期起，美国的一批有影响的学者、专家以及国会议员就对 1949 年以后政府长期推行的对华政策提出了质疑和批评，而真正将美国对华政策推上一个不可逆转的新进程的则是 1969 年初出任总统的尼克松。

尼克松在 20 世纪 50 年代曾以反共反华著称。不过，作为一个具有现实感的政治家，他在对华政策上的观点到 60 年代中期出现了变化。1967 年 10 月，尼克松在《外交季刊》上发表了一篇文章，其中虽然重复了攻击中国的陈词滥调，但又暗示了美国修正它的敌视和排斥中国的政策的必要，第一次含蓄地提出了同中国接近的主张。1969 年 1 月 20 日，尼克松在发表就职演说时又间接地提到了这个问题。他说，"我们寻求一个开放的世界……在这个世界里，国家无论大小，它们的人民都不生活在愤怒的孤立状态之中。"[③] 1970

年10月1日,尼克松向《时代》杂志的记者公开表示了访华的意愿。他还通过巴基斯坦总统叶海亚·汗和罗马尼亚总统齐奥塞斯库向中国政府转达了实现中美关系正常化的希望。与此同时,从1969年7月起,尼克松采取了一系列有助于中美关系的改善的具体措施。1971年3月,美国国务院取消了对使用美国护照去中国旅行的一切限制。4月14日,尼克松宣布结束禁止中美贸易的法令,该法令已存在20年之久。以后,尼克松进一步放宽了美国在对华贸易方面所加的限制,从而凡是可以出售给苏联及东欧国家的产品都能被销往中国。

对美国政策出现的这种变化,中国领导人表示了真诚的赞赏,并采取了相应的积极措施。因为中国领导人从国家安全利益出发,尤其是面对苏联的威胁,已经高瞻远瞩地进行了战略调整的宏观思考。1970年12月18日,毛泽东在与美国作家埃德加·斯诺谈话时做出了欢迎尼克松访华的正式表示。1971年4月,中国方面邀请美国乒乓球队访问中国,以民间的形式在促进中美人员交往方面首先迈出了一步。

在双方的共同努力下,1971年7月和10月,美国总统的国家安全事务助理基辛格秘密访问了北京,为尼克松的访华进行具体安排。1972年2月21日,尼克松抵达北京,开始了他的首次中国之行。在华期间,他会晤了毛泽东,并与周恩来进行了长时间的会谈。2月28日,中美两国政府领导人在上海发表了联合公报,即《上海公报》。这一公报既记下了他们在对待国际形势和双边关系方面的一致之处,又阐明了他们的主要分歧。其主要内容包括:(1)关于台湾问题,中国方面宣布,"中华人民共和国是中国的唯一合法政府","台湾是中国的一个省";"解放台湾是中国内政,别国无权干涉";"全部美国武装力量和军事设施必须从台湾撤走"。美国方面声明,"在台湾海峡两边的所有中国人都认为只有一个中国,台湾是中国的一部分",对此立场美国政府不提出异议;"从台湾撤出全部美国武装力量和军事设施"是美国的最终目标,它将随着这一地区紧张局势的缓和逐步减少美国在台湾的武装力量和军事设施。④(2)关于中美关系正常化问题,双方声明,这一目标的实现不仅符合中美两国人民的利益,而且会对亚洲及世界局势的缓和做出贡献;两国将在相互关系中遵循和平共处五项原则,每一方都不在亚洲—太平洋地区谋求霸权。(3)关于国际形势,双方宣布,两国都希望减少国际冲突的危险,都反对任何其他国家或国家集团在亚太地区建立霸权的努力,都反对任何大国与另一大国进行勾结反对其他国家以及大国在世界上划分势力范围的做法。

《上海公报》的发表,是中美关系史上的一个里程碑。它结束了中美两国

20多年的敌对状态,开始了两国关系正常化的进程。这一公报的发表,符合两国以及世界人民的利益。它一方面促进了美国的战略调整和收缩,改善了美国的处境;另一方面使中国摆脱了在两个战略方向上同时面临强大对手的状况,获得了更大的活动余地;此外,它对缓和国际紧张局势,特别是亚太地区的局势具有重要的影响。

3. 中美两国关系正常化和中美建交

《上海公报》发表以后,促进中美两国关系正常化问题便被正式提上日程。1973年2月基辛格第五次访华时,中美双方达成了在对方首都互设联络处的协议。这种联络处不是正式的外交机构,但是具有沟通彼此的官方联系的作用。以后,由于"水门事件"的发生及美国统治集团内部矛盾的尖锐化,中美关系正常化的进程暂时受到阻碍。在尼克松于1974年8月9日被迫辞职以后,接替的福特政府虽然表示将遵循《上海公报》的原则推进中美关系的正常化,并在促进中美贸易、文化交流以及人员互访方面做了一些实事,但它又违反《上海公报》的精神,继续甚至加强与台湾的军事合作,允许台湾在美国添设领事馆,拒绝向中国提供最惠国待遇,以及有意地怠慢中国,讨好苏联。因此,总的说来,在福特任内中美关系正常化的步伐颇为缓慢。1977年初卡特上台的时候,此种状况依然照旧。他甚至表示:"我们不感到同中华人民共和国的关系正常化有任何紧迫性,虽然这是我们要达到的目标之一。"⑤

然而,从年中起,由于面临着苏联在第三世界发动的咄咄逼人的攻势,以及中国与西欧、日本贸易关系的迅速发展,卡特政府的态度发生了变化。经过谈判,1978年12月16日,中美双方同时公布了《中美建交公报》。它宣布,两国自1979年1月1日起互相承认并建立外交关系。该公报特别明确提出,"美利坚合众国承认中华人民共和国政府是中国的唯一合法政府,在此范围内,美国人民将同台湾人民保持文化、商业和其他非官方关系"。《中美建交公报》还重申了《上海公报》中双方一致同意的其他各项原则,并强调"任何一方都不应该在亚洲—太平洋地区以及世界上任何地区谋求霸权,每一方都反对任何其他国家或国家集团建立这种霸权的努力"。⑥《中美建交公报》的发表,使得两国关系最终实现了正常化,具有重要的积极意义。但是,台湾问题继续存在,阻碍着中美关系的进一步发展。

三、美苏军备控制谈判与欧洲的缓和

1. 美苏限制战略核武器的谈判

到了20世纪60年代末,美苏限制战略核武器的谈判被提上了日程。当

时，它们一方面都已建立了破坏力难以估计的进攻性核武器，另一方面又都着手在发展反弹道导弹的防御体系。在此情况下，如能就战略核武器的限制问题达成一项协议，不仅不会削弱双方在这一领域的力量，而且有助于维持它们之间业已形成的均势。与此同时，卫星技术的发展导致了各种性能不断提高的监测体系的出现和完善，从而为核实问题的解决提供了巨大的可能。

1968年7月1日，在签订核不扩散条约时，美国总统约翰逊宣布，美国和苏联已经就开始战略武器谈判一事达成协议。但是，由于随后不久苏军入侵捷克斯洛伐克，此事被耽搁了下来。尼克松上台以后，一方面宣布了新的建立反弹道导弹防御系统的计划，批准了发展多弹头独立制导技术的决定，另一方面又与苏联领导人达成了从1969年11月起两国在赫尔辛基开始限制战略核武器谈判的协议。谈判之初，双方在战略核武器的概念等问题上存在着一系列的基本分歧。但是，最终它们还是达成了妥协。1972年5月26日，尼克松和勃列日涅夫在维也纳签署了《关于限制反弹道导弹系统条约》和《关于限制进攻性战略武器的某些措施的临时协定》等文件(统称《临时协议》)。

《关于限制反弹道导弹系统条约》的主要规定是：(1) 双方可各拥有两个有限的反弹道导弹系统，一个用来保护首都，一个用来保护陆基洲际导弹发射场，这两个地区必须相距1300公里以上；(2) 每个系统部署的截击导弹不得超过100枚；(3) 限制改进已有反导系统的技术。该条约无限期有效，每五年审议一次。如一方退约，需提前6个月通知对方。1974年美苏签署的《关于限制反弹道导弹系统条约议定书》更将每一方可以拥有的2个反导系统减少为1个。

关于限制进攻性战略武器的《临时协议》是对反弹道导弹系统条约的补充，旨在缓和在进攻性战略武器方面的竞争，为进一步的谈判提供时间。它的有效期为5年，主要规定包括：(1) 冻结双方现有的和建造中的陆基洲际导弹发射器数量(美1054件，苏1618件)，但允许对这一限额内的导弹作有限度的现代化改进或替换；(2) 双方可拥有超出现有和建造中的数量的潜射弹道导弹发射器(当时美国有656件潜射弹道导弹发射器，可以增加到710件；苏联有740件潜射弹道导弹发射器，可以增加到950件)，但是必须拆除或销毁相应数量的旧的陆基洲际导弹发射器。这一条约没有涉及战略轰炸机。当时，美国大约有600架这样的轰炸机，苏联只有150架，而且其能力大大落后于美国。还应注意的是，在该协议中正式确立了使用国家技术手段进行核实的原则。

上述文件的签署，标志着美苏第一阶段限制战略核武器谈判的结束。按照《临时协议》,1972年11月,它们又开始了第二阶段的谈判。然而,由于苏联在1973年试射了新一代的陆基洲际弹道导弹(SS-18,SS-19),以及在1974年使用了超音速的逆火式轰炸机,也由于美国建造了巡航导弹,双方的谈判颇为曲折。直到1977年10月限制战略核武器的《临时协议》到期时,它们仍未达成协议。一年以后,谈判才取得了突破。1979年6月18日,双方在维也纳签署了《关于限制进攻性战略武器的条约》等文件。

这一条约的有效期到1985年。它为包括重型轰炸机在内的进攻性战略核武器规定了限额:(1)每方进攻性战略核武器运载工具(包括洲际陆基弹道导弹发射器,潜射弹道导弹发射器,重型轰炸机和空地弹道导弹)的总限额为2400件,1981年底减少为2250件;(2)多弹头独立制导的陆基导弹、潜射导弹的发射器和多弹头独立制导的空地导弹以及装备了射程在600公里以上的巡航导弹的重型轰炸机的限额为1320件;(3)多弹头独立制导的陆基导弹、潜射导弹的发射器和多弹头独立制导的空地导弹的限额为1200件;(4)多弹头独立制导的陆基导弹的发射器的限额为820件;(5)现有的陆基洲际弹道导弹携带的分导式多弹头不得超过10个,潜射导弹携带的分导式多弹头不得超过14个。

上述这些协议对于"管理"美苏在战略核武器方面的竞争具有一定积极作用,但由于所规定限额普遍超出了美苏当时的实际拥有数,因而其实际意义颇为有限,而且,由于到1979年两个超级大国的第二次缓和已接近尾声,美国参议院在审批第二阶段谈判签订的协议时出现了强烈批评的声音,特别是在年底苏军入侵阿富汗以后,情况变得很明显,如果参院进行表决,限制进攻性武器的条约将会正式遭到否决。为此,1980年1月初,卡特向参院提出了推迟表决的要求。但是,他宣布,美国将遵守该文件有关规定,只要苏联也照此行事。里根出任总统后,一方面声称该条约因未经批准而不具有法律地位,另一方面又表示,在苏联承担同样责任的前提下,至少在1985年以前美国将不会违背这一条约。苏联则表示它始终履行了有关的义务。

除了在战略核武器方面取得的进展外,20世纪70年代美苏还缔结了双边或多边的《关于减少爆发核战争危险的措施的协议》(1971)、《禁止细菌(生物)与毒素武器的发展、生产及储存以及销毁这类武器的公约》(1972)、《关于防止核战争协定》(1973)、《关于防止公海水面和公海上空意外事件的协定》(1972)、《关于限制地下核武器试验条约》(1975)以及《关于为和平目的地下核爆炸条约》(1976)。所有这些条约或者在一定程度上限制了军备竞赛的规模和速度,或者有助于相互信任气氛的建立和关系的改善。但是,它们并不能从根本上阻止美苏之间的军备竞赛，也不能真正使世界摆脱战争的威胁。

2."新东方政策"的实施

1969年9月28日，联邦德国举行大选，社会民主党赢得了重大胜利（得票占总投票数的42.7%），与自由民主党一起成功地组成了联合内阁。勃兰特在这一政府中出任总理，从而获得了将他的关于东方政策的设想付诸实践的机会。10月28日，在就职演说中，勃兰特正式提出了"新东方政策"，即在加强联邦德国与美国及西欧盟国的团结的基础上，改善与苏联及东欧国家的关系，包括承认欧洲边界现状；承认民主德国是第二个德意志国家（但不是外国），建立一个民族两个国家的特殊关系；加强东西德之间的交往，在欧洲的"和平环境"中以"通过接近促其演变"的方法实现德国的统一。

由于美苏都实行了对外政策的调整，"新东方政策"很快结出了具体成果。1970年8月12日，苏联和联邦德国签署了《苏德互不侵犯条约》。这一条约在性质上与和约十分接近。它规定，"达到缓和是两国政策的一项重要目标"；双方"保证不使用威胁和武力"；双方保证"尊重欧洲所有国家在现在国界内的领土完整"，承认它们的边界"具有不可侵犯性"，其中包括"构成波兰西部边界的奥得—尼斯线"以及东西德之间的边界。⑦这样，联邦德国就肯定了战后德国分裂为两个国家以及一部分战前德国的领土被割给波兰的事实。

同年12月17日，联邦德国和波兰签署了《关于两国关系正常化基础的协定》。在这一文件中，双方确认奥得—尼斯线为"波兰人民共和国的西部边界"，保证以和平方法解决彼此间的"一切争端"，并"在经济、科学、技术、文化和其他关系方面扩大合作"。⑧

在联邦德国与苏、波就以上两项条约进行谈判的同时，1970年7月26日，西方三国与苏联也就柏林问题展开了讨论。由于西方国家与苏联在西柏林的地位、西柏林和联邦德国之间的交通线的保障等方面有着重要的分歧，因此迟迟不能达成协议。但是，苏共召开二十四大前夕，苏联的立场发生了突破性的变化，从而为协议的达成创造了条件。1971年9月3日，法苏英美四国在西柏林签署了《关于柏林的协定》（《四方协定》）。按照这一协定，西方同意西柏林不是联邦德国的"一个组成部分"和不属联邦德国"管辖"；苏联也不再坚持西柏林是民主德国的一个部分或应被视作一个自由城市，实际上承认了它同联邦德国之间的密切联系；四国政府同意在柏林地区"不得使用武力或以武力相威胁"，应"互相尊重各自的和共同的权利与责任"；苏联保证联邦德国和西柏林之间的交通将"畅通无阻"。⑨

《四方协定》的签订,推动了两个德国政府之间的谈判。1972 年 11 月 8 日,它们在波恩签订了《关于德意志联邦共和国和德意志民主共和国之间关系的基础的条约》。该条约主要规定,两个德国将"在平等的基础上发展相互之间的正常的睦邻关系","只用和平手段解决它们的争端","放弃用武力相威胁或使用武力";两国之间的现存边界具有"不可侵犯性";"两国中任何一国的管辖权都限于本国的领土之内","两国尊重双方在内政和外交事务上的独立自主"。⑩

此外,联邦德国还先后同捷克斯洛伐克、保加利亚和匈牙利等达成了建立外交关系的协议。

上述这些文件的签署,是勃兰特的新东方政策取得的主要成果。它们承认了欧洲领土的现状以及东欧的政治现实,从而使苏联实现了长期追求的一项目标。与此同时,这些协定也结束了联邦德国与东欧国家相互隔绝的状态,使联邦德国取得了外交上的主动性。还有,这些协定虽然没有彻底解决东西方在德国问题,特别是西柏林问题上的争端,但却协调了它们的立场,因此推动了整个欧洲的缓和。

3. 欧安会和中欧裁军会议的召开

还在 20 世纪 50 年代及 60 年代初,苏联就曾多次提出召开欧洲安全和合作会议的建议。但是,当时以美国为首的西方国家对此建议抱着怀疑态度,因而拒绝加以接受。直到 1969 年,在布鲁塞尔召开的北约理事会才首次对这一建议表示了响应,但提出的条件是,只有当正在进行的有关德国和柏林问题的谈判取得进展时,它们才能参加欧安会。这一变化主要反映了联邦德国等西欧国家的态度。它们指望,这种会议将有助于新东方政策的推行以及东西方贸易的发展。它们尤其希望的是,从欧洲历史文化的同源性出发,长期推进东西欧的文化交流和人员来往,将有助于逐步实现东欧的和平演变。美国最初还有些勉强,但在德苏条约和四方协定签署以后,它也变得积极起来。

1972 年 11 月至 1973 年 6 月,在赫尔辛基举行了由外交部长参加的大使级的欧安会筹备会议。1973 年 7 月上旬,在同一地点又举行了欧安会第一阶段会议,原则通过了议程安排。出席会议的有阿尔巴尼亚以外的所有欧洲国家,以及美国和加拿大等 35 个国家的代表。随后,从当年 9 月至 1975 年 7 月在日内瓦举行了第二阶段会议。来自各国的专家们进行了旷日持久的争论,草拟了《欧洲安全和合作会议的最后文件》。1975 年 7 月 30 日至 8 月 1 日,上述国家的国家元首、政府首脑或其代表参加了在赫尔辛基举行的第三阶段会议,签署了《欧洲安全和合作会议的最后文件》(《赫尔辛基宣言》)。这是自 1815 年维也纳会议以来欧洲历史上规模最大的一次外交聚会。

《赫尔辛基宣言》体现了东西方的斗争和妥协,既包含了苏联一贯坚持的战后欧洲各国边界"不可侵犯"的要求,又包含了西方长期坚持的"尊重人权",促进"人员和文化交流"的要求。宣言还肯定要"扩大、加深和使得缓和继续及永久化"。具体地说,这一文件包含了下列内容:(1) 提出了指导与会国之间关系的原则;(2) 提出了某些建立信任的措施;(3) 提出了促进经济、科学、技术和环境方面的合作的措施;(4) 提出了促进人道主义和其他方面的合作的措施;(5) 提出了地中海的安全和合作的措施;(6) 决定 1977 年 6 月 15 日在贝尔格莱德举行欧安会的续会,讨论《最后文件》的执行情况。《赫尔辛基宣言》的内容并不如一些人所宣称的那么重要,而且它对签署国并不具有约束力。尽管如此,这一文件对促进东西方的和解与合作仍然具有一定作用。

除了欧安会外,同一时期在欧洲还举行了旨在减少中欧的部队和军备的裁军会议。根据 1972 年基辛格访问苏联时达成的安排,1973 年 1 月 31 日至 1974 年 6 月 28 日先后分两个阶段举行了中欧裁军谈判的筹备会议。在第一阶段中,确定了参加国家的名单。正式参加的有:英国、联邦德国、比利时、荷兰、卢森堡、美国、加拿大、苏联、波兰、民主德国和捷克斯洛伐克。作为观察员出席会议的有:丹麦、挪威、意大利、希腊、土耳其、匈牙利、保加利亚和罗马尼亚。由于法国拒绝参加会议,匈牙利也相应地拒绝正式出席会议。第二阶段中,讨论了会议应达到的目标和遵循的原则。按照最后发表的公报,中欧裁军会议的目的是"致力于在欧洲实现更加稳定的格局和巩固和平和安全";会议的内容是讨论"互相裁减在中欧的武装力量和军备以及有关措施问题";会议的原则是,裁减的范围和时间都应"审慎地加以制定",以使裁减的结果"在各个方面和在每一点上对于任何一方都符合不削弱安全的原则"。[①]

1973 年 10 月 30 日,中欧裁军会议在维也纳正式拉开帷幕。一开始,东西方国家就在一系列问题上发生了分歧:(1) 北约认为,华约驻中欧陆空军是 114 万人,北约为 94 万人;而华约声称,它在中欧的陆空军仅为 99.6 万人,双方兵力大致相等。(2) 裁减原则:华约提出了"对称"裁减原则,即双方按同等数量或同等的百分比裁减武装力量;而北约则坚持"均衡"裁军原则,即通过非对称的裁减,将双方的武装力量降至同样水平。(3) 核查问题:北约要求实行长期的实地监督,华约只同意使用各自的技术手段,建立和实施临时性核查。

由于这样一些矛盾,直到20世纪70年代结束,中欧裁军谈判依然未能取得实质性进展。但它作为东西方在军备控制方面的主要论坛之一被保持了下来。

4. 第二次缓和的结束

1975年《赫尔辛基宣言》的发表,标志着东西方的第二次缓和达到了高潮,此后这一缓和即逐渐走向衰弱。

造成这种状况的主要原因首先在于苏联在第三世界的加紧推进。在整个20世纪70年代,尽管苏联的宣传机器一再为欧洲的缓和叫好,并进而提出了缓和物质化、以军事缓和补充政治缓和、将缓和从欧洲推广到第三世界等口号,但实际上它乘美国进行收缩之机在埃塞俄比亚、安哥拉、印度支那等地加快了扩张的步伐。苏联的这一做法自然引起了西方国家的不满和反对。其次,1975年以后东西方缓和的逐渐衰弱同美国卡特政府推行的所谓"人权外交"有关。卡特政府上台以后利用苏联、东欧国家的某些国内问题做文章,攻击它们违反人权原则,并以卫道者自居,强调捍卫人权是美国外交政策的"灵魂"。而苏联则认为这一做法是一种赤裸裸的干涉内政的行为。在1977年于贝尔格莱德举行的欧安会继会上,双方都援引《赫尔辛基宣言》为自己的立场进行辩护,从而使会议未能取得任何实质性成果。此外,促使东西方缓和产生逆转的还有葡萄牙的动荡政局。70年代,葡国内各派政治力量之间的斗争极为激烈。为苏联所支持的葡萄牙共产党发动了声势浩大的群众运动,几乎夺取了政权。葡萄牙社会党则在西方国家的帮助下展开了与葡共的反复较量。美苏也围绕着这一问题卷入了相互的攻击和指责。

1978年底越南在苏联的支持下对柬埔寨的侵略以及1979年底苏联对阿富汗的武装入侵,在西方引起了极为强烈的反响,从而最终敲响了第二次缓和的丧钟。

四、西欧、日本在国际关系中作用的加强

1. 西欧共同体的新发展

到了20世纪70年代,欧洲经济共同体开始进入它的黄金时代。这首先表现为共同体的范围的扩大。其中最重要的是,随着英国本身政策的变化以及法国反对英国加入的立场的松动,英国终于在1972年正式成为欧共体的成员国。

1970年6月的大选使得英国保守党再度上台执政,希思出任首相。面对着英国力量的进一步削弱以及美国对外战略的急剧收缩,新政府调整了英国

外交政策的取向,以在欧洲内发挥积极作用作为它的主要目标。为此,希思宣称,要以英美间的"自然关系"取代英美间的"特殊关系"。英国还同意最终取消英联邦的"帝国特惠制"。与此同时,在戴高乐于1968年下台后,法国在接纳英国加入共同体的问题上也采取了比较灵活的态度。继任法国总统的蓬皮杜指望,英国的参加将有助于西欧国家取得同美国平等的地位以及平衡欧共体内德国的日益增强的势力。至于其他的欧共体国家,则发出了更加强烈的要求接纳英国的呼声。因此,在1971年就英国第三次提出的加入申请进行谈判时,共同体顺利地取得了一致。1972年1月22日,英国与共同体国家签署了接纳英国为成员国的条约。此后不久,爱尔兰和丹麦也加入了共同体,"六国欧洲"由此扩大为"九国欧洲"。希腊则在1979年签署了加入共同体的条约。

经济共同体的发展还表现为经济一体化程度的加强。它在60年代已提前实现了建立工业品关税同盟和实施共同农业政策的目标。1969年12月,共同体国家首脑会议正式提出了建立经济和货币联盟的计划。按照这一计划,20世纪70年代欧共体经历了三个发展阶段。在第一阶段,欧共体缩小了成员国间货币兑换率的波动幅度,开始了货币基金的建立,并加强了协调彼此的货币政策和经济政策的努力。在第二阶段,欧共体推动成员国实行更加趋于一致的经济货币政策,使资本逐步实现自由流动。在第三阶段,欧共体则致力于发行统一货币和建立联合中央银行,从而形成一个在商品、劳务、人员乃至资本方面都真正自由流动的经济统一体。1979年3月13日,仅英国暂不参加的欧洲货币体系正式生效。这在最终建立经济和货币联盟的道路上迈出了至关重要的一步。至此,共同体在经济和货币领域内,特别是在货币流通领域内实现了某种程度的一体化,各国行使的一部分权利被"让渡"给了共同体。因此,此事也象征着它再次走上了向成为超国家机构的目标前进的道路。

欧共体虽然属于经济组织,但它的设计者们希望,这一组织最终将有助于促进各成员国的政治合作乃至一体化。20世纪70年代,欧共体国家在这一方面获得了比较重要的进展。1970年10月,六国外长会议通过了《关于欧洲政治统一的报告》,决定开辟共同体活动的新领域——外交政策的合作。在以后几年中,共同体成员国多次举行首脑会议和外长会议,就此通过了一系列的文件。根据这些文件,它们应对涉及欧洲利益的问题及时交换情况和进行磋商,协调外交政策,"在没有同自己的伙伴协商以前,不最终肯定本国的态度"。⑫为了保证这种政治协商的顺利进行,外长会议首先被制度化,每年举行4次,随后首脑会议也被制度化,每年举行3次。从1976年起,欧洲政治合作进入了筹建欧洲联盟的新阶段。这一年10月,九国首脑们在海牙为此通过了一项原则声明,并决定欧洲议会议员的产生将从由各国议会指派过渡到直接选举。1979年,共同体第一次举行了欧洲议会的直接选举,选出了410名新议员。这是在最终建立欧洲联盟的方向上跨出的重要一步。

2. 西欧独立自主地位的加强

20世纪70年代欧共体在经济一体化和政治合作方面获得的新发展,加强了西欧在国际关系中的独立自主地位。

尼克松上台之前,大西洋联盟内部的美欧关系出现了严重的问题。尼克松入主白宫以后,立即提出了在美欧之间建立伙伴关系的口号,并为此访问了西欧,但是,美欧关系仍然朝着继续恶化的方向发展。这首先表现在政治上。1971年,美国悄悄地但却急剧地改变了它的对华政策。1972年5月,美国又在没有西欧盟国参与的情况下,与苏联签署了关于限制反弹道导弹防御体系的条约和限制进攻性战略核武器的临时协议。这些都使西欧国家感到严重不安,担心美国会为了本身利益而"出卖"西欧。为了避免陷入这种被动地位,它们在处理与苏联及华约的关系时表现出了一种更加谨慎的倾向。其次,美欧关系的恶化表现在经济上。1971年8月15日,美国单方面宣布终止美元和黄金间的固定汇率制度,从而结束了布雷顿森林体系。同时,美国还宣布对进口产品征收10%的附加税,直接打击了向美国大量出口产品的欧共体各国。西欧各国在8月24日举行的《关贸总协定》会议上对美国的这种做法提出了强烈指责,并通过其他渠道对美国施加压力,迫使它作出了某些让步。

为了扭转美欧关系继续恶化的趋势,在实现了从印度支那的脱身之后,尼克松政府宣布1973年为欧洲年,想以此表明美欧关系的调整已被置于至高无上的地位。这一年的5月3日,尼克松向国会提交了一份题为《七十年代美国对外政策——缔造持久的和平》的长篇报告,详细分析了美欧在经济、军事和外交方面存在的矛盾,提出了调整美欧关系的迫切必要。与此同时,基辛格则在一次讲话中提出了缔结《新大西洋宪章》的建议。按照他的建议,美欧应当通过一项文件实现在上述方面的谅解,取得政策的协调,结成一种新型的"伙伴关系"。这种关系的基础是:美国应尊重西欧的主权,西欧则要克服"经济地方主义";美国继续对西欧实行核保护,并在欧洲继续驻军,西欧也要按照自己的已经得到发展的能力承担相应的责任。

经过一年多的磋商和讨论,1974年6月29日,欧共体8国(爱尔兰除外)和美国在内的北约 15 国首脑签署了《大西洋关系宣言》。其主要内容是：(1) 强调盟国之间的关系要以"友好、平等和团结的精神"为基础，相互之间"保持密切的磋商、合作和相互信任"[13]；(2) 重申成员国的防务的统一和不可分割，美国承诺尽力使北约保持为维持核威慑战略的可靠性所需的军事力量，以及一旦威慑政策失败时足以保卫北大西洋地区的军事力量，为此它将继续在欧洲驻军和部署核武器；西欧国家承诺，将根据本身在大西洋联盟结构中所起的作用，为共同安全承担应负的责任，保证和改善它们的军队的效率。《大西洋关系宣言》虽然按照美欧力量对比的变化对美欧关系作了适当的调整，使已建立了四分之一世纪之久的北约可以被置放在一个新的、更加合理的基础之上，但它不可能彻底消除美欧之间存在的矛盾。

20 世纪 70 年代，西欧国家在反对美苏两个大国进行有损于它们的政治利益和军事安全的背后交易的同时，对发展同苏联的关系又采取了颇使美国感到担忧的积极态度。由于惧怕苏联的军事威胁，西欧国家一方面要求适度加强北约军事力量，特别是要求维持美国在欧洲的军事存在，另一方面则希望不要过分刺激苏联，而通过政治对话缓和与苏联的关系，通过发展贸易"套住"苏联。西欧国家相信，这样一种做法有助于它们进一步摆脱对美国的依赖，在外交上取得更大的回旋余地。为此，当着苏联向第三世界进行猛烈扩张的时候，西欧国家采取了与美国有所不同的立场。它们同意为此对苏联进行一定程度的谴责，但主张与苏联仍然维持正常的交往，而反对对苏联采取过于激烈的措施。同样，西欧国家对苏联在欧洲部署逆火式轰炸机和 SS-20 中程导弹一事作出的反应与美国也有差别。尽管 1979 年 12 月北约理事会通过了"双轨决议"，但美国强调的是通过部署潘兴-Ⅱ式导弹和地面发射的巡航导弹来抵消苏联在欧洲的中程核力量方面新取得的优势，而西欧强调的是以这种部署计划作为谈判筹码，"劝说"苏联从欧洲撤除上述武器。此外，西欧国家在发展与苏联的经济关系的问题上同样实行了与美国并不一致的立场。美国固然重视苏联这一颇具潜力的市场，又绝对不愿帮助苏联有效地提高它的经济能力和科学技术水平。相比之下，西欧国家的态度则积极得多。经过 70 年代的发展，到 1980 年时，欧共体十国同苏联的贸易额达到 259 亿美元，相当于美国对苏贸易额的 13 倍。其中尤其值得一提的是，从 60 年代开始，联邦德国、法国、意大利和奥地利等国还通过补偿贸易形式同苏联进行天然气交易。它们向苏联提供贷款，以便苏联可以从国外购买天然气管道设备，而苏联则向这些国家输送天然气。由于西欧国家和苏联建立了如此紧密的贸易关系，它们在苏军入侵阿富汗之后就很难同美国一起对苏实行严格的经济制裁。

西欧国家在处理与第三世界国家的关系时也显示了更大的自主性。它们不再亦步亦趋地追随美国,而是按照自己的利害关系来决定政策。与美国不同,欧共体国家资源匮乏,原料和能源绝大部分依赖进口,特别是从第三世界国家的进口。同时,第三世界也是共同体国家的重要商品市场和资本市场,并是西欧国家在反对超级大国的霸权主义斗争中的重要同盟军。因此,加强同第三世界国家的关系,对欧共体具有特别重要的意义。1971年7月,欧共体首次响应联合国贸发会议的决定,带头对发展中国家实施普遍优惠制。1973年起,西欧国家进一步调整了对第三世界国家的政策,强调要在新的基础上同它们建立相互依赖的平等伙伴关系,即以与第三世界的对话与协作取代同它们的对抗。为此,欧共体对第三世界国家建立国际经济新秩序的要求作出了比较积极的响应,支持和参加南北对话,并实行了一系列的让步。60年代,欧共体曾和18个非洲国家在喀麦隆首都先后签订了两个《雅温得条约》,与三个英联邦非洲国家在坦噶尼喀首府签订了《阿鲁沙协定》。根据这些文件,有关的非洲国家赢得了表面上的平等,但实质上仍然处于一种受剥削的依附地位。因此,1973年,46个非洲、拉美和亚洲国家,根据"集团对集团"的原则,派出统一代表团与欧共体在多哥首都洛美就经济合作问题进行了谈判。在这一谈判中,欧共体做出了较大妥协。1975年2月,双方签署了《洛美协定》。这一协定取消了含有从属意味的"联系国"名称以及名义上平等实质上不平等的所谓"互惠"贸易原则,首次确定了真正有利于双方贸易发展和经济合作的"非互惠原则"。按照这一原则,46国的全部工业品和94.5%的农产品单方面享有免税和可以无限额地向共同市场自由出口的优惠。《洛美协定》还首创了稳定出口收入的补偿制度。它规定,如因市场价格波动或其他原因导致输往欧共体的12种基本初级产品出口收入减少时,欧共体应予以补偿。《洛美协定》还规定,欧共体应在五年中向46国提供46亿多美元的经济援助。这一协定显然有助于改善有关第三世界国家的贸易地位和财政经济状况。

西欧国家在对外政策方面的自主地位的加强,还突出表现于它们同阿拉伯国家之间的关系。一方面,西欧国家纠正了过去一味偏袒以色列的做法,谋求以"第三种力量"的身份在中东发挥更大的作用,敦促阿以冲突的全面解决。1973年10月第四次中东战争爆发以后,共同体国家公开谴责以色列用武力侵占阿拉伯领土的行为,主张承认巴勒斯坦人民的民族自决权。另一方面,西欧国家积极发展了与阿拉伯国家的经济联系。自1975年起,阿盟20国作为一个整体已取代美国成为欧共体在欧洲以外的最大贸易伙伴。西欧共同体在阿盟的对外贸易中更是独占鳌头,所占比重大于美苏日的总和。

3. 日本自主倾向的加强

到了20世纪60年代末,日本的各项主要经济指标均已跃居世界前列,在资本主义世界中可与美国、西欧相抗衡,在全球范畴中则是一个仅次于美、苏的世界经济大国。而雄厚的经济基础以及先进的科学技术,又为日本提供了重要的军事实力。在实现了第四次防卫力量整备计划(1972—1976)之后,日本的军事力量"已经达到了世界最强的非核战斗力的水平"。[14]

经济和军事力量的增长,促进了日本的政治地位的提高。1975年起,日本开始出席西方七国首脑会议,从而正式跻身于西方大国的行列。在国际事务中,它逐渐表现出一种更加主动积极的态度。1972年出任首相的田中角荣宣称,日本应根据形势的变化和本身的国家利益,逐步承担起与经济大国地位相称的国际责任。以后的几位首相也采取了相同的立场。

20世纪70年代日本外交的基础仍然是日美合作。与50年代和60年代相比,这种合作的基本特征并无变化:一方面,日美互为军事盟国;另一方面,在这种军事同盟中,美日的关系并不是完全平等的,美国是盟主,日本的地位则相对较弱。与此同时,由于国际格局及美日力量对比的改变,70年代的日美合作又有了新的发展,这主要表现为日本的作用,特别是军事作用的增强。1973年田中访问美国时,双方商定,由日本部分接替美国在亚洲地区的军事作用,美国主要负责提供核保护伞,建设对苏"纵深核威慑基地网",而日本则负责加强常规防御力量,特别是反潜和防空能力,以逐步承担起日本本土及其周围海域的防务。三木上台后,继续肯定日美间的这种军事合作。1977年3月福田首相与卡特会谈时,双方确认,鉴于苏联扩张的加剧,两国要加紧合作,美国将继续在亚洲承担防务,日本则将加强自身防卫力量,在东北亚防务中发挥更大作用。1979年大平首相访美时又与卡特发表了一项联合声明,双方强调,日本是美国在亚洲的政策的基石,双方应建立更加密切的同盟关系。

在坚持和发展日美合作的前提下,日本的自主倾向在70年代得到了明显的加强。1971年基辛格秘密访华形成的巨大冲击波,为日本对外政策的这种变化提供了契机。它进一步摆脱唯美国马首是瞻的做法,而更多地考虑到了日本本身的利益和需要。田中首相根据"多边自主外交"的方针,不仅后来居上地与中国恢复了外交关系,而且还在1973年10月飞往莫斯科谈判日苏和约问题。在第四次中东战争中,日本也像西欧国家那样采取了与美国不同的立场。继任的三木内阁提出了"等距离外交"的方针,福田则提出了"全方位外交"的方针。虽然措辞不同,具体内容也的确有所不同,但它们基本上反映了同样一种愿望:改变完全服从美国的做法,实行比较自主的外交。大平上台以后则更明确地提出,日本同美国、西欧的关系是同盟关系,同中国是友好协商关系,同苏联是对话关系。

在对华政策上,直到20世纪70年代初,日本政府一贯采取追随美国、敌视中国的政策。尽管如此,1971年美国总统尼克松却在不同日本进行事先磋商的情况下派遣基辛格访华,直接与中国进行对话。这一"越顶"外交,在日本造成了强烈震动,佐藤荣作被迫辞去了首相职务,而由田中角荣接任。田中在上台当晚举行的第一次内阁会议上就表示,要把实现日中邦交正常化当作自己的首要任务,并表示"充分理解"中国方面提出的邦交正常化三原则,即中华人民共和国政府是代表中国的唯一合法政府;台湾是中华人民共和国领土不可分割的部分;"日台条约"非法。外相大平正芳并表示,"日中关系正常化一旦实现时,就不能设想日台条约继续存在"。[15]田中内阁还为解决两国间的问题采取了一些实际步骤。中国政府也及时作出了积极响应。因为长期以来,中国政府一贯坚持开展中日之间大量民间外交活动,并取得了卓有成效的结果。9月下旬,田中访问了中国,9月29日,两国政府签署了联合声明,决定建立外交关系,从而实现了中日邦交正常化。这一声明宣布,结束两国之间的"迄今为止的不正常状态",中国政府放弃对日本的"战争赔偿要求",日本政府"承认中华人民共和国是中国的唯一合法政府",并承认第二次世界大战以后台湾已经归还中国;和平共处五项原则是中日和平友好关系的政治基础,"任何一方都不应在亚太地区谋求霸权",也"反对任何其他国家或国家集团建立这种霸权的努力"。[16]这一声明的发表,对于发展中日关系,维护亚洲及世界和平具有重大意义。

与对华政策相比较,20世纪70年代的日本对苏政策则变化较小。在经济上,特别是在帮助苏联开发西伯利亚的问题上,日本同苏联达成了一系列协议。根据这些协议,日本将向苏联提供资金和技术。但是,在政治上,日本始终坚持苏联归还北方领土是缔结两国和约的前提的主张。在1973年10月田中访苏时苏联在此问题上的立场曾经有所松动,首次公开承认领土问题是日苏间没有解决的悬案,表示愿意就这一悬案的解决继续进行会谈。然而,从1976年起,苏联正式规定,日本人在前往南千岛群岛(日本称"北方四岛")扫墓时必须持有护照并办理入境签证,以此强迫日本承认其属于苏联领土是一既成事实。与此同时,苏联还在南千岛群岛增加兵力部署,修建导弹发射场、雷达站和军港等各种设施。因此,日苏关系的改善受到了严重限制。

五、第三世界反对霸权主义和争取建立国际经济新秩序的斗争

1. 第四次中东战争和戴维营协议

20世纪70年代,第三世界的国家团结合作,为维护民族独立和发展民族经济进行了英勇斗争,其锋芒首先挥向了超级大国的霸权主义。

第三次中东战争后,苏联和美国加强了在中东的争夺,特别是苏联,为了达到控制埃及等阿拉伯国家的目的,一方面竭力将自己装扮成阿拉伯世界反对以色列侵略扩张事业的支持者,另一方面又和美国相互配合,努力在中东维持一种实质上有利于以色列的扩张主义的僵持局面。苏联的这一立场,遭到了日益觉醒的阿拉伯人民的反对。

继纳赛尔担任埃及总统的萨达特,为了打破中东的这种不战不和的状态,于1971年2月提出了与以色列媾和的和平倡议,并表示愿为苏伊士运河的重开作出临时安排,其条件是以色列撤出1967年侵占的领土。同时,萨达特还着手进行以武力收复失地的准备。为了获得所需的武器装备,他特地于3月访问了苏联。尼克松对萨达特的和平倡议作出了积极的响应,并派国务卿罗杰斯于5月初到开罗进行活动,试图乘机削弱苏联在中东的影响。苏联对此发展深感不安。在利用埃及内部的亲苏势力颠覆萨达特政权的努力遭受挫败以后,1971年5月27日,苏联政府遂以提供援助作为诱饵,"劝说"埃及政府同它签订了为期15年的《苏埃友好合作条约》。然而,苏联并未因此真正履行向埃及运送武器的诺言。从1971年10月起的短短半年间,萨达特曾为此三次访问莫斯科,均无功而返。1972年5月勃列日涅夫与尼克松在莫斯科举行会谈后更公然宣布,要在中东实现"军事缓和"。这实际上表明它将与美国一起继续在中东维持不战不和的僵持局面。

萨达特决心排除苏联的干扰,通过自己的努力收复被以色列占据的领土。1972年7月18日,埃及政府正式宣布:结束苏联军事顾问和专家在埃及的使命,接管苏联在埃及的一切军事设施。同时,埃及联合所有处于反以前线的阿拉伯国家,制定了对以色列共同作战的计划,并取得了其他阿拉伯国家对这一计划的支持。

1973年10月6日,埃及集中了8万军队,300架飞机,4000门大炮及火箭发射器,向苏伊士运河东岸的以军阵地发动了猛攻。第四次中东战争("十月战争""斋月战争""赎罪日战争")因而爆发。仅仅经过10个小时的战斗,埃军就突破了被以色列吹嘘为"坚不可摧"的巴列夫防线,登上了被以军占领达6年之久的运河东岸的土地。一个星期后,埃军拔除了以色列在运河东岸的最后一个据点。与此同时,叙利亚在戈兰高地向以军发起了全面攻击,收复了大片失土;巴勒斯坦突击队则在以军后方成功地开辟了第三战场,有效地破坏了敌人后方的安全,配合了埃叙前线的战斗。其他阿拉伯国家也先后出兵参加战斗。沙特阿拉伯等产油国除向埃、叙等国提供了22亿美元的援助外,还开展了震撼世界的石油斗争。它们采用石油禁运、石油提价和收回石油资源等措施,有力地打击了以色列及其支持者。阿拉伯世界反对以色列扩张主义的正义斗争,得到了其他第三世界国家以及全世界人民的支持和声援。以色列不仅在军事上损失惨重,政治上也十分困难。

然而,在以战迫和的保守主义战略思想的指导下,埃、叙两国领导人未能利用有利形势进一步扩大战果,从而使以色列获得了喘息和反扑的机会。从1973年10月9日起,以色列首先以15个旅的兵力和近千辆坦克在叙以前线发动了猛烈的进攻。当得手之后,它又依靠美国源源不断的军火补充,集中全力对付苏伊士运河一线的埃军。10月16日,以军偷渡运河成功,进入西岸埃军的后方,不仅切断了埃军的供应线,并直接威胁了开罗的安全。

在军事上遭受挫折的同时,阿拉伯国家外交上也遇到了超级大国的强大压力。战争爆发之初,在美国的要求下,苏联力图说服阿拉伯国家停止行动。以后,由于埃、叙两国军队在战场上不断取胜,苏联又摇身一变,竭力作出支持阿拉伯国家的姿态,对埃、叙实施紧急援助的计划。但是,随着以色列军事反扑的展开和美国外交压力的加强,苏联又转而要求停火。10月16日,柯西金亲自赶到开罗进行活动。为了迫使萨达特就范,苏联还拒绝继续向埃及运送武器。10月21日,苏美向联合国安理会提出了一项关于中东问题的提案,该提案于次日获得通过,它要求战斗的各方最迟于12小时之内"在它们目前占领的地点"实现停火。⑰来自超级大国的压力,加上军事上的受挫,迫使埃及和叙利亚在22日和24日分别宣布接受停火。以色列虽然也在22日宣布接受停火,但在随后的几天中继续向埃及军队实行了一系列的进攻。

在第四次中东战争中,以色列投入兵力30万人,伤亡1万余人,损失飞机115架,坦克800辆,舰艇30艘。阿拉伯国家共投入兵力45万人,伤亡被俘2.1万余人,损失飞机450架,坦克2000余辆,舰艇29艘。同第三次中东战争相比,以色列付出的代价显然要沉重得多。

根据1974—1975年以色列和埃、叙最后达成的脱离军事接触的协议,埃及收复了苏伊士运河东岸28—30公里宽的狭长地带,叙利亚则收复了戈兰高地的部分地区,在埃、叙和以色列之间建立了驻扎着联合国紧急部队的"脱离接触区"。因此,以色列仍然得以继续占领它在第三次中东战争中夺得的绝大部分领土，埃、叙等国收复失地的夙愿并未完全实现。但是，尽管如此，第四次中东战争仍然具有重大意义。首先，由于在战争中遭到沉重打击，元气大伤，在以后一段时间中以色列陷入了空前的经济和政治危机。其次，阿拉伯国家通过自己的努力部分地洗刷了在"六五"战争中蒙受的耻辱，加强了依靠本身力量进行斗争的决心，并且在一定程度上改善了本身所处的战略环境。最后，超级大国策划并且力图加以维持的"不战不和"的局面终于被打破。

第四次战争后，在尼克松政府全面调整美国对外政策的过程中，它也对一味偏袒以色列的做法作了某种改变，一方面继续坚持支持以色列的立场，另一方面又谋求改善同阿拉伯国家的关系。与此同时，由于苏联不肯及时地提供急需补充的武器设备，埃及与苏联的关系急剧恶化，萨达特也着手大幅度调整埃及对外政策的取向。1974年2月，埃美恢复了外交关系。4月，萨达特宣布了实行武器来源多元化的决定。6月，萨达特隆重接待了来访的尼克松，双方签署了《埃美关系和合作协定》。埃美的接近，自然引起了苏联的不满和反对。为了迫使萨达特重新回到苏联的战略轨道，苏联不仅停止向埃及提供武器弹药和零件，而且对埃及逼还债务。但是，这种做法的效果适得其反，进一步推动了埃苏关系的恶化。1976年3月，埃及宣布废除《埃苏友好合作条约》，接着又宣布取消向苏联海军提供海港的协议。此后，萨达特正式放弃了过去的联苏反美抗以的方针，转而采取亲美抗苏和以的方针。1977年11月，萨达特访问了耶路撒冷，并提出了缔结埃以和约的五项原则。1978年9月，萨达特和以色列总理贝京在美国总统卡特的邀请下到戴维营举行了12天的会谈。经过激烈的谈判，三方最后签署了《关于实现中东和平的纲要》和《关于签订埃以和平条约的纲要》。次年3月，埃以两国政府正式在白宫缔结了《和平条约》，卡特作为连署人也在该条约上签了字。它主要规定："在互换本条约批准书后双方结束战争状态并建立和平局面"；埃以之间的永久边界是"埃及和前委任统治的巴勒斯坦领土之间公认的国际边界"（但加沙地带的地位问题另定）；"以色列船只和运进或运出以色列的商品有权自由通过苏伊士运河及其通向苏伊士湾和地中海的通道"，"双方将尊重对方通过蒂朗海峡和亚喀巴湾进入另一国的航海和飞行权"；双方将就约旦河西岸和加沙地带的巴勒斯坦"自治问题"开始谈判。⑱尽管埃以条约在阿拉伯世界中引起了许多争论，但它使埃及收复了西奈半岛，为埃及进行和平建设创造了条件，并有助于埃及进一步开展反对苏联霸权主义控制的斗争。

2. 巴拿马人民捍卫民族利益和主权的斗争

沟通大西洋和太平洋的巴拿马运河具有极其重要的战略和经济价值。根据 1903 年美国强加给巴拿马的不平等的《美巴条约》，美国攫取了运河区的"永久租让权"，使它成了一个"国中之国"。为了捍卫自己的民族利益和主权，巴拿马人民进行了长期不懈的斗争。1964 年 1 月，巴拿马又一次掀起了反美风暴。在此情况下，美国被迫同意与巴拿马展开签署一项新的运河条约的谈判。

但是，在以后的谈判过程中，美国试图在由巴拿马行使主权的外表下继续维持美国对运河区的控制。这一阴谋遭到巴拿马的强烈反对。60 年代末起执掌大权的托里霍斯曾多次公开要求收回运河区的管辖权。在许多第三世界国家，特别是拉丁美洲国家的支持下，经过长期斗争，1974 年巴拿马终于使美国同意"迅速结束"它对运河区的管辖权。1977 年 9 月，巴、美两国政府在华盛顿签署了《巴拿马运河新条约》。该条约将在 1999 年期满。它规定，废除 1903 年条约，取消美国永久占领运河区的特权，对运河和运河区的主权归巴拿马；美国暂时仍被授予经营、维修、改建和保卫运河的权利，但它应逐步向巴拿马移交这些权利，并在条约期满时移交完毕；美国在运河区的驻军应逐步减少，至条约期满时全部撤出；美国船只和艇舰有迅速通过和无条件通过运河的永久权利。按照同时签署的《关于巴拿马运河永久中立和经营条约》，在《巴拿马运河新条约》生效后，美巴共同保证运河永久中立，无论在和平时期还是战争时期，都应保证巴拿马运河的安全，并对一切国家的船只开放。新运河条约的签订是巴拿马人民维护民族独立和国家主权斗争的光辉胜利，也是拉美人民和世界人民反对霸权主义斗争的重大胜利。

3. 第三世界在联合国中地位的加强

联合国是反法西斯战争的产物。它的建立既在某种程度上反映了世界人民要求阻止侵略和避免战争的愿望，又体现了少数大国力图控制国际事务的强权政治。在美苏冷战爆发后的一个很长时期中，联合国成为一架由美国控制和操纵的表决机器。后来，它又变成美苏进行政治交易的一个重要场所。联合国宪章所规定的宗旨和原则遭到粗暴的践踏和破坏。

但是，由于亚非拉美民族解放运动的发展和第三世界的兴起，特别是进入 20 世纪 70 年代以后，这种状况有了很大的变化。在广大发展中国家的努力下，联合国通过了一系列真正符合联合国宗旨的决议，加强了反对霸权主义、扩张主义和种族主义的斗争，推动了维护世界和平、促进发展和加强国际合作的事业。1971 年，第 26 届联大正式恢复了中华人民共和国在联合国的合法席位,美国长期利用联合国孤立新中国的政策彻底破产,这是中国和广大第三世界国家长期斗争的胜利。1974 年,第 29 届联大首先通过了一项决议,将巴勒斯坦作为一项重要政治问题列入议程,并邀请巴勒斯坦代表参加讨论。接着,联大又以压倒多数通过另一项决议,确认巴勒斯坦人民有权恢复民族权利,同时邀请巴勒斯坦解放组织以观察员身份参加此后联合国的会议和工作。这些决议沉重地打击了推行侵略扩张政策的以色列,以及对它进行支持和纵容的超级大国。从 1970 年起,连续四届联大都拒绝接受南非代表的全权证书。1974 年,第 29 届联大更以绝对优势通过了大会主席的裁决:拒绝南非代表参加大会工作。这样,尽管南非仍为联合国会员国,但已不为大会所接受。1977 年,在第三世界国家的强烈要求下,安理会决定对南非实行强制性的武器禁运。这些决定使推行种族歧视政策和侵略扩张政策的南非当局遭受到严重挫折。第三世界国家还利用联合国同苏联直接侵略阿富汗及支持越南侵略柬埔寨的行径进行了不断的斗争。联大曾多次通过决议要求越南从柬埔寨撤军,要求苏联从阿富汗撤军。

20 世纪 70 年代,已在联合国中取得稳定的压倒多数的第三世界国家还提出了改变联合国现状和修改联合国宪章的要求。1971 年,在它们的努力下,联合国实行了一次重要的修宪行动,即将经社理事会的理事国由 27 国扩至 54 国,亚非拉美的名额因而显著增加。1972 年,联合国大会通过了关于重新审查联合国宪章的决议,1974 年,联合国大会又决定成立一个由 42 个会员国组成的"联合国宪章特别委员会",负责审查各种修宪建议。此后,修改联合国宪章问题就成为联大每届会议审议的议题。在此过程中,第三世界国家具体提出了下述要求:缩小安理会的职权,限制或取消安理会的否决权,扩大联大的职权。尽管联合国宪章的修改是一个十分复杂的问题,需要谨慎对待,但当时这些要求的提出,对于反对超级大国的霸权主义无疑具有重要的积极意义。

4. 国际经济新秩序的主要原则的提出

在 20 世纪 70 年代,建立国际经济新秩序成了第三世界国家的一项重要目标。1972 年 4 月,在联合国贸易和发展会议第三届会议中,第三世界国家有力地揭露了某些发达国家通过贸易、关税、货币等手段垄断国际市场、转嫁经济危机的恶劣行为,要求建立平等互利的国际贸易关系。会议最后通过了由 77 国集团提出的三项议案,在争取建立国际经济新秩序的斗争中迈出了重要一步。1974 年 4 月,在联合国召开的研究原料和发展问题的联大第六届特别会议上,第三世界国家尖锐地批判了殖民主义、帝国主义和霸权主义进行的剥削和掠夺。最后大会通过了 77 国集团起草的《建立新的国际经济秩序宣言》和《建立新的国际经济秩序的行动纲领》等文件。前一文件为争取中的国际经济新秩序规定了一系列基本原则,其中包括:一切国家都有平等地参加解决世界经济问题的权利;一切国家都有权对其自然资源和国内一切经济活动行使永久主权;发展中国家具有建立原料和初级产品生产国联合组织的权力;加强发展中国家在经济、贸易、财政和技术方面的合作;改善现存的国际货币制度和改变发展中国家与发达国家在商品交换上的不合理关系。宣言强调,这些原则应"成为各国人民之间和各国之间的经济关系的最重要的基础"。[19] 正是在此基础上,1974 年 12 月的第 29 届联大以及 1975 年 2 月的发展中国家原料会议分别通过了《各国经济权利及义务宪章》及《达喀尔宣言》。

为了使这些纲领性文件中所规定的原则真正得以实现,第三世界国家作出了持续的努力。1975—1977 年,19 个发展中国家与 7 个发达国家以及欧洲共同体在巴黎举行了国际经济合作会议。会上发展中国家利用西方对石油的需要,提出了将能源、原料、发展和金融等四项问题联系起来讨论的要求,试图以石油为武器推动南北经济关系中其他问题的解决。但是,由于美国等国家坚持顽固立场,这一南北谈判实际变成了"聋子对话",终以失败而告终。1979 年出现了石油的第二次大幅度提价,西方国家再次受到能源问题的冲击。利用这一时机,77 国集团在 34 届联大上提出了开展一轮新的全球性谈判的建议,并要求将能源、原料、贸易、发展和金融等五个领域的问题联系起来加以讨论。联大为此通过了有关决议。尽管因为美国等国的阻挠,这一决议未能得到有效执行,但它仍然产生了重要影响。

5. 中东石油斗争

20 世纪 70 年代,广大发展中国家为建立国际经济新秩序的理想所鼓舞,团结一致,在原料和能源问题上与西方国家进行了激烈的较量,其中以中东石油斗争最为壮观。

早在第二次和第三次中东战争中,针对当时西方国家支持和鼓励以色列的侵略扩张政策的立场,阿拉伯国家就使用了石油武器。但是,由于各种原因,特别是由于它们内部缺乏一致的行动,石油武器并未获得应有的效果。

到 1973 年的第四次中东战争时,情况发生了截然不同的变化。盛产石油的阿拉伯国家将反对以色列的侵略扩张的斗争与捍卫本国经济资源的努力紧密结合在一起,采取了提价、减产、禁运和国有化等措施,不仅取得了重大的政治成果,而且取得了显著的经济成果。

10 月 16 日,即战争开始 10 天以后,石油输出国组织的六个波斯湾成员国在科威特举行会议。它们不顾西方石油公司的反对,作出了大幅度提高长期以来为石油垄断资本蓄意压低的石油价格的决定。次日,阿拉伯石油输出国组织又在科威特举行会议,并通过了一项决定:立即以每月5%的比例递减石油产量,直到以色列军队撤出在第三次中东战争期间所占的领土,以及巴勒斯坦人民的合法权利得到恢复。会议还宣布,将依据石油进口国在中东问题上的立场分别确定可向它们提供的石油的数量,美国将受到甚至全部停止供应的最严厉的制裁。随后,阿拉伯各主要产油国相继决定对美国和荷兰实行全面的石油禁运。1974年1月,石油输出国组织决定对原油实行提价,从每桶3.01美元增加到11.65美元。此外,阿拉伯产油国还果断地采取了增加股份和国有化的行动。伊拉克等国直接将外国石油公司收归国有,科威特等国则先是迫使西方石油公司同意提高它们的参与股份,以后也将这些公司收归国有。

这场石油斗争有效地分化了西方国家,打击了以色列及其支持者美国,促进了阿拉伯人民的正义事业。为了应付因此出现的能源短缺危机,尼克松政府不得不匆忙地采取各项应急措施,境遇极为困难。出于保证能源供应的需要,日本则转而采取支持阿拉伯国家的政策,多数西欧国家也停止了对以色列的武器供应,并拒绝向美国提供运送武器的便利。它们还置美国的反对于不顾,纷纷和产油国进行了单独对话,美以陷入了空前的孤立。同时,中东石油斗争是第三世界为改变旧的经济秩序而迈出的重要一步。阿拉伯产油国从西方国家手中夺回了控制石油生产及供应的权利,以及决定石油价格的权利,削弱了国际垄断资本长期进行的剥削与掠夺,极大地改善了本身的经济状况。据统计,1973年阿拉伯国家的石油收入为300亿美元。1974年,它们仅通过石油提价这一项,就增加了1100亿美元的收入。但是,石油的提价在一定程度上也加重了非产油的发展中国家的负担。

6. 反对海洋霸权的斗争

辽阔富饶的海洋历来是殖民主义和帝国主义进行侵略和掠夺的又一重要目标。近年来,为了掠取别国的近海渔业资源、海底资源以及扩大军事活动范围,超级大国力图对别国的领海宽度和管辖范围作出强行规定。第三世界国家与此进行了针锋相对的斗争,以保护自己的自然资源,维护自己的安全,捍卫自己的领海权利。在这一斗争中,拉丁美洲国家发挥了真正的先锋作用。

早在1947年,智利、秘鲁两国就正式宣布,它们的领海范围为200海里。随后,萨尔瓦多、厄瓜多尔也采取了同样的行动。美国对此竭力反对。最初,它试图迫使拉美国家接受领海宽度为 3 海里的主张。50 年代后期起,它又和苏联合谋商定,各国领海和毗连区不得超过 12 海里。拉美国家并不屈服。1970 年 5 月,已宣布领海宽度为 200 海里的 9 国在乌拉圭首都蒙得维的亚举行领海会议,通过了《蒙得维的亚海洋法宣言》。它宣布,各沿海国家有权根据本国的"地理和地质特点","海洋资源的存在"情况与合理利用这些资源的需要等各种因素,"划定它们海洋主权和管辖权的范围"。宣言重申,"各签字国基于自己的特殊情况,已经将它们对邻接其海岸的海区、海底及其底土的主权或专属管辖权扩大到距离领海基线二百里的地方"。宣言还表示,各签字国今后将"协调行动",以有效地捍卫它们的有关权利。[20] 同年 8 月和 1971 年 1 月,拉美国家又先后两次在秘鲁首都利马举行海洋法会议,谴责了超级大国的霸权主义政策,重申了《蒙得维的亚海洋法宣言》所阐明的各项原则,并宣布了与亚洲国家团结一致开展斗争的决心。1972 年,拉美 15 个沿海国家在多米尼加举行会议,通过了《圣多明各宣言》。该宣言主张,沿海国家不仅对宽度为 12 海里的领海拥有完全主权,并且对"邻接领海的称为承袭海的区域内水域、海床和底土中可更新和不可更新的自然资源,享有主权权利"。[21] 领海和承袭海的总宽度可达 200 海里。1973 年以后,拉美国家反对海洋霸权的斗争更是发展到了一个新的阶段,决定扩大领海范围的国家的队伍进一步扩大,它们采取了许多实际措施来保证本国的领海主权和海洋资源。

从 20 世纪 70 年代初起,争取 200 海里海洋权的斗争还逐步地从拉丁美洲扩展到了整个第三世界,成为发展中国家反对霸权主义,争取建立国际经济新秩序的努力的一个重要方面。1972 年 6 月,一些非洲国家的代表在喀麦隆首都雅温得举行了海洋法讨论会,提出了在领海外建立专属经济区的主张。1973 年,第十届非洲国家元首和政府首脑会议通过了《非洲统一组织关于海洋法问题的宣言》。它宣布,"非洲国家承认每一沿海国有权在其领海以外划定专属经济区"(其界限从确定领海的基线量起可达 200 海里),对这种区域内的"一切生物和矿物资源行使永久主权,并对该区域进行管理"。[22] 同年,第四届不结盟国家会议通过了《关于海洋法的宣言和决议》,宣布支持沿海国家关于 200 海里的国家管辖区的主张,承认它们有在这些区域内"行使开发自然资源和保护本国人民其他有关利益的权利"。[23] 1973 年 2 月,在委内瑞拉召开的有 130 个国家参加的第三次联合国海洋法会议第二期会议上,广大第三世界国家同超级大国进行了激烈斗争。美苏最终被迫接受了 200 海里经济区的概念,虽然它们同时又提出了各种条件来阉割专属经济区的实际内容。在 70 年代后半期举行的多次国际海洋法会议上,发展中国家继续团结合作,为打破大国对海洋的控制与垄断,维护发展中国家的主权和利益进行了有效的斗争。正是以此作为基础,在1982年12月于牙买加召开的第三次联合国海洋法会议第三期会议上,有119个国家签署了《联合国海洋法公约》(美国、英国、联邦德国、日本等20多国拒绝签署)。同旧海洋法比较,新海洋法有了不少进步,尽管它并不完善,甚至有着严重缺陷。

第二节 20世纪80年代国际关系的新发展

一、美苏关系的重新紧张

1. 美苏关系的重新紧张

里根于1981年入主白宫时,美国已经从越南战争的综合征中逐渐恢复过来;并且,许多美国人已对苏联在第三世界的不断扩张以及在核力量方面的进展感到烦躁不安。正是处于这种情况下,里根政府继承并且发展了自苏联出兵阿富汗后卡特在东西方关系问题上采取的强硬态度。一方面,它声称决心恢复美国在世界上的威望和地位。1981年10月,里根提出了一个美国的战略核武库实行全面现代化的6年计划,预期耗资1803亿美元。为了执行该项计划,1981—1986年间,美国的国防预算每年递增8%—9%左右,里根政府还对20世纪70年代美国的军备控制政策提出了批评,声称在第二阶段限制战略核武器谈判中签署的协议必须得到修改。此外,里根政府加紧准备在欧洲部署潘兴-Ⅱ式导弹和地面发射的巡航导弹。另一方面,里根政府就苏联的对外政策进行了尖锐的指责。他说,苏联是"野心涉及地球的每一个角落"的帝国主义国家,苏联领导人为自己"保留了无恶不作、撒谎和欺骗的权利"。㉔在苏联支持波兰政府实行军管后,里根在策划对苏联的经济制裁的同时,咒骂苏联是"邪恶的帝国"。1983年3月,他在一篇讲话中声称,"苏联是现代世界的罪恶核心"。㉕

进入20世纪80年代后,苏联的处境则变得越来越困难。首先,由于支持越南侵略柬埔寨以及直接出兵阿富汗,它不仅在道义上受到了广泛的谴责,而且军事上、经济上也背上了沉重的包袱。其次,波兰的团结工会事件不仅束缚了苏联的手脚,并且使得苏联领导人更加为国内日益恶化的经济形势感到担心。因此种种原因,苏联不再像70年代那样咄咄逼人和四处出击,其军费增长速度也开始放慢。从70年代的4%—5%减为80年代初的2%。但是,尽管如此,面对着里根政府的挑战和进逼,勃列日涅夫并未退缩。在1981

年冬天的苏共二十六大上,他谴责了里根政府的"好斗"语言。1982年夏天《真理报》载文指责美国政府陷入了"不可控制的精神错乱","有着当今世界上最为右翼"的观点,声称华盛顿政策的直接后果之一是"核战争威胁的增加"。[20]

1982年11月勃列日涅夫的去世及安德罗波夫的上台,使得急剧恶化的美苏关系出现了一些转机。1983年上半年,安德罗波夫发起了一场"和平攻势",以阻止美国按照1979年北约理事会的"双轨决议"在欧洲部署新的中程导弹。这对里根也稍微收敛了一下他的反苏言行。为了缓和西欧的反战运动及取得盟国的支持,他对安德罗波夫的姿态作出了某种响应。为此,在一个短时期中,美苏关系似乎有了改善。1983年7月,已在马德里工作了三年的欧安会续会签署了《最后文件》,8月,美苏缔结了为期5年的谷物协定,并达成了就文化和科学交流问题重开谈判的协议。然而,好景不长。9月1日,一架韩国客机被苏联苏-15战斗机击落,机上269人全部丧生。此事导致了美苏关系的再度恶化。1984年2月安德罗波夫病逝后,继任的契尔年科表示要在美苏关系方面实现真正的突破,但实际上这一关系仍然处于严重的紧张状态。苏联甚至拒绝参加1984年夏天在洛杉矶举行的奥运会。苏联方面宣称,它的这一决定应该依据里根的对苏政策加以理解。

2. 美苏在核武器方面的新竞争

在新的冷战高潮中,美苏军备控制谈判徘徊不前,它们的军备竞争则获得了新的动力。

在美苏第一阶段限制战略核武器的谈判达成协议后不久,1974年,苏联开始在其欧洲领土部署逆火式轰炸机。1977年,苏联又开始在其欧洲部分(同时在其亚洲部分)部署新式中程导弹SS-20。苏联指望,这些武器不仅可以增加苏联中程核力量的威慑作用,从而有助于最大限度地发挥苏联在常规力量方面的优势,而且能够削弱西欧国家对美国的信心,分化美国与其欧洲盟国的关系。

苏联在欧洲的中程核武器的加强和更新,使北约的欧洲成员国产生了严重的不安。它们认为,北约和华约在欧洲的核力量已经出现了有利于后者的倾斜,美国的核威慑战略已经难以奏效,美国必须采取补救措施。1978年5月,北约国家的首脑聚会华盛顿,做出了加强防务、实行战区核力量现代化的原则决定。1979年12月12日,北约成员国的外交部长和国防部长在布鲁塞尔联席会议上通过了著名的"双轨"决议。其中的一项决定是,北约将对它的欧洲中程核力量实行现代化,在1983—1988年间部署美国的464枚地面发射的巡航导弹和108枚潘兴-Ⅱ导弹。另一项决定是,北约将采取平行的努力,就限制欧洲的中程核力量问题同华约展开谈判。这一谈判应在美苏两国之间进行,北约的意图是,如果苏联同意谈判,北约就可利用它计划部署的中程核武器作为筹码,迫使苏联大幅度削减它在欧洲的中程核力量;如果苏联拒绝谈判,北约就可借此为它部署新式中程核力量的计划进行辩解。

苏联自然不会轻易放弃外交谈判这一工具。它试图利用谈判阻挠美国实施在欧洲增强和更新中程核武器的计划,并利用谈判在西欧各国煽动对美的不满情绪。在此背景下,1980年10—11月,美苏就欧洲中程核力量问题进行了预备性谈判。里根上台后,这一谈判便告中止。但是,在西欧反核和平运动的冲击以及西欧各国政府的推动下,1981年11月,美苏在日内瓦开始了中程核力量问题的正式谈判。

在以后历时两年的5轮谈判中,美苏双方抛出了一个又一个的建议。尽管这些建议都被贴上了"新的""创造性的""灵活性的"标签,但其基本内容并无实质性变化。美苏在中程核力量的谈判中显示出来的分歧始终集中在三个问题上:(1)协定应当包括的武器体系;(2)协定应当涉及的地理范围;(3)对第三国核力量的处置问题。美国的观点是:谈判中的协定应当在中程陆基导弹方面为美苏规定同样的限额和权利,原则上不应涉及其他武器体系;这一协定应当对美苏在世界上的所有中程导弹实行限制;美苏间的协定不应对英法的核力量做任何限制,或者为英法核力量对苏联做出任何补偿。苏联则认为:谈判中的协定不仅应当涉及部署在欧洲的陆基中程导弹,以及可携带核弹头的中程战斗轰炸机;这一协定原则上只应当涉及部署在欧洲的中程核力量;该协定不应当无视同样以苏联及其盟国作为打击目标的英法核力量。

正当美苏在谈判中相持不下之时,1983年11月23日,西德联邦议院再次通过了同意在其领土上部署美国中程导弹的决定。安德罗波夫立即宣布,苏联代表将退出日内瓦谈判,苏联将在靠近美国的水域部署新的武器,并将加速在民主德国和捷克斯洛伐克部署战役战术导弹的准备工作。同日,苏联代表在日内瓦正式退出了第五轮谈判,并将美国导弹从欧洲的撤出作为恢复谈判的先决条件。

与中程核力量的谈判同时进行并且同样陷入僵局的是美苏关于战略核武器的谈判。自1982年6月在日内瓦重新揭开帷幕以后,它被称作减少战略核武器的谈判。在这一谈判中,美苏却怀有复杂的动机。一方面,它们指望,谈判中的协定将能使对方发展战略核力量的努力受到限制,从而在超级大国间建立一种更加符合本身利益的稳定的军事关系。另一方面,双方都希望利用谈判进行宣传,将不能达成协议的责任推诿于对方为自己的军备扩张政策进行辩护。

1983年3月23日,里根在伊利诺伊州的一所大学发表演说时提出了一项建议:美苏各自都将核弹头减少一半(分别5000颗),其中至多只能有一半被安装于陆基洲际弹道导弹;美苏各方可拥有的陆基洲际导弹和潜射弹道导弹的限额共减为850枚。而上台未久的安德罗波夫只同意将苏联战略核武器减少25%,即将陆基洲际弹道导弹和潜射弹道导弹的总数减少到1800枚。在春季和夏季的谈判中,双方作出了一些让步。但是,此后不久,它们的注意力都被吸引到美国将在年底部署中程导弹一事之上。在苏联代表退出了中程核力量的谈判以后,美苏关于减少战略核武器的谈判很快也告终止。

20世纪80年代初,当美苏军备控制谈判逡巡不前时,它们之间掀起了一轮新的军备竞争。就战略核力量而言,美国在准备部署MX陆基洲际弹道导弹的同时,加紧发展采用了隐形技术的B-1B轰炸机,高精度的三叉戟-Ⅱ型潜射弹道导弹,并开始装备射程达2500公里的空射远程巡航导弹。苏联则加紧研制与美国MX导弹相当的SS-24导弹,射程远、命中精度高的SS-25导弹,以及类似B-1B的"海盗旗"战略轰炸机以及陆基、海射和空射的远程巡航导弹,并部署了可携带12个弹头的SS-N-20潜射弹道导弹。尤其引人注目的是,为了在均势中求得优势,美苏还在战略防御手段方面开始了竞赛。

里根在1983年3月23日发表的演说是这一竞赛正式开始的标志。里根在演说中提出了被称为"星球大战"战略防御倡议。他说,美国要着手一项长期的研究和发展计划,集中力量建设一种可以阻止战略核导弹的攻击的防御体系,这一体系将使核武器"失效和过时",最终"消除战略核导弹所引起的威胁"。[27]里根还辩解说,该计划与1972年反弹道导弹条约并不矛盾。

根据有关材料,战略防御计划要建立的是一个以天基定向能武器(激光、粒子束、微波束、等离子束等)为主的多层次、多手段的摧毁来袭弹道导弹的系统,为美国整个国家提供有效的防御。对方来袭弹道导弹将在飞行的全过程中都会遇到被摧毁的危险,因而难以"漏网"。这一计划分为4个阶段执行:(1)基础研究阶段(20世纪90年代初结束);(2)全面发展阶段(2000年结束);(3)逐步部署阶段(2005年结束);(4)最终部署阶段(2010年结束)。估计所有费用将高达2万亿美元。1985财年是正式实行战略防御计划的第一年,共拨款17.4亿美元。

苏联对美国的战略防御计划采取了严厉批评的态度。安德罗波夫说,乍看之下,这好像是一个颇具吸引力的计划;实际上,它是为了确保美国的战略进攻力量具有进行第一次核打击的能力。同时，根据美国政府获得的情报，"苏联人长期以来一直就他们的防御计划进行深入的研究。他们只是不谈而已"，"他们干得如此出色"，以至"他们在本世纪末能把一个先进的防御系统部署到太空"。㉘

3. 美苏在热点地区的对抗

20世纪80年代上半期，美苏在世界各地，特别是热点地区进行了全面的对抗。

1979年12月苏军对阿富汗的入侵使苏联背上了沉重的包袱。首先，这是由于阿富汗人民进行了英勇的抵抗。他们抛弃宗教偏见和政治分歧，团结奋战，有效地打击了入侵者及其所支持的廓布尔政权。尽管到1981年初时在阿苏军已达到11万人，并使用了包括导弹、重型装甲车、坦克和直升机等在内的各种现代化武器，苏联并不能达到消灭游击队和迅速控制阿富汗的目的。其次，苏联对阿富汗的入侵遭到了包括中国在内的广大第三世界国家的反对，它们在联合国提出了外国军队"立即、无条件和全部撤出阿富汗"的要求。㉙巴基斯坦、伊朗等国更是公开支持阿富汗人民的抵抗组织，为其提供基地和物资。最后，不可忽视的是，苏军入侵阿富汗一事还引起了美国的强烈反应。为了阻止苏军南下印度洋和威胁西方的石油供应线，1979年12月底，美宣布建立快速反应部队，以应付在中东及其附近地区出现的紧急需要。随后，美国又将航空母舰开进印度洋，并同埃及举行联合军事演习，加强对巴基斯坦的防务的支持，甚至通过各种渠道向阿富汗抵抗运动提供秘密援助。据称，仅在1985年，这一援助就达到2.5亿美元。此外，美国还同其他西方国家一起向苏联施加各种压力，包括拒绝批准1979年签署的美苏关于限制进攻性战略核武器条约，抵制1980年夏季莫斯科奥运会，对苏实行粮食、先进设备和战略物资的禁运，以迫使苏军撤离阿富汗。

20世纪80年代初进行的三场局部战争也反映了美苏的对抗。1980年开始的两伊战争使苏联陷入了一种两难的境地。伊拉克曾是苏联在中东倚重的主要国家之一，而产油大国伊朗在霍梅尼领导下表现出来的反西方倾向也颇受苏联青睐。为此，苏联采取了一种表面上中立，实则看风使舵的政策，并乘机向两伊倾销了大批军火。与此同时，苏联不断增强它在波斯湾及其周围的军事力量，以便必要时进行干预。美国则将自己的赌注主要压在了伊拉克一边，向它出售了许多高技术，甚至尖端技术的武器和装备，并向支持伊拉克的沙特阿拉伯与科威特等海湾国家出售了大量先进军事装备，从而扩大了在阿拉伯世界的影响。此外，如前所述，美国还增加了在印度洋和波斯湾的海军力量,并于 1980 年 3 月开始在本土编组应付中东需要的快速部署部队。1983 年 1 月美国在本土组建了负责统率这一部队的中央总部。1984 年初,它又在印度洋的舰艇上设立了前方司令部,统管中东地区的基地建设以及预置重装备的工作。

在 1982 年 4 月爆发马岛战争时,由于交战的双方——英国和阿根廷都是同美国关系密切的国家,里根政府的处境颇为尴尬。它最初采取了表面中立、实际偏向英国的政策。当英国舰队到达南大西洋并准备进攻马尔维纳斯群岛时,里根政府干脆公开宣布了对英国的支持。据估计,美国在整个战争中向英国提供了价值 6000 万美元的援助,1250 万加仑的航空燃料。此外,它还向英国提供了有关阿根廷的大量情报,并参与了对阿根廷的经济制裁。里根政府的立场不仅恶化了美国与阿根廷的关系,而且严重削弱了美国与其他拉美国家的联系。苏联则自然地站在了阿根廷一边。这种反美姿态显然有助于扩大它在拉丁美洲,尤其是阿根廷的影响。

1982 年 6 月,以色列以其驻英大使在伦敦遭受枪击为借口,悍然入侵黎巴嫩,挑起了一场新的中东战争。对苏联来说,这一次不存在如何站队的问题。事实上,6 月 14 日,苏联曾经发表了一个措辞相当强硬的声明。其中说道:"那些目前决定以色列政策的人不应忘记,近东是一个直接靠近苏联南部边界的地区,那里发生的事件不能不涉及苏联的利益。我们警告以色列注意这一点。"㉚然而,苏联在这一危机中的真正作用却是颇为有限的,在叙利亚驻黎巴嫩部队受到重创及导弹基地遭到摧毁的关键时刻,它根本无所作为。这导致了苏联在阿拉伯世界的威信再次严重下跌,美国的态度则要更加复杂一些。一方面,它一如既往地采取了袒护以色列的政策,包括拒绝对以色列实行制裁,继续向以色列提供武器弹药。另一方面,它又以贯彻戴维营协议作为旗帜竭力在阿以之间充当中间人。美国的这一手法获得了一定的成功。

二、美苏关系的第三次缓和

1. 戈尔巴乔夫对苏联外交政策的新调整

1985 年 3 月 11 日,戈尔巴乔夫接替契尔年科担任了苏联共产党的总书记。

戈尔巴乔夫上台时,苏联长期来面临的经济、社会、文化和政治问题已经变得相当严重。经济困难尤其突出。在第八个五年计划(1966—1970)期间,年经济增长率为 7.5%;在第九和第十五年计划期间,年经济增长率分别为 5.8% 和 3.8%;而到了第十一个五年计划(1981—1985)期间,这一数字更下降到了 2.5%。由于经济的停滞和无效,不仅苏联作为一个超级大国的基础受到了严重威胁,而且人民的生活水平也不能得到合理的提高。工业消费品继续质差量少;粮食和副食品也存在着不同程度的匮乏情况。

与此同时,戈尔巴乔夫提出了一系列的被称为"新思维"的观念。这导致了苏联内外政策的重大调整。这些调整引起了国际关系的深刻变化,其影响还在继续。戈尔巴乔夫的"新思维"认为,帝国主义是人类的敌人,美国是"帝国主义的发源地"。[31] 1988 年 2 月 18 日,戈尔巴乔夫又在苏共中央全会上说,"帝国主义的本质从来不会变好。"[32]

2. 美苏关于减少核武器的谈判

在戈尔巴乔夫按照这种"新思维"调整苏联的外交政策时,首要目标是推进美苏军备控制谈判。在他看来,这种控制将有助于减少苏联面临的外部威胁,节省苏联经济建设急需的资源,建立稳定的东西方战略关系。

就在戈尔巴乔夫上台的 1985 年 3 月,美苏军备控制谈判正式恢复。按照美国国务卿舒尔茨和苏联外交部长葛罗米柯达成的协议,双方的代表团将分成三个小组分别讨论空间武器(基本上是战略防御计划)、战略武器(远程导弹和洲际轰炸机)以及中程导弹(主要是在欧洲)问题。此后的两年中,戈尔巴乔夫努力的重点是在空间武器领域,他力图阻止美国战略防御计划的实施。为此他愿意在削减战略核武器和中程核武器方面作出让步。然而,里根断然拒绝接受这样的做法,因此,美苏军备控制谈判长期地徘徊不前。

1986 年底美苏首脑在冰岛首都雷克雅未克举行的会谈失败之后,美国国内因为所谓"伊朗门"事件陷入激烈的争执之中。里根需要外交上的成就来巩固自己的地位。另一方面,戈尔巴乔夫也迫切希望能在军备控制问题上与美国达成一项协议,以显示他的"新思维"的胜利。这样,双方都逐渐采取了一种迎合的态度。特别是戈尔巴乔夫,他重新调整了苏联的军备控制政策。1987 年 2 月,戈尔巴乔夫宣布,苏联同意将销毁部署在欧洲的中程导弹的问题与包括战略防御计划在内的战略武器问题分开加以考虑,从而放弃了他一直坚持的这两个问题应当挂钩的立场。在以后的几个月的谈判中,美苏最终形成了所谓的"全球双零点方案"。1987 年 9 月 18 日,它们正式宣布了取得的这一成果。双方同意消除各自拥有的所有中程和中短程导弹(500—5500 公里)。

同年 12 月 8 日,里根和戈尔巴乔夫在华盛顿签署了中导条约,它规定,每一方保证消除该方所有陆射中程和中短程导弹以及这些导弹的发射器及所有支助设备。中程导弹应在 1988 年 6 月中导条约生效后三年内销毁,中短程导弹应在18个月内销毁。根据这一条约,美苏将分别销毁859枚和1752枚中程和中短程导弹。中导条约还规定了销毁时的现场观察及突击检查等核实方法。尽管该条约规定销毁的武器只占美苏核武库的极小一部分,但它是美苏间缔结的第一个真正裁减核力量的条约,对于促进美苏关系的缓和及推动它们为削减战略核武器、禁止化学武器和减少常规武器而进行的谈判具有一定意义。

当美苏在中导问题上终于达成了这一协议时,它们在削减战略核武器问题上也取得了一些进展。到里根下台前夕,美苏就此已经达成了一系列原则协议:每方弹道导弹的弹头将削减到不超过4900个;"可计数武器"(弹道导弹弹头,一部分空射巡航导弹和不携带巡航导弹的轰炸机)将不超过6000件;战略运载工具(导弹发射架、轰炸机和巡航导弹携带器)将不超过1600件;重型导弹将不超过154枚,它们所携带的弹头将不超过1540个。这些规定将使两个超级大国的战略核武库从现有水平上削减大约30%。

3. 东西方在欧洲关系的改善

20世纪80年代后半期,东西方在欧洲的对峙得到了新的改善。这除了表现于美苏就中导问题达成的协议外,还反映于东西方联系的加强以及欧安会维也纳续会的成功。

在此期间,东西方领导人接触频繁。1985—1988年,里根和戈尔巴乔夫在日内瓦、华盛顿和马耳他先后举行了三次首脑会谈。苏联和东欧国家领导人与西欧国家的领导人也多次进行互访。这些活动首先有助于有关的具体问题的解决。例如,1988年初,苏联部长会议主席雷日科夫访问瑞典,同该国领导人就波罗的海划界问题达成了协议。其次,这些活动也有助于在欧洲创造一种较为融洽的气氛。

东西方之间进一步发展了经济合作。其中最重要的是,1988年6月,经互会与欧洲共同体在卢森堡签订了一项条约,决定建立外交关系,从而结束了欧洲两大经济组织多年来相互排斥的局面,开创了东西欧经济合作的新阶段。同年10月,在短短的一周中,联邦德国、意大利、法国、英国和荷兰的五国银行界同苏联达成了向其提供64亿美元贷款的协议。在此之前,美国还宣布取消了对波兰的经济制裁,恢复了波兰的最惠国待遇。

从1986年11月初起,欧安会第三次续会开始在维也纳举行。同1977—1978年的贝尔格莱德续会和1980—1983年的马德里续会不同,这一次续会经过两年多的工作取得了比较明显的成果。1989年1月,与会国家签署了本次续会的《维也纳最后文件》。它对裁军、经济、科技和人权等做出了详尽规定,受到了与会35国外长的好评。关于在安全与裁军问题上,这一文件规定,华约和北约两大军事集团应放弃彼此抗衡和力图削弱对方的立场,谋求在低水平的均势中维护欧洲的和平与稳定;从1989年3月开始举行由欧安会35国参加的欧洲建立信任和安全措施谈判,以及由华约和北约23国参加的欧洲常规裁军谈判。关于人权,按照这一文件,苏联和东欧国家承认了有关的基本原则。

4. 美苏在热点地区的关系的改善

与东西方在欧洲的对峙得到缓和的同时,美苏在第三世界,特别是热点地区的关系也得到了改善。这是促成世界热点在1988年普遍降温,地区冲突纷纷趋向于政治解决的一个重要原因。

里根政府始终坚持认为,苏联在第三世界的扩张政策的改变,是实现美苏缓和的必要条件。戈尔巴乔夫上台后表面上仍然拒绝接受这种观点,实际上却逐渐改变了苏联以往的一些做法,特别是赤裸裸的军事干涉的政策。在不放弃苏联的传统利益和盟友的同时,他积极鼓吹通过对话和谈判实现政治解决。在此基础上,为了解决本国的巨额财政赤字问题和谋求经济的稳定发展,里根也做出了相应的让步。

20世纪80年代后半期热点地区的降温是以苏联从阿富汗的撤军作为突破口。而开始的戈尔巴乔夫上台之初曾试图通过增加军事力量的方法来解决被称作"流血的伤口"的阿富汗问题,在阿苏军很快地达到了11.5万人,但是此举并不能取得预期效果。此后,戈尔巴乔夫决定加速从阿富汗脱身的进程。1988年2月8日他宣布,苏联准备从5月15日起从阿富汗撤军,并在10个月内完成这一工作。戈尔巴乔夫放弃了苏联以往坚持的关于撤军的两个先决条件,建立以喀布尔政权为主体的"民族和解政府"和美国停止向阿富汗抵抗力量提供军援。此举使里根政府的要求基本得到了满足,因此,它也调整了美国在阿富汗问题上的政策,包括同意让极端亲苏的阿富汗人民民主党参加日后组建的临时政府,不再坚持苏联开始撤军后即应停止向喀布尔政权提供军援。在此情况下,1988年4月14日,巴基斯坦、阿富汗喀布尔政权、苏联和美国的外交部长分别代表各自政府签署了政治解决阿富汗问题的日内瓦协议。它规定,苏联从1988年5月15日开始从阿富汗撤军,"8月15日前将撤出一半军队",在9个月内撤完所有军队;美苏保证"不以任何形式"干涉阿富汗的内部事务,尊重其"主权、独立、领土完整和不结盟"的政策;联合国将选派官员负责监督协议的执行。㉝这一协议的缔结,并不意味着阿富汗问题的彻底解决,也不意味着美苏在这一问题上斗争的结束,但它毕竟促进了美苏关系的缓和,并推动了有关国家在其他热点地区问题上的谈判与妥协。

自1975年取得独立以来,在苏联、古巴和美国、南非的分别支持下,以安哥拉人民解放运动政府的军队为一方,以安哥拉反政府武装力量——争取安哥拉彻底独立全国联盟为另一方,安哥拉一直内战不已。而安哥拉问题又与纳米比亚的斗争联系在一起。美苏等为此都付出了不小的代价。到了1987年,它们都决心在西南非洲地区实现政治解决。1988年5月里根和戈尔巴乔夫在莫斯科达成协议:双方将在"现实主义"和"利益均衡"的基础上,按照解决阿富汗问题的基本模式解决西南非洲问题。㉞随后,安哥拉、古巴、南非在美国的斡旋下就外国军队撤出安哥拉和纳米比亚独立问题进行了历时7个多月的谈判。12月下旬,它们的代表在纽约正式签署了和平协议。它规定,1989年4月1日为开始逐步实现纳米比亚独立的日期,驻扎在该地的约5万名南非军队应在7个月内撤出,一年后纳米比亚实现独立;在1989年4月1日之前,古巴将从安哥拉撤走其军队3000人,在1989年4月1日以后,古巴军队余下的5万人将分批在27个月内从安哥拉撤出。这一协议的缔结为实现西南非洲的和平与稳定奠定了一个良好的基础。

在中东,最突出的是两伊战争问题。戈尔巴乔夫最初采用了其前任奉行的政策,一方面力图取得交战双方的好感,另一方面又指责美国蓄意维持这一战争局面。但是,到了1987年夏季,苏联的态度发生了变化。它承认"美国并不想两伊战争继续进行下去",并支持美国在联合国安理会提出的要求交战双方立即实现停火的倡议。㉟为了维护西方国家在海湾地区的石油利益,当时美国为了迫使伊朗同意停火已经开始对伊朗直接施加压力,在拉拢盟国对其实行禁运和封锁的同时,增加了海湾地区的美国军事力量,并宣布为悬挂美国国旗的科威特油轮护航。戈尔巴乔夫当时不仅没有利用美国与伊朗发生的直接军事冲突,还和美国一起向伊拉克提供了大量的先进武器,使得它在1988年上半年获得了进行战略反攻的能力。到7月中旬,伊拉克收回了过去6年中失去的几千平方公里的领土,两伊战争的军事形势出现了重大变化。在此形势下,伊朗放弃了过去始终坚持的立场:除非伊拉克推翻现政权并承认自己是发动战争的侵略者,否则伊朗决不停火。7月18日,伊朗正式宣布接受安理会要求两伊停火的决议。8月20日,两伊正式实现了全线停火,历时八年之久的两伊战争终于被画上了一个句号。

中东的另一问题是阿以冲突。从1988年初起,苏美进一步调整了自己在这一问题上的政策。就苏联而言,戈尔巴乔夫在召开中东和会的问题上采取了更加灵活的态度,改变了过去单纯以军事手段支持阿拉伯世界的激进派的做法,并加快了发展苏联同以色列的关系的步伐。就美国而言,里根政府改变了一贯反对举行中东国际和会的立场,接受了巴勒斯坦利益也应受到尊重的原则,并改善了美国与叙利亚等激进国家的关系。1988年5月里根访问莫斯科时,美苏两国领导人在阿以争端问题上达成了重要谅解,其中包括:必须阻止爆发一场新的、大规模的阿以战争;必须维护双方在阿以争端问题上取得的最低限度的成果,即互相协商,互不拆台;必须通过各种途径,鼓励阿以争端各方持"温和、灵活与现实"的立场。这些谅解无疑有助于中东紧张局势的缓和。

越南对柬埔寨的入侵和军事占领,是造成柬埔寨问题的根源,而苏联则是越南的幕后支持者。戈尔巴乔夫起初拒绝向越南施加压力以促其从柬埔寨撤军。到了1988年,他的这一态度发生了变化。他和其他苏联领导人多次表示愿意敦促越南政治解决柬埔寨问题,认为关于阿富汗问题的日内瓦协议为柬埔寨问题的解决提供了"一个榜样"。苏联的这种变化,推动了柬埔寨各方的政治对话,越南也被迫做出了部分撤军的姿态。1988年5月,越南国防部宣布,年底之前将有5万越南军队从柬埔寨撤出,其余越军将在1990年底全部从柬埔寨撤出。10月间它又表示,所有越军都将在1989年底、至迟在1990年第一季度撤出。不过,越南政府同时提出了一些十分无理的"先决条件",包括其他国家必须停止对柬埔寨抵抗力量的援助,红色高棉必须被排除在未来的国家政权之外。这就为柬埔寨问题的政治解决设置了严重障碍。

三、中美关系的发展和中苏关系的正常化

1. 中苏关系的正常化

20世纪80年代,中苏关系逐步得到了改善,这不仅符合两国人民的利益,也有助于世界的和平与稳定。

20世纪60年代的中苏分裂和70年代的中美和解,打破了全球的力量平衡,使之发生了不利于苏联的变化。为了扭转这种局面,从70年代后期起,特别是在80年代初,勃列日涅夫表示了与中国改善关系的姿态。1982年春,勃列日涅夫在塔什干和巴库先后表示,希望通过中苏谈判消除影响两国关系发展的障碍。在美国于8月18日做出向台湾出售武器的决定以后不久,中国政府接待了来访的苏联外交部副部长伊利切夫,开始了两国关系正常化问题的副外长级的磋商。双方在谈判中出现了明显的分歧。苏联首先关注的是恢复两国的正常关系。而中国则提出,为实现中苏关系正常化,苏联方面必须

做到三点:减少在中苏、中蒙边界的驻军;不以任何形式支持越南侵略柬埔寨,并敦促越南从柬埔寨撤军;从阿富汗撤军。苏联以两国关系正常化不应损害第三国利益为由,拒绝了中国的要求。尽管如此,1983年中苏两国的关系仍然有了显著的改善,双方的贸易和人员交流有了明显的增加。但是,这时开始的苏联领导人的频繁更迭,使中苏关系正常化的进程受到了某些不利影响。

1986年7月28日,戈尔巴乔夫在海参崴就亚洲问题发表谈话时说道:"我想重申,苏联准备在任何时候和任何水平上以最严肃的方式与中国讨论有助于建立睦邻气氛的其他措施的问题。"[38]戈尔巴乔夫还做出了下述许诺:苏联将从蒙古撤出部分军队;同意以主航道中心线划分中苏两国在黑龙江和乌苏里江的边界。而这些正是以前的苏联领导人所拒绝的。此外,戈尔巴乔夫还宣布,苏联将从阿富汗撤出部分军队。中国领导人对戈尔巴乔夫的讲话作出了谨慎和积极的反应。9月2日邓小平在接受记者采访时说:"如果戈尔巴乔夫在消除中苏间三大障碍、特别是在促使越南停止侵略柬埔寨和从柬埔寨撤军问题上走出扎扎实实的一步,我本人愿意跟他见面。"他还指出:"三大障碍主要是越南侵柬,因为中苏实际上处于热点和对峙,不过方式是通过越南军队同中国对峙。"[39]

在双方的共同努力下,两国关系有了较快的发展。1986年10月和1987年4月,两国政府的特使先后在北京和莫斯科讨论了影响中苏关系正常化的三大障碍问题。1987年2月和8月,两国副外长在莫斯科和北京举行了第一、二轮的边界谈判,讨论了东段边界问题,双方就合理解决这一问题的基本原则取得了一致:以有关目前中苏边界的条约为基础,通航河流以主航道中心线划界,非通航河流以河流中心线或主流中心线划界。1987年6月,苏联国防部宣布,将从蒙古撤出一个摩托化步兵师和另外几个团。此外,两国之间的贸易、科技合作和人员交流有了进一步的发展。

1988年中苏两国真正开始了关系正常化进程。中国外长钱其琛正式访问了苏联,与苏联领导人就中苏关系正常化的主要障碍柬埔寨问题进行了深入的讨论,加深了相互了解,增加了共同点。他们还就1989年上半年举行中苏最高级会晤一事达成了协议。钱外长强调指出,中苏两国既不会回到50年代的结盟关系,也不应维持过去曾有过的对抗关系,而是要建立一种以和平共处五项原则为基础的新型关系。1989年5月,戈尔巴乔夫访问了北京,同邓小平就中苏关系和共同关心的国际问题交换了意见。双方一致认为,两国领导人的高级会晤标志着中苏国家关系的正常化。

2. 中美关系的发展

1981年是基辛格首次访华以来中美关系最严峻的时期。问题因里根政府试图向台湾出售先进武器而引起。按照1979年美国国会通过的《与台湾关系法》，美国将继续向台湾提供所谓为维持其"防御能力"所需的"防御物资"和"防御服务"。这引起了中国方面的严正抗议。在此情况下，1982年上半年，里根先后派遣副总统布什等人访华，向中国领导人转达了希望妥善解决美国向台湾出售武器问题的意愿。经过双方反复的磋商和讨论，同年8月17日，中美两国政府在各自首都同时发表了第三个联合公报，即《八一七公报》。虽然双方对这一文件的解释仍有分歧，但它表明在向台湾出售武器问题上里根已经从最初的立场后撤，两国在这一问题上的尖锐矛盾已经有所缓和。美国政府在公报中宣称，"它无意侵犯中国的主权和领土完整，无意干涉中国内政，也无意执行'两个中国'或'一中一台'的政策"。⑧美方还许诺，售台武器的数量和质量不超出中美关系正常化以后任何一年的水平，并将逐步降低这一水平，直至完全终止销售。中国政府在公报中重申，作为一种基本政策，它希望中国能够实现和平统一。

此后不久，中美关系又出现了新的问题。从1980年1月美国国会通过了给予中国最惠国待遇的决定以后，双方的贸易获得了重要的发展。1982年，中美贸易额达到了52亿美元，美国成了中国的第三大贸易伙伴。但是，尽管在这种双边贸易中美国明显地处于出超地位，里根政府还是竭力限制来自中国的纺织品的进口。1983年1月，它为此单方面规定了限额。作为对美国这一行动的抗议，中国政府决定暂时停止执行从美国进口粮食、棉花和化学纤维的新的合同。结果，1983年的中美贸易额下降了15%。到了1984年，形势才出现好转。双方签署了一项纺织品协定，调整了两国的利益。据美方统计，这一年的中美双边贸易从上一年的44亿美元增加到60.69亿美元，美国在华投资总额则超过7亿美元。1985年底，里根总统否决了美国国会通过的《詹金斯法案》。该法案的基本内容是限制纺织品的进口，因而遭到了中国和其他一些国家的强烈反对。

在这一时期影响中美关系的第三个因素是美国向中国出售先进装备和技术的问题。在这一方面，里根政府起初采取了一种敌视中国人民的立场。为了替这种立场进行辩护，美国统治集团中的一些人竟然对中国的内外政策进行公开的攻击和指责。里根政府后来逐渐改变了在这一问题上的态度。1984年下半年更放宽了对中国出口高级技术产品的限制，增加了可以自由对华出口的项目。1985年签署了中美核能协定；1986年美国参院通过了向中国出售5.5亿美元航空电子设备的决定。此外,美国还和其他一些西方国家一起,推动巴黎统筹委员会免除了对一些本来需在得到它的批准以后才能向中国出口的高技术产品的审查。

总之,在这一阶段中,中美关系中虽有曲折,它仍然还是在向前发展的。

四、西欧联合运动和日本对外政策的新发展

1. 西欧联合运动的全面加强

20世纪80年代欧洲共同体进一步扩大。继希腊于1981年成为欧共体的第十个成员国之后,西班牙和葡萄牙也在1986年1月正式加入了欧共体。这样,欧共体包括了12个国家,3亿多人口。

在欧共体扩大范围的同时,其内部联合的程度又有了新的进展,这首先表现在经济方面。1984年一年间,欧共体举行了三次首脑会议,调整了农业政策,增加了限制生产、促进竞争的因素;对农业补贴制度进行了改革,改革了欧共体的预算体制,决定采取限制农业开支并追加预算的措施。1986年2月,欧共体更是通过了《单一欧洲文件》,规定了在1992年建成欧共体内部市场的计划,即通过制订和实施300项立法(后调整为279项),"消除共同体内部存在的边界、技术与税务三大障碍,实现商品、人员、劳务与资本的自由流动"。[39]在这一计划发布后的最初三年中,进展比较缓慢,完成了立法程序的内部市场措施仅有67项,远远落后于预定的193项的目标。但是,1988年取得了重大突破。在这一年,欧共体成员国通过了若干重要协议或立法,其中包括:资本流动,金融市场的开放,公路运输的开放,公共采购和公共工程的开放,职业资格的相互承认,等等。当然,应当看到,欧共体成员国在实现内部市场计划方面仍然存在着不少的分歧和矛盾,而且这种分歧和矛盾可能会变得越来越公开化。

欧共体在政治合作乃至政治一体化方面也取得了重要的进展。1981年10月,欧共体十国外长在伦敦会议上宣布,政治合作虽已成为成员国外交政策中的关键因素,但它们在世界上发挥的作用与它们的联合力量尚不相适应;为此,十国将进一步做出努力,越过协调政策的阶段,使政治合作表现为行动。此后,根据这一精神,欧共体首脑会议通过了《威尼斯宣言》,首次承认了巴勒斯坦人民的自决权,支持巴勒斯坦解放组织参加中东和谈进程;欧共体成员国还决定采取与美国不尽相同的立场,拒绝对苏联和波兰实行经济制裁。除了加强行动的一致性以外,20世纪80年代的欧共体还在促进政治一体化方面作出了努力。1983年6月,欧共体十国首脑在斯图加特会议上通过

了《关于欧洲联盟的宣言》,除重申十国将加强包括安全政策(不含军事方面)的政治合作外,强调要为建立"欧洲联盟"而努力。1985年6月,十国首脑又在米兰以7比3的票数决定,再次举行会议讨论建立欧洲联盟的问题。尽管如此,应当看到的是,欧共体国家在政治一体化方面的进程要曲折得多、复杂得多。

  到了20世纪80年代,随着美苏在欧洲加紧部署中程核力量,以恢复西欧联盟的形式,建立西欧独立防务的问题又被提上了日程。在此过程中,法国和联邦德国起到了特殊的作用。1982年10月下旬,两国领导人密特朗和科尔围绕西欧的安全和防务问题进行了会谈。同年年底,确定了两国国防部长的会晤制度,并成立了以协调两国军事政策为目的的"安全和防务委员会"。1984年2月,密特朗和科尔再次讨论了加强两国防务合作的问题。随后,法国提出了最终取消西欧联盟对联邦德国常规武器生产的限制(对其军舰制造吨位的限制已在1980年被取消)。6月12日,西欧联盟7国外交部长在巴黎举行理事会年会,正式讨论了"恢复防务联盟的活动"的问题。他们决心使它"获得新的生命",成为"北约组织内的主要欧洲国家之间在防务方面加强合作的一个论坛"。⑩这次会议原则上通过了法国提出的关于改造西欧联盟的建议。联邦德国外交部长根舍解释说:"我们在西欧联盟中看到了加强大西洋联盟中的'欧洲支柱'的可能性。这并不是说美国在该联盟中太强,而是说欧洲太弱。"⑪6月下旬,在巴黎西欧联盟议会举行了会议。它提出了下述建议:每年分别在北约理事会举行会议以前,召开西欧联盟部长理事会会议;调整北约结构,任命一位欧洲人担任北约欧洲盟军总司令和欧洲盟军最高司令的特别助理;西欧应保持其仅次于美苏两国的"第三个空间大国"的地位;尽力促使超级大国就禁止将空间用于军事目的的问题达成一项协议并恢复已中断的削减战略核武器的谈判;取消西欧联盟条约中关于限制联邦德国生产某些常规武器的条款。10月下旬,西欧联盟7国在罗马召开了外交和国防部长联席会议,其中心议题就是重整西欧联盟。会议通过的《罗马宣言》基本反映了西欧联盟议会的上述建议。

  与此同时,西欧防务合作还导致了某些具体的、实质性的结果。法国、英国和联邦德国决定共同研制第三代反坦克导弹,法国和联邦德国决定共同研制反坦克飞机、航天飞机。1985年以法国、联邦德国等为中心的西欧国家决定实施发展尖端科学技术的联合行动计划——尤里卡计划。1987年,法国和联邦德国决定组建一支约三四千人的陆军联合旅。

  2. 日本对外政策的新发展

  进入20世纪80年代以后,日本的对外政策出现了新的变化。它在继续强调日美之间的"同盟关系"和日本作为"西方一员"的身份的同时,积极谋求"政治大国"的地位,表现出一种要在世界,特别是亚洲舞台上独立发挥作用的强烈愿望。这种状况的出现并非偶然,一方面,日本经济的持续稳定的发展和军事实力的不断加强,为它实现政治大国的目标奠定了雄厚的物质基础。另一方面,70年代后期苏联在第三世界的扩张活动以及它在远东的军事力量的增加,使日本感受到了严重的军事威胁。1986年版的日本《防务白皮书》指出:"苏联在我国周边地区部署了强大的兵力。迄今的特点是它一直在质量和数量两个方面加强兵力。这种事实不仅使这个地区的国际军事形势严峻起来,而且也使我国所受到的潜在威胁不断增大。"[42]在此情况下,日本许多人相信,当今的世界是"军事两极化,但政治与经济却是多元化"[43],日本应当善于利用这种环境。

1980年日本首相大平访美时就提及了日美间的"同盟"。1981年,日美"同盟关系"的提法首次被写进了铃木首相与里根会谈后发表的联合声明中。当时,日本政府对此关系所作的解释是:政治信仰上"志同道合",经济文化上"交流融洽",军事防务上"通力合作"。然而,铃木不久就否认日美同盟关系包含着军事内容,并且对美国提出的希望日本增加防务费用和责任的要求采取了消极态度。中曾根担任首相后迅速纠正了铃木的这一立场。他公开声明,日美军事合作是日美军事同盟关系的一项重要内容,日本将以年增长率7%的速度增加防务开支。1983年1月,中曾根访美时进一步保证,日美两国是位于太平洋两侧的"命运共同体",日本将成为西方的"不沉的航空母舰"和遏制苏联的"安全屏障",日本将依据自己的力量和地位在防务上"承担比过去更多的责任"。[44]1983年版的日本《防务白皮书》第一次明确指出,日本周围数百海里,海上航线一千海里左右的海域为日本防御的地理范围。1987年日本终于作出了撤销防务费用不超过国民生产总值1%的限制的决定。

在这种加强日美军事合作的思想指导下,日本与美国军事同盟关系有了进一步的发展。首先,自1986年秋日美两国首次举行了为期5天的陆海空演习后,这种联合演习和训练获得了进一步的加强。其次,随着日本在科学技术方面的迅速发展,日美之间的军事技术合作进入了一个新时期,改变了过去仅由美国向日本提供先进军事技术的做法。尽管有着"禁止出口武器三原则"的规定,中曾根内阁还是在1985年12月就日本向美国提供先进军事技术的具体实施方案与里根政府达成了协议。据称,日本首先向美国提供的是导弹跟踪技术。1986年,日本又正式决定以民间形式参加美国战略防御计划的研制工作。1988年,日本同意与美国合作研究发展FSX战斗机,它既可被用于空战,又可被用于携带攻击潜艇的导弹。

但是,日美之间也有着明显的,有时甚至是很激烈的矛盾。这主要表现在经济上,特别是贸易方面。在日美双边贸易中,美国长期处于入超的不利地位。在1965—1983年间,美国逆差共达1000亿美元,1984年美国的逆差更高达368亿美元(相当于同年美国对日出口的1.5倍)。1985和1986年,这一数字继续上升为497亿美元和520亿美元,约占美国全年外贸逆差总额的三分之一。为了克服这种严重的失衡状态,20世纪80年代上半期起,里根政府采取了一系列措施,包括要求日本自动限制对美出口以及将日元升值等。由于这些措施仍然不能扭转在两国贸易中美国的逆差大幅度上升的趋势,美国遂决心采取强制性措施。以日本坚持用低价在国际市场上倾销半导体芯片为导火线,1987年3月27日,美国政府宣布,从4月17日起将对从日本进口的部分电子产品(电视机、电冰箱、计算机、自动控制处理机等)征收100%的关税。这一制裁性措施使日美贸易摩擦达到了高潮。与此同时,美国对日本东芝机械公司违反巴黎统筹委员会的规定,向苏联出口高级数控机床一事做出了强烈反应。此举固然有安全方面的考虑,也是为了打击日本的出口竞争能力。由于在军事上对美国的依赖,从1988年以来,日本政府做出了一系列让步,以缓和日美之间的经济矛盾,包括允许美商进入利润丰厚的日本公共工程市场。但是,这一问题并未获得真正的解决。

在20世纪80年代争取政治大国地位的过程中,日本除了继续加强同西方国家的合作以及发展与中国、苏联的联系外,竭力增加对部分亚洲国家(特别是东盟国家)的援助和改善与它们的关系以扩大自己的影响,并进而取得处理亚洲事务的主导权。事实上,日本指望以亚洲作为通向世界舞台的桥梁。1983年5月中曾根在吉隆坡公开宣布,"维持与东盟各国之间友好而密切的关系"是日本外交的"最重要的基本政策之一"。1984年底,他蝉联首相后,日本加快了推行"环太平洋联合"的设想,谋求建立一个包括太平洋沿岸国家和地区在内的政治经济联合体。1987年11月竹下登成为首相后则比较具体地提出了"东亚经济圈"的设想,试图在日本同亚洲"四小龙"和东盟国家之间建立涉及贸易、投资及货币的"三位一体"的合作。到80年代末时,日本在东盟国家的投资占了它们的外来投资总额的一半,日本政府的对外援助中有60%用于东盟国家。

20世纪80年代的日本还积极推行"热点外交",谋求涉足和插手中东问题和柬埔寨问题的解决。它是西方大国中最先同巴勒斯坦解放组织建立了关系的国家,1981年该组织的阿拉法特主席应邀访问了日本。此后日本领导人曾多次表示支持巴勒斯坦人民的正义斗争,承认巴勒斯坦人民的生存权利。1985年,安倍外相在出席东盟外长扩大会议时提出了解决柬埔寨问题的四原则。1988年,宇野外相在参加东盟年会时再次宣称要在和平解决柬埔寨问题方面发挥积极作用。

五、南南合作和南北对话

1. 陷于僵局的南北对话

1973年第四次中东战争爆发后掀起的石油斗争,击中了发达国家严重依赖发展中国家的能源的致命弱点,触发了资本主义世界1973—1975年的经济衰退,迫使一部分西方国家对南北关系的改善采取了较为积极的态度,南北对话因而转入实质阶段。然而,进入20世纪80年代以后,这种一度对发展中国家有利的形势发生了逆转,南北对话陷入了僵持局面。

20世纪80年代,发展中国家遇到了一系列新的矛盾。一方面,在1973年和1979年相继发生了两次严重的经济衰退的背景下,为了达到转嫁经济困难的目的,发达国家人为地抬高出口价格,压低进口价格,并变本加厉地实行新贸易保护主义,使得大部分发展中国家陷入了出口收入锐减和对外负债剧增的困境。据统计,发展中国家出口的商品中有三分之二输往发达国家,而发达国家构筑了数百种非关税壁垒,以限制这些商品的进口。发达国家还大幅度压低了主要来自发展中国家的初级产品的价格。它们在1981年和1982年的跌幅分别达到15.6%和16.1%,发展中国家的出口收入因而受到影响。这些国家的债务增长速度更是惊人。1980年第三世界的债务总额为4300亿美元,1985年骤增为9920亿美元,1986年更是突破了万亿美元的大关,高达10350亿美元。另一方面,依据70年代两次石油危机的教训,发达国家在政策、技术上采取了一系列措施,以减轻对第三世界的能源及原材料的依赖。尤其是在石油方面,80年代以来西方国家采取了若干行之有效的对策,包括重视能源多样化、加强节能工作、大量勘探及开采新油田、推行石油对外贸易多元化等,从而使得石油价格在1981年后逐步下跌。1985年底到1986年春,更是爆发了所谓的"反向石油危机"或"逆石油危机",即石油大幅度跌价。1985年底时,每桶石油为30美元,1986年3月初竟泻跌到12美元一桶,3月底时更降为10美元一桶。1986年,石油输出国组织的石油收入减至740亿美元,只及1980年的25%。由于这些原因,发展中国家在南北对话中的地位严重削弱,全球南北对话至今未能真正举行。

由于20世纪70年代的南北对话基本上是在部分国家之间进行的,而且所讨论的内容往往缺乏整体性,对话的效果就受到很大限制。有鉴于此,1979年发展中国家在联大提出了举行全球谈判的建议,即在联合国的范畴中对原料、贸易、发展、能源和货币金融等五个领域的问题进行综合讨论。联大为此通过了一项决议,决定召开一次全球性会议,全面讨论南北经济关系问题。但由于美国等少数发达国家的作梗和阻挠,这一会议并未能够顺利举行。1981年在墨西哥的坎昆召开,有22个南北国家和政府首脑参加的"合作和发展"会议,虽然肯定了举行全球谈判的重要性和紧迫性,但也暴露了南北国家在这一问题上的重要分歧。发展中国家认为,在南北对话中全球谈判应当具有最高权威,它可以审定在联合国专门机构中进行谈判时作出的决定。美国等一些发达国家则声称,有关的联合国专门机构应当拥有最后决定权力,而这些机构实际上为它们所控制。由于发达国家采取的这种不合作态度,坎昆会议自然不能促成南北全球谈判的最终出现。此后,随着发展中国家在国际经济关系中地位的削弱,进行南北全球对话的前景也就变得更加渺茫。

20世纪80年代南北谈判取得的唯一重要结果是非洲、加勒比海、太平洋集团与欧洲共同体间缔结的第三个《洛美协定》。如前所述,出于对本身利益的考虑,西欧国家在南北对话问题上采取的态度要比美国现实得多、灵活得多。1983年2月,由联邦德国前总理发起,由西欧的一些著名政治家组成的国际发展问题独立委员会(勃兰特委员会)以致各国政府备忘录的形式发表了题为《共同的危机:南北合作争取世界经济回升》的研究报告。它指出:"我们大家坐在同一条船上,如果南方的一端在下沉,北方是不能无动于衷的。再说,北方那边的浮力一点也没有了。"⑮为此,发达国家不能无视第三世界提出的建立国际经济新秩序的要求。该报告还具体列举了发达国家应当尽早采取的措施,包括纠正在援助发展中国家时的半心半意的态度,提高援助质量和改善援助方法。它为第三个《洛美协定》的签订奠定了理论基础。

第二个《洛美协定》应在1985年2月底到期。从1983年底起,欧共体10国就同非洲、加勒比海、太平洋地区的63个国家为缔结新的协定一事展开了谈判,并于1984年11月签署了第三个《洛美协定》。该协定于1985年3月1日起生效,有效期仍为5年。其内容与前两个协定相比又有新的发展。它规定,在5年中共同体将向非、加、太集团国家提供85亿欧洲货币单位的财政援助,并重点帮助它们发展粮食作物的栽培和实现粮食自给。此外,这一协定还在扩大南北合作领域,放宽非、加、太集团国家的产品进入共同体市场的条件方面作出了进一步的规定。第三个《洛美协定》标志着共同体国家与广大发展中国家的经济关系又有了重要的改善,但是,这一协定并不能真正改变双方的不平等地位。它们的经济关系中仍然存在着不少问题,如贸易不平等;援助和出口补偿金不足,履约率低;工农业生产领域的合作成效不大。

2. 南南合作的加强

20世纪80年代,在南北对话的进程遭遇挫折的情况下,发展中国家加强了相互之间的合作,以减少对发达国家的依赖。77国集团和不结盟运动为此作出了重要的贡献。

首先,它们制订了一系列规定了南南合作的原则和宗旨的文件。其中最重要的有1981年77国集团通过的《发展中国家经济合作的行动纲领》,1983年和1986年的第七、第八次不结盟国家首脑会议通过的两个《经济宣言》。按照这些文件,南南合作的宗旨是:在自力更生的基础上加强发展中国家的经济合作,以促进它们的经济发展,提高它们在南北谈判中的地位;南南合作的原则是:促进独立的民族经济的发展,贯彻平等互利精神并对最不发达国家予以优惠照顾,合作项目应讲究实效,区域性和全球性合作应互相促进。

其次,77国集团和不结盟运动推动了实施南南合作的具体计划的制订。1982年于新德里举行的南南合作磋商会议就讨论了合作进行世界贸易特惠谈判、建立发展中国家粮食自给和粮食安全系统、设立发展中国家多边金融机构等问题。1983—1985年间在北京等地先后举行的三次南南合作会议,1987年在朝鲜召开的关于南南合作的第一次部长级会议也都提出了发展南南合作的具体计划。

除了上述合作以外,发展中国家的区域性经济合作在20世纪80年代也取得了长足的进步。一方面,这表现为新的经济合作组织的不断涌现。在拉丁美洲、阿根廷、巴西等8国缔结了《蒙得维的亚条约》,正式成立了拉丁美洲一体化协会,以取代60年代初建立的拉丁美洲自由贸易协会。在非洲,坦桑尼亚、赞比亚等9国成立了南部非洲发展协调会议。在西亚,沙特阿拉伯、科威特等6国建立了海湾地区的第一个区域合作组织——海湾阿拉伯国家合作委员会。在南亚,印度、巴基斯坦等7国成立了南亚区域合作联盟。另一方面,发展中国家加强了区域性经济合作的广度和深度,将这种合作推广到生产、贸易、财政金融、科学技术等各个领域。在生产领域,发展中国家通过建立合资企业增强集体自力更生能力,摆脱西方跨国公司的控制。在贸易领域,发展中国家通过扩大南南贸易改善贸易条件,消除对西方资本主义国家的依赖。在财政金融领域,以石油输出国为主的部分发展中国家,利用手中的资金向其他南方国家提供优惠贷款或无偿援助,从而促进了双方的利益。在科技领域,发展中国家相互转让先进技术、出售专利、交换科技情报和代为培训科技人员。

当然,由于超级大国和一些别有用心的国家的阻挠和破坏,也由于发展中国家在历史、文化、经济和政治方面存在的许多差异和矛盾,20世纪80年代的南南合作并非一帆风顺,经历了不少的困难和曲折。但是,南南合作毕竟是大势所趋,具有极为强大的生命力。这一合作将为国际经济和政治新秩序的建立作出无法替代的贡献。

第三节 20世纪90年代国际关系的新变化

一、欧洲政治版图的重大改变

1. 东欧剧变与柏林墙的坍塌

由于长期受僵化的苏联模式计划经济的影响,东欧国家波兰、匈牙利、民主德国、捷克斯洛伐克、罗马尼亚、保加利亚等都面临着巨大的经济困境。各国执政党的执政能力亦问题丛生。对于日益恶化的经济环境、干部腐化和搞特权等现象,人民群众的不满情绪日增。在苏联因戈尔巴乔夫的"新思维"而引起的战略收缩开始后,孕育于东欧各国内部的政治、经济、社会危机全面爆发。

曾经在20世纪50年代因"波匈事件"而闻名的波兰和匈牙利是80年代末90年代初东欧剧变的最先发生地。1989年,当时执政的波兰统一工人党向反对派团结工会做出重大让步,承认团结工会的合法地位。同年年底,波兰议会在其宪法修正案中正式将波兰改名为波兰共和国。波兰统一工人党改名为社会民主党。一年之后,团结工会主席瓦文萨当选为波兰总统。

与此同时,匈牙利社会主义工人党发表公报,重新评价1956年的"匈牙利事件",为纳吉平反。1989年10月,匈牙利社会主义工人党正式改名为社会党,匈牙利人民共和国改名为匈牙利共和国。匈牙利国会通过宪法修正案,正式宣布实行议会民主和市场经济体制。

在冷战时期,尤其在苏联所谓的"社会主义大家庭"里,东欧各国人员可以较自由地来往于各国之间。到了1989年,波兰、匈牙利的政治动荡迅速开始后,这一昔日人员流动的惯例变成了民主德国政治动荡的诱发点。由于匈牙利开放了其与奥地利的边界,民主德国的大量民众通过匈牙利和奥地利逃往联邦德国。10月,民主德国统一社会党总书记昂纳克辞职。11月9日,曾为东西方冷战标志的柏林墙被全线冲破。12月,民主德国人民议会修改宪法,不再承认统一社会党的领导地位。

接下来的连锁反应是,捷克斯洛伐克、保加利亚、罗马尼亚、阿尔巴尼亚、南斯拉夫等前社会主义国家都发生了剧变,其中以罗马尼亚的流血事件最令世人注目:总统齐奥塞斯库夫妇被秘密审判后处决。

对东欧的这一场"政治地震",美国《时代周刊》评论道:"波兰的变化用了10年,匈牙利用了10个月,民主德国用了10星期,捷克斯洛伐克用了10天,而罗马尼亚仅为10小时。"㊻

东欧剧变给雅尔塔体系的解体敲响了丧钟。西方人士对此欢欣鼓舞,因为东欧剧变改变了冷战时期的欧洲政治版图,东西方对峙的国际政治力量平衡被彻底打破了。然而,不管是"渐变"的10年,还是"剧变"的10小时,都还仅仅是国际关系更大变化的一个开始。

2. 德国再次统一

在近现代欧洲国际关系史上,地处欧洲中部腹地的德国统一可上溯到1870年的普法战争。历史表明,"德国的统一"或"统一的德国"不仅关系到德国本身,而且还牵动整个国际关系格局。

柏林墙于1989年11月被推倒,于翌年7月正式被拆除。这是两德统一的象征。东欧剧变后的德国的再次统一有以下几个特点。第一,在突如其来的变化面前,联邦德国政府迅速抓住机遇,采取了主动。当时任联邦德国总理的科尔行事果断。联邦德国不仅收纳了超过400万人次的民主德国公民,还迅速宣布了德国的统一计划。第二,统一进程既迅捷又遵循章法。1990年5月18日,两德在波恩签订《德意志联邦共和国和德意志民主共和国关于建立货币、经济和社会联盟的条约》(国家条约);1990年8月31日,两德又在柏林签订《德意志联邦共和国和德意志民主共和国关于实现德国统一的条约》(统一条约)。法律与条约框架保障了德国统一的内部整合。第三,统一进程充分体现了德国既独立处事又照顾与各大国及邻国的全面外交关系。美、苏两国首先对德国统一表示支持,法、英随后。1990年9月12日,两德和法、英、苏、美四国在莫斯科签订《最终解决德国问题的条约》("2+4"条约)。同年11月,德国又与苏联、波兰分别签订了关于边界的条约。条约的关键条款是:两德的边界是统一后德国的"最终外部边界;德国现在和将来都不对任何国家提出领土要求"。㊼

应当说,"德国的统一,对于世界格局来讲,比东欧其他国家的急剧变化远为重要。仅有匈牙利、波兰等国的转向,恐怕还不足以导致全局性的变动。只有德国的变化,才从根本上促成了改变欧洲乃至世界的政治地图"。㊽对于这个重大事件,当时不少国际观察家提出"将来是欧洲的德国,还是德国的欧洲?"足见德国统一的历史震撼力。但是尽管如此,20世纪90年代初开始的大变动远未完结。在雅尔塔体系的苏联这一极,东欧剧变、德国统一是"边缘"上的振动,真正的历史大变化是苏联的解体。

3. 苏联解体

苏联,全称苏维埃社会主义共和国联盟,最初于1922年底由俄罗斯、乌克兰、白俄罗斯和南高加索联邦组成,至1940年已形成15个加盟共和国组成的世界上占地面积最大的国家。但是到了20世纪90年代初,苏联的15个加盟共和国全部通过了关于主权独立的决定。苏联面临着解体的全面危机。

1991年5月,中国共产党总书记江泽民访问苏联。苏联总统戈尔巴乔夫在会谈中向江总书记强调,要更新联盟,并要制订一个新的联盟条约。[49]但是就在条约即将签订的前夕,"8·19"事件发生了。正在克里米亚半岛休假的戈尔巴乔夫总统被宣布因"健康原因"不能履行总统职务,国家事务由一个八人组成的"国家紧急状态委员会"负责。"8·19"事件在全苏联引起轩然大波。12月7日,俄罗斯总统叶利钦、乌克兰总统克拉夫丘克、白俄罗斯最高苏维埃主席舒什科维奇会晤并于次日发表共同声明,宣布各共和国退出苏联,作为国际法主体的苏联"已不复存在"。12月18日,俄罗斯政府接管克里姆林宫。12月25日,苏联国旗从克里姆林宫降下,正式标志着苏联这个超级大国隐入了历史。"苏联的解体,可以说是20世纪最令人惊叹也最令人深思的事件之一。"[50]就国际关系的全局而言,苏联的解体标志着冷战的正式结束和雅尔塔体系的彻底崩溃。与威斯特伐利亚体系、维也纳体系、凡尔赛体系比较,20世纪末两极体系的结束不是由战争,而是由一极自身的解体而结束的。人们不能不深究其原因。

普遍的看法是,"苏联解体是经济、政治、社会和民族危机持续发生、无法挽回所造成的严重后果。国家分裂不符合世界经济国际化的大趋势,苏联解体是民族国家意志超越国际意志的反映"。[51]从美苏两个超级大国在冷战期间不断争斗这一国际政治角度看,美国的"遏制"战略对苏联的演变乃至解体的确起了推波助澜的作用。但是,一切事物的变化的终极原因仍然是在内部。有学者指出,即便到了"勃列日涅夫时代,它基本沿袭斯大林时代模式的老路,在资源配置上,仍重点增强军事力量,稍稍改善一下其他经济部门,代价是继续削弱它在其他领域的竞争力。这恰恰和世界经济的发展要求于苏联的背道而驰"。[52]

20世纪80年代中期戈尔巴乔夫提出的"对外政治新思维"对苏联是致命

的一击。"新思维"的核心是要承认"人类价值高于一切,高于民族利益、国家利益、阶级利益"。这个论断并非是戈尔巴乔夫一人首创,而是苏联的国际问题学者们长期集体思考的结果。[53]为什么这种"新思维"会出现在80年代的特定国际国内环境中呢?这里原因很多。在众多原因中,很发人深省的是俄罗斯人的自我反思。俄罗斯著名历史学家利哈乔夫院士在1999年出版的其生前最后一部著作《俄罗斯思考》中曾写下了如下文字:"俄罗斯人居住的辽阔地域决定了粗犷、豪爽是俄罗斯民族气质的特点,而这一特点决定了俄罗斯人的极端性格。俄罗斯人经常摇摆于善与恶之间往往会从一端突然而迅速地走向另一端。俄罗斯民族的极端性主要表现为:既善良,又残忍;既彬彬有礼,又粗鲁野蛮;既热爱自由,又专横跋扈;既笃信宗教,又不敬上帝;既大公无私,又爱财如命;既讲求实用主义,又不善处理问题;既妄自菲薄,又搞沙文主义;即对国家忠诚,又多有反抗斗争之举。这种爱走极端的民族性格在俄历代君王和苏联领导人身上均有所体现:他们愿意用最珍贵的东西去冒险,在实施自己的意图和想法时充满狂热,为了前进而不惜狠狠打击并摧毁旧的一切。这也是俄罗斯历史上发生许多偶然事件的重要原因之一。"[54]这的确是俄罗斯学者在苏联解体这一重大历史事件发生若干年后痛定思痛的深刻思考。而一直在冷静观察事态发展的中国学者则从更高的哲学层面上总结道:"理论创新过程中自我定位的不切实际与过于虚妄、表明理论创新者并不清晰自己所处环境与地位的独特性,而对这种独特性的忽略,正是任何转型国家发生动荡的由头。"[55]

二、美国的战略

1. 海湾战争

在国际政治中,经常会出现这样的现象,即当人们将主要关注点集中在当时的一些全局性问题上时,一些局部问题却会以出其不意的形式突然爆发,从而影响全局,成为国际政治的新热点和大国争夺主动权的关键点。

1990年至1991年的海湾危机和海湾战争就是这样一个经典例子。1990年8月2日,伊拉克以迅雷不及掩耳之势一举入侵并占领科威特,接着又宣布吞并这个邻国,一时间世界舆论大哗。这是一起严重违反国际关系准则的事件。

海湾地区地处全球政治地理版图中的战略要地。那里石油资源丰富,尤其被美国视为关系到其经济命脉的战略要冲。海湾危机爆发时,正值苏联内部不稳,对外实行战略收缩,美国又开始筹划战略扩张之际。美国总统布什与国务卿贝克立即抓住机会,展开了一系列高层外交活动,同时又在军事上做积极准备。1991年1月17日,美国发动了代号为"沙漠风暴"的对伊作战行动,海湾战争正式爆发。这场战争历时43天。经联合国授权,由29国组成并由美国领导的"多国部队"取得全面胜利。伊拉克被迫同意从科威特撤军。在这次以军事高技术为主的地区战争中,美国借题发挥,向世界展示了其军事及外交实力。不仅如此,美国还要借此进一步巩固和发展其对国际事务的影响力。

2. "世界新秩序"

1990年9月11日,美国总统布什在美国国会的演讲中首次提出要建立"世界新秩序"。

布什在讲话中说:"在动乱的岁月结束以后,我们的建立世界新秩序的目标就可以成为现实。那将是一个新的时代:恐怖的威胁将减少,对正义的追求将加强,寻求和平也将有更大的保障。在这个新时代里,世界所有的国家,不论是东方国家还是西方国家,不论是北方国家还是南方国家,都将走向繁荣并在和谐中生活。"⑤

"世界新秩序"的核心内容就是强调美国的领导作用。这充分体现了"美国特色"。在一部国际关系史的长卷中,美国与近代只沾了一点边,因为它太年轻了。而美国在国际关系史的现代部分中,却是一路风骚领先,这主要是依仗它本身的经济及军事力量。美国既推崇其美国理想,亦是极为现实的国际政治的操作者。布什的"9·11"讲话所推崇的"世界新秩序"和不久后发生的海湾战争,使世人看到了美国外交中的一个大悖论,即理想和现实之间的悖论。"世界新秩序"亦受到了越来越多的质疑。

3. 北约的"新使命"

冷战结束,雅尔塔体系崩溃后,由于东欧剧变和苏联解体所引起的"余震"不断。美国又力图建立以它为领导的"世界新秩序",它在欧洲的重要军事安全依托及基地便是北大西洋公约组织。

在冷战时与北约相对峙的华沙条约组织于1991年7月1日正式解散。苏联从纷纷倒戈易帜的东欧国家中撤军。按照冷战时代的逻辑,如华约不再存在,北约亦再无存在的理由,但事实恰恰相反。

1990年7月,北约在伦敦举行了首脑会议,确立了北约由军事组织向政治军事组织转变的原则。苏联解体后,原势力范围中冲突不断,其中最为激烈的是前南斯拉夫地区的波黑战争和原苏联外高加索地区(阿塞拜疆、亚美尼亚、格鲁吉亚)的武装冲突。除此之外,俄罗斯与乌克兰之间关于黑海舰队的分属问题,东欧国家由于苏军的撤离而出现的"安全真空"问题等亦都在北约的关注视线之内。1994年,北约首脑会议在布鲁塞尔举行,决定扩大北约。1997年,北约首脑会议在马德里举行,确定波兰、捷克和匈牙利首批加入北约,这就是所谓的"北约东扩"的开始。

在这一背景下,巴尔干问题又一次突出了。这一次的聚焦点是南斯拉夫塞尔维亚共和国的一个自治省科索沃。科索沃虽然在塞尔维亚境内,但是绝大多数居民是阿尔巴尼亚族,塞阿双方矛盾由来已久。1998年,科索沃分离分子和南联盟政府军武装冲突升级,联合国安理会通过决议,要求南联盟停止在科索沃的军事行动。美国克林顿政府抓住机会,祭起"人权高于主权"的大旗,以北约名义对南联盟内政公开干涉。1999年3月底开始,北约对南联盟进行了长达78天的轰炸,造成了重大的人道主义灾难。近现代国际关系史上一直动荡不安的巴尔干又一次成为北约火药库的试验场。

三、欧洲一体化步伐加快

1. 欧洲面对新挑战

在20世纪的七八十年代,欧洲经济共同体形成了稳定的组织机构和运行机制,建立了欧洲货币体系。一个商品、资本、人员、劳务自由流动的欧洲统一大市场逐步形成。成员也由6国变为12国。雅尔塔体系的崩溃亦标志着苏联计划经济模式及体系的崩溃,这对欧洲经济一体化产生了重要的影响。在西欧工业化国家中,尤其是其政界、企业界的领袖人物及他们的智囊们已深切觉察到,世界已进入了信息社会时代;意识到欧洲必须适应新形势的挑战。为了面对全球性竞争,欧洲必须提高生产力,尤其要加快发展尖端部门的高新技术,如信息、电信、生物工程、环保等等。

德国统一给欧洲一体化注入了新的活力。欧洲共同体的下一个目标是向中、东欧扩大。

2. 《马斯特里赫特条约》的签订与欧洲联盟的诞生

1991年12月9日,欧共体第46次首脑会议在荷兰的马斯特里赫特举行,并签署了《马斯特里赫特条约》,亦称《欧洲联盟条约》。这是欧洲一体化进程中继1957年的《罗马条约》后的又一个里程碑。《马斯特里赫特条约》的主要内容是:(一)完善欧共体范围内没有国界的内部大市场,实现货物流通、人员流通、资本流通和服务流通的"四大自由",清除三大障碍,即边界障碍、技术障碍和财务障碍。(二)建立经济与货币联盟,其中最主要的是货币统一问题和建立统一的欧洲中央银行。(三)建立政治联盟,包括共同的外交和防务政策。(四)发展各成员国在司法和内政(如移民、政治避难、反恐怖活动、反贩毒走私等)的合作。(五)增强"欧洲公民"意识。㊳《马斯特里赫特条约》于1993年11月1日开始生效,标志着欧洲联盟正式成立。

3. 欧元正式启动

1999年1月10日,欧元正式问世。除希腊、英国、丹麦、瑞典之外,欧盟中的11个国家成为欧元区的第一批成员国。欧元的诞生也有它自己的历史。它的最初提倡者是担任过卢森堡首相的维尔纳。他在1960年就提议欧洲建立统一货币。他与让·莫内、舒曼等人有一个共同点,即着眼于整个欧洲的前途和命运。维尔纳也因此得到"欧元之父"之称。

从欧洲的统一大市场到实行统一货币,欧洲一体化实现着稳步而有章法的自我内部整合。统一大市场提高了生产效率,统一货币则降低了市场成本。欧洲经济一体化给欧洲独立的安全防务以及协调一致的对外关系奠定了基础。

四、经济全球化大潮迭起

1. 经济全球化的特点

到20世纪的90年代,由于高新技术的发展和东欧剧变、苏联解体,一个世界性的大市场已见雏形。世人给予这个全球现象一个名称,即经济全球化。实际上,经济全球化发端于15世纪末的地理大发现和后来的工业革命。进入20世纪末期的信息时代以后,它便以前所未见的历史力量深刻地影响着人们的生产方式和生活方式。

尽管人们对经济全球化的讨论还在进行,但是下列的一些特点已经成为人们的共识。第一,经济全球化的核心是一体化的国际生产体系,而跨国公司则是这一生产一体化的主体。第二,贸易全球化使国际贸易前途明朗。1994年4月15日,关贸总协定乌拉圭回合最后议定书签署,内容涉及全球贸易中所有的重要领域。1995年1月1日,世界贸易组织正式成立。第三,金融全球化势头强劲。外汇、股权、债权的交易规模以惊人的速度增长。"由制造业、娱乐业、旅游、运输、采矿、种植以及零售业组成的真实经济的所有方面都和着金融市场的节拍起舞"。㊳第四,经济区域重要性突显。除欧洲一体化步伐加快外,北美自由贸易区(NAFTA)在1993年建立。1989年成立的亚太经济合作组织(APEC)也朝着制度化方向发展。在拉丁美洲、非洲等地,亦出现了经济集团化,有关各国联合行动,努力避免在经济全球化大潮中被彻底边缘化。

2. 经济全球化中出现的全球性问题

从宏观历史的角度看,尽管经济全球化已在深刻地影响人们的生产方式和生活方式,但它实际上还处在发展的初级阶段。它与被冷战阶段掩盖下来的社会、政治、安全等问题交织在一起,形成了冷战后世界在政治、经济以及安全等领域的全方位的新挑战。贫困问题、环境问题、人口问题、毒品问题、疾病蔓延问题、恐怖主义问题、宗教激进主义问题等,都构成了冷战后世界秩序重建中的直接威胁。即便在经济全球化中主要起着积极推动作用的因素,实际上也是一把双刃剑。德国前总理施密特曾这样批评金融全球化说,全球化、世界范围的自由化使得跨国公司可以在本国大量地、完全合法地避税。因为它们可以通过金融跨国网络从事"无国界"经济活动,其范围超越了传统的国家领土和民族国家能力可以控制的范围。这样,金融全球化就导致了"国际投机经济"。⑳1997年开始的亚洲金融危机给人们敲响了这一领域的长鸣警钟。

注释:

① 何春超等编:《国际关系史》下册,武汉大学出版社1983年版,第324页。

② 《国际关系史资料选编》编委会:《国际关系史资料选编》下册,武汉大学出版社1983年版,第562—565页。

③ 谢益显主编:《中国外交史(中华人民共和国时期)》,河南人民出版社1988年版,第429页。

④ 《国际关系史资料选编》下册,第572—573页。

⑤ 《中国外交史(中华人民共和国时期)》,第569页。

⑥ 《国际关系史资料选编》下册,第574页。

⑦ 同上书,第530页。

⑧ 同上书,第532页。

⑨ 同上书,第534页。

⑩ 同上书,第536—537页。

⑪ 陈乐民:《战后西欧国际关系》,中国社会科学出版社1987年版,第320—321页。

⑫ 同上书,第300页。

⑬ 陈佩尧:《北约:战略与态势》,中国社会科学出版社1989年版,第486页。

⑭ 信夫清三郎编:《日本外交史》下册,天津社会科学院日本研究所译,商务印书馆1980年版,第888页。

⑮ 同上书,第906页。

⑯ 《国际关系史资料选编》下册,第588—589页。

⑰ 钟冬:《中东问题80年》,新华出版社1984年版,第584页。

⑱ 同上书,第216—218页。

⑲ 《国际关系史资料选编》下册,第622页。

⑳ 同上书,第603—604页。

㉑ 《国际关系史资料选编》下册,第605页。

㉒ 同上书,第611页。

㉓ 同上书,第614页。

㉔ 约瑟夫·诺吉等:《第二次世界大战以来的苏联外交政策》,纽约珀格蒙出版社1988年版,第318页。

㉕ 斯蒂芬·安布罗斯:《向全球主义的前进》,纽约1985年版,第322页。

㉖ 《第二次世界大战以来的苏联外交政策》,第314页。

㉗ 美国国家科学院国际安全和军备控制委员会:《核军备控制:背景和问题》,华盛顿1985年版,第145页。

㉘ 王永建:《超世纪太空盾》,解放军出版社1988年版,第197页。

㉙ 潘光编:《当代国际危机研究》,中国社会科学出版社1989年版,第187页。

㉚ 《中东问题80年》,第516页。

㉛ 《第二次世界大战以来的苏联外交政策》,第37页。

㉜ 上海国际问题研究所编:《1989年国际形势年鉴》,中国大百科全书出版社1989年版,第34页。

㉝ 《1989年国际形势年鉴》,第290页。

㉞ 同上书,第169页。

㉟ 《第二次世界大战以来的苏联外交政策》,第350页。

㊱ 同上书,第353页。

㊲ 《人民日报》,1986年9月3日。

㊳ 《人民日报》,1982年8月18日。

㊴ 《1989年国际形势年鉴》,第42页。

㊵ 《战后西欧国际关系》,第353页。

㊶ 同上。

㊷ 刘善继等:《当代外国军事思想》,解放军出版社1988年版,第133页。

㊸ 廖光生编:《中日关系与亚太区域合作》,香港中文大学出版社1990年版,第2页。

㊹ 《当代外国军事思想》,第144页。

㊺ 余开祥主编:《世界政治经济和国际关系》,上海人民出版社1988年版,第394页。

㊻ 转引自刘德斌主编:《国际关系史》,高等教育出版社2003年版,第497页。

㊼ 连玉如:《新世界政治与德国外交政策》,北京大学出版社2003年版,第351页。

㊽ 同上书,第350页。

㊾ 钱其琛:《外交十记》,世界知识出版社2003年版,第215页。

(50) 同上书,第 220 页。

(51) 俞邃:《苏联解体前后》,江苏人民出版社 1995 年版,第 16 页。

(52) 刘同舜:《权力关系的转移和冷战的结束》,见袁明主编:《跨世纪的挑战:中国国际关系学科的发展》,重庆出版社 1992 年版,第 90 页。

(53) 冯绍雷:《俄罗斯——东西方结合部的文明》,见资中筠主编:《冷眼向洋:百年风云启示录》下册,生活·读书·新知三联书店 2001 年版,第 183 页。

(54) 德·谢·利哈乔夫:《俄罗斯思考》,杨晖、王大伟总译审,军事谊文出版社 2002 年版,第 5—6 页。

(55) 同(52),第 185 页。

(56) President Bush, "Toward a New World Order", *U. S. Department of State Dispatch*, 17 September, 1990, p. 91.

(57) 陈乐民:《欧洲——合与分,衰弱与中兴》,见资中筠主编:《冷眼向洋:百年风云启示录》上册,三联书店 2001 年版,第 415 页。

(58) 朱文莉:《国际政治经济学》,北京大学出版社 2004 年版,第 291—298 页。

(59) 周穗明:《西方全球化理论和反全球化思潮》,见庞中英主编:《全球化、反全球化与中国》,上海人民出版社 2002 年版,第 181 页。

思考题:

一、名词解释:

1972 年中美《上海公报》　新东方政策　《赫尔辛基宣言》

第四次中东战争　《马斯特里赫特条约》

二、问答题:

1. 试述 20 世纪 70 年代初美国外交政策调整的背景、内容及其影响。
2. 试述 20 世纪 80 年代后半期苏联外交政策调整的背景、内容及其影响。
3. 为什么说世界正在走向多极化?

结语
与历史同行

　　自世界历史中第一个近现代意义上的国际关系体系——威斯特伐利亚体系在欧洲建立以来,三百多年过去了。毋庸讳言,今天的国际格局中占着主导地位的历史力量,依然受着威斯特伐利亚体系的精神承传。但今天的国际格局又同时孕育着各种尚不确定的挑战力量与超越力量。

　　本书所涉及的许多国际关系史中的内容表明,当人们讲述着历史发展的必然性与规律性时,不应该忽略那些看似偶然的、具体的、生动丰富的历史事件与人物。实际上,这些偶然的、具体的、生动丰富的事件每天都在我们身边发生。一部国际关系史给我们的重要启示是,一些"瞬间、偶发的事件,甚至外部因素也同样为错综复杂的世界注入了改变常态的巨大力量"。[①]1914 年的萨拉热窝事件是如此;21 世纪初的"9·11"事件也是如此。

　　这本教科书的一条中心主线是三百多年来世界历史中国际关系体系的演变和演变中的一些主要史实。但是必须说明的一点是,这一表面主线及相关史实都侧重于国际政治方面。如果说这一表面主线的背后还有更隐性和深层的重要线索的话,那就还需要去继续寻找。在物质层面,从 15 世纪末的地理大发现后一步步加快速度的经济全球化无疑起着主导作用;而在非物质层面上,我们似不应忘记陈乐民先生多次提醒的,要了解欧洲贤哲们几百年间积累的"精神的历史"。这些对知识的探求,是随着我们自己的知识面的不断扩大而增长的。正因为如此,"历史每讲一遍,都会有所改变。那些长久令人困惑和兴奋的历史谜题似乎永远不甘屈从于唯一的谜底"。[②]穿行在历史和现实之间使人得到的感悟是,其实历史和现实的距离并不遥远。

  在当前的世界上,虽然国际关系中新的行为体和参与者增多了,但是民族国家依然是国际关系的主体。其中大国的作用仍然是关键。大国的政治家们懂得这一点。但是他们面对的共同挑战是,在迅速的变化中如何适应自己和对方的新角色、新国际地位和新行为方式。在这方面,冷战的某些遗产仍有借鉴作用。第二次世界大战刚刚结束时,对新国际关系体系建立起决定性作用的美苏两个超级大国显然不适应自己和对方的新角色。"这两个大国一个是相对来说新兴的非欧洲的资本主义大国,一个是更加年轻的世界上第一个社会主义国家。前者有过威尔逊'十四点'计划的失败经历,后者对外国武装干涉和包围记忆犹新。"它们"互相借助意识形态,彼此夸大对方的威胁并过度反应"。例如,现在关于冷战的研究已充分表明,希腊的内战和苏联的扩张并无关系,但是美国当时不仅将两者牵扯在一起,还直接导致了"杜鲁门主义"的发表,与苏联形成冷战全面对抗的格局。③历史的经验的确值得注意。

  20 世纪后期以来在中国大地上涌动的改革开放热潮是经济全球化的重要组成部分。世界瞩目中国,这是一个不争的事实。中国如何把握好自己的国际环境,世界如何看待中国的发展,这些都将是有极大挑战性的历史课题。

注释:

  ① 郝雨凡等:《瞬间的力量:"9·11"后的美国与世界》,新华出版社 2002 年版,第 1 页。

  ② 张宇燕、高程:《美洲金银和西方世界的兴起》,见《国际经济评论》2004 年第 1 期,第 11 页。

  ③ 刘同舜:《权力关系的转移和冷战的结束》,见袁明主编:《跨世纪的挑战:中国国际关系学科的发展》,重庆出版社 1992 年版,第 84 页。